Prevention of School Violence and Understanding Students

[개정판]

학교폭력 예방 및 학생의 이해

저자

서재복 · 고 현 · 권정숙 · 김대명 · 김양자
김필성 · 박신희 · 임명희 · 장희선 · 조중현

도서출판 공감플러스

서문

교육부의 학교폭력대책 정책은 '행복하고 안전한 학교'를 비전으로 삼고 있다. 이러한 교육부의 비전은 현재 학교가 안전하지도 행복하지도 않다는 사실을 반증한다. 우리 모두는 학교가 안전하고 행복한 공간이기를 원한다.

학교는 온전한 인간의 성장을 돕고 사회의 바람직한 구성원을 양성하는 장소로 알려져 있다. 그래서 사람들은 학교가 학생들의 꿈이 실현되도록 돕는, 성스럽고 안전한 장소라고 인식해 왔다. 하지만 오늘날의 학교는 꿈이 실현되는 곳도 안전한 곳도 아니다. 오히려 누군가에게는 무섭고 위험한 곳이 되었다. 매슬로우의 욕구이론에 의하면 안전의 욕구는 자아실현의 욕구보다 우선한다. 그러므로 학교가 안전하고 행복해야 교육 또한 잘 이루어질 수 있다.

전 정부에서는 학교폭력을 4대악의 하나로 규정하고 예방중심, 현장중심의 학교폭력대책(2013.7.23.)을 추진하였다. 그 결과 학교폭력 감소 등의 가시적인 성과(학교폭력 피해응답률 12년 2차 8.5%에서 13년 2차 1.9%)가 나타났다. 하지만 학기 초나 취약학교에서는 여전히 학교폭력이 발생하고 있다. 교육부는 14년 12월 「제3차 학교폭력 예방 및 대책 기본계획」(2015-2019)에서 정책방향을 학교폭력의 대처보다 인성교육 중심의 학교폭력 예방을 강화하고 있다. 특히 학생 발달단계를 고려한 생명존중의식 함양 교육은 학교폭력의 근원적인 문제 해소를 위한 정책적 노력이라 할 수 있다. 특히 유아기부터 바른 인성의 기초 함양을 위한 교육을 강조함으로서 학교뿐만 아니라 가정, 사회 전반의 인성교육을 강조한다. 또한 교사의 역량 강화를 통해 학교현장중심, 실천중심의 학교폭력 예방 교육을 강조하고 있다.

학교폭력은 개인, 가정, 학교, 지역사회의 여러 가지 요인들이 다차원적이고 복잡하게 영향을 끼친다. 학교폭력을 근절하기 위해서는 각 영역별 연계를 통한 통합적인 노력이 절실하다. 하지만 개인과 가정, 학교, 지역사회의 환경들을 모두 건전한 방향으로 개선하기 위해서는 장기적인 노력이 필요하다. 따라서 개인적인 차원의 의식변화를 위한 교육이 우선시되어야 한다. 교육은 인간의 의식과 행동을 변화시키고 더불어 주변 환경을 변화시킬 수 있다. 학교폭력 예방을 위한 교사의 역량이 중요한 시점이다.

교육부는 학교폭력의 심각성으로 인해 교원들의 직무역량 강화 연수에서 학교폭력 예방교육을 실시하고 있다. 또한 예비교원에게는 2012년부터 학교폭력 관련 교과를 필수과목으로 이수하게 하였다. 당시 학교폭력 교과명은 학생생활지도와 연계된 '학교폭력 예방의 이론과 실제' 또는 '학교폭력의 예방과 대책'이었다. 2017년 교육부는 학교폭력 실태조사에서 학교폭력 피해 응답률 감소를 인지하고, 예방에 초점을 둔 교육부의 정책 변화를 반영하여 학교폭력 교과명을 '학교폭력 예방 및 학생의 이해'로 변경하였다. 또한 교육부는 이수 내용에 학교폭력 예방 및 대처, 인성교육, 학생생활문화, 학생생활지도, 학생정서행동발달 등 학생의 특성을 이해함으로써 교사가 교육활동 중 발생할 수 있는 문제 상황을 관리 및 대처할 수 있는 실제적 내용을 포함하도록 요구하였다. 이 책은 이러한 변화과정에서 집필되었고, 현직 교사들과 예비교사들의 학교폭력대응 역량 강화에 도움을 될 수 있기를 바란다.

이 책은 4부 14장으로 구성되어 있다. 제1부는 '학교폭력의 이해'로 제1장 학교폭력의 개요와 제2장 학교폭력의 원인과 실태를 다룬다. 제2부는 '학생의 이해'로 제3장 아동청소년의 이해, 제4장 학생생활문화의 이해, 제5장 정서행동장애의 이해로 구성되어 있다. 제3부는 '학교폭력의 예방'을 위한 내용으로 제6장 학생생활지도, 제7장 학교폭력 예방을 위한 인성교육, 제8장 학교폭력의 조기 감지와 개입, 제9장 학교폭력 예방 프로그램과 사례를 다룬다. 그리고 제4부는 '학교폭력의 대처'이다. 제10장 학교폭력의 대응, 제11장 학교폭력 대응전략, 제12장 학부모 교육 및 상담, 제13장 학교폭력과 교사, 제14장 학교폭력 관련 법규로 구성되었다.

이 책은 공동저자가 집필하였으며, 각 장별 주제와 집필진은 다음과 같다. 학교폭력의 이해(서재복), 학교폭력의 원인과 실태(임명희), 아동청소년의 이해(장희선), 학생생활문화의 이해(김필성), 정서행동장애의 이해(고현), 학생생활지도(박신희), 학교폭력 예방을 위한 인성교육(김양자), 학교폭력의 조기 감지와 개입(김대명), 학교폭력 예방 프로그램과 사례(조중현), 학교폭력의 대응(권정숙), 학교폭력 대응전략(권정숙), 학부모교육 및 상담(조중현), 학교폭력과 교사(고현), 학교폭력 관련 법규(김대명) 순이다.

이 책은 기존의 연구가 없었다면 탄생되지 않았을 것이다. 선행 연구자에게 깊은 감사를 드리고, 부족한 부분에 대해서는 지속적으로 보완할 예정이다. 그리고 학교폭력 예방 및 학생의 이해가 출판되도록 도움을 주신 공감플러스 출판사 가족 여러분께 진심으로 감사의 마음을 전한다.

2021년 2월

저자 일동

School Life

차례

제4장 학생생활문화의 이해 • 75

제5장 정서행동장애의 이해 • 103

Part 3. 학교폭력의 예방

제6장 학생생활지도 • 127

제7장 학교폭력 예방을 위한 인성교육 • 149

제8장 학교폭력의 조기 감지와 개입 • 175

제9장 학교폭력 예방 프로그램과 사례 • 195

Part 4. 학교폭력의 대처

제10장 학교폭력의 대응 • 219

제11장 학교폭력 대응전략 • 245

Prevention of School Violence and Understanding Students

Part 1. 학교폭력의 이해

CHAPTER **01**

학교폭력의 개요

| 개요 |

학교폭력은 관점과 적용 범위 또는 대상의 주체와 객체에 따라 교내폭력, 학교주변 폭력, 또래폭력, 청소년폭력, 학생폭력 등의 용어로 혼용되고 있다. 학교폭력의 정의는 학교폭력이 발생하는 장소, 대상 등에 따라 차이가 있다. 학교폭력의 유형은 심리적 유형과 신체적 유형으로 구분되며, 학교폭력이 빈번하게 발생하는 폭력 형태로는 신체폭력, 언어폭력, 금품갈취, 강요, 따돌림, 성폭행, 사이버 및 매체 폭력, 폭력서클 등이 있다. 이 장에서는 학교폭력의 사례와 특성을 통해서 학교폭력에 대한 올바른 이해와 실천 방안을 찾고자 하였다.

chapter 01 학교폭력의 개요

제1절 학교폭력의 의미

학교는 배움의 공간일 뿐만 아니라 우정과 사랑이 교류되고 학생과 교사가 어우러져 삶을 이루는 공동체다. 따라서 학생들에게 학교가 즐겁고 행복한 공간이 되어야 한다. 그런데 어느 순간부터 학교가 폭력이 존재하는 위험한 곳으로 인식되고 있다. 1990년대 이후 학교폭력은 심각한 사회문제로 대두되었고, 이제 교직과정에서 학교폭력 예방 및 학생의 이해를 다루게 되었나(김진한 등, 2013).

학교폭력은 학교와 폭력의 합성어다. 일반적으로 학교폭력은 학교에서 일어나는 폭력으로 인식될 수 있지만 그것이 전부는 아니다. 학교폭력의 개념은 관점과 적용범위에 따라, 대상의 주체와 객체에 따라 교내폭력, 학교주변 폭력, 또래폭력, 청소년 폭력, 학생폭력 등의 용어로 혼용되고 있다(Olweus, 1993).

학교폭력은 학자에 따라서 학교폭력이 발생하는 장소, 대상 등에 따라 학교폭력의 정의에 차이가 있다. 이현림 등(2012)은 학교폭력의 개념을 다섯 가지 측면으로 제시하였다.

첫째, 학교폭력 발생 장소에 따른 개념이다. 학교뿐만 아니라 학교 밖에서 발생하는 폭력도 학생들에게 영향을 미치는 것이면 모두 학교폭력으로 보아야 한다는 포괄적인 주장이다. 학교폭력의 장소나 학교 내에서 일어나는 폭력뿐 아니라 학교 주변까지 포함하여 학생들이 실제로 경험하게 되는 것으로 정의하였다(김준호, 1997). 이처럼 학교폭력의 범위를 학교뿐만 아니라 학교 주변과 등하굣길에서 발생하는 폭력으로 한정하는 주장도 있다.

둘째, 학교폭력 주체에 따른 개념이다. 학교폭력을 가해자 중심이 아닌 피해자 중심으로 규정하여 학생이 학교 내외에서 받는 모든 종류의 폭력 피해를 학교폭력으로 규정한다. 따라서 학교뿐만 아니라 학생들에게 영향을 주는 아동학대와 가정폭력 등 모든 폭력을 포함시키는 포괄적인 개념이다.

셋째, 학교폭력을 관계 중심으로 보는 개념이다. 이 관점은 학교폭력을 장소적 개념의 한계와 인물적 개념의 한계를 극복할 수 있다. 학교폭력을 학교 내에서 관계를 맺는 대상들 간의 폭력 혹은 그 관계에 영향을 받아 일어나는 폭력으로 정의하고 있다. 즉, 학교폭력은 학교라는 장을 통하여 맺어진 관계들을 중심으로 발생한 폭력이라 할 수 있다(안선욱, 1998). 이때의 관계는 교사와 학생간의 관계, 학생과 학생의 관계, 학교구조와 학생의 관계를 의미한다.

넷째, 학교폭력을 행위에 따라 정의하는 개념이다. 폭력의 용어에 대한 정의는 명확하지 않다. 그러나 일반적으로 폭력은 타인 또는 타인의 재산에 해를 입히기 위한 물리적인 힘의 행사로 정의된다.

학교폭력의 정의에 대해 합의된 것은 없다. 한국에서 빈번하게 나타나는 학교폭력의 유형은 고의적 괴롭힘이나 따돌림, 금품갈취, 언어적 놀림이나 협박과 욕설, 신체적 폭행이나 집단적 폭행이다(청소년폭력예방재단, 2011). 그러므로 학교폭력은 학생들의 개인적 특성, 좌절감, 학교 내외의 사회적 요인들에 의해 유발되는 범죄적 특성을 가진 행위, 자신보다 신체적·심리적으로 약한 위치에 있는 학생에게 가해지는 위협으로 정의할 수 있다.

다섯째, 학교폭력에 관한 법률적 개념이다. 학교폭력에 관한 법률 제2조 제1호에서는 학교폭력을 학교 내외에서 학생을 대상으로 발생한 상해, 폭행, 감금, 협박, 약취·유인, 명예훼손·모욕, 공갈, 강요·강제적인 심부름 및 성폭력, 따돌림, 사이버 따돌림, 정보통신망을 이용한 음란·폭력 정보 등에 의하여 신체·정신 또는 재산상의 피해를 수반하는 행위로 규정하고 있다.

이처럼 학교폭력은 관점, 적용 범위, 대상의 주체와 객체에 따라 학자들마다 다르게 정의된다(Olweus, 1993). 그러나 일반적인 학교폭력의 정의는 다음과 같다. 좁은 의미에서 학교폭력은 학생들 간에 이루어지는 물리적인 고통을 동반한 다양한 신체적인 폭력을 의미한다. 그리고 넓은 의미의 학교폭력은 신체적 폭력을 포함하여 언어적·성적·정신적 폭력, 집단따돌림, 금품갈취를 비롯한 재산상 불이익을 강요하는 폭력 등을 포함하는 것으로 볼 수 있다. 따라서 학교폭력은 일반적으로 학교나 학교 주변에서 학생 상호 간에 발생하는 의도성을 가진 신체적·정서적 가해행동을 말한다. 학교폭력은 가해자 입장에서는 사소한 행위일지라도 피해자 입장에서는 학교폭력으로 심리적, 행동적으로 어려움을 느끼게 된다. 이는 명확한 학교폭력인 것이다(김종운, 2013).

오늘날 폭력의 의미, 내용, 형태가 다양해지면서 학교폭력 또한 다양하게 정의될 수 있다. 그러나 어떤 경우이든 피해자가 위험과 고통을 수반한 신체적, 물리적, 정신적, 재산상의 모든 피해상황을 학교폭력으로 볼 수 있다.

제2절 학교폭력의 유형

학교폭력은 신체적 유형과 심리적 유형으로 구분할 수 있다. 신체적 유형에는 때리기, 발로 차기 등이 포함되고, 심리적 유형에는 언어적 학대, 별명 부르기, 위협적인 몸짓, 몰래 따라다니는 행동, 악의적인 전화 걸기, 반복적으로 다른 사람의 물건 감추기, 단체활동에서 따돌리기, 악의적인 소문을 퍼뜨리기 등이 포함된다.
교육부(2015)의 학교폭력 사안처리 가이드북에서는 학교폭력을 다음과 같이 유형화하였다.

〈표 1-1〉 학교폭력의 유형

유형	예시
신체폭력	· 신체를 손, 발로 때리는 등 고통을 가하는 행위(상해, 폭행) · 일정한 장소에서 쉽게 나오지 못하도록 하는 행위(감금) · 강제(폭행, 협박)로 일정한 장소로 데리고 가는 행위(약취) · 상대방을 속이거나 유혹해서 일정한 장소로 데리고 가는 행위(유인) · 장난을 빙자한 꼬집기, 때리기, 힘껏 밀치기 등 상대학생이 폭력으로 인식하는 행위
언어폭력	· 여러 사람 앞에서 상대방의 명예를 훼손하는 구체적인 말(성격, 능력, 배경 등)을 하거나 그런 내용의 글을 인터넷, SNS 등으로 퍼뜨리는 행위(명예훼손). · 여러 사람 앞에서 모욕적인 용어(생김새에 대한 놀림, 병신, 바보 등 상대방 비하 내용)를 지속적으로 말하거나 그런 내용의 글을 인터넷, SNS 등으로 퍼뜨리는 행위(모욕) · 신체 등에 해를 끼칠 듯 한 언행(죽을래 등)과 문자메시지 등으로 겁을 주는 행위(협박)
금품갈취	· 돌려 줄 생각이 없으면서 돈을 요구하는 행위 · 옷, 문구류 등을 빌린다며 되돌려주지 않는 행위 · 일부러 물품을 망가뜨리는 행위 · 돈을 걷어오라고 하는 행위

유형	예시
강요	· 속칭 빵 셔틀, 와이파이 셔틀, 과제 대행, 게임 대행, 심부름 강요 등 의사에 반하는 행동을 강요하는 행위(강제적 심부름) · 폭행 또는 협박으로 상대방의 권리행사를 방해하거나 해야 할 의무가 없는 일을 하게 하는 행위(강요)
따돌림	· 집단적으로 상대방을 의도적이고, 반복적으로 피하는 행위 · 지속적으로 싫어하는 말로 바보취급 등 놀리기, 빈정거림, 면박주기, 겁주는 행동, 골탕 먹이기, 비웃기 · 다른 학생들과 어울리지 못하도록 막는 행위
성폭력	· 폭행·협박을 하여 성행위를 강제하거나 유사 성행위, 성기에 이물질을 삽입하는 등의 행위 · 상대방에게 폭행과 협박을 하면서 성적 모멸감을 느끼도록 신체적 접촉을 하는 행위 · 성적인 말과 행동을 함으로써 상대방이 성적 굴욕감, 수치감을 느끼도록 하는 행위
사이버폭력	· 특정인에 대해 모욕적 언사나 욕설 등을 인터넷 게시판, 채팅, 카페 등에 올리는 행위. 특정인에 대한 '저격 글'이 그 한 형태임 · 특정인에 대한 허위 글이나 개인의 사생활에 관한 사실을 인터넷, SNS 등을 통해 불특정 다수에 공개하는 행위 · 성적 수치심을 주거나, 위협하는 내용, 조롱하는 글, 그림, 동영상 등을 정보통신망을 통해 유포하는 행위 · 공포심이나 불안감을 유발하는 문자, 음향, 영상 등을 휴대폰 등 정보통신망을 통해 반복적으로 보내는 행위

* 출처: 교육부(2015) 학교폭력 사안처리 가이드북 개정판

학교폭력이 빈번하게 발생하는 유형은 신체폭력, 언어폭력, 금품갈취, 강요, 따돌림, 성폭행, 사이버 및 매체 폭력, 폭력서클 등이다.

1. 신체폭력

신체폭력은 신체를 손, 발로 때리는 등 고통을 주는 행위(상해죄, 폭행죄 등), 강제로 일정한 곳으로 데려 가는 행위(약취죄), 일정한 장소에 감금하는 행위(감금죄), 상대방을 속이거나 유혹하는 행위(유인죄) 등이 있다.

상해죄와 폭행죄는 손, 발로 때리거나 도구를 사용하여 피해자의 신체에 고통을 주는 행위이다. 상해죄는 폭행의 정도가 심각하여 병원에서 치료를 요하는 경우로 보통 진단서가 첨부되는 경우에 해당된다. 폭행죄는 신체 폭행의 정도가 약하여 특별한 치료가 필요하지 않는 수준의 신체적 해를 끼친 행위이다. 폭행죄의 경우 피해자의 의사에 반하여 처벌할 수 없다. 피해자가 처벌을 원치 않으면 처벌할 수 없는

죄로는 폭행죄, 협박죄, 명예훼손죄 등이 있다.

감금죄는 일정한 장소에서 쉽게 나오지 못하게 하는 행위다. 특정한 장소에 가두는 행위뿐만 아니라 목욕중인 부녀자의 의류를 탈취하여 욕실에서 나오지 못하게 하는 행위, 옷을 빼앗아 밖으로 나올 수 없게 하는 행위도 포함된다.

약취죄는 폭행이나 협박으로 사람을 자신이나 제 3자의 지배하에 두는 행위다. 유인죄는 기만과 유혹하여 행해지는 것이다. 즉, 허위로 상대방을 기만하거나 유혹하여 지배하는 행위 등이다.

[감금사건 사례]

ㅇㅇ시 A고등학교 기숙사에서 '희귀병으로 머리에 인공뼈를 삽입'한 오모 학생을 선배들이 수차례 '감금폭행'을 하는 사건이 발생했다. 오모 학생은 교내 기숙사의 3학년 선배 방에 끌려가 4명으로부터 집단 폭행을 당했다. 선배들은 김군의 행동이 불량하다며, 4시간 동안 주먹과 발로 구타하였다.
인터뷰 방송에서 오군은, 선배들이 "무슨 병 있냐면서 뭐라 하고 부모님 욕 하고 갑자기 엎드리라면서 그래서 엎드렸는데 허벅지 때렸고 때리지 말라는 사정에도, 선배들은 이후 8차례나 무차별 폭행을 이어갔다"고 진술했다.
당시 기숙사를 관리하는 사감 선생님도 있었지만 학교폭력을 알지 못했다고 보도했다. 오 군은 최근 교내 설문에서 '학교폭력을 당했다, 자살하고 싶다'며 호소했지만 달라진 건 없었다며 오군의 부모는 학교에서 조금만 더 신경 썼다면 큰 피해를 막을 수 있었다고 주장했다. 학교 측에서는 학교폭력대책자치위원회를 통해 가해학생을 징계하기로 하였다.
이 경우 학교의 세심한 주의와 학생들에게 학교폭력에 대한 인식개선 교육이 이루어졌다면 심각한 문제가 발생되지 않았을 것이다.

〈ㅇㅇㅇ뉴스 2017.05.28.〉

2. 언어폭력

언어폭력은 여러 사람 앞에서 상대방의 명예를 훼손하는 말을 하거나 내용을 인터넷, SNS 등으로 퍼뜨리는 행위, 타인 앞에서 모욕적인 용어를 퍼뜨리는 행위 등이다. 언어폭력의 유형으로는 욕설, 비웃기, 은어로 놀리기, 겁주기, 위협, 협박, 별명 부르기, 신체비하 발언 등이 여기에 속한다.

명예훼손이란 이름이나 신분, 사회적 지위, 인격 등에 해를 끼쳐 손해를 입히는 것을 말한다. 법적으로 '명예'란 사람의 인격적 가치에 대한 사회적 평가, 즉 외부적 명예를 말한다. 따라서 명예훼손이란 사람의 품성, 덕행, 명성, 신용 등에 대한 객관적인 사회적 평가를 위법하게 저하시키는 행위를 말한다(두산세계백과사전, 1999).

모욕은 상대방에 대하여 욕설, 조롱, 악평을 가하는 등 구체적인 사실을 적시하지 않고 범인 자신의 추상적 판단을 발표하여 사람의 사회적 지위를 경멸하는 것이다. 모욕의 방법은 문서, 혹은 구두로 하거나, 동작으로(예: 뺨을 치는 경우) 하는 행위를 불문한다. 따라서 여러 사람 앞에서 모욕적인 용어(외모 놀림, 병신, 바보 등 비하하는 내용)를 지속적으로 말하거나 그런 내용의 글을 인터넷, SNS 등으로 퍼뜨리는 행위의 총체를 말한다.

협박(脅迫)은 남에게 어떤 일을 하도록 위협하는 행위로, 대한민국의 형법에서는 상대에게 공포심을 일으키기 위하여 생명·신체·자유·명예·재산 따위에 해를 가할 것을 통고하는 일을 의미한다. 신체 등에 해를 끼치는 언행(죽을래 등)과 문자메시지 등으로 겁을 주는 행위다. 내용이 진실이라고 하더라도 언어폭력은 범죄이고, 허위인 경우에는 형법상 과중 처벌을 받는다(조형정 등, 2017).

3. 금품갈취

타인을 위협하여 금전, 옷이나 문구류 등을 빼앗는 행위를 말한다. 뿐만 아니라 상대방의 물건을 일부러 망가뜨리거나, 학교 내외에서 물건이나 돈을 억지로 빌리고 갚지 않는 행위, 물건이나 돈을 뺏기 등이 금품갈취에 속한다.

4. 강요

상대방에게 위협적인 언어, 폭행이나 협박으로 타인의 권리를 침해하거나 이유 없이 하기 싫은 일을 강요하는 행위도 포함된다. 강제적인 심부름, 빵 셔틀, 와이파이 셔틀 등이 강요에 속한다. 최근 학교에서는 빵셔틀 뿐만 아니라 와이파이 셔틀도 등장하였다. 와이파이 셔틀은 가해학생이 피해자 학생에게 무선데이터 무제한 요금제에 가입하게 한 뒤 스마트폰 '테더링'이나 '핫스팟'기능을 통해 공짜로 인터넷을 사용하는 것을 말한다. 와이파이 셔틀이 된 학생은 자신의 의도와는 상관없이 가해학생들에게 무선 와이파이 인터넷을 제공해야 하고, 와이파이가 끊기게 되면 폭행을 당하는 노예적 복종과 착취를 당한다.

[강제심부름 사례]

강제 심부름도 학교폭력에 해당된다. ㅇㅇ지역 B고교에서는, 평소 친하게 지내던 7명 중에서 3명이 나머지 4명에게 신발이나 가방을 들게 하고 심부름을 시켰다.
이 사례는 피해학생의 일기를 통해 담임교사가 알게 되었다. 학교는 친한 친구라도 강요적 심부름은 학교폭력에 해당하므로 학교폭력자치위원회를 개최하였다. 이들은 자치위 결정에 따라 피해학생은 적절한 상담치료를 받게 되었고 가해학생은 선도 조치 및 특별교육을 부과했다.

〈ㅇㅇㅇㅇ일보 2013.04.11. 보도〉

5. 집단따돌림

집단따돌림은 상습적으로 힘없는 개인에 대한 집단 공격(group attack)이 지속적으로 이루어지는 학대이다. 가해 학생과 피해 학생 간의 힘의 불균형(예를 들어, 연령, 신체 크기나 힘 등)에서 발생하는 부정적 행동을 말한다. 여기에서 부정적인 행동은 의도적으로 해를 가할 목적으로 공격하는 행동을 의미하는 것으로, 폭행이나 위협, 못살게 굴기, 놀리기, 소외시키기 등을 포함하는 포괄적 행동을 말한다(국립특수교육원, 2009).

학교폭력 예방 및 대책에 관한 법률(제2조 제1호의 2)에서는 '학교 내외에서 2명 이상의 학생들이 특정인이나 특정집단의 학생들을 대상으로 지속적이거나 반복적으로 신체적 또는 심리적 공격을 가하여 상대방이 고통을 느끼도록 하는 일체의 행위'를 따돌림으로 규정하며, 이러한 행위는 법률상 강요죄와 모욕죄 등에 해당된다.

6. 성폭력

성폭력은 성희롱이나 성추행, 성폭행 등을 모두 포괄하는 개념으로 '성을 매개로 상대방의 의사에 반해 이뤄지는 모든 가해행위'이다(박문각, 2014). 일반적으로 형법에 규정된 성폭력과 성에 관한 범죄행위가 학교 내외에서 이루어지는 경우의 학교폭력을 지칭한다(김진한 등, 2013).

성폭력은 강제적인 성행위, 신체적 접촉행위, 수치심을 주는 행위 등을 포함한다. 성적인 말과 행동으로 성희롱(성적 굴욕감과 수치감을 느끼도록 하는 것), 성추행(폭행과 협박을 하면서 신체적인 접촉을 하는 것), 성폭행(폭행과 협박을 하여 성행위를 강제로 하는 것), 음란전화, 성기 노출 등이 성폭력에 속한다.

성폭력은 아동·청소년의 성보호에 관한 법률에 따라 강제추행 이상의 중대 사안일 경우 검찰 등 수사기관에 반드시 신고해야 한다.

7. 사이버 및 매체 폭력

사이버 및 매체폭력은 인터넷이나 휴대전화 등으로 상대방을 모욕, 협박, 비난, 위협, 헛소문 퍼뜨리기, 악성댓글 달기, 사진이나 동영상 등을 유포시켜 피해자에게 고통을 주는 행위를 의미한다(김진한 등, 2013). 즉, 특정인에 대한 모욕적인 말이나 욕설, 채팅, 문자, 허위 내용, 사생활을 인터넷이나 SNS 등으로 불특정 다수에 공개하는 행위, 위협·조롱·성적 수치심을 주는 글이나 그림, 동영상 등을 정보통신망을 통하여 유포하는 행위 등이다.

8. 폭력서클

학교폭력 모임을 만들어 정기적으로 활동하며 세력을 확장하고, 학교폭력행위를 유발하는 행위다. 이때 폭력서클을 형성하는 과정이나 본인의 뜻과 달리 폭력서클에 강제로 가입하도록 강요하거나 가입하지 않을 경우 폭력을 행사하여 피해자를 괴롭힌다(김진한 등, 2013). 특히 신입생에게 서클에 가입하도록 강요하는 행위, 다른 학교폭력모임과 정기적으로 모이고 세력다툼을 하는 행위, 성인 조직폭력 이름을 모방하여 위화감을 조성하는 행위 등이 문제가 된다.

제3절 학교폭력의 특성

학교폭력은 사회적으로 큰 문제로 대두되고 있다. 학교폭력이나 청소년 비행과 범죄의 증가에 따라 대책 수립이 요구된다. 오늘날 학교폭력은 과거보다 학교폭력의 유형이 다양화되고 폭력의 방법도 조직적이고 다원화되었다. 현대의 학교폭력은 별다른 죄의식 없이 재미로 행해지며, 절제 없이 감정이 치닫는 대로 장기간에 걸쳐 이루어진다는 것이 두드러진 특징이다. 또한 학교폭력의 가해 및 피해자가 특정 대상이 아닌 모범적인 학생들에게까지도 일반화되어 있다(박동호, 2011).

학교폭력은 학교라는 특수한 환경으로 인해 사회적으로 발생하는 폭력과 차별화되며, 문제해결이나 처벌방법에서도 차이가 있다. 오늘날 학교폭력의 특성은 연령이 낮아지고, 조직적이고 집단화 되었으며, 점차 잔인하고, 사이버 폭력이 증가하는 등 다양한 특성이 있다(이인학 등, 2017). 정종진 등(2014)과 김종운(2013)이 제시한 학교폭력의 특성을 정리하면 다음과 같다.

1. 저연령화 현상

학교폭력의 가해자와 피해자 연령이 점차 낮아지고 있다. 초등학교 고학년부터 중학생 시기에 사춘기의 신체적 · 심리적 변화가 나타나고, 이러한 조숙화 경향으로 학교폭력을 경험하는 시기도 앞당겨졌다. 최근에는 학교폭력이 고등학교에서 중학교로, 중학교에서 초등학교 고학년으로 연령화가 낮아지는 추세다(김진한 등, 2013).

초등학생의 학교폭력도 중 · 고등학생들과 유사한 수준으로 발생되고 있다. 학교폭력 피해학생 중 70% 정도가 초등학교 때 학교폭력을 경험하는 것으로 조사되었다. 그리고 학교폭력 가해학생 중 59%가 초등학교 때 학교폭력 행위를 경험하였다(이인학 등, 2017).

중 · 고등학생에 비해 초등학생은 학교폭력에 대한 대처능력이 떨어지고, 가해학생의 행동에 쉽게 동조하기 때문에 피해학생이 친구들로부터 소외되거나 고립되는 상황이 쉽게 발생한다. 특히 게임중독 현상이 초등학교 저학년에서 두드러지게 나타나면서 학교폭력의 저연령화에 영향을 미치고 있다.

초등학생의 경우에 학교폭력에 대한 대처능력이 중·고등학생들에 비해 미약해서 두려움과 불안 정도가 심하며, 이로 인해 대인기피 현상과 함께 등교를 거부하는 현상까지 출현하는 등 학교폭력 저연령화 현상의 부정적인 영향이 심각한 것으로 드러났다(이인학 등, 2017). 이러한 조숙화 경향과 함께 대중매체와 인터넷을 접하는 연령도 계속 낮아지면서 학교폭력의 저연령화를 가속화시키고 있다.

2. 집단화 및 조직화

점차 학교폭력이 집단화되고 조직화하는 형태로 변화되고 있다. 학교폭력의 가해학생이 개인보다는 둘 이상인 경우가 증가하고 있다. 단독적인 폭력보다, 불량서클이나 성인 폭력조직과 연계하는 집단화되고 조직화 추세로 변화하고 있다. 최근의 학교폭력은 2명 이상의 공동범행이나 흉기소지 범행·상습폭행·집단폭행·야간폭력행위 등 법률에 위반되는 처벌적 형태의 범죄가 증가하고 있다(이인학 등, 2017).

그리고 학교폭력 집단은 단순한 패거리, 불량서클, 집단적인 폭력에 연루되는 그룹 등 비행집단에서 단순한 친구들의 집단에 이르기까지 죄의식 없이 폭력이 증가하고 있다(김진한 등, 2013).

3. 잔인성

학교폭력이 점차 범죄수준으로 잔인성이 강해지고 있다. 학교폭력 양상은 폭력행사나 금품갈취 뿐만 아니라 집단구타, 집단따돌림, 신체적·심리적 협박, 갈취, 성추행, 사이버 폭력, 조직폭력 및 상납요구, 가상게임을 통한 폭력, 동영상 촬영 등 언어적·신체적·정신적 폭력이 자행되고 있다(이인학 등, 2017).

학교폭력의 방법 또한 잔혹하고 대담해지고 있다. 단순폭력보다 지속적이면서 잔인하고 집요하게 가해지는 학대적 폭력이 증가하고 있다. 학교폭력의 잔인성으로 인해 피해학생은 부모나 교사에게 도움을 요청하지 못하는 절망적인 상태에서 극단적인 행위를 하는 사례가 증가하고 있다.

4. 일상화와 둔감화

학교폭력이 일상화되면서 학교 안팎에서 이루어지는 학교폭력이 차지하는 비율이 점차 늘어나고 있다. 폭력이 학생들의 일상과 주변에 만연되어 둔감화되고 있다. 학교폭력 행위가 일반학생들 사이에서도 빈번하게 발생되면서 청소년기의 일상적인 비행행동으로 간주해서 방치하거나 무시하는 경향이 있다(이인학 등, 2017). 뿐만 아니라 학교폭력에 대한 가해학생들의 인식 또한 무뎌지고 일상화되는 경향이 있다. 교사들은 학교폭력 및 집단 괴롭힘과 관련하여 가장 심각한 점으로 가해자의 죄의식 및 죄책감 인식의 부족을 꼽았다.

5. 사이버 폭력

청소년들의 인터넷과 휴대전화 사용이 보편화되면서 사이버 폭력이 증가하고 있다. 사이버 폭력은 인터넷이나 문자메시지, 페이스북, 트위터, 카톡 등을 이용하여 이루어진다. 학교폭력 가해학생들이 피해학생들을 대상으로 비난, 욕설, 비방 및 악플을 전파하는 것이다. 이러한 사이버 폭력의 증가는 시간과 공간적 범위를 벗어나 학교뿐만 아니라 가정에서도 24시간 피해학생들을 괴롭히게 된다(이인학 등, 2017).

6. 여학생 폭력증가

여학생들의 학교폭력이 증가하고 있다. 과거에 대부분의 학교폭력은 남학생에 의한 문제로 인식되어 왔으나 최근에 여학생들의 학교폭력이 증가하고 있다. 여학생 학교폭력의 특징은 집단적으로 행해지고 있으며, 언어적 폭력뿐만 아니라 신체적 폭력으로 이어지고 있다는 것이다.

여학생 폭력 유형으로는 피해학생에게 수치심과 복종심을 주기 위해 옷을 벗긴 후 때리거나, 머리카락에 불을 붙이고, 몸 안에 이물질을 집어넣기까지 한다. 또한 질투심에 의해 자신의 남자친구를 시켜 성폭행하여 교사죄로 처벌받은 사례도 있다. 이처럼 여학생 폭력은 간접적이고 지능적이며, 정서적인 괴롭힘으로 피해자의 고통은 심각하다(이인학 등, 2017).

7. 성폭력

학교폭력 중 성폭행이나 성추행도 심각하다. 성폭력으로는 집단 성폭행, 수치심을 강요하는 성추행, 강간 및 집단강간, 동영상을 촬영해 인터넷에 유포시키는 등 폭력성이 강하다. 이러한 성폭력은 학생들이 인터넷이나 휴대전화를 통해 성과 관련된 유해환경에 노출되면서 더욱 증가되고 있다.

8. 학교폭력의 은폐화

학교폭력 현상에도 불구하고 피해학생들은 자신의 피해사실을 알리지 못하는 경우가 많다. 학교폭력을 알렸을 경우에 실제적으로 문제가 해결되지 않고 추가적으로 보복당할 것을 두려워하기 때문에 학교폭력이 은폐되고 있다(이인학 등, 2017).

학교폭력 목격자들은 보복으로 자신이 피해자의 위치에 놓일 수 있다는 두려움이 있다. 그들은 친구들에게 관심이 부족하거나 도와줘도 소용이 없을 것 같은 무력감과 좌절감으로 신고하지 못한다. 따돌림이나 협박, 모욕, 강제적 심부름 등의 심리적 폭력은 대부분 신고 되지 않아서, 이러한 현상은 더욱 증가하고 있다.

9. 이중적 피해학생

학교폭력의 피해자가 가해자가 되는 현상이 나타나고 있다. 이들은 자신의 피해를 만회하기 위해 또 다른 약자에게 가해자로 바뀌는 이중적인 현상을 보인다. 학교폭력의 피해자가 타인에게 폭력으로 보복하여 피해자인 동시에 가해자가 되는 폭력의 이중적 피해자가 되는 경우로 폭력의 보복심리와 폭력성이 심화되는 경향을 보여주는 것이다(김진한 등, 2013).

10. 무죄의식

학교폭력 학생의 경우 폭력에 대한 죄의식이 없거나 폭력으로 인식하지 못하는 경향이 강하다. 가해자들은 가까운 친구나 같은 반 학생들에게 폭력을 하거나 괴롭히면서도 죄의식이나 죄책감을 가지지 않는다. 그러나 가해자는 폭력 행위에 대한 죄의식 없는 상태에서 지속적인 폭력과 괴롭힘을 가하는 심리적 상태를 가지고 있다. 이러한 경향으로 장난처럼 저지르는 폭력과 우발적·충동적으로 저지르는 폭력이 아무런 죄의식 없이 이루어지고 있다(김진한 등, 2013).

학교폭력은 학생 시기만이 아니라 성인이 되어서도 부정적인 영향을 미친다. 심리정서적인 문제가 심각한 가해학생을 방치할 경우, 성인이 되어 문제행동이 심각해지고, 결국 사회부적응 및 범죄자로 전환될 가능성이 높아진다(정현주·김하나·최보영, 2012). 학교폭력 가해자들은 음주나 흡연 등과 같은 다른 문제행동을 더 많이 하는 것으로 밝혀지고 있으며, 성인이 되어 범죄행동을 더 많이 하는 것으로 나타났다(Olweus, 1995).

피해학생들이 경험하는 심리적, 정서적 어려움으로는 외로움, 우울과 불안감 등이 있으며, 스스로의 무가치함에 괴로워한다. 또한 또래와 관계형성에 어려움을 가지게 되고, 성적이 급격하게 떨어지게 된다. 또래들에게 지속적으로 괴롭힘을 당하게 되면 무기력함과 무능함, 수치심과 분노, 나아가 자살이라고 하는 극단적인 생각까지도 하게 된다. 학교폭력의 피해로 인해 학교에 대한 공포를 가지게 되는 학생들은 학교를 많이 빠지는 경향이 있기 때문에 학업수준이 저하되며 성인이 되어서도 더 우울한 경향을 보인다(정현주·김하나·최보영, 2012).

이처럼 피해학생뿐만 아니라 가해학생들에게도 많은 상처를 남기는 학교폭력은 반드시 근절되어야 한다(김성곤 등, 2014).

제4절 학교폭력의 경향

최근 학교폭력의 경향이 점차 변화하고 있다. 교육부(2017)의 학교폭력근절 종합대책에 의하면 최근의 학교폭력은 다음과 같은 특징을 지니고 있었다.

첫째, 학교폭력 최초 발생이 연소화되고 있다. 학교폭력 피해학생 중 53.6%, 가해학생의 58.5%가 초등학교 때 최초로 학교폭력을 경험하는 등 학교폭력 경험 연령이 낮아지고 있다.

둘째, 중학생의 학교폭력 발생비율이 급증하고 있다. 학교폭력위원회의 총 심의건수 중 중학생이 69%이며 국민신문고에 신고된 중학생의 학교폭력 관련 민원이 초등학생의 7배, 고등학생의 2배에 해당되었다.

셋째, 가해학생과 피해학생의 구분이 불분명해졌다. 학교폭력 피해경험이 있는 학생이 다시 학교폭력을 당하지 않기 위해 다른 학생에게 학교폭력을 행사하는 피해와 가해의 악순환이 지속되는 경향이 있다.

넷째, 육체적인 폭력에 비해 정신적인 폭력이 증가하고 있다. 과거의 학교폭력은 대부분이 단순한 신체적 폭력인데 비해, 최근에는 강제적 심부름, 사이버 폭력, 성적 모독 등 정신적, 언어적 폭력이 증가하고 있다.

다섯째, 학교폭력의 집단화 현상이다. 학교폭력 피해학생 중 66.2%가 2명 이상의 가해자에게 학교폭력을 당하고, 가해학생의 수가 6명 이상인 경우가 16.3%를 차지했다. 이처럼 학교폭력의 집단화 현상이 증가하고 있다.

이외에도 학교폭력이 일회적으로 일어나기보다는 지속적으로 발생되고 있는 특징이 있다. 즉 한 가해학생이 2회 이상으로 지속적으로 폭력을 가하는 일이 증가하고 있다.

| 학습과제 |

1. 학교폭력의 개념은 다양하다. 교재의 내용을 바탕으로 학교폭력 개념을 재정의 한다면 어떻게 정의할 것인가?

2. 학교폭력의 형태가 점차 변화되고 있다. 최근 학교폭력 경향을 설명하고, 학교폭력 해결을 위한 예방 프로그램을 제안해 보시오.

CHAPTER 02

학교폭력 원인과 실태

| 개요 |

학교폭력의 원인을 파악하는 일은 학교폭력에 대처하고 예방하는 데 매우 중요하다. 이 장에서는 학교폭력에 영향을 미치는 대표적 요인인 '개인 심리적 요인, 가정요인, 학교요인, 그리고 지역사회 요인'으로 구분하여 정리하였다. 학교폭력과 관련된 학생의 개인 심리적 요인은 성별, 연령, 심리적 특성 등에 따라 차이가 있으므로 심도 있는 연구가 필요하다. 가정요인에서는 가족 간의 유대관계, 부모의 양육태도, 가정폭력, 결손가정의 측면에서 논의하였다. 학교요인으로는 학업에 대한 스트레스, 일탈 친구와 접촉, 학교의 물리적 환경, 교사의 관심과 개입, 학교 풍토와 문화 등으로 구분하였고, 이들이 서로 작용하여 학교폭력의 원인이 됨을 밝혀두었다. 그리고 지역사회 요인은 대중매체와 학교 주변의 유해환경이 다른 요인과 상호작용하여 학교폭력의 원인으로 작용하는 것에 주목하였다.
그리고 학교폭력 실태에 있어서는 교육부에서 실시한 학교폭력 실태조사 결과를 바탕으로 학교폭력 피해율, 피해유형, 학교폭력 가해 및 목격 실태 등 초·중·고등학교에서 발생하고 있는 학교폭력 현황 및 실태를 제시하였다.

chapter 02 학교폭력 원인과 실태

제1절 학교폭력의 원인

학교폭력 문제를 해결하기 위해 가장 필요한 것이 학교폭력의 원인을 파악하는 것이다. 학교폭력은 단일 요인에 의해 발생되기 보다는 여러 요인들이 복합적으로 작용하여 발생된다. 이 장에서는 학교폭력에 영향을 미치는 개인 심리적 요인, 가정요인, 학교요인, 그리고 사회요인으로 구분하여 서술하였다.

1. 개인 심리적 요인

개인 심리적 요인은 청소년기에 겪게 되는 육체적 성숙과 정신적 미성숙의 괴리로부터 초래되는 발달심리학적 일반적 특성과 개인적 심리 특성으로 구분할 수 있다(홍종관, 2012). 청소년기는 육체적 발달이 정신적 발달에 비해서 빠르기 때문에 정신적으로 불안하며, 외부와의 접촉을 통하여 욕구불만이나 갈등의식을 느끼게 된다. 이때 청소년들은 권위와 규율에 저항하려는 심리를 갖게 되며, 이러한 심리적 특성으로 인해 폭력을 저지르게 되는 경우가 많다(곽형식, 1999).

학교폭력 가해 청소년의 경우 공격적이고, 부적절한 언어적·신체적 행동을 통제하는 능력이 부족한 것이 대부분이다. 학교폭력 청소년에게서 나타나는 개인적 특성 중 가장 많은 것이 충동성과 공격성이다. 충동적이고 공격성이 높은 사람은 사회질서나 규범을 고려하지 않고 자기중심적으로 행동하는 경향이 있다. 이들은 스스로 분노를 조절하거나 화를 참는 능력이 부족하고 자신이 처한 상황에 대한 해석과 인식에 있어서 일반 청소년보다 더 많은 스트레스를 경험하는 것으로 나타난다(정진희, 2009).

학교폭력의 주요 원인은 자기통제력 결여, 폭력성, 공격성 그리고 충동성이다. 이들은 타인을 괴롭히거나 폭력적인 행동, 타인에 대한 강한 지배욕, 피해자에 대한 낮은 공감 등을 보이고 있다(Olweus, 1993). 이처럼 학교폭력과 관계된 개인 및 심리적인 원인은 다양하다.

1) 개인적 요인

학교폭력은 성별에 따라 차이를 보인다. 일반적으로 남학생이 여학생에 비해 폭력적이며 파괴적이다. 따라서 구조적으로 남성은 학교폭력에 관련되는 변인일 수 있다. 실제로 남학생이 여학생보다 더 많은 괴롭힘을 가해하는 것으로 조사되었다(Bosworth, Espelage, & Simon, 1999).

한국에서도 남학생이 여학생보다 학교폭력 가해 및 피해 경험이 많은 것으로 보고되었으며(신성자, 2005), 교육부의 학교폭력 실태조사(2013)에서도 남학생(2.2%)이 여학생(1.6%)에 비해 가해 경험이 많았다.

그러나 Olweus(1993), Click과 Grotpeter(1995) 등은 이에 대해 동의하지 않았다. 그들은 남학생이 여학생보다 더 많은 괴롭힘을 가해한다는 것은 편견일 수 있다고 주장하였다. 이들은, 학교폭력 가해비율에 있어서 남학생이 높게 나타나는 것은 성별에 따라 괴롭힘의 유형에 차이가 있기 때문으로 보았다. 즉, 남학생은 신체적 혹은 언어적 공격 등 직접적인 성향이 높은 반면에, 여학생은 소문내기, 이간질하기, 배척하기, 따돌리기 등 간접적이고 잘 드러나지 않는 방식으로 나타나기 때문이라는 것이다.

Simmons(2002)는 여학생의 괴롭힘 현상에 대한 연구에서 여학생은 은밀한 공격 문화 속에서 주먹이나 칼 대신 몸짓언어나 관계를 이용하여 싸우기 때문에 알아내기 어려우며 희생자가 입는 상처도 깊은 것으로 보고했다. 이처럼 성별에 있어서 남학생의 학교폭력 발생률이 여학생에 비해 높지만, 유형에 따라 차이가 있기 때문에 단순 비교하는 것은 어렵다.

한편, 학교폭력은 학생의 연령과 어떤 관계가 있는가? 선행연구에서는 학생의 연령이 학교폭력에 관계가 있으며, 중학생 시기에 가장 빈번하므로 이 시기의 학생에 대한 주의가 필요하다고 하였다(Olweus, 1993; 박종효 · 박효정 · 정미경, 2007). 박효정과 정미경(2005)의 연구에서도 중학교 2학년 때 학교폭력이 가장 많고 고등학생 때부터 급속하게 감소하는 경향을 보였으며, 정제영 등(2012)의 연구결과에서도 학교폭력대책심의위원회 심의 건수 중 65%가 중학생으로 조사되었다.

최근 학교폭력은 초등학교에서도 빈번하게 발생하는데, 학교폭력의 저연령화 현상은 최근 학교폭력 변화의 주요 특징으로 지적되고 있다(박효정 등, 2006). 교육부(2013)의 학교폭력 실태조사 결과 초등생(2.7%)이 중학생(2.0%)과 고등학생(0.9%)에 비해 피해 응답률이 높았다.

고등학교 시기의 학교폭력은 감소하고 있으나 물리적 폭력보다는 희롱(harassment)이 증가되는 등, 괴롭힘의 양상이 변화되는 것으로 나타났다(Swearer, Espelage, & Napolitano, 2011). 초등학생의 경우에는 신체폭력이나 언어폭력 등 직접적이고 물리적인 형태의 폭력이 많지만 고등학생은 집단따돌림이나 사이버 폭력과 같은 간접적이고 대인관계를 이용한 폭력을 행사하는 경향이 많다는 것이다(Park et al., 2005). 이처럼 연령에 따른 학교폭력은 그 양상이나 빈도에 있어서 차이를 보였다. 따라서 연령별에 따라 학교폭력에 대한 방안이 이루어져야 할 것이다.

2) 심리적 요인

학교폭력행동을 하는 학생들에게서 나타나는 심리사회적 특성 중 충동성과 공격성은 학교폭력 가해행위와 관련이 높다(김창군 · 임계령, 2010). 충동성은 분노, 흥분, 좌절과 같은 다양한 감정을 느끼는 상황에서 자신의 감정에 대한 통제력을 잃고 행동적으로 옮기는 성향을 의미한다. 충동적인 성향은 학교폭력에 영향을 미치는 요인이다(이수경 · 오인수, 2012). 충동성이 높은 학생은 괴롭힘을 가해 할 가능성이 높다. 충동적인 학생은 문제 상황에서 자신의 감정에 대한 통제를 잃어버리고 자신의 행위에 의해 나타날 결과를 신중하게 생각하지 않는다. 따라서 충동적 성향이 높은 가해학생에게는 스스로의 감정을 통제하고 화를 다스릴 수 있도록 훈련하고 지원하는 대안적 프로그램이 필요하다.

공격성은 학교폭력의 가해를 예견해 주는 가장 강력한 요인이다(Hubbard, 2001; 조유진, 2006; 도기봉, 2008a). 공격성은 어떤 갈등상황에서 자신의 목적을 달성하기 위해 물리적 · 언어적 힘을 사용하는 것이다. 공격성이 높을수록 집단따돌림과 학교폭력 가해를 할 가능성이 높다. 가해학생의 공격성은 자신에 대한 우월성과 높은 지배성, 신체적인 강함과 연합되어 나타나는 경향이 있다. 이러한 특성에 근거한 공격적 행동은 학교폭력과 상관이 높은 것으로 나타난다(Olweus, 1993; Bosworth et al., 1999; Macklem, 2006).

공격성이 높은 가해학생은 또래뿐만 아니라 교사나 부모, 어른들에게도 공격적으로 행동하는 경우가 많았다(도기봉, 2008b).

가해학생의 행동성향은 공감능력과도 관련이 있다(Jollife & Farrington, 2004). 공감은 상대방의 입장에서, 상대방이 생각하고 느끼는 것과 동일하게 경험하는 것을 의미하는 것으로(오인수, 2010), 가해학생은 정상학생이나 피해학생에 비해 공격성은 높고 공감능력은 낮은 특징이 있다.

2. 가정적 요인

가정적 요인은 학교폭력과 관련이 있다. 학교폭력 학생의 상당수가 가정환경에 문제가 있었다. 가정은 부모와 자녀가 상호신뢰를 바탕으로 협력하며 사랑하는 혈연공동체다. 일생동안 가장 중요한 행동지침을 교육하고 정서적 안정감이 나타나도록 해주는 곳이다. 따라서 가정의 교육과 환경이 개인의 성격, 인성 그리고 행동유형을 형성하는데 매우 중요한 영향을 미친다고 할 수 있다.

청소년의 인격형성은 가정으로부터 결정적인 영향을 받는다. 결손가정이나 가족구성원 간의 갈등, 가정의 경제적인 빈곤, 부모의 범죄성향 등은 청소년의 비행 및 학교폭력 등에 영향을 미친다(김창군 · 임계령, 2010).

학교폭력과 관련된 요인 중 부모간의 폭력, 자녀에 대한 폭력적인 태도, 가정경제수준이 가해경험과 피해경험에 영향을 주는 요인이 된다고 밝히고 있다(김재엽 · 이순호, 2011). 가정폭력의 경험이 있는 가해 학생의 경우 가정폭력의 정도가 심각할수록 폭력성이 높은 것으로 나타났다. 학교폭력 발생의 가정적 요인으로는 가족 간의 유대관계 부족, 부모의 비교육적 양육태도, 가정폭력 등 다양한 문제가 있다.

1) 가족 간의 관계

학교폭력의 원인에 있어서 부모가 자녀에게 대하는 태도나 부모-자녀의 관계가 학교폭력과 관련된 중요한 변인이다(Park et al., 2005; 박효정 · 정미경, 2005). 부모가 자녀에게 권위적이거나 냉담하게 대할 때 아동은 괴롭힘에 더 관여할 가능성이 높아진다는 것이다.

부모-자녀의 부정적 관계는 학생의 가해행동뿐만 아니라 학교폭력 피해와도 관련이 있다(Demaray & Malecki, 2003). 집단따돌림 피해학생의 부모는 일반적으로 부정적인 말을 더 많이 사용하며, 자녀에게 지시하는 명령과 자신의 행동이 서로 불일치하는 경우가 많은 것으로 파악된다(Franz & Gross, 2001). 이처럼 가족 간에 긍정적인 상호작용을 갖지 못하고 일관성 없이 처벌하는 가정에서, 일부 학생은 따돌림의 가해자가 되고 일부 학생은 따돌림의 피해자가 되기도 한다는 것이다.

가족 관계는 어떤 특정 사건, 즉 가족 구성원의 죽음, 이혼, 별거, 해고, 투병 등의 극단적인 변화가 가정에 일어났을 때, 가족 구성원 간의 정서적 관계가 심각하게 흔들릴 수 있다(강진령 · 유형근, 2000). 상황의 변화와 부모가 겪는 스트레스는 아동에게 부정적인 영향을 미치게 되며, 아동은 이러한 상황에 정서적으로 상당한 어려움을 겪을 수 있다. 따라서 아동의 가정변인을 살펴보기 위해서는 가족의 유대관계와 그러한 유대관계에 영향을 미친 최근의 가정 변화에도 관심을 기울이는 것이 필요하다.

2) 부모양육태도

부모양육태도는 자녀의 성격형성에 절대적인 영향을 미친다. 과보호적인 부모의 자녀는 간섭, 규제 등으로 사회적응을 잘하지 못하며 의존적이다. 부정적인 부모의 자녀는 공격성과 반항성이 있어 싸움을 자주한다. 지배적이고 엄격한 부모의 자녀는 복종적이며 열등감이 있고 눈치를 자주 본다. 복종적인 부모의 자녀는 고집이 세고 반항적이다. 그러나 수용적인 부모의 자녀는 협동성과 친구간의 우정이 돈독하며, 정서적인 안정감으로 명랑하고 긍정적인 삶을 추구한다(Symonds, 1949).

자녀의 폭력이나 공격성은 부모 중심적이거나 지나치게 엄격한 가정에서 자란 아이들에게서 쉽게 나타난다. 그리고 부모의 체벌, 폭력이 학교폭력, 결혼 후 자녀폭력, 사회폭력으로 이어진다. 따라서 자녀의 양육태도는 관대하고 민주적이며 수용적이어야 한다.

부모가 자녀를 어떠한 태도로 양육하는가에 따라 자녀의 성격과 인성이 좋거나 나쁘게 형성되므로, 부모의 지나친 폐쇄성, 방임성, 통제성, 보호성 등의 심리적 특성으로 자녀를 양육하는 가정이 청소년비행에 절대적인 영향을 준다고 할 수 있다.

3) 가정폭력

가정에서 부모와 자녀, 부부, 형제간의 폭력 노출은 아동의 괴롭힘 행동에 직접적인 영향을 준다. 부모와 자녀 간에 일어나는 폭력의 경우 자녀는 직접적으로 폭력을 경험하는 피해자가 된다. 부모가 자녀에게 가하는 폭력은 학교폭력과 깊은 관계가 있다(도기봉, 2008a).

부모에게 학대를 받은 아동은 또래 친구를 따돌리거나 더욱 공격적인 행동을 보이는 것으로 나타났다(강진령 · 유형근, 2000; 김소명 · 현명호, 2004). 부모로부터 학대받은 아동은 수동적이며, 적대적이고, 자기 파괴적이거나 또래 관계에서 반사회적 행동을 보인다. 이처럼 학대받는 아동에게 나타나는 정서적 불안, 분노 표출과 흥분 등은 친구에게 미치는 악영향이 상당하다(김소명 · 현명호, 2004).

남편이 아내에게 폭력을 가하면, 아내는 남편에게 공격함으로써 폭력의 악순환이 이어진다. 이러한 부부의 폭력적이고 공격적인 갈등을 자주 목격한 아동은 부모의 공격성을 배우고 폭력행사도 많아지게 된다(김소명 · 현명호, 2004).

부부간의 폭력에서도 남편에게 폭력을 당하는 어머니들이 자녀를 더 많이 때린다는 보고가 있다. 그리고 어렸을 때 가정에서 폭력을 목격했던 어머니는 자녀를 학대할 확률이 다른 사람보다 4배나 높았다(강진령 · 유형근, 2000).

형제나 자매간의 공격성이 아동의 괴롭힘 행동에 큰 영향을 미쳤다(Macklem, 2006). 형제간에 직접적인 괴롭힘이 없었다 하더라도 청소년기에 매우 공격적인 형은 어린 남동생의 공격성 모델이 될 수 있다. 청소년기에 폭력을 행하는 형을 목격하는 것은 형을 더욱 강력한 사람으로 여기게 하며, 형제간의 지나친 밀착 관계를 갖게 하여 형의 전철을 따를 위험성을 상당히 증폭시킨다(Hawkins et al., 2000). 이처럼 가정에서 폭력을 직접적으로나 간접적으로 경험하면 폭력행동을 학습하게 되어 학교폭력, 사회폭력으로 이어진다(김소명 · 현명호, 2004).

4) 결손가정

부모의 부재 상황도 학교폭력을 유발하는 원인이다. 청소년기 부모의 이혼은 아동기 때보다 더 나쁜 결과를 초래한다. 청소년(13세~19세)들은 부모의 이혼에 분노로 반응하게 되며, 점차 분노와 우울증이 마음속 깊은 곳까지 쌓여 감정을 잘 조절할 수 없게 하는 문제를 발생시키게 된다.

이혼은 자녀들이 성장하여 부모가 되었을 때까지 영향을 미치는데, 청소년기에 부모의 이혼을 경험한 아이는 부모가 되었을 때, 어머니의 25%, 아버지의 20%에 해당하는 사람들이 스스로 자녀들을 키우는 능력이 부족하다고 생각하며 자신감 없이 행동했다고 밝히고 있다(이경아, 1999). 또한 부모가 둘 다 직장일로 자녀를 가까이에서 돌보지 못하는 경우에도 학교폭력에 영향을 줄 수 있다. 이렇듯이 부모의 부재는 스트레스를 심리적 변화로 표출하게 한다.

3. 학교의 요인

학교는 학생들이 가장 많은 시간을 보내는 곳이며, 학생들이 또래 관계를 형성하며 성장해가는 사회화 기관이다. 가족이 아닌 타인과 생활하며 많은 갈등이 발생하므로 자연스레 학교에서 학교폭력이 가장 많이 일어난다.

1) 학업에 대한 스트레스

학력 위주의 사회에서 학교교육이 시험을 준비하는 교육을 강요하고 있기 때문에 학업에 대한 스트레스가 크다. 학교교육이 입시 위주로 파행되고 있는 동시에 좋은 성적을 얻기 위한 과외 및 학원수강의 과열 현상이 계속되고 있다. 그리고 진학을 하지 못하는 학생들은 소외당하기 마련이며 들러리 학생이 된다.

입시위주의 교육으로 학교교육에서는 학생들의 심신이 조화된 교육, 건전한 정서 함양교육, 그리고 예절교육 등이 우선적으로 실시되어야 하는데, 오직 지식 전수에만 총력을 기울이고 있다. 따라서 공부에 흥미를 잃었거나 인정받지 못하는 학생들이 욕구를 발산할 기회와 장소가 없기 때문에 결국 같은 고민을 가진 학생끼리 불량서클을 조직하여 서로 위로하고 힘이 되어 자신을 괴롭히는 권위에 대항하는 폭력행동을 보이고 있다(김성곤 등, 2014).

2) 일탈 친구와 접촉

학교폭력에 영향을 미치는 요인 중 일탈된 비행 친구들과의 접촉이나 관계는 학교폭력과 밀접하다(이은정, 2003; 조유진, 2006; 도기봉, 2007). 비행에 가담한 친구들과 자주 접촉할수록 학교폭력을 일으킬 가능성이 높다. 실제로 청소년은 폭력조직에 가입되어 있거나 문제행동에 대해 호의적인 태도를 가진 친구와 교제할수록 문제행동이 많았고, 학교생활에 실패하였으며, 비행행동이 증가하였다(Fraser, 1996).

일탈 친구들과의 상호작용을 통해 폭력행위를 경험하거나 폭력행위에 따른 보상을 목격하면 비행행동을 시도할 가능성이 높다. 이처럼 모방을 통해 학습된 폭력적 행동은 점차 또래와의 관계 속에서 강화되거나 습관화된다(도기봉, 2008b). 교육부 조사(2012)에 의하면, 피해학생 4명 중 한 명은 학교폭력 가해경험도 가지고 있을 정도로 피해와 가해경험이 중복된 학생이 많은 것으로 조사되고 있다. 따라서 학교폭력을 예방하기 위해서는 또래 관계와 그들의 폭력적 행위에 대해 주의해야 한다.

3) 학교의 물리적 환경

학교의 물리적 환경도 학교폭력과 관계가 있다. 학교폭력 비율이 높은 학교는 대규모 학교, 과밀학급, 많은 전학생이 있는 학교 그리고 부족한 자원 등과 연관 지을 수 있다(Warner et al., 1999; Rossman & Morley, 1996).

과밀학급의 교육환경은 교사와 학생 간, 학생과 학생 간의 인간적인 접촉 및 관계형성에 장애요인이 된다. 학생 개개인의 사정과 성장에 대한 관심이나 학생과의 대화, 상담지도가 잘 이루어지지 않아 교사나 친구에게 인정받지 못한다고 생각하는 학생들은 자신의 불만을 폭력행위로 나타낼 수 있다.

학교 환경이 좋지 않을수록 신체적·물리적 폭력이 더욱 많이 발생하였다. 따라서 학교 건물을 설계할 때 가시성을 최대한 확보하거나, 사각지역의 환경을 개선하거나, CCTV를 설치하고, 불시 순찰을 강화하는 등의 조치가 필요하다(한유경 등, 2014).

4) 교사의 관심과 개입

교사가 학교폭력에 대해 얼마나 관심을 가지며 적극적으로 개입하는가는 학교폭력 발생과 밀접하다. 교사가 학교폭력에 대해 묵인하거나 적절히 개입하지 않을 경우 학교폭력의 가해행위는 촉진되며, 교사가 학교폭력에 대해 민감하게 인식하며 적극적으로 대처하였을 경우 학교폭력은 현저하게 줄어들 수 있다(신성자, 2005; 도기봉, 2007).

교사의 무관심은 학생으로 하여금 교사가 학교폭력을 막으려고 노력하지도 않으며, 나아가 학교폭력을 막아줄 것으로 믿거나 기대하지도 않는 불신감을 초래하게 해 문제의 심각성을 더한다(Houndouma & Pateraki, 2001).

5) 학교 풍토 및 문화

학교 풍토와 문화는 괴롭힘 가해와 피해에 영향을 미친다(Orpinas & Horne, 2006; Kasen, Kasen, Berenson, Cohen, & Johnson, 2004). Kasen 등(2004)은 학교 풍토나 문화가 언어적 및 신체적 공격에 영향을 미치는 것으로 조사했는데, 내부 갈등이 많은 학교에 다니는 학생의 경우 언어적·신체적 공격이 증가하였다. 학습을 강조하는 학교에 다니는 학생의 경우에는 공격성 및 기타 학교 관련 문제가 감소하였다.

학교폭력의 행동을 옹호하거나 지지하는 모습이 또래집단의 문화 속에서 상호작용할 수 있다. 청소년들은 가족관계에서 점차 벗어나 친구관계에 참여하는 현상이 자연스럽게 늘어나고, 또래집단의 영향이 아동기에 비해 더욱 커지는 시기다. 이처럼 청소년기가 되면 관심이나 흥미가 가족이나 부모로부터 또래집단으로 전환된다. 그러나 또래집단인 친구들로부터 적극적인 지지를 받지 못하거나 인기가 없는 학생들은 거부되고 배척되어 집단따돌림을 받는 경우가 나타난다. 이처럼 청소년들은 또래집단인 친구들로부터 괴롭힘을 당하지 않기 위해 동조하는 모습 속에서 학교폭력으로 이어지는 경우가 있다(청소년폭력예방재단, 1996).

4. 지역사회 요인

산업화와 도시화로 물질중심 가치관, 폭력을 정당화하고 우상화하는 대중매체에의 노출, 사회 전반에 퍼져 있는 유해 환경은 학교폭력 발생에 영향을 주는 요인이다(홍종관, 2009). 그렇기 때문에 학생이 어떠한 지역사회 특성에 노출되어 있으며, 어떠한 영향을 받고 있는지 살펴보는 것은 학교폭력을 예방하는 데 중요하다. 지역사회 내의 환경적 요인은 청소년의 폭력문제행동에 직접적으로 영향을 미치기보다 다른 요인과 상호작용함으로써 학교폭력을 유발한다. 아동과 청소년에게 있어서 이웃과 지역사회는 그들의 폭력과의 관계에서 중요한 영향을 미치는 요인이다.

1) 대중매체

신문, 잡지, 영화, 텔레비전과 같은 대중매체는 현대사회에 많은 영향을 미치고 있다. 대중매체로 인한 폭력 노출은 청소년의 공격성을 증가시키는 주요 요인이다(도기봉, 2009). 이에 대중매체로 인한 폭력노출 문제에 대한 연구를 통해서 문제의 심각성이 제기된다.

Shafii 부부의 연구(2006)에 의하면 한 아동이 초등학교를 졸업할 때쯤이면 100,000회 이상의 폭력행위와 8,000회의 살인을 자기 거실에서 목격하게 되며, 16세 미국 청소년의 경우 TV에서 평균 연간 약 13,000건의 살인을 목격하고 있는 것으로 분석되었다. 더욱 심각한 문제는 텔레비전에 나오는 매력적인 인물의 39%는 폭력사건에 관여되어 있었고, TV 속 범죄자의 73%가 처벌을 받지 않거나 자신의 그러한 행위를 부정적으로 인식하지 않았으며, 폭력과 살인사건을 다룬 방송의 55%는 피해자가 고통을 겪는 것을 보여 주지 않았다(Macklem, 2006). 더욱이 규칙의 무시, 괴롭힘, 따돌림 등의 부정적 행동은 아동용 프로그램에서 더 심각한 것으로 보고되기도 하였다(Muscari, 2002). 이처럼 폭력적 장면에 단순히 노출되는 것을 넘어서 범죄자가 매력적으로 묘사되고 폭력이 정당화되는 장면은 아동으로 하여금 폭력에 대한 허용성 인식과 태도를 갖게 한다.

텔레비전과 같은 대중매체가 아동이 폭력에 노출되는 주된 통로이긴 하지만, 최근에는 인터넷 매체가 발달하면서 인터넷이나 게임 등도 학교폭력을 유발하는 원인으로 지목되고 있다(Griffiths, 1999).

텔레비전, 영화, 비디오 게임, 인터넷 동영상 등에서 행해지는, 괴롭히며 따돌리고, 조롱하며 다른 사람을 존중하지 않는 행위들은 아동의 역할모델에 영향을 주고 심지어 부정적 행동을 가르칠 수 있다.

한국 청소년의 경우 여가 시간의 3분의 1을 TV시청에, 4분의 1을 컴퓨터 게임에 할애하고 있는 것으로 조사되었다(김기헌 · 이경상, 2006). 또한 휴대전화 중독에 빠진 청소년들은 매체를 사용하는 데 있어서 더 중독적으로 사용하는 것을 알 수 있다. 이처럼 청소년들은 대중매체를 통해서 학교폭력에 노출되어 있으므로 학교폭력을 예방하고 근절하기 위해서는 폭력적이고 자극적인 대중매체로부터 아동을 보호하기 위한 사회적 노력이 필요하다.

2) 학교 주변의 유해환경

지역사회의 유해환경 또한 학교폭력과 연관되어 있다(도기봉, 2009). 학교 근처 또는 학생들이 자주 다니는 곳의 지역사회의 유해환경은 노래방, PC방, 찜질방, 유흥업소 등을 들 수 있다. 유흥업소의 범람이나 거리의 사회적·물리적 무질서는 청소년을 비행으로 유인하는 역할을 하고, 이러한 유흥업소의 범람은 청소년의 가출, 폭력, 성적 비행을 부추기고 있다.

도기봉(2009)의 연구에 의하면, 청소년의 공격성과 학교 근처의 유해환경이 학교폭력에 미치는 주효과가 유의미하게 나타나, 학교 근처의 유흥업소 범람이 청소년의 비행과 폭력을 유발하는 것으로 나타났다. 이춘화(1999)의 연구에서도 폭력비행 경험이 있는 청소년은 유해업소를 더 많이 출입하고 있으며, 폭력비행 경험이 없는 집단에 비해 술을 더 많이 마시고 담배를 더 많이 피우는 것으로 나타났다.

지금까지 학교폭력의 요인인 개인 심리적요인, 가정요인, 학교요인, 지역사회 요인을 살펴보았다. 이러한 요인들은 각각 학교폭력에 직접적으로 영향을 미치기도 하지만, 이러한 요인이 서로 복합적으로 상호작용을 일으킬 때 위험은 더욱 증가하게 된다(Shafii & Shafii, 2006; 이은정, 2003; 조유진, 2006; 도기봉, 2007). 다시 말해 위험요인이 독립적으로 아동에게 영향력을 미칠 때보다 일정 시기에 여러 요인이 동시다발적으로 작용할 때, 누가적인 위험성은 더욱 심각할 수 있다(도기봉, 2008a).

제2절 학교폭력의 실태

학교폭력 예방에 대한 노력에도 불구하고 학교폭력은 점차 증가하고 있으며, 연령도 낮아지고 있다. 교육부는 대구 중학생 집단 괴롭힘 자살사건(2011) 이후 2012년부터 매년 학기 초마다 조사를 실시하였다. 그리고 2018년부터는 조사 기간이 변경되어 1차 조사는 4월~5월, 2차 조사는 10~11월에 실시한다. 조사 방법도 바뀌어 1차 조사만 전수조사, 2차 조사는 약 10만 명의 학생을 대상으로 표본조사를 진행한다(학교폭력 실태조사-나무위키).[1)]

1) 학교폭력 예방 및 대책에 관한 법률 제 11조 (교육감의 임무)

⑧ 교육감은 학교폭력의 실태를 파악하고 학교폭력에 대한 효율적인 예방대책을 수립하기 위하여 학교폭력 실태조사를 연 2회 이상 실시하고 그 결과를 공표하여야 한다. ⑫ 제1항에 따라 설치되는 전담부서의 구성과 제8항에 따라 실시하는 학교폭력 실태조사 및 제9항에 따른 전문기관의 설치에 필요한 사항은 대통령령으로 정한다. 동법 시행령 제9조(실태조사) ① 법 제11조 제8항에 따라 교육감이 실시하는 학교폭력 실태조사는 교육부장관과 협의

교육부는 2017년 3월 20일부터 4월 28일까지(6주간) 전국 초·중·고등학교(초4~고2) 학생을 대상으로 학교폭력 관련 경험 및 인식 등을 온라인 조사했는데, 17개 시·도교육감이 공동으로 실시한 이 「2017년 1차 학교폭력 실태조사」에 4,190,000명(94.9%)이 참여하였다(교육부, 2017).

1) 학교폭력 전체 및 학교급별 피해율

학교폭력 피해를 경험한 학생의 응답률은 37,000명(0.9%)이다. 학교급별 피해응답률은 초등학교 26,400명(2.1%), 중학교 63,000명(0.5%), 고등학교 45,000명(0.3%)이다. 2012년 이후 학교폭력 피해응답률이 하향 안정화 추세를 보였다.

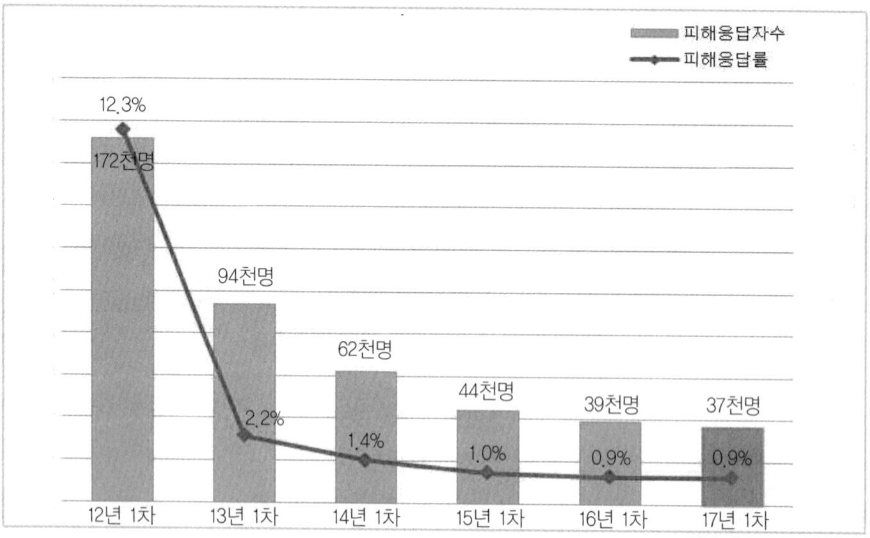

[그림 2-1] 전체 피해응답률

하여 다른 교육감과 공동으로 실시할 수 있다. ② 교육감은 학교폭력실태조사를 교육 관련 연구·조사기관에 위탁할 수 있다. https://namu.wiki/

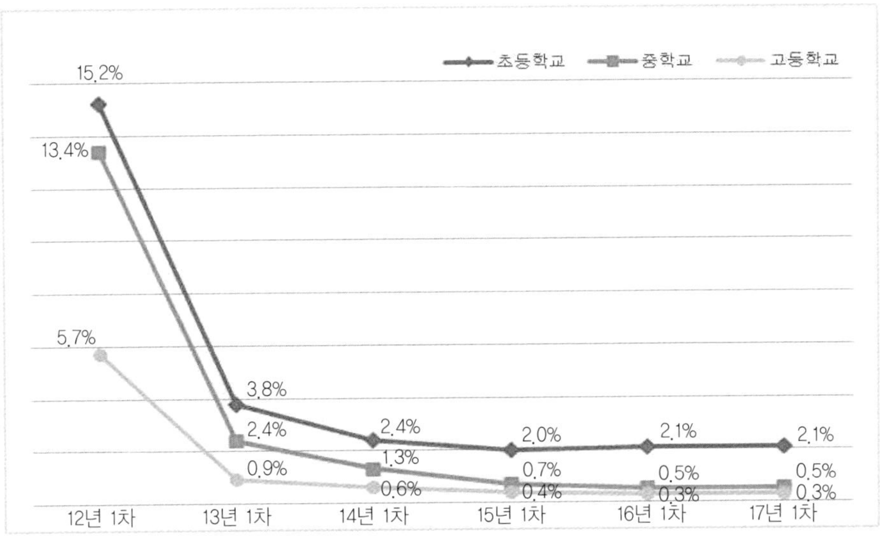

[그림 2-2] 학교급별 피해응답률

초등학교 4학년의 경우 1차 조사 결과 피해응답률이 다소 높은 편이나, 2차 조사에서 감소하는 경향을 보이고 있어 2차 실태조사 결과를 확인할 필요가 있다.

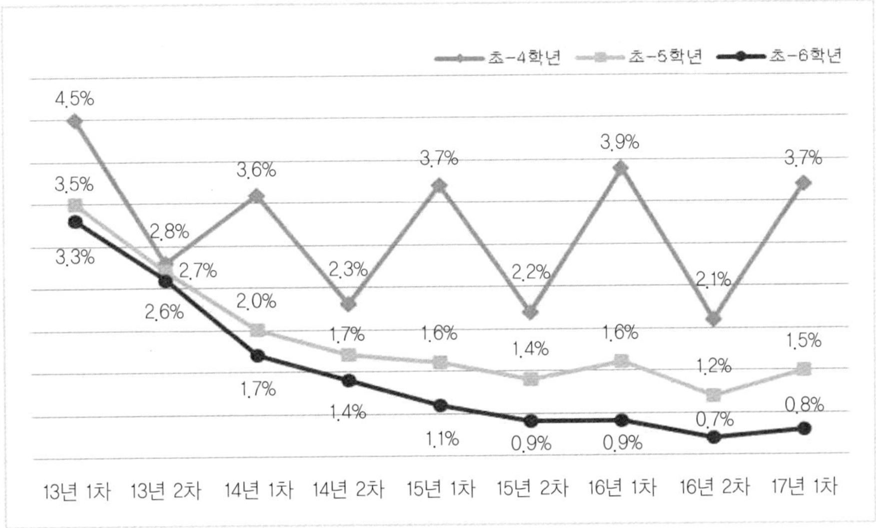

[그림 2-3] 초4~6학년 피해 응답률(2017년 1차)

2) 피해 유형

학교폭력 피해유형을 분석한 결과 학생 1,000명당 피해응답 건수는 언어폭력(6.3건), 집단따돌림(3.1건), 스토킹(2.3건) 등의 순으로 나타났다(교육부, 2017). 최근 청소년들 사이에서 언어를 이용한 욕설, 모욕 등의 학교폭력이 심각해지고 있었다. 신체폭력, 금품갈취 등의 드러난 학교폭력뿐만 아니라 언어폭력과 같이 보이지 않는 학교폭력에 대한 관심이 필요하였다. 따라서 청소년들에게 올바른 언어문화가 자리 잡을 수 있도록 대책이 필요하다.

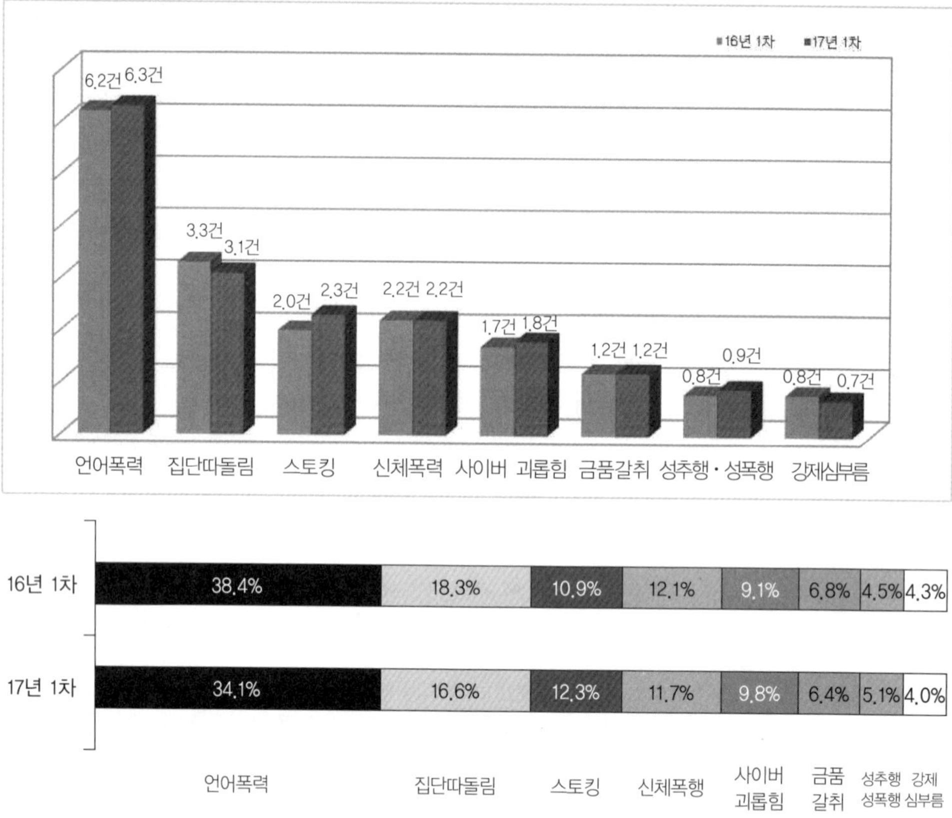

[그림 2-4] 천 명당 피해응답 건수 및 피해유형별 비율(2017년 1차)

2013년부터 2016년까지 학교폭력 유형별 건수는 점차 감소하는 경향을 보였다. 그러다가 2017년에는 전년대비 언어폭력, 스토킹, 사이버 괴롭힘, 성추행·성폭행 피해에 대한 응답 건수가 증가하였으며, 이중에서 상대적으로 스토킹에 대한 증가폭이 높았다. 또한, 2013년에는 언어폭력(13.6건), 집단따돌림(6.6건), 신체폭행(4.7건)의 순으로 학교폭력 피해 건수가 많았으나, 2017년에는 언어폭력(6.3건), 집단따돌림(3.1건), 스토킹(2.3건)의 순으로 나타났다(한국교육개발원, 길혜지).

〈표 2-1〉 학생 천 명당 피해유형별 응답 건수(2013-2017)

구분	2013년 1차	14년 1차	15년 1차	16년 1차	17년 1차
언어폭력	13.6	9.4	6.8	6.2	6.3
집단따돌림	6.6	4.6	3.6	3.3	3.1
스토킹	3.7	3.0	2.6	2.0	2.3
신체폭행	4.7	3.1	2.4	2.2	2.2
사이버괴롭힘	3.6	2.5	1.9	1.7	1.8
금품갈취	4.0	2.2	1.5	1.2	1.2
성추행·성폭행	1.3	1.0	0.9	0.8	0.9
강재 / 심부름	2.4	1.3	0.9	0.8	0.7

3) 피해 장소 및 피해 시간

학교폭력 피해 장소를 조사한 결과 교실 안(28.9%), 복도(14.1%), 운동장(9.6%) 등 학생들이 주로 생활하는 학교 안(67.1%)에서 학교폭력이 발생하였다(2017년 기준).

〈표 2-2〉 학교폭력이 발생하는 장소

구분	학교 안 (67.1)							학교 밖 (26.7)						기타
	교실안	복도	운동장	급식실 매점	화장실	특별실	기숙사	놀이터	사이버 공간	학원 주변	학교밖 체험	집	PC 노래방	
전체	28.9	14.1	9.6	8.4	3.5	2.0	0.6	6.9	5.3	5.1	4.5	3.9	1.0	6.2
초	26.7	13.8	11.7	7.1	3.2	2.0	0.2	8.6	3.3	6.4	5	4.8	0.8	6.6
중	33.4	15.6	4.7	10.7	4.3	2.0	0.6	2.8	10.4	2.4	3.5	2.1	2.1	5.3
고	36	13.5	4	12.8	4.6	2.4	2.6	1.6	10.5	1.1	2.9	1.4	1.3	5.3

학교폭력이 발생하는 시간대는 쉬는 시간(32.8%)이 가장 많았고, 점심시간(17.2%),

하교 이후(15.7%), 그리고 수업 시간(8.0%) 순으로 발생하였다.

〈표 2-3〉 학교폭력 주요 시간(2017년 1차)

구분	쉬는 시간	점심 시간	하교 이후	수업 시간	하교 시간	학교밖 체험	등교 시간	방과후 수업	기타
전체	32.8	17.2	15.7	8.0	7.6	4.3	3.6	3.2	7.6
초	31.4	15.7	17.7	6.3	8.9	4.8	4.0	3.7	7.5
중	37.3	20.9	11.7	10.4	5.0	3.3	2.5	1.5	7.3
고	34.9	20.6	9.7	14.5	3.7	2.9	2.7	2.6	8.3

4) 가해자 유형

학교폭력 피해학생이 응답한 가해자 유형은 같은 반 학생(44.2%)이 가장 많았으며, 동 학년(31.8%), 다른 학년(9.4%), 타학교 학생(4.1%)으로 나타났다. 즉 학교폭력 가해자는 피해학생으로부터 가장 가까운 곳에 있는 비율이 높았다.

〈표 2-4〉 가해자 유형(2017년 1차)

구분	같은 반	동 학년	타 학년	타 학교 학생	모름	기타
전체	44.2	31.8	9.4	4.1	2.7	7.8
초	43.7	31.6	9.9	3.7	3.1	8.1
중	45.3	32.4	8.5	5.2	1.5	7.0
고	45.5	32.6	7.6	4.7	2.0	7.5

5) 피해 사실을 알린 사람

학교폭력 사실을 주위에 알리거나 신고한 응답은 78.8%이며, 대상은 가족(45.4%), 학교(16.4%), 친구나 선배(11.0%) 등의 순으로 나타났다. 따라서 피해학생들이 학교폭력으로부터 보호받고 사안이 잘 해결될 수 있도록 부모, 교사 등 1차적으로 도움을 요청 받는 사람들의 적극적이고 실질적인 대처가 필요하다.

〈표 2-5〉 피해 사실을 알린 사람(2017년 1차)

구분	가족 보호자	선생님 신고함	친구 선배	다른 사람(기관)	117신고센터 경찰관	미신고
전체	주위에 알리거나 신고 (78.8)					21.2
	45.4	16.4	11.0	3.7	2.3	
초	51.9	12.6	7.8	3.9	2.0	21.6
중	34.2	26.0	14.9	3.2	2.7	19.0
고	22.8	24.8	24.0	3.0	3.2	22.2

6) 피해 미신고 이유

학교폭력 실태조사 결과 학교폭력 피해 학생 수나 발생률이 점차 줄어들고 있으나, 학교폭력의 피해 유형이나 발생 원인에 대한 인식의 차이가 존재하고 있다. 교육부(2017) 조사결과 학교폭력을 경험하고도 학교폭력 피해를 신고하지 않는 경우가 21.2%다. 피해를 신고하지 않는 이유로 학교폭력이 '별일이 아니라고 생각해서'라는 응답이 가장 높았나. 학교폭력의 문제는 다만 피해자와 가해자 간의 문제에 불과한 것이 아니라, 교육공동체 모두의 문제로 인식하고 이를 해결하기 위해 함께 노력해야 할 것이다(길혜지, 2017).

〈표 2-6〉 피해 미신고 이유

구분	별일이 아니라고 생각해서	더 괴롭힘을 당할 것 같아서	스스로 해결하려고	해결이 안 될 것 같아서	창피해서	어디에 알려야 할지 몰라서	기타
전체	28.0	18.3	17.5	14.3	5.9	4.9	11.1
초	27.8	21.2	17.2	12.4	5.8	5.2	10.3
중	27.3	12.4	19.6	17.9	5.5	4.6	12.8
고	30.0	9.3	17.1	20.8	6.4	3.2	13.2

7) 학교폭력 가해 및 목격 실태

학교폭력 가해학생의 응답률은 0.3%(1만 3천명)로, 2016년에 비해 0.1% 감소(3천명) 하였다. 학교급별 가해응답률은 초등학교 0.7%, 중학교 0.2%, 고등학교 0.1%이다.

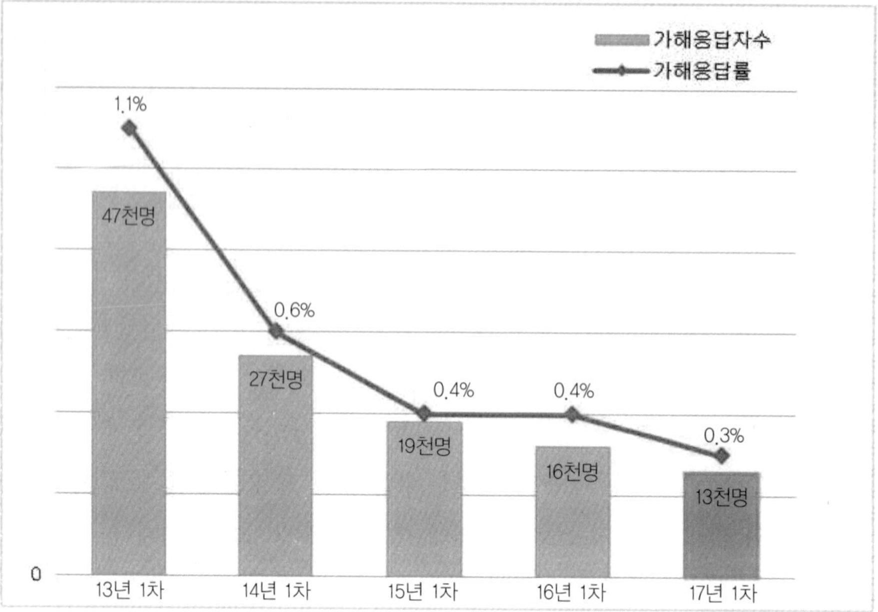

[그림 2-5] 가해응답률

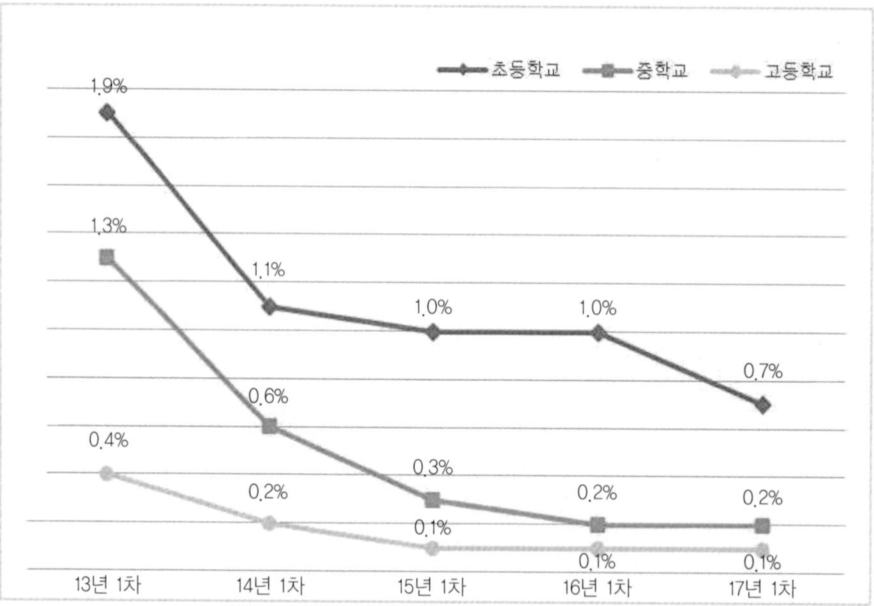

[그림 2-6] 학교급 별 가해응답률

학교폭력 목격학생의 응답률은 2.6%(10만 7천명)로, 전년 대비 0.1% 증가(2천명)하였다. 학교급별 목격응답률은 초등학교 5.3%, 중학교 1.7%, 고등학교 1.1%로, 전년 대비 초등학교는 0.2% 감소하였고, 중학교는 0.2% 증가, 그리고 고등학교는 동일하였다.

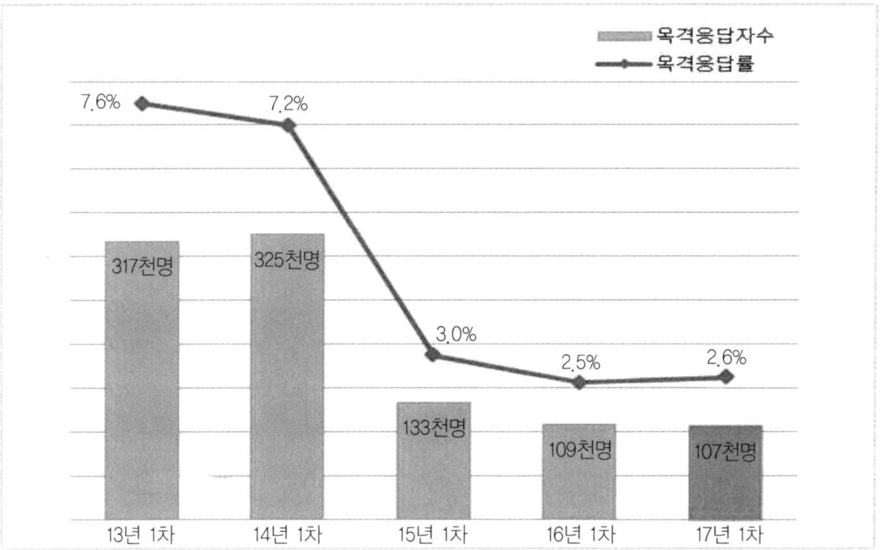

[그림 2-7] 목격응답률

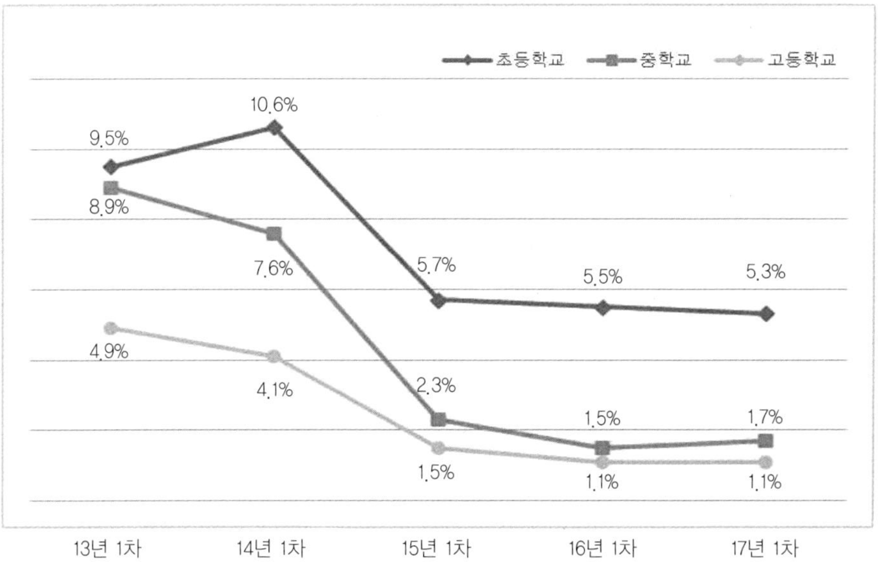

[그림 2-8] 학교 급별 목격응답률

| 학습과제 |

1. 학교폭력에 영향을 미치는 요인은 '개인 심리적요인, 가정요인, 학교요인, 지역사회 요인 등이 있다. 이들 요인 중 학교폭력 예방을 위해서 우선적으로 노력해야할 요인과 그 이유를 기술하시오.

2. 학교폭력 현황과 실태파악을 통해 객관적인 데이터를 수집하는 일은 중요하다. 이를 위해 학교폭력 실태조사에 추가해야 할 요소를 제시하시오.

Prevention of School Violence and Understanding Students

Part 2. 학생의 이해

CHAPTER **03**

아동청소년의 이해

| 개요 |

이 장에서는 아동청소년기의 정의를 살펴본 후에 심리·정서적, 사회문화적 특성을 살펴보고, 폭력과의 관련성을 살펴보았다. 아동기는 초등학교 입학부터 졸업까지의 시기, 즉 만 6~12세의 시기이다. 이 시기의 아동의 생활 중심은 가정에서 학교로 옮겨짐에 따라 학교를 바탕으로 여러 사회적 관계를 형성하고 사회구성원으로서 사회가 요구하는 기본적인 지식과 기술을 습득하는 것이 중요한 과제가 된다. 청소년기는 아동기에서 성인기로 넘어가는 시기로 12세에서 18세로 구분한다. 이 시기의 청소년은 인간발달 단계 중 가장 격동적이고 불안정한 시기로 부모로부터 심리적으로 독립하여 자아정체감을 형성하고 진로를 결정하며 사회적 역할을 수용하는 과업을 달성해야 한다. 이렇게 아동청소년기에는 아직 이성적 분별력과 자제력이 충분히 성장하지 않은 채 폭력행동을 부추기는 사회문화적 환경에 노출되어 폭력행동이 늘어나고 있는 추세이다. 따라서 이 장에서는 아동청소년기의 특성을 이해하고 이들의 폭력충동의 원인과 감소방안을 살펴보고자 하였다.

chapter 03 아동청소년의 이해

제1절 아동 청소년기

성장과 쇠퇴라는 생애주기에 따라 흔히 사람의 일생을 유아기(취학 전), 소년기(10대), 청년기(20대), 장년기(30~40대), 노년기(50대 이후) 등으로 구분한다. 이러한 사회적 통념에 따르면 청소년이란 청년기와 소년기의 사람을 통틀어 부르는 개념이다(홍경선, 2014). 아동·청소년기는 아동기와 청소년기로 나누어 살펴볼 수 있다. 아동기는 학령기라고도 불리며, 일반적으로 만 6세에서 12세 사이의 초등학교시기를 의미한다. 생활의 중심이 가정에서 학교로 옮겨가게 되면서 또래집단과의 상호작용이 활발하게 이루어지기 때문에 이 시기에는 원만한 인간관계를 맺음으로써 건강한 성격을 형성하는 것이 중요한 과제이다.

청소년기는 일반적으로 13세에서 24세 사이의 시기를 말하지만, 우리 사회에서 청소년기의 연령기준이 명확하지는 않다. 취학연령 또는 학력에 따라 청소년을 구분하는 방법이 있다. 오늘날의 초등교육과 중등교육은 일정한 연령층을 대상으로 학교시설에서 공교육 형태로 이루어진다는 특징을 지니고 있다. 청소년을 초등학교 취학자로부터 고등학교 졸업자까지 혹은 중학교와 고등학교 취학자로 한정하는 것이 이 접근이다.

입법취지에 따라 청소년을 법률적으로 정의하는 방법도 있는데 1991년에 제정된 우리나라 '청소년 기본법[1)]'은 청소년을 '9세 이상 24세 이하인 자'로 규정하고 있으며 유해환경으로부터 청소년을 지킬 목적으로 1997년에 제정된 "청소년 보호법[2)]"에

1) 청소년 기본법: 제3조(정의) 이 법에서 사용하는 용어의 뜻은 다음과 같다. 1. "청소년"이란 9세 이상 24세 이하인 사람을 말한다. 다만, 다른 법률에서 청소년에 대한 적용을 다르게 할 필요가 있는 경우에는 따로 정할 수 있다.

2) 청소년 보호법: 제2조(정의) 이 법에서 사용하는 용어의 뜻은 다음과 같다. 〈개정 2013.3.22., 2014.3.24.〉 1. "청소년"이란 만 19세 미만인 사람을 말한다. 다만, 만 19세가 되는 해의 1월 1일을 맞이한 사람은 제외한다.

서 19세 미만인 자로 규정하고 있다.

청소년 시기는 사춘기에서 시작하여 성인기의 시작과 함께 끝나는 아동기와 성인기의 과도기로, 급격한 신체적 발달 및 변화를 경험함과 동시에 인지와 자의식(sense of identity)이 발달하여 긴장과 불안 등의 다양한 감정을 경험하게 된다. 이 시기는 감수성이 예민하고, 주변 환경의 영향을 많이 받는 것으로 알려져 있다. 특히 청소년기에는 과도기적 단계에서 겪는 불안, 갈등, 고민 등으로 여러 가지 심리적 변화를 겪게 되는데 이러한 과정에서 나는 누구인가에 대해 끊임없는 물음을 통해 자신을 고찰해 나가면서 '자아정체감'을 형성하게 된다. 이처럼 아동·청소년기는 급격한 신체적·정서적·도덕적·사회적 발달이 활발하게 이루어지면서 다양한 심리사회적 특성을 보이게 된다. 본 장에서는 아동기에서 청소년기에 이르기까지 학생들의 특징을 살펴보고자 아동기와 청소년기를 분류하여 기술하였다.

1. 아동기

아동기(childhood)는 생활의 중심이 가정에서 학교로 옮겨지는 학동기로 사회가 요구하는 기본 기술을 습득하는 발달단계로서 초등학교 입학부터 졸업까지의 만 6~12세의 시기를 말한다. 이 시기는 부모와 가정의 영향권에서 다소 벗어나 또래와의 인간관계가 크게 확장되는 시기여서 또래시대(gang age)라고도 한다(홍경선, 2014).

아동은 학교라는 집단에 속해 교사의 학습지도와 또래와의 관계를 통하여 새로운 장면에 대한 호기심과 탐색의 욕구를 추구하는 과정에서 많은 발달적 변화를 하게 된다. 사고의 발달에서 현저한 전환이 이루어지는데 초등학교 1, 2학년까지는 자기중심성이 사고의 특징을 이루고 있지만, 8~9세경이 되면 자기중심성이 사라지고 주변의 세계를 객관적으로 이해하게 된다. 피아제 이론에 따르면 아동기는 구체적 조작기(concrete operational stage)로서 이전 단계인 전조작기(pre-operational stage)에서 습득하지 못한 보존개념을 획득하고 자아중심주의에서 탈피하기 시작한다고 보았다. 또한 도덕발달단계는 타율적 단계에서 자율적인 단계로 변화하기 시작한다.

아동기는 초등학교 입학과 더불어 생활에 많은 변화가 생기고 또 많은 또래들과 집단생활을 통해 새로운 인간관계를 맺으면서 성격과 사회성 발달을 하는 중요한 시기이다. 사회생활은 부모를 절대적으로 의지하던 환경에서 벗어나서 교사, 친구, 선・후배, 이웃, 사회 등과의 관계로 넓어짐에 따라 아동은 보다 자율적이 되고 규범과 규칙을 익히고 새로운 사회생활에 적응하게 된다.

아동기에는 어떤 행동을 하기 전에 상황을 평가하고 그 결과를 예상하는데, 아동기에 자신의 행동평가에 가장 큰 영향을 미치는 변인이 바로 자아개념이다. 자아개념은 신체적 특성, 개인적 기술, 가치관, 희망, 지위와 역할 등 개인이 자신의 것으로 동일시하는 개인적 특성에 대한 지각이나 느낌이다. 이러한 자아개념은 자신이 독특하고 타인과 구별되는 존재라는 인식을 하는 데서부터 발달하기 시작하며, 연령이 증가함에 따라 자기 이해가 증가하고 확장된다. 아동기의 자아개념 발달에는 학교에서의 성공이나 실패경험이 중요한 영향을 미친다. 학교에서의 성공과 그에 따른 긍정적 평가는 긍정적 자아상과 연결된다. 그러나 학교에서의 실패와 그에 따른 교사, 부모, 또래의 부정적 평가는 부정적 자아개념을 형성하는 데 결정적인 역할을 한다.

자아존중감은 자신이 다른 사람에게 중요하게 받아들여지는 상호작용에서 시작되며, 작은 성공이나 칭찬 등을 통해서 형성된다. 아동기에 접어들며 자신을 객관적으로 평가하고 타인의 견해를 수용할 수 있는 능력이 발달함에 따라 자아존중감은 재조정된다. 아동기의 자아존중감은 자신의 외모와 신체능력과 관련된 신체적 자아존중감에서 학업능력과 관련된 학업적 자아존중감, 대인관계에서 형성되는 사회적 자아존중감으로 분화되어 간다.

이러한 자아존중감 발달은 에릭슨이 말하는 아동기의 근면성과 열등감의 발달과 밀접한 관련이 있다. 만약 아동이 새로운 것에 많은 호기심을 갖고 사회에서 필요로 하는 기본적 기술을 열심히 익혀 나가고, 그 과정에서 교사나 부모의 물질적 보상이나 칭찬을 듣게 되면 근면성과 높은 수준의 자아존중감이 형성된다. 그러나 성공보다 실패를 더 많이 경험하고 그 결과로 사회관계망으로부터 부정적 평가를 더 많이 받게 되면 열등감과 낮은 수준의 자아존중감이 발달하게 된다. 자아존중감 수준이 높은 아동은 모든 일에 솔선수범하고 다소 위험이 따르더라도 능동적으로 행동을 수행한다. 이에 반해 자아존중감이 낮으면 새로운 과제에 직면했을 때 불안을 경험하게 되고 솔선해서 행동을 수행하기가 어려워진다.

아동기는 사회적 관계의 장이 가족에서 이웃과 학교로 확대된다. 이 시기에 아동은 학교나 이웃의 또래친구와의 대인관계 속에서 집단생활의 규범을 준수하고 상호 협력하며 자신의 욕구를 통제할 수 있는 기본적인 사회적 기술과 태도를 학습하게 된다.

2. 청소년기

청소년기는 인간발달단계에서 신체적·정신적·사회적으로 급속한 변화가 일어나는 시기이다. 청소년과 청소년기에 대한 정의는 시대와 학자에 따라 조금씩 차이가 있다. 청소년은 라틴어 'adolescere(성장하다)'에 기초하여 'adolescence(청소년기)'라 하는 것으로서 '성장하다(grow up)' 혹은 '성숙에 이른다(come to maturity)'는 의미가 함축되어 있다. 즉, 청소년기는 육체적으로 급격한 성장을 보이고 정신적으로는 부모로부터의 독립과 동시에 자아가 형성되는 시기로서의 특징을 지니며 아동기에서 성인기로 이행하는 과도기적 성격을 지닌다. 따라서 청소년은 현재보다는 다가오는 성인기 생활을 준비하는데 역점을 두고 주도적이고 적극적인 역할을 스스로 창출하기 보다는 기성세대의 가치나 규범을 수용하는 수동적 존재로 보는 경향이 있다(이소희·도미향·정익중·김민정·변미희, 2005). 정신분석학에서도 청소년기를 '사춘기와 함께 시작되며 성숙을 위한 변화를 수용하기 위해 심리적 재구조화가 필요한 기간'이라고 설명하고 있다.

인생발달에서 청소년이라는 중요한 시기가 있음을 초기에 간파한 고대 철학자는 플라톤이다. 그는 인간의 발달과정 중 특히 아동기부터 청년기에 걸친 사회화 과정에 주목했다. 아동기에는 지적 측면보다 주로 인성이 형성되는 시기이므로 음악과 스포츠 등의 교육이 중요하고, 청소년기에는 이성이 발달하는 시기이므로 합리적 사고의 바탕이 되는 수학, 과학 등을 많이 가르쳐야 한다고 하였다.

아리스토텔레스는 인간의 성장단계를 7년씩 구분하여 첫 번째 7년을 유아기(infancy), 14세까지를 소년기(boyhood), 21세까지는 청소년기(young manhood)로 구분하였다. 청소년이 성숙한 사람에 비해 불안정하고, 인내심과 자기자율 능력이 부족하다고 설명했지만 이때야말로 자신의 삶을 스스로 선택하고 결정하는 능력이 발달하는 가장 중요한 성숙의 시기로 보았다.

근대적 관점에서 청소년기의 개념을 정립한 사람은 프랑스의 자연주의 철학자 루소(Jean Jacque Rousseau)이다. 루소는 1762년에 청소년기의 개념을 소개하면서 어린이를 성인과 동일하게 취급해서는 안 되며 '축소된 성인'이 아니라, '독립된 인격체'로 보아야 한다고 주장했다. 12세 이전의 어린이는 성인의 엄격한 통제로부터 자유로워야 하며 그들의 세상을 자유롭게 경험할 수 있어야 한다고 믿었으며, 12~15세에 신체적 성장과 함께 이성과 자의식이 형성되며, 15~20세에 정서적으로 성숙하면서 도덕심을 갖게 된다고 하였다. 따라서 이러한 시기에 다양한 탐색활동을 통해 호기심을 길러주고 지적 욕구를 충족시켜 주는 것이 중요하다. 그는 '급격한 신체적 변화를 경험하면서, 어른과 어린이 사이에서 정서적으로는 심한 갈등을 경험하는 15~20세의 시기'가 가장 중요함을 강조하고 있다. 청소년기를 자기만의 가치와 특성을 정립하여 재탄생 혹은 제2의 탄생을 경험하는 시기로 간주하였다.

학문적인 입장에서 청소년을 정립한 미국 심리학자 홀(Stanley Hall)은 1904년에 발간한 그의 저서 『청소년기(Adolescence)』에서 루소의 입장을 지지하면서 청소년기를 '질풍과 노도의 단계(a phrase of storm and stress)로 보았다. 청소년기의 젊은이는 내부에 큰 에너지를 잠재적으로 가지고 있어서 늘 긴장과 갈등을 동반한다고 하였다. 청소년은 편안히 보호받은 아동기의 의존적인 상태에 머물러 있고 싶은 갈망과 험난하지만 자기 독립적인 성인의 세계로 진입하려는 욕망 간에 긴상과 분열을 경험하기도 한다고 하였다. 홀에 따르면 청소년은 자시만의 개성(정체성)과 집단에 대한 일치성(소속감) 간의 긴장을 경험하게 되는데, 이러한 일련의 긴장과정 속에서 청소년은 도덕 훈련과 종교 훈련을 통해 진정한 자기로서의 각성을 하게 된다고 하였다(김재영, 2001).

인류학자 미드(Margaret Mead)와 베네딕트(Ruth Benedict)는 사회·문화적 측면에서 청소년을 설명하고자 하였다. 이들은 청소년이라고 해서 모두가 예외 없이 긴장과 혼란의 과정을 지나는 것은 아니며, 성장 환경과 속해있는 문화에 따라 성인기로 부드럽게 이행할 수도 있다고 보았다.

청소년기 전기는 사춘기를 기점으로 신체 및 성적 성숙이 급격히 일어나고 이성에 관심이 쏠리는 시기인데 비해, 청소년 후기는 자아 정체감의 형성과 독립된 생활태도를 확립하는 시기이다. 레빈슨(D. Levinson)은 부모로부터 독립하여 성인초기를 살아갈 인생구조의 설계를 준비하는 것이라고 하였다. 인생구조(life-structure)는 자아(self)와 세계와의 관계를 의미한다. 청소년기는 그들만의 특유한 생활양식이 있으나 아직 뚜렷한 정체성과 방향성을 확립하지 못한 과도기이다. 따라서 아동청소년기의 심리·정서적, 사회문화적 특성을 잘 이해하게 된다면, 학교폭력에 효율적으로 대처할 수 있는 방안을 마련할 수 있을 것이다.

제2절 심리 · 정서적 특징

아동기는 유아기에 비해 안정적으로 정서가 발달하게 된다. 유아기에 정서상태가 일시적이고, 돌발적이었다면 아동기에는 지속적이고 정적으로 변화하게 된다. 아동은 초등학교에 입학하면 그들의 사회적 환경이 급격히 변화하고 가정 밖에서 보내는 시간이 늘어나게 된다. 그들의 활동중심은 학교가 되며 친구는 아동의 성장발달에 매우 중요한 의미를 지니게 되는 반면, 가족의 기능 및 영향력은 아동의 사회화에서 상대적으로 줄어들게 된다. 친구들과의 상호작용을 통해 사회생활에 필요한 여러 기술을 터득하고 자신이 속한 문화의 가치관과 행동규범을 획득하면서 아동은 사회화된다.

청소년기는 다른 연령대보다 급격한 정서 변화를 경험하는 것으로 알려져 있다. 청소년기의 정서적 특성을 살펴보면 다음과 같다. 아동기와 비교하여 청소년기에 나타나는 정서적 특징은 첫째, 격렬함과 동요성을 보인다. 청소년은 사소한 상황 변화나 주변 사람의 반응에 쉽게 감정이 유발되거나 정서표현을 하곤 한다. 이러한 격동성은 청소년기 초기에 더욱 두드러지고, 후기로 갈수록 자신의 감정에 대해 점차 여유를 찾게 된다. 둘째, 정서의 자극 대상이 변한다. 체벌 같은 신체 자극이나 감각적인 것이 유아기의 불쾌 정서를 일으키는 자극 대상이라면, 아동기는 사회적 학습의 과정 속에서 나쁜 성적을 받거나 벌을 받는 등의 자극에 불쾌감을 느끼게 된다. 이에 비해 청소년기는 죽음, 부모의 불화, 교우관계의 실패와 같은 무능력감과 불안정감을 일으키는 대상에 대해 정서 자극을 많이 받는다. 셋째, 청소년기는 성적 성숙의 영향으로 성에 대한 관심과 욕구가 증가한다. 이를 수치스럽게 생각해 이성에 반감을 표현하거나 주변 사람에게 과장된 반항을 할 수 있다. 넷째, 정서표현을 내면화하는 특징이 있다. 청소년기의 정서는 의식적으로 억제되는 경우가 많아, 공포심이 불안이나 우울로 나타나거나 우울감정이 분노표현이나 비행 등의 형태로 나타나기도 한다. 청소년 후기로 가면서 정서는 초기보다 더욱 강렬해지지만 직접적인 표출은 억제되는 경향을 보인다. 자신이 느끼는 정서에 대해 의식적인 억제작용이 활발하게 일어나고 이러한 억제로 인해 내면적인 우울감이나 불안정성은 더욱 높아지기도 한다.

청소년기의 심리적 특성을 잘 분석하여 제시하고 있는 학자가 에릭슨(Erick Erickson)이다. 에릭슨은 인간의 발달단계에 따라 각각 독특한 과업을 성취하도록 되어 있어,

각각의 과업을 성공적으로 성취해 내느냐 그렇지 못하냐에 따라 서로 다른 자아관이 형성된다고 보았다. 에릭슨이 제시한 8단계의 발달단계는 각 단계마다 심리사회적 위기를 지니고 있다. 심리사회적 위기란 발달의 각 단계에서 사회 환경의 요구에 적응하기 위한 심리적 노력의 독특한 사건이라기보다는 일상생활에서 겪게 되는 긴장을 의미한다. 매 단계에서의 위기를 어떻게 해결하느냐에 따라 각 개인의 독특한 성격이 형성된다. 에릭슨에 따른 각 단계에서 부딪히는 위기는 바로 '기회'가 되는 것이다.

〈표 3-1〉 에릭슨의 8단계 발달이론

단계	심적 발달 위기	연령	주요 과업	주요 특징
1	신뢰 대 불신 (trust vs mistrust)	0~1	수유(feeding)	환경의 지지로부터 신뢰감 형성 타인에 대한 두려움과 우려
2	자율성 대 수치심, 의혹 (autonomy vs shame, doubt)	2~3	배변(toileting)	주변 환경 탐색을 통해 자기 충족감 자신에 대한 수치심과 독립성 결여
3	자주성 대 죄악심 (initiative vs guilty)	4~5	조작(locomoting)	자신의 활동 주도 죄책감과 부족감
4	근면성 대 열등감 (industry vs inferiority)	6~11	학교활동 (schooling)	유능성 발달 실패하면 열등감 발달
5	자아정체감 대 역할 혼미 (identity vs role confusion)	12~18	동료관계 (peer relationship)	자아정체성 확립 자신의 역할에 대한 혼미
6	친밀성 대 고립감 (intimacy vs isolation)	19~24	연애관계 (love relationship)	친구관계 및 애정관계 발달 타인과의 관계에 대한 두려움
7	생산성 대 침체성 (generativity vs stagnation)	25~54	부모역할 또는 창의성 발휘 (parenting & creating)	자녀양육과 봉사활동 및 직장 생활 생산성 발휘하지 못함. 자신에게만 몰입
8	자아통합성 대 절망감 (ego-integrity vs despair)	55~	삶의 초월성 (accepting one's life)	자신의 생을 수용하고 의미부여 삶에 대한 무의미감과 절망감

에릭슨의 8단계의 발달이론에서 아동청소년기는 제4~6단계에 해당하며 그에 따른 발달과업이 있음을 의미한다. 아동기에 가장 중요한 적응적 개념은 '근면성과 열등감(industry vs. inferiority)'이다. 이 시기에는 학교라는 사회적 관계의 확장 속에서 스스로 유능감을 획득하는 것이 중요한 발달과제이다. 따라서 학교와 또래집단에서 성취에 실패하면 유능감을 형성하지 못하여 열등감을 갖게 된다. 이후 청소년기가 되면, '정

체성과 역할혼미(identity vs role confusion)'의 단계가 된다. 이 시기에는 주관적인 인지적 해석과 공고화 능력을 통해 각 개인은 의미 있는 과거를 바탕으로 미래를 지향하는 자아상을 형성하게 된다. 그중에서 학교폭력과 관련하여 중요하게 다루어야 할 단계와 과업은 제5단계에서 이루어지는 자아정체감과 역할을 확립하는 과업이다.

에릭슨에 따르면 인생발달 단계에서 청소년기, 즉 5단계는 그 어떤 시기보다도 자아의 발달이 중요시 되는 시기이다. 이 시기에 이르러 청소년은 자신이 어떤 사람인가에 깊은 관심을 갖게 된다. 청소년기는 아동에서 성인으로 성장하는 과도기적 단계에서 아동과 성인 어느 집단에도 속해 있지 않기 때문에 역할과 지위에 대한 모호성, 독립과 의존의 양면적 욕구 등을 이유로 불안과 혼란을 경험하게 된다.

이 시기의 가장 중요한 심리·정서적 발달과제는 자아정체감을 형성하는 것이다. 자아정체감의 형성은 아동기의 경험과 동일시에 그 뿌리를 두고 있으며 청소년기에서부터 시작하여 성인기까지 지속적으로 발달하게 된다. 유아는 청소년기에 접어들면서 지금까지 의식하지 않았던 자기 자신과 인생문제에 대해 깊은 관심을 갖고 이전과는 다른 새로운 시각으로 진지하게 생각하게 된다. 이때 자신에 대한 탐색을 하면서 나는 누구이며, 왜 존재하는지 등에 대한 문제에 직면하게 된다. 이러한 고민은 부모의 양육방식, 사회, 학교 등 주변 환경에 의해 영향을 많이 받으며, 올바른 자아정체감의 형성은 대인관계, 자아존중감, 자기수용, 자기주장, 목표지향성 등에 영향을 미치게 된다. 따라서 이 시기 자신의 개성, 자질 등을 발견하면서 건강한 자아정체감을 형성할 수 있도록 원조하는 것이 필요하다.

개인의 정체감 확립은 하나의 단기적 발달 사건이기보다는 일련의 관련 요인이 상호작용하여 복잡하고 다차원적으로 나타나는 발달과정이다. 자아정체감이 확립된 증거로서 청소년은 집단 속에서 확실한 자기 역할을 갖게 된다. 집단 속에서 자기 역할을 찾지 못할 경우에는 계속해서 역할 혼미의 과정을 겪게 되는 것이다. 이것에 대한 이론으로 정립한 사람이 마르샤(Marcia)이다. 그는 정체감 위기가 있을 때 사람들이 대응하는 정체감 성취, 유실, 혼란, 유예의 네 가지 방식을 제시하였다(최옥채 외, 2011). 자아정체감의 발달을 설명하면 아래와 같다.

정체감 성취는 가장 유용한 형태로서 내면화된 가치세계를 계발하고 직업결정을 하는 데 상당한 노력을 기울여야 자아정체감 성취단계에 도달할 수 있다. 정체감 유실은 정체감 위기를 경험하지 못한 사람들로 어떤 어려움과 불안 없이 성인기로 들어서고 직업과 가치에 대한 결정을 스스로 하는 것이 아니라 부모에 의해 이미 오래 전에 결정되어진 상태를 의미한다. 즉, 부모가 살기를 원하는 방식대로 사는 것에 대해 갈등을 하지 않는 유형이다. 유실이라는 것은 변화와 성장의 가능성을 차단하였다는 의미이다. 정체감 혼란은 인생의 방향을 결정하는 데 심각한 어려움을 보이며 또한 이러한 위기를 해결하지 못한 상태를 의미한다. 이 상태의 사람들은 스스로 결정을 내리지 못하기 때문에 자신감이 낮고 한 장소에 오랫동안 머무르지 못하며 타인과 의미 있는 관계를 맺지 못한 채 방황하게 된다. 정체감 유예는 아직 개인적 가치와 직업에 대한 결정을 하지 못해 불안을 경험하는 단계를 의미한다.

이렇게 자기 자신의 자아존중감과 다른 학생들이 자기를 보는 방식이 합치되면 청소년들의 정체감 확립은 순조롭게 이루어질 수 있으나 그렇지 않으면 정체감을 제대로 형성하지 못하고 혼란을 겪게 되며 방황하기 쉽다. 따라서 이 시기에 자아정체감을 제대로 발달시키고 다른 또래 학생들과 주변 사람들에게 인정받고 존중받는 것이 중요하다.

제3절 사회문화적 특징

1. 아동청소년기의 사회적 발달

아동청소년기의 중요한 사회적 발달변화 중 하나는 가정에서 학교사회로 가정 밖에서 보내는 시간이 많아진다는 것이다. 이 시기의 아동 청소년은 부모뿐만 아니라 교사와 또래와의 중요한 사회적 관계를 맺게 된다. 청소년들은 부모로부터 독립하려고 하여 이 시기를 정신적 이유기라고 부른다. 신프로이드 학파인 Sullivan(1953)과 Horney(1950)은 사회에 속하는 것이 청소년 발달에서 핵심적인 과제라고 하였다. 이 시기의 청소년들은 또래관계 내에서 '교섭'과 '협상'을 통해 사회적 맥락을 학습하는 것이 매우 중요하다고 보았다. 특히, 교사와 또래와의 관계형성은 학교생활의 적응과 발달에도 중요한 영향을 미치게 된다. 여기서 교사는 지식은 물론 아동의 역할모델(role model)로서 동일시 대상이 되며 아동은 교사를 통해 사회적 역할을 습득한다.

아동기에는 가정 밖에서 생활하는 시간이 많아짐에 따라 또래집단과의 사회적 상호작용이 많아진다. 또래집단은 동년배 아동으로 구성된 집단이다. 아동은 또래집단 간 상호작용하면서 강화와 모방을 통해 서로에게 영향을 미친다. 즉, '동료집단 형성'의 특징을 보이기도 하는데, 청소년기에 있어서 동료집단은 지리적 근접성이 있는 또래, 특정한 취미와 관심, 비슷한 성격, 유사한 사회경제적 지위, 부모 가치관의 영향과 같은 다양한 기준에 의해 형성된다. 이렇게 동료집단은 더 가깝게는 또래집단(peer group)을 형성하여 구성원 간에 더욱 긴밀하게 영향을 주고받는 관계가 된다. 또래집단 형성의 장점은 접촉 빈도가 높고, 정서적 지원과 안정감, 서로 간의 평등성의 보장, 자아정체감 형성에 영향, 성인기의 사회집단 형성의 기초 등으로 나타난다. 이러한 또래친구와의 접촉을 통해 아동은 사회적 상호작용에 필요한 기술이나 규범을 배우고, 또래 집단의 행동기준이나 태도 또는 가치관을 배우며, 정서적 안정감을 갖게 됨과 동시에 인지발달을 촉진하게 된다(김동배 · 권중돈, 2005). 반면 부정적인 측면에서 또래집단은 아동에게 해서는 안 된다고 하는 것들을 하도록 강제할 수도 있다(Zastow & Kirst-Ashman, 2002).

또래집단 형성에 성공한 청소년들은 청소년기를 행복하고 원만하게 지내기 쉽다. 그러나 또래집단 현성에 실패하거나, 기성세대들이 보기에 바람직하지 않다고 판단된 또래와 집단을 이루게 되는 경우는 청소년기를 힘들게 지내기도 한다. 따라서 이 시기의 또래와의 관계는 학교생활의 적응과 발달은 물론 대인관계 발달에도 중요한 영향을 미칠 수 있다. 그러므로 부모와 교사는 청소년의 교우관계를 파악하고 적절히 지도함으로써 청소년이 그들에게 인정받고 잘 적응하여 사회성 발달을 촉진할 수 있도록 해야 한다.

또한, 또래는 청소년의 성에 대한 지식의 공급자이면서 성역할 정체감을 학습할 수 있는 기회의 제공자로서 영향을 미치고 있다. 학교는 남성과 여성이 차별적으로 성역할을 수행하도록 지도하는 경향을 보이기 때문에 성역할 고정관념을 내면화시킬 수 있다. 대중매체는 프로그램의 성격에 따라 차이가 있지만 남녀간의 차별적인 성역할을 내면화시키는 데 기여하여 성역할 정체감을 발달키는 데 영향을 미친다(이근홍, 2006; pp.108-109).

이렇게 청소년기의 사회적 발달은 부모나 가족에게서 분리되어 친구나 자기 자신에게 의존하려는 경향이 아동기보다 심화되고, 친구들 간의 우정이 가족 간의 애정보다 더 중요하게 된다. 또한 이 시기에는 이성 친구에 대한 관심도 많아진다. 사회가 요구하는 성에 대한 적절한 태도와 행동은 청소년기에서부터 시작된다. 성역할 정체감의 발달에 영향을 미치는 요인은 부모, 또래, 학교, 대중매체 등이다. 부모는 청소년이 성역할을 동일시할 수 있는 대상이면서도 지도자로서 청소년의 성역할 정체감의 발달에 크게 영향을 미친다. 부모가 자녀에게 성별로 부여하는 과제에 따라, 부모가 자녀에게 기대하는 성별 역할에 따라, 그리고 부모가 가정에서 행하는 역할에 따라 청소년의 성역할 정체감은 큰 영향을 받게 된다.

2. 아동청소년기의 문화

청소년 문화의 특성을 다음의 네 가지로 표현하기도 한다(홍경선 재인용, 2014).

첫째, 개인주의적 성향이다. 인생관이나 직업관에 있어서 공동체주의 혹은 사회중심적 가치관이 약화되어가고 개인중심적 가치가 점점 더 증가하고 있다. 청소년들은 인생의 목표를 '집단이나 사회에 기여하는 것'에서 찾기보다는 '자신의 인생을 즐겁고 보람 있게 사는 것'에 두는 경향이 두드러지고 있다.

둘째, 현실만족주의적 성향이다. 사회적 지위 상승이나 목적 달성을 중요시하는 미래지향적 가치관과 행동 양식은 현재의 행복한 생활을 추구하는 현실중심적 가치로 변하고 있다. 즉, 근검, 절약, 인내 등의 가치는 퇴색해지고, 일상생활의 작은 행복과 즐거움을 추구하려는 성향이 강해지고 있다. 직업을 선택하는 기준으로 자율적 권한 부여 여부와 여가 조건들이 강조되는 것도 이러한 양태를 보여주는 예이다.

셋째, 자기표현주의, 즉 개성을 강조하고 있다. 개별적 취향과 개성에 따른 욕구 충족의 다양화, 개별화의 특성을 나타내고 있다. 예를 들어, 사회적 평판과 관계없이 선호하는 직업의 유형이 다양해지고 있고 직업 선택에 있어서 남녀 구분이 적어지고 있으며 파격적 의상이나 머리 모양 등 다양한 외모의 연출 등을 통해 자기표현이 이루어지고 있는 것이다.

넷째, 감각적이고 시각적이며 즉각적인 영상 세대로서의 특성이다. 텔레비전 등 영상 매체 속에서 자라난 오늘날의 청소년들은 과거에 비해 매우 감각적이고 감수성이 풍부한 감각 세대이다. 심각하고 따분한 것을 싫어하고 재미있고 즉각적인 반응을 추구한다. 이 점은 풍자적이고 유머러스한 은어와 축약형 언어들, 패스트푸드를 선호하는 음식 취향, 과거에 비해 가볍게 이루어지는 이성 교제의 양상 등에서 엿볼 수 있다.

청소년 문화를 소외문화로 보는 학자들도 있는데 청소년들에게는 유예(moratorium)[3] 적 상황이 적용되고 있다는 것이다. 청소년들이 지닌 수많은 욕구와 바람이 모두 '공부하라' 는 절체절명의 과제하에 청소년기 이후의 성인기로 유예되고 있다고 보는 것이다. 청소년들은 신체적으로나 정신적으로 상당히 성숙되어 있음에도 불구하고 대학입시와 공부라는 굴레에 묶여 모든 것을 대학 입학 이후로 또는 성인이 된 이후로 유예시켜야 하는 타율적 선택을 강요받고 있다. 이러한 현상이 청소년들에게 심각한 소외와 갈등을 초래하기 쉬우며, 그로 인해 청소년들은 때때로 일탈 성향을 보이게 된다.

청소년 문화는 성인문화를 모방한 부분 문화라고 보고 '미성숙 문화'라고 하거나 일탈과 문제를 일으키기 쉬운 '비행 문화', 또는 저항과 돌풍의 문화라고 생각하여 '반(反)문화', 그리고 기성 문화의 아류 문화라고 하여 '하위문화'라고 하기도 한다. 반면에 새롭고 독립적인 문화라고 보아 '대안 문화'라고 규정하기도 한다.

청소년 문화는 현대사회의 변화, 즉 디지털 시대로 시대 자체가 변화함에 따라 '디지털 원주민(digital native) 문화'라고 분류된다. 돈 탭스콧(Don Tapscott, 2009)이라는 학자는 현재의 디지털세대('넷세대'로 부르기도 한다)에 대하여 부정적으로 언급하였던 기존의 학자들과는 달리 새로운 세대에 대하여 "지금까지 유례가 없었던 최초의 글로벌 세대인 디지털세대는 그들의 부모들에 비해 더 똑똑하고, 더 빠르고, 더 많은 다양성을 받아들인다. 그들은 그들의 사회가 직면한 정의와 문제에 관심이 많으며, 일반적으로 학교나 직장이나 커뮤니티에서 여러 종류의 시민활동에 종사하고 있다"고 하였다.

청소년기는 친밀한 관계, 직업, 인생목표를 포함하여 주요한 관계를 강렬하게 추구한다. 일련의 개인적인 도덕 가치를 형성하는 시기이다. 청소년기 동안은 무엇이 옳고 그른가에 대한 일련의 원칙을 세우는 도덕성 발달에 있어서 매우 특별한 시기이다. 도덕적 판단에 있어서 독립적인 결정과 선택을 하는 권리를 바탕으로 자신만의 도덕관과 가치를 발달시키며, 이러한 가치관은 평생에 걸쳐 영향을 미치기 때문이다.

따라서 청소년기 가족들이 청소년의 심리적 이유를 지지하고 안정된 가족관계를

3) 유예(moratorium): 아직 어떤 의무나 책임을 수행할 준비가 되어 있지 않은 사람이 그것의 수행을 연기하는 것을 의미한다.

유지할 수 있도록 지원하는 것이 필요하다. 우리 사회가 정보지식사회로 전환되면서, 청소년들에게 인터넷과 같은 가상공간에서의 사회적 관계가 역시 중요하게 부각되고 있고, 컴퓨터 게임 같은 것이 청소년들의 주된 여가활동으로 자리 잡아 가고 있다. 컴퓨터를 이용한 가상공간에서의 청소년들의 다양한 활동에 대한 관심을 가져야 할 필요가 있다.

제4절 아동청소년기의 공격성과 폭력

1. 아동청소년기의 공격성

아동의 폭력은 공격성에서부터 발현된다. 선행연구에서 학령 전기 아동의 물리적인 공격행동은 매우 일반적이지만, 학교생활이 시작되면서 이러한 물리적 공격행동은 점차 감소하는 것으로 나타났다.

청소년의 공격성은 주로 어떤 동기를 가졌는가 하는 여부로 분류할 수 있다. 외부에 존재하는 위협이나 괴로움을 물리치기 위해 공격적으로 행동하는 경우와 원하는 것을 얻기 위해 공격적 행동을 실행하는 경우로 구별할 수 있다. 먼저는 적대감을 갖고 다른 사람을 의도적으로 때리거나 가해하는 적대적 공격성(hostile aggression)을 말한다. 이것은 감정적이며, 좌절된, 충동적인, 방어적인 공격성이다. 다음으로 자신이 원하는 물건이나 자리 등을 차지하기 위해 방해되는 사람을 떠밀거나 소리치는 공격성으로 도구적 공격성(instrumental aggression)이라 한다. 이것은 계획적이고 도구적인 성격을 띤다. 도구적 공격성은 아동의 의사소통이 활발해지는 4~7세가 되면 줄어들기 시작하지만, 적대적 공격성은 연령의 증가와 함께 증가하는 양상을 나타낸다.

그리고 행동특성에 따라 공격행동을 분류할 수 있다. 먼저, Frick와 Lahey(1993)는 반사회적 행동이 외부에 명시적으로 드러나는 경우를 직접적 공격행동이라 하였고 이에 반해 관계나 타인의 사회적 위신을 해치려고 하는 간접적 방식의 공격행동이 존재한다고 보았다. 직접적이고, 명시적인 공격적 행동은 예를 들어, 금품갈취나 대물파손, 협박이나 위협과 같은 행위가 있다. 최근 학교에서 폭력이 점차 집단화 조직화되어 무서운 결과를 초래하기도 한다. 간접적 방식의 공격행동은 관계적 폭력으로 왕따나 소문 퍼뜨리기와 같은 것뿐만 아니라, 다른 사람들의 눈에 띄지 않는 절도나 은밀한 따돌림 등이 포함된다.

이러한 공격행동의 분류는 학교폭력의 괴롭힘 유형과도 관련이 있다. Olweus(1993)은 직접적 괴롭힘(diect bullying)과 간접적 괴롭힘(indiect bullying)으로 구분하여 설명하였다. 직접적 괴롭힘은 피해 대상에 대해 직접적으로 외부에서 공격을 가하는 것을 의미하고, 간접적 괴롭힘은 사회적 고립 및 집단에서 의도적으로 배제하는 것을 의미한다. Crick과 Bigbee(1998)도 직접적 괴롭힘(overt form of peer victimization)과 관계적 괴롭힘(relational form of peer victimization)으로 유형을 분류하였다. 직접적 괴롭힘은 직접적으로 때리거나 밀치는 것과 같은 신체적 공격과 욕을 하거나 상대가 듣기 싫어하는 별명을 부르며 조롱하는 등 언어적 공격을 하는 것을 의미한다. 관계적 괴롭힘은 집단활동에서 제외시키고, 안 좋은 소문을 내는 등 아동이 고립되게 하는 등 관계 내에서 발생하는 심리적인 괴롭힘이라 할 수 있다.

한편, 부모의 신체적 체벌과 엄격한 통제와 같은 양육방법은 아동의 공격성에 매우 높은 영향을 미친다(김민정 · 도현심, 2001). 또한 공격성의 원인을 규명하기 위한 연구결과 인지적 요소가 공격성의 원인이 되는 결과로 나타났다(임승렬, 1996). 즉, 공격적 아동은 의도성을 추론하는 데 편향된 경향이 있으며, 이 의도성 지각이 분노의 감정을 일으키고 적대적으로 대응하게 한다는 것이다. 또한 공격적 행동을 하는 아동은 독특한 인지특성을 가지는 결과도 나타났다(정태연 · 윤진, 1992). 따라서 공격성이 있는 아동은 다른 사람의 감정을 이해하는 조망수용훈련 등을 통해 자신의 공격성을 줄이는 사회인지적 처치 등의 중재 프로그램으로 공격성 감소를 하는 것이 유용할 것이다. 청소년기에 공격성의 유형과 특성을 이해하는 것은 이를 중재하는 데 도움을 줄 것이다.

2. 아동청소년기의 폭력

폭력은 사회적으로 용인되지 않은 부정적 행위를 의미하며, 반사회적 폭력이란 사회적 규범에 반하는 것으로서, 타인을 해칠 목적으로 취하는 모든 행동이라 할 수 있다. 아동청소년의 폭력이 생기게 되는 원인은 무엇인지, 폭력충동 욕구는 어떠한 과정에서 행동하는지 또한 어떤 경우에 폭력행동을 감소시킬 수 있는지 심리학적 측면에서 살펴보겠다(홍경선 재인용, 2014).

1) 폭력충동의 원천

(1) 본능설(Instinct Theory)

인간의 폭력적 행동에 대한 최초의 심리학적 견해는 프로이트에 의해 제안되었다. 그는 인간이 폭력충동을 본능적으로 갖고 태어난다고 보았다. 이 폭력적 충동은 배출구를 찾게 되는데, 사회적 규범이나 도덕, 윤리 등이 폭력충동을 막기 때문에 저수지에 물이 고이듯 자꾸 모이게 된다. 사냥이라든가 격렬한 스포츠 등 사회적으로 용인되는 좋은 배출구가 있기는 하지만 궁극적으로 만족할 만한 정도의 발산이 되지 못하기 때문에 언젠가는 축직된 폭력충동이 봇물 터지듯 터져 나오면서 과격한 폭력행동이 되는 것이다.

따라서 이 본능설에 따르면 인간은 주기적으로 어떤 형태로든 폭력행동을 하도록 되어 있다. 프로이트의 이론에 따르면, 모든 인간은 한 번이라도 폭력을 나타내지만 폭력행동을 하는 사람은 드물다. 동물행동학자들의 동물을 대상으로 하는 실험연구를 통해 동물의 본능적인 폭력행동에 대한 관찰결과를 보고하고 있지만, 인간의 폭력행동에 관한 본능설은 현재로서는 지지를 받지 못하고 있다.

(2) 욕구좌절 - 동기설(Drive Theory)

인간의 폭력행동에 대하여 비교적 광범위한 지지를 받고 있는 이론이 바로 달라드와 그의 동료들(Dallaed et al., 1939)이 제안한 욕구좌절 동기설이다. 이 이론에 따르면 사람들은 자신이 성취하고자 원하는 목표의 달성이 좌절되거나 그 목표에 도달하는 길 자체가 차단되었을 때 폭력충동이 생기게 되고, 이 폭력충동은 다시 욕구좌절을 일으키게 만든 대상을 향한 폭력행동으로 표현된다고 하였다.

(3) 사회학습설(Social Learning Theory)

반두라(Albert Bandura, 1977)는 인간은 사회 속에서 학습하고 몸에 익히고 유지되는 사회행동을 하게 된다고 주장하였다. 그는 보보인형을 가지고 아동의 공격성에 관한 실험을 하였는데, 아동에게 공격성, 친절성, 중립성이 나타난 비디오를 보여준 후, 보보인형을 어떻게 가지고 노는지에 관한 행동을 분석한 실험연구를 진행하였다. 그 결과 공격적 행동을 관찰한 아동은 보보인형을 대상으로 폭력적 행동을 나타냈다. 그는 아동은 다른 사람이나 매체를 통해서 공격행동을 학습하게 되고 습득한 공격행동을 자기 과시나 사회적 보수를 통하여 강화하며 유지한다고 보았다.

⑷ 기타 - 짜증, 분노

목표의 달성이 좌절될 경우와 그 외에도 짜증나는 일을 당하게 되면 사람들은 역시 폭력충동을 갖게 된다. 즉, 다른 사람이 성가시게 굴거나 괴롭힘을 당한다든가, 날씨가 너무 덥거나, 출근 시간 전철 안에서 사람들이 너무 많거나, 하고 있는 공부의 내용이 잘 이해되지 않아서 등과 같은 일로 인해 짜증이 나는 경우에도 사람들은 폭력충동을 느끼게 된다.

분노는 하고자 하는 일을 방해받거나 좌절되었을 때, 혹은 타인에 의해 무시, 비난, 공격당했을 때 느끼게 되는 감정반응이다. 분노는 아주 가벼운 짜증부터 격노에 이르기 까지 다양하며 때로는 억제, 변형, 대치, 승화되기도 한다. 그 이유는 분노를 느끼는 정도는 사람마다 다르며 외부자극의 의미를 '위협과 좌절' 또는 '무시와 비난'이라고 해석하여 받아들이는 예민성에 차이가 있기 때문이다.

분노가 미치는 영향은 스트레스 반응과 마찬가지로 교감신경이 활성화되고 아드레날린이 분비되어, 심장병이나 당뇨병 등 온갖 질병의 유발과 악화에 영향을 준다. 그리고 분노 감정은 흥분과 긴장상태를 수반하는 매우 불쾌한 공격적인 감정으로 상대방에게 난폭한 말이나 공격적인 행동으로 표출되는 경향이 있어, 분노를 조절하지 못하고 파괴적으로 사용할 때에는 자신은 물론 타인의 감정을 상하게 하고 인간관계를 악화시킬 수 있으며 결과적으로 전반적인 삶의 질에도 영향을 미칠 수 있다.

2) 폭력행동의 실행

욕구좌절이나 짜증, 분노 등으로 인하여 폭력충동이 생겼을 때에는 이 폭력충동이 바로 폭력행동으로 이어지기도 하지만, 폭력충동이 반드시 폭력행동으로 표출되는 것은 아니다. 물론 폭력충동이 강하고 이를 느끼는 횟수가 많아지면 폭력행동이 나올 가능성이 높아지지만, 많은 경우에 있어서 사람들은 폭력충동을 느끼면서도 폭력행동의 실행은 억제한다. 폭력충동이 어떤 방식으로 표현될 것인가를 결정짓는 요인은 폭력충동의 표현에 관한 과거 경험, 즉 사회적 학습이다. 사람들이 학습하는 것은 폭력충동의 표현에 관한 사회규범이다. 사람들은 경험을 통하여 폭력충동을 어떤 경우에, 어떤 방식으로 표현하는 것이 주변 사람들에게 용인되는지에 대한 규범을 학습한다. 그러므로 폭력적인 가정에서 자라난 아동이 더욱 폭력적이기 쉽다. 그들은 힘의 불균형이 존재하는 상태의 폭력을 받아들여야 했고 그것이 문제해결방법 중 하나라는 생각을 자연스럽게 습득했기 때문이다.

(1) 강화

학습이 일어나는 첫 번째 기제는 강화(reinforcement)이다. 강화의 원리는 어떤 행동 후에 좋은 결과가 나오면 그 행동은 반복해서 일어날 가능성이 커진다는 것이다. 가정에서 자녀가 동생을 때리는데 말리지 않으며, 또한 폭력행사가 나쁘다는 교육을 받지 않은 경우, 그리고 이웃 아이를 때리고 집에 놀아왔을 때, "네가 이겼어? 잘했다"고 한다면 그 아이는 차후에도 폭력행동을 더 자주하게 된다. 따라서 폭력행동에 대해서 칭찬은 물론이고, 처벌을 하지 않는 것도 정적 강화를 주는 것이 된다. 왜냐하면 폭력행동에 대하여 침묵하는 것은 곧 그 행동을 승인하는 것으로 받아들여지기 때문이다.

(2) 모방

아동은 타인을 모방하는 경향이 강하다. 다른 모든 행동의 경우에서와 마찬가지로 폭력행동도 모방에 의해 학습된다. 아동은 다른 아동의 폭력충동이 유발된 상황에서 이를 어떻게 표현하는가를 관찰함으로써 그 표현방식을 학습한다. 그 상황에서 사람들은 폭력충동을 자제하는가 아니면 폭력행동을 하는가, 그리고 폭력행동을 한다면 어떤 경우에 그러한 행동이 용인되고 어떤 경우에 처벌을 받는지를 보고서 그 규범을 학습하게 된다. 아이들은 자신에게 중요시되는 사람, 힘이 있는 사람, 지위가 높은 사람, 자신이 좋아하는 사람을 그렇지 않은 사람보다 더 잘 모방한다.

아동의 모방에 큰 기여를 하는 것이 매스미디어이다. 즉, 텔레비전, 영화를 통해서 좋아하는 연예인들이 나오고 그들이 하는 폭력적 행동과 행위를 따라하게 되므로 프로그램에서 이러한 내용이 없는지 면밀히 살펴볼 필요가 있다.

3) 폭력행동의 감소방안

폭력행동을 감소시키려면 두 가지를 먼저 고려해 보아야 한다. 하나는 폭력 충동의 강도이며 다른 하나는 폭력충동을 표현하는 방법이다.

(1) 정화

폭력충동을 어떤 방식으로든 외부적으로 발산함으로써 이를 해소해 버려야 한다는 것이다. 프로이트는 이것을 폭력충동의 정화라고 하였다. 폭력충동이 계속 축적되고 폭발할 때까지 기다리기보다는 그 이전에 조금씩 풀어버림으로써 폭발적이고 파괴적인 폭력행동을 막을 수 있다는 견해이다. 정화는 개인이 매우 강렬한 폭력충동을 느끼고 있어서 때리고 욕을 하는 등의 비교적 직접적인 방식으로 폭력적 표현을 할 수 있는 경우에는 정화의 효과가 없을 수 있다. 오히려 폭력행동을 증폭시킬 위험이 있다. 그리고 정화의 효과가 있는 경우라 하더라도 그것이 갖는 위험성은 일단 폭력충동이 방출되면 그리고 그것이 사회적으로 용인되는 것 같이 보이게 되면, 폭력충동의 방출을 억제해 오던 자제력이 풀리면서 더욱 파괴적인 폭력행동을 불러일으킬 수 있다는 데 있다.

(2) 처벌의 위험

'폭력행동을 하면 그에 대해 처벌이 강경하다'는 위협이 폭력행동을 감소시키는 한 가지 방법이 된다. 사람은 자신의 행동결과로 무엇이 나올지에 대한 예측을 하면서 행동한다. 폭력행동을 하고 그 결과로서 처벌이 부과될 것을 알면 그만큼 폭력행동을 억제하게 될 것이다. 따라서 각종 반사회적 폭력행동에 대한 법률적 처벌규정은 사후적 처벌뿐만 아니라 이러한 사전 억제적 효과를 염두에 두고 있다. 그러나 처벌에 대한 두려움은 오히려 더 강한 폭력행동을 자극시킬 가능성도 있다. 폭력행동을 교묘하게 하여 법망을 피하려 하거나, 완전범죄의 시도를 위하여 더욱 잔혹한 폭력행동을 하도록 만들 위험성이 있는 것이다.

(3) 학습된 억제

처벌의 위협이 폭력행동을 억제시키는 데 일시적인 효과가 있기는 하지만 궁극적인 해결책이 될 수 없다. 처벌위협이 성과를 거두기 위해서는 모든 사람의 폭력행동을 감시할 수 있어야 하는데, 이것은 현실적으로 불가능하다. 따라서 보다 더 근본적인 대책은 사회 구성원 각자가 자신의 폭력행동을 스스로 통제하는 것을 학습하도록 만드는 것이다. 이것은 아동기부터 폭력행동을 하게 될 상황이 되면 폭력행동의 표출에 대해 죄책감이나 불안감을 갖도록 훈련을 함으로써 달성될 수 있다. 이러한 폭력불안(aggression anxiety)에 의한 폭력행동의 억제는 아동기부터의 훈련이 중요하지만, 소속된 집단이나 사회의 규범 또한 중요한 역할을 한다. 예를 들면, 폭력적 집단에서는 폭력불안을 오히려 비겁자의 특징으로 비난하기 때문에 폭력불안을 학습해 온 사람이라 할지라도 그 사회 속에 들어 있게 되면 점차적으로 폭력불안이 희석될 것이고, 따라서 시간의 흐름에 따라 점점 더 쉽게 폭력행동을 표출하게 될 수 있다.

| 학습과제 |

1. 아동청소년기의 심리 · 정서적, 사회문화적 특성을 설명하세요.

2. 아동청소년기 공격성의 종류를 분류하여 설명하세요.

3. 아동청소년기 폭력충동의 원인을 4가지 학설에 따라 살펴보고, 이에 따른 폭력행동 감소방안을 설명하세요.

CHAPTER 04

학생생활문화의 이해

제1절 문화의 정의

제2절 학생의 학업생활문화

제3절 대중문화

| 개요 |

학생의 행위와 사고에 대한 바람직한 이해는 학생이 속해서 살고 있는 집단의 문화를 이해하는 것으로부터 가능하다. 인간은 생물학적인 본능에 따라 살아가는 것이 아니라 사회적, 집단적으로 삶을 살아가고 사고하는 사회적, 문화적 존재이다. 이러한 관점에서 이 장에서는 학생의 생활을 문화적인 관점에서 살펴보고 학교폭력의 현상에 대한 이해의 기초를 제공하고자 한다. 먼저 인간에게 있어서 문화가 무엇이고 그것의 특징은 어떠한지를 살펴보았다. 문화에는 생활양식, 사고양식, 표현양식, 의사소통도구 등 다양한 개념이 있으며, 집단성, 상대성, 학습성 등 다양한 특징들이 있다. 이를 토대로 학생의 학업생활문화를 이해하기 위해 학생들의 학업일상과 입시중심 문화 등 학습문화와 급식문화, 놀이문화에 대해 살펴보았다. 학생들은 학력 중심의 입시문화에서 학교, 학원, 사이버공간을 공동의 삶의 무대로 하여 '급식체', '야민정음' 등 고유한 언어생활을 하며 기성세대와는 구분되는 문화를 형성하고 있다. 또한 TV, 인터넷, 스마트폰 등을 통해 대중문화와 영상매체의 바다에서 살아가는 학생들의 삶을 이해하고자 했다. 대중문화와 영상매체가 학생의 가치관과 삶에 미치는 긍정적, 부정적인 영향은 매우 지대할 뿐만 아니라 학생들은 대중문화를 토대로 현실과 사이버공간을 넘나들며 삶을 확장하고 자신을 표현하면서 고유한 학생 문화를 만들어가고 있다.

chapter 04 학생생활문화의 이해

제1절 문화의 정의

1. 문화의 개념

인간은 특정한 공간에서 태어나 가족을 이루고 집단을 구성하며 삶을 살아간다. 문화는 특정한 지역에서 역사적으로 사람들이 함께 살아오면서 구성한 삶의 방식이자 사고의 양식이다. 마찬가지로 청소년으로서 학생 역시 가족과 학교라는 집단 속에서, 그리고 또래들과 함께 집단적으로 살아가고 자신의 삶을 만들어간다. 이에 따라 우리가 학생을 올바르게 이해하기 위해서는 생물학적이고 발달적인 특성뿐만 아니라 학생이 살아가고 있는 집단의 문화를 이해할 필요가 있다. 인간을 사회적 또는 문화적 존재라고 할 만큼 문화를 이해하는 것은 인간의 사고와 행위를 이해하기 위한 지름길이 된다. 따라서 학생을 이해하기 위해서는 학생을 둘러싼 문화를 이해할 필요가 있다.

그러면 문화가 무엇일까? 사실, 문화는 인류학에서의 핵심개념이다. 19세기 후반에 시작된 인류학은 인류의 다양한 삶을 상대주의적으로 이해하기 위한 학문이다. 당시 서구 유럽은 지구의 여러 영역들을 탐험하고 여행하는 과정에서 너무나 다양한 사람들과 삶의 양식, 그리고 사고체계를 발견하게 되었다. 인류학의 초기에는 진화론적인 관점에서 제3세계나 원시 부족민들을 미개하다고 생각하였다. 그러나 인류학이 발달하면서 인류의 다양한 삶의 양식들은 지역적인 상황에서 합리적인 근거를 갖고 있다고 보고 각각의 다양한 집단과 민족의 삶을 그들의 입장과 맥락에서 이해하기 위해 문화라는 개념을 창조하였다. 김영천(2014)의 연구에 따라 문화의 개념을 정리해보자.

첫째, 문화는 한 인간집단의 생활양식이다. "문화란 무엇인가"라는 질문을 던졌을 때 우리가 가장 간단히 얻을 수 있는 것은 아마도 "그것은 한 인간집단의 생활양식이다"라는 대답일 것이다. 이 점은 상이한 두 나라, 한국 사람과 인도 사람의 생활양식을 비교함으로써 쉽게 이해할 수 있다. 우선 그들이 쓰는 말에 뚜렷한 차이가 있을 것이고, 주택, 의복, 음식의 종류, 요리방법, 음식을 먹는 방식, 친족조직, 신앙, 조상에 대한 태도 등 일상생활의 모든 측면에서 우리는 두 사람 사이에 분명한 차이를 발견할 것이다. 이중 그 어느 것도 그들이 선천적으로 가지고 태어난 것이 없고, 그들이 각기 그 사회에 태어나서 성장하는 과정에서 몸에 익힌 것들이다. 이와 같이 일반적으로 한 사회의 구성원들이 공유하는 관습적인 행위 및 그런 행위의 산물을 문화라고 부르고 있다(한상복 외, 2011).

둘째, 문화는 공유된 사고방식의 총체이며 인지체계이다. 구디너프는 문화를 생활양식으로 정의하는 것은 행위의 유형과 행위를 위한 유형을 제대로 구분하지 못했다고 지적하며 문화에 대한 개념을 '공유된 사고방식의 총체 또 인지체계'로 제시하였다. 이에는 인간의 삶의 기저에 깔려 있으면서 삶을 통해 표현되는 공유된 관념들의 체계, 개념·규칙·의미의 체계가 포함된다. 이러한 의미에서의 문화는 사회구성원들이 무엇을 해야 하며 무엇을 해야 할지 그리고 행함에 있어서 어떻게 해야 하는지를 결정하는 기준을 제공하는 지도와 같은 것이다. 즉, 인지체계로서 문화는 한 사회의 구성원들이 그들을 둘러싸고 있는 현상 세계의 여러 사상(事象)들을 지각하고, 그것들에 의미를 부여하고, 그것들의 인과 관계를 정하고, 그것들에 가치를 부여하고, 그것들에 대하여 느낌을 가지며, 그것들에 대하여 특정한 절차와 방법에 따라 작위를 가하는 것과 관련된 표준들로 구성되어 있다. 예를 들어, 우리는 의사소통에서 공유하는 규칙이 있다. 서로는 대화에서 각기 우리는 말의 뜻을 듣는 사람이 이해하게끔 소리를 내고 그것들을 적절한 방식으로 배열하는 규칙 또는 원리에 따라 대화를 한다. 만약 아무런 규칙도 없이 단어들만을 무질서하게 나열해 놓는다면 말의 뜻은 전달되지 않을 것이다.

셋째, 문화는 '상징과 의미의 체계'이다. 이러한 접근에서는 행위자는 '상징'적이고 '의미'를 생산하며 실천하는 존재로 본다. 이는 총체적 접근에서 다루지 않은 행위자의 능동성을 인정한 것이다. 즉, 행위자가 의미를 실천하는 것에 초점을 두고 '상징과 의미의 체계'를 맥락 속에서 고려하는 입장이다. 이러한 접근은 인간이 상징을 사용한다는 사실에 기초하여 등장하였다. 인류학자인 화이트는 무엇이 동물계에서 인간의 행위를 다른 동물의 것으로부터 구별 짓게 하는가에 주의를 돌리고 '인간은 상징(symboling)을 할 수 있는 유일한 동물'임에 유의하여 이것이 바로 문화의 기초라고 파악하였다. 인간은 자유롭게 또는 인위적으로 의미를 창작하고 결정하며, 이를 외계에 있는 사물과 사건들에 의미를 부여하는 능력뿐만 아니라, 또한 그런 의미들을 포착하고 이해할 수 있는 능력을 가진 유일한 동물이라는 것이다. 화이트가 즐겨 들고 있는 성수(聖水)는 이의 좋은 예가 된다. 성수는 보통의 물과 구별될 만한 아무런 화학적인 성분을 가지고 있지 않다. 그러나 성수는 보통의 물이 아니다. 여기에 인위적으로 부착된 의미는 냄새와 맛 또는 눈이라는 감각으로 포착될 수 없는 성질의 것이다. 그러나 그 가치를 믿는 수많은 교인들에게는 어느 무엇보다도 큰 의미가 있고 강력한 초자연적인 힘을 발휘한다(한상복 외, 1988).

넷째, 문화는 집단이 공유하는 의사소통의 도구이다. 인간은 언어적, 비언어적으로 소통하고 의미를 전달한다. 문화는 인간의 의미를 상징적인 기호로 구성된 체계라는 관점에서 문화는 소통의 도구이다. 대표적인 문화적 산물이 각 나라의 고유한 문자와 언어이다. 그러나 각 문화의 인간은 반지, 의복 등의 사물뿐만이 아니라 윙크, 태도 등의 행위와 표정 등의 몸짓에도 고유한 상징적 의미를 부여하고 소통한다. 즉, 인간은 언어를 포함하여 윙크 등 특정한 행위의 의미를 해석하며, 언어를 실천하고 행위를 함으로써 의미를 재현하고 구성해 간다.

2. 문화의 특성

1) 문화는 집단성이다

문화는 개인의 합보다 크면서 개인의 속성에서 발견할 수 없는 공통의 성질이다. 문화는 개인에 외재하면서 개인보다 오래 지속되며 개인의 삶의 성격을 규정하는 강제성을 갖고 있다. 개인은 문화라는 매개로서 집단과 공유된 삶을 갖게 되며 다른 개인과 소통하면서 공통의 삶의 양식을 구성해 간다. 이것이 의미하는 바는 문화는 독립적인 개인의 속성으로부터 이해할 수 없는 집단성을 갖는다는 것이다. 즉, 인간이 어느 나라에서 태어나 어떠한 문화에서 자라냐에 따라서 그 인간의 삶의 양식과 사고 양식이 달라진다.

2) 문화는 삶과 사고의 양식이다

인간은 집단에서 살아가기 때문에 문화는 개인이 사회에서 어떻게 살아가고 행동해야 하는지를 안내해준다. 개인은 문화가 가진 생활양식을 보고서 배우며, 그러한 방식에 따라 자신의 삶을 형성해간다. 또한 문화는 개인이 외부의 환경이나 사건, 그리고 사물과 관계 맺고 활용하며 해석하는 생각의 방식에 영향을 미친다. 개인은 문화가 제공하는 관념이나 이야기에 영향을 받고 삶을 해석하고 가치판단을 한다.

3) 문화는 집단의 삶과 세계관을 표현하는 언어이다

문화는 집단이 공유하면서 집단의 정체성과 삶을 표현하는 언어이다. 문화의 기본적인 정의는 생활양식이며 사고양식인데, 이는 집단의 구성원들이 공유하는 생활양식과 사고양식을 통해 공동의 삶을 이끌어나가면서 동일한 눈으로 세상을 함께 바라본다. 인간은 문화라는 표현의 도구를 공유함으로써 상호 간에 소통을 하며 의미를 전달하고 함께 삶을 구성해 간다. 인간은 세상과 사물, 그리고 행위와 현상을 문화라는 도구를 활용하여 이해하고 이를 바탕으로 소통하고 집단적으로 의미를 구성해 간다. 따라서 타문화를 이해한다는 것은 그들이 부여한 행위와 사물의 의미, 그리고 세계관을 이해하고 소통하는 것이 된다.

4) 문화는 학습이 된다

문화는 자연적이고 본능적이며 생물학적인 것이 아니라 특정한 지역에서 집단이 삶을 살아오면서 공유하고 구성한 역사적 산물이다. 문화는 생물학적이고 자연적으로 유전되는 것이 아니라 모방과 교육을 통해서 학습되는 것이다. 늑대 속에서 자란 인간은 생물학적으로는 인간이지만 문화를 배우지를 못했기 때문에 인간이라고 말하기가 어렵다. 인간은 특정한 문화를 배우고 학습함으로써 비로소 인간이 될 수 있기 때문에 모든 문화는 고유한 교육제도 및 교육방법을 갖고 있다.

5) 문화는 상대적이다

문화는 지역과 역사적 상황에 맞게 발달해왔기 때문에 상대적이다. 즉, 특정 문화가 더욱 우수하거나 못하다고 비교할 수 있는 것이 아니라 각각의 문화는 고유한 가치와 합리성을 갖고 있다. 따라서 다양한 문화들은 자신에게 주어진 환경적, 역사적 맥락에 적응하는 과정에서 발생한 것인 만큼 각기 고유한 내적 논리를 지니고 있으므로 타문화의 인식과 행동은 그 문화가 처해 있는 맥락에서 이해되고 평가되어야 한다(정진웅, 2011).

제2절 학생의 학업생활문화

학교는 학생들의 삶에 영향을 미치는 주요한 요소이다. 우리나라의 학교는 동일한 연령의 학생들이 집단을 이루어 같은 학년과 학급에서 집단적으로 생활하고 있다. 학생들은 자유롭게 누군가를 만나서 집단을 구성하여 살아가는 것이 아니라 학교 공간에서 주어진 방식대로 집단으로 구성되어 생활한다. 또한 경쟁적인 입시문화로 인해 학생들은 방과 후에도 학업을 지속해가고 있다. 학원교육은 공교육제도만큼이나 강력한 비공식적인 사회제도로서 자리를 잡고있는 셈이다(이종재, 2010). 그러므로 학생들에게 주요한 일상은 학교와 학원에서 이루어진다고 해도 과언이 아니다.

1. 학습문화

청소년이 곧 학생이라고 생각할 만큼 학생들은 과도한 학습을 하느라 부담을 느끼면서 대부분의 시간을 보내고 있다. 한국의 청소년들이 학습으로 살아가는 일상은 미국이나 프랑스, 독일 등 유럽에서는 찾아보기 어려운 독특한 입시문화라고 볼 수 있다. 경쟁적인 입시문화로 인해 학생은 학교와 학원에서 긴 시간동안 학습한다. 이에 따라 주로 학생은 오전과 오후에는 학교에서 학습을 하고 방과 후에는 여러 학원에 가서 학업생활을 한다. 초등학교 저학년은 주로 예체능학원에 다니거나 학습지 공부를 한다. 초등학교 고학년부터는 본격적으로 영어, 수학 등 공부 중심의 종합학원 또는 단과학원에 다니기 시작하고 선행학습을 통해 많은 학습을 해 나간다.

이런 학생들에게 공부란 자신의 재능을 발견하고 자아를 실현해나가는 모습과는 거리가 멀어 보인다. 자원이 부족한 우리나라는 높은 교육열을 통해 급격한 성장을 이루었다. 그러나 입시로 인해 과도하고 왜곡된 교육열이 나타나면서 입시위주의 학습문화로 팽배해있다. 소위 명문대학에 가기 위해 암기식 교육이 이루어짐에 따라 학생들이 흥미를 갖고 생각하며 탐구하는 공부를 하기가 어려운 상황이다. 더욱 심각한 것은 입시 위주의 교육으로 위해 성적에 의한 학생 차별과 체벌이 학교와 학원, 그리고 부모와 자녀와의 관계에서도 나타났다(성열준, 2011). 학생들이 공동체적으로 협력하며 학습을 하기 보다는 학생들 간의 경쟁과 갈등이 심해짐에 따라 왕따현상이나 친구를 폭행하는 등 학교폭력이 나타난다. 이영호(2002)는 우리나라 학생들이 과열 입시경쟁 교육체제에서 최종목표로 되어 있는 학력 취득이라는 학습목표와 이러한 형식적 목표 취득이 제도화되고 승인된 수단으로서 학교교육을 수용하고, 거부하는 적응방식에 따른 청소년들의 학습참여방식을 아래와 같이 구분해볼 수 있다고 보았다.

적응방식	학습목표(학력 · 학벌 취득)	제도적 수단(학교 교육)	학습 참여 방식
동조형	수용	수용	학교교육의존 입시집착형
개혁형	수용	거부	사교육의존 입시집착형
의례형	거부	수용	무기력 학습기피형
도피형	거부	거부	도피반항적 학습거부형
대항형	대체	대체	새로운 학습체제 구축형

이영호(2002)는 이상으로부터 입시집착 학습행동, 무기력 학습기피형, 공부기피 행동·반항 및 심약행동, 사이버커뮤니티와 탈학교학습행동으로 나누었다. 첫째, 입시집착 학습행동은 학교의 정상적인 교육과정이라 하더라도 입시와 관련이 없는 학습은 회피·거부하고, 오로지 학력·학벌 획득을 학습의 궁극적 목표로 삼아 입시를 준비하고 대비하는 학습에만 몰두하는 편향적 학습행동이다. 여기에는 학교교육의존 입시집착형과 사교육의존 입시집착형 두 가지가 있다. 사교육의존 입시집착형은 다른 사람들과의 경쟁에서 보다 유리한 고지를 점령하기 위하여 학교교육을 거부하고 학원, 과외 등 사교육을 선호하는 학습참여방식을 갖는 유형이다. 이러한 학생들은 희생적이며 대기적인 삶을 살아간다. 더 나은 미래를 위해, 더 나은 대학에 입학하기 위해 현재의 삶을 희생하고 참으면서 입시준비를 한다. 대부분의 학생들이 자신이

하고 싶은 일이나 생각을 뒤로 미루고서 학교와 사회가 부여하고 있는 입시라는 꿈을 갖고 획일적으로 살아가고 있다.

둘째, 무기력 학습기피형의 학생들은 학력과 학벌에 대한 목표의식이 결여되어 있고, 사회적으로 승인된 제도화된 수단으로서 학교교육의 가치는 오로지 졸업장 수여에만 관심을 갖는다. 이런 학생들은 나름대로 무엇인가를 이루어 보겠다는 확고한 신념과 분명한 목표의식이 없기 때문에 기계적으로 학교생활을 하며 자신의 능력에 대해 회의를 표시하거나 스스로의 처지에 대해서도 깊이 생각하지 않는다. 스스로 자신을 못난 놈이라고 생각하며 아무런 저항도 하지 못한다. 결국 자기정체성을 확보하지 못한 채 방황하면서 학교생활에 적응하지 못하게 된다.

셋째, 공부를 기피하고 반항하는 학생들은 자신들의 성공 가능성에 대해 지극히 회의적이며, 학교와 가정에서 스스로를 고립시키고 소외시킨다. 당장의 욕구를 충족시켜주는 흥미롭고 재미있는 일에 몰두하려고 하며, 기성세대의 권위에 순순히 따르지 않고 맞서거나 반항하기도 한다. 이들은 등교를 거부하거나 자퇴를 하고 가출을 하며, 스스로 목숨을 끊기도 하는 심약한 행동을 하기도 한다.

넷째, 사이버커뮤니티와 탈학교학습에 관심을 두는 학생들은 사이버커뮤니티를 중심으로 학교에서의 그들의 좌절을 토로하는 한편, 학교에서 중요시하지 않는 지식과 정보, 즉 입시위주의 교육과는 거리가 먼 실생활과 직접적인 관련이 있는 지식과 정보를 교환하기도 하고 나름대로 새로운 대안을 모색하는 탈학교모임을 전개한다. 사이버공간은 학생에게 생활공간이자 놀이공간이며, 학습공간이기도 하다.

2. 급식문화

학교에 급식을 시작한지는 그렇게 오래되지 않았다. 90년대까지는 대부분의 학교에서 학생들은 각자 집에서 점심에 먹을 도시락을 준비해왔다. 가정형편에 따라서 도시락 식사의 종류와 질에서 차이가 나는 경우가 있었다. 가정형편이 어려워 도시락을 준비하지 못하는 학생들도 많았으나 이제는 학교에서 학생들에게 급식을 제공하는 것이 일반화되고 있다. 역사적으로 급식은 빈곤층 아이들에게 영양을 공급하여 성장과 발육을 관리하기 위해 제공된 것이었으나, 현재에 이루어지는 급식은 관공서나 학교 등 기관과 단체 등에서 일괄적으로 식사를 제공하는 것을 의미한다. 즉, 학교급식은 동일한 학교에 다니는 학생들이 동일한 시간에 공통적인 방식으로 식사를 하는 집단 생활이라고 볼 수 있다.

이렇게 학교가 급식을 제공하면서 교사는 학생들을 대상으로 급식지도를 하게 되었다. 학생들은 집단적으로 이루어지는 식사활동 및 규칙에 따라 식사를 해야 하며 급식 시 준수해야 하거나 올바른 식습관에 대한 교육을 받고 있다. 급식지도를 하는 초임교사의 이야기를 들어보자(김필성 · 김소연, 2018).

> 나는 담임교사에게 학생에 대한 급식지도를 하는 것이 어떤 교육적 의미일지 생각하게 되었다. 매일 점심시간 아이들의 잔반을 검사한다. 학생들은 모두 같은 식성을 가진 것처럼, 배식 받은 밥과 반찬을 모두 다 먹어야지만 급식소를 떠나 점심시간의 휴식을 취할 수 있다. 본래 급식지도의 목적은 성장기 아동들의 올바른 식습관 형성 및 음식에 대한 소중함, 그리고 환경오염을 줄이기 위한 잔반 줄이기라고 할 수 있을 것이다. 하지만 학생들이 배식 받은 음식을 모두 다 먹는다고 해서, 식습관이 올바르게 형성되거나 음식에 대한 소중함을 느낄 수 있을까?
>
> 많은 학교에서 급식지도의 방법으로 잔반 줄이기 운동을 하고 있다. 우리 학교에서도 '빈 그릇 검사지'라는 활동을 하고 있는데, 말 그대로 학생들이 배식 받은 음식을 모두 먹어서 식판을 '빈 그릇'으로 만들어야 하는 활동이다. 모든 밥, 국, 반찬을 받아서 다 먹으면 O표시를 받게 되고, 한 달 내내 O표시를 받은 학생은 급식소에서 상품으로 간식을 제공한다. 담임교사가 급식지도에 큰 욕심을 내지 않는 반은 한 달 내내 O표시를 받은 학생 수가 적기 때문에 작은 간식 봉투를 받게 된다. 하지만 급식지도를 열심히 하는 담임교사라면 대부분의 학생들이 한 달 내내 O표시를 받기 때문에 큰 간식 봉투를 받게 된다. 문제는 이 간식 봉투를 점심시간에 급식소에서 나누어주기 때문에 모든 학생들, 교사들이 각 학급의 간식 봉투의 크기를 보게 된다는 것이다.
>
> 여기서 교사의 자존심 문제가 개입된다. '저 반 보다는 간식을 많이 받아야 하는데..'라는 경쟁심이 생기는 것이다. 학생들의 식습관과 개인적 사정은 고려하지 않은 채 남들 보기에 부끄럽지 않기 위해 혹은 다른 반에 뒤처지지 않기 위해 '빈 그릇'을 강요하고 있는 담임교사가 되어버린다. 이것이 진정한 급식지도라고 할 수 있을지 의문이 생긴다.

위의 교사는 음식을 골고루 먹어야 좋다는 생각으로 잔반을 검사하고 학생들이 배식 받은 음식을 남기지 않고 골고루 먹도록 지도한다. 다른 반과 잔반 비우기 경쟁을 하게 되면서 학생들에게 싫어하는 음식도 먹도록 강요하는 경우가 생긴다. 초등교육의 목표 중 하나는 '기본생활습관' 형성이고, 사회적 존재로 성장하기 위한 아주 기초적인 생활습관을 초등학교에서 함양해야한다는 점이다. 그러나 그러한 목표를 달성하는 과정에서 학생에게 음식 먹기를 강요하게 되는 경우가 자주 발생한다. 학생들은 급식을 하면서도 무언의 압박을 경험하게 되기도 하며 학생이 먹는 것에서도 자율성을 보장받지 못한다고 생각할 수 있다.

이렇게 학교에 급식이 널리 제공되면서 학생의 생활은 교사의 급식지도 방식에 영향을 받는다. 그러나 급식은 청소년 또는 학생의 문화를 구성하는 중요한 부분이 되고 있다. 학생들은 자신의 집단성을 표현할 때 급식이라는 용어를 포함시킨다. 학생들이 주로 사용하는 언어를 '급식체'라고도 표현하기도 한다. 우선 학생들이 집단적으로 급식을 한다는 것은 학생집단을 다른 집단과 분리하는 기준이 되고 있다. 즉, 학생들이 동일한 방식으로 식사행위를 한다는 점이 그들에게 공통적이고 동질적인 생활양식이 됨과 동시에 기존의 한국 가족문화의 약화에도 영향을 줄 수 있다.

3. 놀이문화

문화가 형성되기 위해서는 집단이 공유하는 무대가 있어야 한다. 동일한 경계라고 여겨지는 공간 안에 속한 사람들이 집단을 형성하고 공유하는 생활양식을 향유함으로써 문화를 형성한다. 이에 근거해서 볼 때, 학생들이 공유하는 무대는 학교와 학원, 그리고 사이버공간이라고 볼 수 있다.

1) 학교에서의 놀이문화

학생들은 학교에서의 놀이의 시간적, 공간적 조건을 부여받지 못하고 학업하기를 강요받는 경향이 있다. 현대사회는 진지하고 성실한 행위에 많은 가치를 둠에 따라 상대적으로 놀이하는 것을 비생산적이고 무용한 것으로 생각해왔다. 공부하기의 반대는 노는 것이라고 생각할 만큼 노는 것은 학생들에게 허용되기를 꺼려하는 삶의 요소가 되었다. 이에 따라 학교에서는 학생들에게 가르치고 공부시키기에 초점을 둠에 따라 학생들은 학교에서 놀이의 자유를 갖지 못하였다. 최근에는 놀이가 인성교육과 정신발달에 미치는 긍정적인 영향이 강조됨에 따라 2014년 초에 서울시교육청과 강원교육청은 초등학교에서 하루 100분 이상 놀이시간을 아이들에게 돌려주는 '학생놀이문화 활성화 방안'을 내놓기도 하였는데, 그 골자는 아침시간 10~20분, 중간 쉬는 시간 20~30분, 점심시간 20~30분, 방과 후 시간 20분을 포함해 하루 100분 이상의 놀이시간을 학생들이 갖도록 하겠다는 것이다(김영희, 2015). 그러나 우리나라의 입시문화에서 학교는 학생들에게 공부하기에 더 많은 초점을 두거나 놀이를 학습을 위한 도구로 생각하는 경향이 크다. 이러한 상황에서 학생들은 자신들에게 충분하게 허용되지 못한 놀이를 하기 위해 음지에서 놀이를 하거나 왜곡된 놀이문화를 가질 수 있다.

첫째, 학생들은 학교교실에서 다양한 방법으로 놀이를 하고 있다. 소위 딴짓하기라고 말하는데, 학생들은 선생님의 수업을 보고 듣는 자세를 취하면서 반대쪽으로는 귀에 이어폰을 꽂고 음악을 듣거나 책상 아래쪽에 스마트폰을 두고 채팅을 하기도 한다. 책상위에 교과서를 세워 놓고서는 안쪽으로 만화책을 놓고 보기도 한다. 스마트폰이 널리 보급되면서 학생들은 공간적으로 학교에서 생활하고 있으나 물리적인 공간의 한계를 벗어나서 놀이를 추구하고 있다. 한 번에 여러 동작을 잘한다는 학생들의 경우, 선생님의 수업을 들으면서 동시에 스마트폰을 보고 만화책을 보는 등 멀티적인 행위를 한다.

둘째, 학생들은 학교에서 친구들과의 놀이를 통해서 소통하고 즐거움을 누리기보다는 왜곡된 놀이문화를 가질 수 있다. 입시문화에서 학력을 중시하여 성적에 따라서 서열이 정해지므로 학교에서 무력하게 지내거나 저항하는 학생들이 곧잘 나타난다. 이러한 입시문화의 왜곡된 양상은 학교에서 학생들의 놀이문화를 왜곡시킬 수 있다. 남자 학생들의 경우, 무리를 형성하여 힘의 논리로 약자를 괴롭히는 방식의 놀이에 몰입하는 경우가 있거나 여자 학생들은 무리를 짓고서 친구를 소외시키거나 뒷담을 하는 경향이 있다. 학생들이 '싸움짱', '날라리'와 같은 힘의 언어로 친구와 관계를 맺고서 서열을 가리려고 하며, 그 과정에서서 학생들은 힘의 논리에 억압되거나 폭력을 경험하게 된다.

이처럼 학생들은 학교에서 왜곡된 놀이문화에 노출되어 있다. 놀이가 학생들에게 미치는 영향이 크기 때문에 최근에는 수업 중 학생들의 흥미를 높이면서 수업 참여를 높이기 위한 방법으로 수업과 놀이를 접목하고 있다. 이에 따라 교사가 수업과 관련하여 공동체적이고 인성교육에 도움이 되는 게임이나 놀이를 추구함에 따라 학생은 학교에서 친구들과 올바르고 건전한 놀이에 참여할 수 있겠다.

2) 학원에서의 놀이문화

학원에서의 놀이문화를 알아보면, 학원은 공부와 놀이가 공존하는 장소이다. 사교육의 규모가 1년간의 국가 교육의 예산보다 높다는 연구가 있을 만큼, 학원은 학생들에게 일상적인 학습 장소이자 생활의 장소이다(김영천 · 김필성, 2012). 대부분의 학생들이 방과 후에는 공부방, 단과학원, 종합학원, 재수학원, 인터넷학원, 예체능학원 등 다양한 유형의 학원에서 많은 시간 동안 생활함에 따라 학생들이 자유롭게 놀 시간이 없다고 한다.

그러나 학생들은 친구를 만나기 위해서도 학원에 가야 하는 상황에 놓여 있다. 부모의 과도한 교육열로 인해 학생들이 억압적인 학업생활을 하는 경우도 있으나 학생들은 자기가 만나고 싶은 친구를 만나기 위한 목적으로 학원에 나니기도 한다. 학교에서는 학생이 원하는 대로 학급을 정할 수 없으나, 학생은 많은 학원들 중에서 자신이 원하는 학원을 선택할 수 있다. 학생은 자기가 정착할 수 있는 학원을 찾기 위해 학원탐색을 하는데, 이때 주요하게 고려하는 요소가 친한 친구가 있는지, 그리고 자기와 소통이 잘되는 선생님이 있는가이다. 학원은 학생들에게 유희의 장소이기도 하다(박창민 외, 2015). 학생은 여러 학원을 탐색하고 공부도 하면서 이러한 요소가 만족스러울 때 그 학원에 오래 정착하는 경우가 많다.

그러면 학원이라는 공간으로 형성되는 학생의 놀이문화는 어떠한가? 첫째, 학원이라는 공간을 중심으로 형성되는 학생의 생활은 학원에 다니는 학생과 그렇지 않은 학생과의 분리를 낳는다. 경제력이 높은 학부모가 자녀를 비싼 학원비를 지불하는 학원에 보낼 수 있으나 빈곤층의 학생들은 돌봄 역할을 하는 학원에 주로 보낸다. 즉, 학부모의 경제력이 학원 선택의 차이로 나타나 학생들 간에 위화감이 조성되기도 한다. 성적에 민감한 학생들은 학원으로 인해 경제적 불평등을 경험한다. 한편, 학부모가 한국의 사교육을 부정적으로 생각하여 학생이 학원에 다니지 않게 되면, 그 학생은 학원에 다니는 학생들의 일상과 분리되고 학업에서의 차이도 경험하게 된다.

둘째, 학원이 학생들 간의 위화감을 조성하기도 하나 동일한 학원에 다니는 학생들은 공동의 공부생활을 하면서 자기들만의 역사를 형성할 수 있다. 학생들은 학원이라는 넓은 바다를 유랑하면서 친한 친구들이 몰려 있는 섬에 정착한다. 그런 다음 학생들은 그들과 친구 이상의 의사친족 관계를 맺어 고유한 하위문화를 만들어가기도 한다. 그들은 학교에서 형성한 친구보다 학원에서 만나는 친구들과 유대관계를 돈독히 하며 동일한 장소에 공동의 경험과 역사를 구성해간다. 그들은 "친구는 좀 불편한 관계이지만 가족은 편하고 즐거워요."라며 학원공간을 중심으로 친구 이상의 관계를 만들어간다. 아래는 A학원에서 중학교 3학년 학생 10명이 맺은 의사친족 관계도이다.

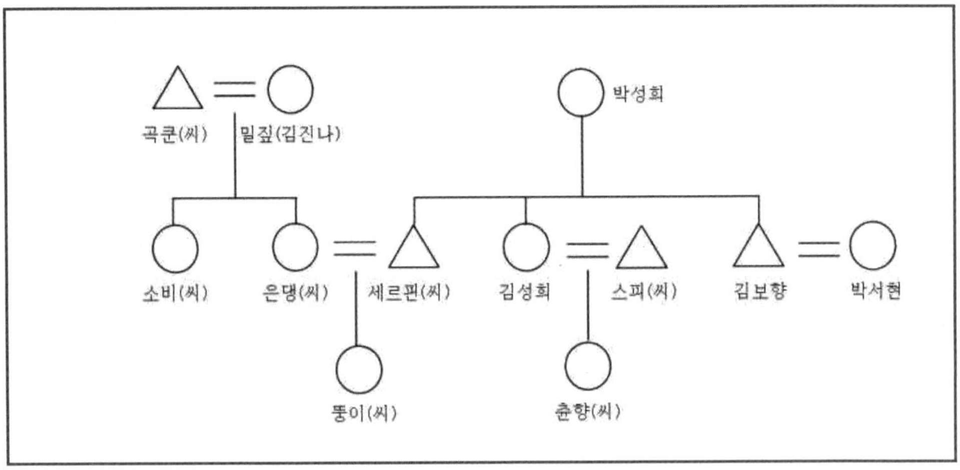

[그림 4-1] 학원에 다니는 학생들의 의사친족 가계도(김필성, 2009)

3) 사이버공간에서의 놀이문화

사이버공간에서의 대표적인 놀이문화는 게임과 관련된 것이다. 일반적으로 청소년기에는 발달적으로 신체적, 인지적, 심리적으로 급격한 변화를 경험하고, 다양한 발달과업 수행이 요구되면서 심리적 스트레스가 증가하게 된다. 특히, 중·고등학교시기에 들어서면서 학교 환경이 보다 경쟁지향적으로 변화하고, 학업에 대한 집중이 강요됨에 따라 우리나라 학생들은 더 많은 스트레스와 갈등을 경험하면서 심리적 안정감에 위협을 받게 된다.

이런 상황에서 학생들은 게임방에서 많은 시간을 보내면서 온라인게임을 할 수 있다. 박진규(2012)는 학생들이 온라인게임을 즐기는 이유를 다음과 같이 말한다. 첫째,

학생은 인터넷 사용을 매우 자연스러운 일상으로 받아들이며, 인터넷 사용료가 저렴하고 속도도 빨라 시간에 쫓기는 학생이 짧은 시간에 저렴한 비용으로 게임 사이트에 쉽게 접속할 수 있다. 둘째, 학생은 가정이나 학교에서 컴퓨터를 하지 않고 굳이 게임방에 가서 온라인게임을 즐기는 이유는 부모나 교사의 감시, 간섭으로부터 벗어나 친구들과 함께 자유롭게 행동할 수 있고 게임을 하기 위해 필요한 고가의 게임 소프트웨어를 쉽게 접할 수 있기 때문이다. 셋째, 학생이 온라인게임에 계속 몰입하다 급기야 중독되기도 하는데, 이는 행동체증 현상 때문이다. 행동체증 현상이란 행동의 주체가 어느 일이나 놀이로 만족을 얻게 되면 그에 대한 효용이 줄어드는 것이 아니라 계속해서 대상에 더 몰입하다가 행동을 증가시키는 것을 말한다. 넷째, 학생은 여행을 가거나 운동을 하며 여가를 보내고 싶지만 실제로 컴퓨터게임이나 TV시청을 하며 보낼 수밖에 없는 사회문화적 환경이 학생으로 하여금 온라인게임에 몰입하도록 부추긴다.

이러한 여러 가지 이유로 학생에게 사이버에서의 게임은 주요한 놀이문화로 자리잡게 되었는데, 게임이라는 가상적 놀이를 바탕에 두고서 친구관계가 형성되고 의사소통이 이루어진다. 온라인게임은 학생이 개인적으로 하는 경우보다는 온라인상에서 다양한 사람들과 접속하여 팀을 이루어 게임에 참여하며, 특히 롤플레이 게임은 다양한 사람들이 역할로서 참여하고 오랜 시간 동안 지속하기 때문에 지속적인 인간관계를 맺게 해준다. 학생은 방과 후에 휴대가 가능하고 언제나 온라인에 접속할 수 있는 스마트폰을 활용하여 이러한 게임에 참여함으로써 학원이나 학업 등으로 인해 소원해지고 만나기 어려운 현실에서 벗어나 언제든지 지속적인 인간관계를 맺으면서 다양한 놀이에 함께 참여한다(허정경, 2018).

그러나 학생들은 가상현실 속에서 일탈을 하고 폭력성을 가질 위험이 있다. 박진규(2012)에 따라 알아보면, 컴퓨터가 없으면 심리적으로 불안감이나 우울증을 경험할 수 있으며, 체력이 약화되고 학업이나 업무상의 손실이 발생하며, 결국은 현실세계와 분리될 수가 있다. 사이버 상에서 해킹, 아이디 도용, 사이버 성폭력, 사이버 스토킹, 인터넷 매매춘 등 다양한 일탈이 나타날 수 있다. 또한 사이버공간에는 적절하지 않은 정보들이 유입되어 있다. 학생은 사이버공간에서 야설, 야사, 야동, 야겜 등 사이버음란물이나 음란폭력물 등 유해정보를 접하게 된다. 사이버공간에 매년 60만 건 이상의 음란물 정보가 있으며 포르노와 관련된 성인사이트가 28,000개나 구축되어 있다. 학생의 85%가 이러한 적절하지 못한 사이트에 접속한 경험이 있다고 말한다(동아일보, 2001. 10. 18). 더욱 심각한 것은 학생의 이러한 행위에 대해서 적절하게 통제하기가 어렵다는 점이다. 학부모와 교사가 통제가 불가능한 곳에서 학생들은 인터넷을 사용한다.

사이버의 유해한 정보들은 학생에게 부정적인 영향을 미칠 수 있다. 성에 대한 지식과 경험이 부족한 학생이 유해한 정보를 접했을 때 자칫 중독에 빠지거나 가상공간 내의 음란한 현실을 실제에서 그대로 유지하고자 한다. 매스미디어, 그중에서 특히 TV는 청소년 혹은 어린이의 공격성향이나 폭력행위에 등에 크게 영향을 미치는 것으로 분석되고 있다. 학생들은 자극-반응의 관점에서 폭력을 모방할 수 있다(박진규, 2012). 특히 폭력적인 사이버 유해물에 익숙한 학생은 자신의 폭력적 행위에 무감각해 질 수 있어 현실세계에서 여러 가지로 폭력을 일으키거나 비인격적인 행동을 드러낼 수 있다.

4. 학생의 언어문화(은어, 축약어)

인간은 동일한 언어를 사용하고 공유하며 구성함으로써 역사와 전통의 문화를 형성해간다. 학생의 문화는 그들이 사용하는 언어를 통해 동질적인 집단이라는 정체성을 형성해간다. 학생은 기성세대와 다른 언어를 사용하고 공유함으로써 그들만의 세상을 표상한다.

1) 학생의 언어사용 실태

정혜승(2018)의 연구를 토대로 알아보면, 학생의 언어문화에는 기성세대와는 다른 언어문화를 추구하는 경향과 함께 성인의 언어문화를 지향하는 경향도 나타난다. 학생들이 기성세대 언어와의 차별을 추구하는 것은 언어 규범이나 전통적으로 가치 있게 여겨져 온 언어 예절과 같은 언어문화를 거부하거나 비틀어 새로운 규칙을 만들어 대체하는 등의 방식으로 드러난다. 학생들은 은어, 유행어, 인터넷 신조어, 새로운 표기법 등을 만들어 사용하면서 성인들이 가치를 부여하는 언어문화와 다른 문화를 지향한다. 대표적인 예로, '야민정음'과 '급식체(휴먼급식체)'로 불리는 언어문화가 있겠다.

‘야민정음’은 ‘훈민정음’과 대비되는 것으로서 기성세대와 차별화되는 존재로서 자신들의 정체성을 드러내는 코드라고 할 수 있다. ‘야민정음’은 한글을 시각적 유사성에 따라 변환하여 표기한다. 예를 들어, ‘명작’을 ‘띵작’, ‘멍멍이’를 ‘댕댕이’, ‘귀엽다’를 ‘커엽다’로 바꾸어 쓴다. ‘세종대왕’을 ‘세종머왕’, ‘대한민국’을 ‘머한민국’, ‘천둥번개’를 ‘번둥천개’로 사용하기도 한다. 야민정음은 도형적 유사성을 이용한 놀이로서(오영진, 2018), 한글 표기법을 바꾸어 쓰는 데에서 오는 즐거움과 재미, 전통과 규범을 비트는 데에서 느끼는 쾌감과 신선함 때문에 학생들 사이에서 자주 사용된다.

‘급식체’는 ‘급식’에 문체를 뜻하는 ‘체’가 붙어서 된 말이다. 기성세대와 달리 학생들은 급식으로 동질화가 이루어지며, 인터넷의 발달은 학생들이 SNS를 통해 자신들만의 문화를 만들도록 촉진하고 있다. 문화의 핵심은 언어이듯, 급식체를 창조하고 공유하는 학생은 고유한 문화를 형성한다고 볼 수 있다. 학생들은 스스로를 ‘나 급식인데요.’라고 표현하면서 ‘아재체’, ‘아지매체’, ‘노익(노인토익)’과 같이 기성세대의 언어와 구분한다. 이러한 급식체는 학생들에게 친근하고 의사소통이 편하며 재미가 있는 것이다. 급식체는 학생으로서 문화적 정체감을 강화하면서도 다른 집단과 분리하는 문화적 경계의 기능을 한다. 급식체는 ‘인정’을 ‘ㅇㅈ’과 같이 초성만 따서 쓰거나, 현실에서 웃는 것을 ‘현웃’으로 표기하는 것과 같이 앞 글자만 따서 쓰거나, 어떤 상황이 벌어질 것 같은 분위기를 ‘~각’이라고 표현한다. 오버(over)하다를 ‘에바하다’로 바꾸어 ‘에바’뒤에 참치, 꽁치 등 각종 음식명을 붙여서 ‘무리하다’라는 의미를 ‘에바참치’, ‘에바콩치’라고 표현하기도 한다(강영배, 2018).

2) 학생 언어생활에 대한 부정적 시각

이진숙(2015)의 연구에 따라 학생 언어생활에 대한 여러 시각을 알아보면, 성인들은 학생들의 언어생활에 대해 다소 부정적인 시각을 갖고 있다. 학생들이 표준적이고 규범적인 언어표현을 사용하기 보다는 존나, 씨발, 완전, 대박과 같은 비속어, 은어, 유행어 등을 산발적으로 사용하며, 이로 인하여 상대방에게 해를 끼친다는 것이다. 여성가족부와 교육부가 공동으로 조사한 청소년 언어실태조사 결과에 따르면, 청소년의 73%가 매일 욕설을 사용하며 50% 이상은 이유 없이 습관적으로 욕을 사용하는 것으로 나타났다. 욕은 때와 장소를 가리지 않으며, 학교 교실에서도 욕은 일상이 된지 오래고 요즘은 중학생들이 초등학생을 무섭다고 할 정도로 초등학생이 욕의 주

소비자이다(박진규, 2012).

이를 심각한 사회문제로 인식하는 성인들은 학생들의 정서적 황폐화, 언어파괴 현상으로 인한 세대 간의 의사소통 불능 등을 우려 점으로 들고 있다. 또한 하버드대의 한 연구팀에서는 학생 시기에 언어폭력에 노출되는 것이 뇌손상에 영향을 줄 수 있다고 보았다. 비속어는 충동적이고 반사적인 감정 뇌를 자극하기 때문에 이러한 언어를 계속 사용하게 될 시에는 충동적이고 공격적인 감정이 증가되고, 다시 그러한 언어를 사용하게 되는 악순환이 이루어진다는 것이다.

박진규(2012)는 학생 언어생활의 역기능으로 학생과 기성세대 간의 세대 차가 벌어지고, 패거리문화를 구축하게 하며, 학생의 사고와 행동이 그들이 사용한 언어에 의해 부정적인 영향을 받으며, 사전에 없는 단어들을 많이 사용함으로써 국어체제가 흔들린다고 보았다.

3) 학생 언어생활에 대한 긍정적 시각

학생의 언어생활은 발달적 관점에서 긍정적인 점이 있다고 본다. 학생들만이 공유하는 언어를 사용함으로 기성세대와 구분함으로써 자신들만의 동질성과 친밀성을 높일 수 있다. 이진숙(2015)은 학생들이 이러한 언어생활을 하는 이유가 청소년기의 독특한 심리적 특성에 기인한다고 보았다. 즉, 청소년기는 다른 시기보다 또래 간의 친밀감을 형성하고 싶은 욕구가 높은 시기로써 또래에 대한 소속 및 사랑의 욕구가 무엇보다 필요한 시기라는 것이다. 일반적으로 청소년은 친근한 관계, 특수한 관계, 내밀한 관계 유지를 위해서는 표준적 어법에 만족하지 못하고 다양한 언어적 변형을 생산하는 경향이 있다(조용환, 1997; 길은배, 2014 재인용). 문화를 구성하는 주요 요소가 언어이고 동일한 언어를 사용함으로써 동일한 민족임이 인정되듯이, 청소년은 자신들만의 언어를 만들고 활용함으로써 자신들만의 친밀성을 높인다고 볼 수 있다. 이러한 점에서 청소년의 언어생활이 심각한 문제라는 시각을 뛰어넘어 이를 청소년문화의 한 측면으로 받아들이고, 청소년 언어문화를 건강하게 성장시킬 수 있는 방안을 고민하는 것이 적절하다(이진숙, 2015).

박진규(2012)는 청소년 언어생활의 순기능으로 서로 간의 비밀을 보장하고 의사소통이 빠르며, 또래집단 구성원 간에 소속감이 강화되며, 청소년의 스트레스 해소의 한 방법이 된다고 보았다.

5. 학업생활에서의 폭력

학생들은 실제 세계뿐만 아니라 가상세계와 연계하여 다양하고 넓은 무대에서 유랑하며 다양한 삶의 모습을 보여주고 있다. 가상세계는 학생들의 요구를 충족시킬 수 있고 극대화해주는 측면이 있기 때문에 학생들의 집단성을 더욱 공고히 할 수 있다. 현실적으로는 학업으로 인해 바쁜 일상을 보내고 있으나 스마트폰을 활용하여 지속적으로 가상세계에서 인간관계를 맺거나 다른 정보를 탐색하고 자신의 마음을 이해할 수 있는 친근한 사람을 찾아간다. 이에 따라 학생들에게 가장 중요한 물건 중의 하나는 스마트폰이 되며, 이를 통해 시공간을 벗어나 다양하게 구축한 자신의 일상을 지속할 수 있다.

따라서 학생은 현실에서 살아가고 있으나 정신적으로는 사이버공간으로 무한히 열려 있게 되며, 현실세계는 가상세계의 한 부분으로 인식되거나 가상세계의 일상을 유지하기 위한 물질적 조건이 되기도 한다. 학생들은 현실적인 사건이나 만남보다 사이버공간에서의 삶을 더욱 중요하게 여길 수 있다. 그만큼 학생들에게 사이버공간에서의 삶이 중요해지고 일상화됨에 따라 학생들은 사이버공간에 참여하지 못할 경우 소외될 위험이 있다. 학생들은 사이버공간에서 동일한 관심을 가진 사람들과 관계를 형성하여 집단을 이루고, 그 안에서 자신의 정체성을 만들고 그들만의 언어생활을 해나간다. 이러한 경향에 따라 학생들의 학교생활은 아주 큰 세상의 부분이 되며, 이에 따라 학교생활이 부분화되고 파편화될 수 있다.

첫째, 학생들에게 관심을 유지하는 것이 중요해짐에 따라 학교생활에서 친구들을 자신의 관심생활의 유지를 위해 이용되는 자원일 수 있다. 그런 학생들은 학교의 친구들에게 물품을 받아 내거나 폭력을 행사하여 자신이 원하는 것을 얻으려고 한다. 이들은 학교에서 만족스럽게 적응하기를 실패한 경우가 많거나 아니면 사이버공간에서의 삶이 더욱 중요하여 학교생활을 수단화하는 경우이다. 이들이 주로 하는 폭력의 양상은 절도를 하거나 친구로부터 물품을 받아내고 이를 활용해서 더 많은 이익을 창출하고자 한다. 오토바이를 절도한 학생은 이를 활용해 배달을 해서 돈벌이를 하거나 친구들에게 오토바이를 태워주고 일정한 금액을 받아 수익을 챙기려고 한다. 그 과정에서 약해보이는 친구들이 강압적으로 이용되는 경향이 있다.

둘째, 학생들은 자신의 관심으로 형성된 인간관계를 구축하고 발달시키면서 자기들만의 집단성과 정체성을 다양한 방법으로 강화해간다. 이에 따라 집단 간의 구별이 명확해지게 되며 집단에 참여하여 지속적으로 관계를 유지하기 위해 동질적인 언어를 사용하거나 동일한 복장을 하는 등 집단성을 표현한다. 학생들의 집단성이 강해지는 만큼 규율과 도덕이 강해지면서 그러한 집단성의 기준에 미치지 못하는 학생들은 보통 집단적으로 비난을 받거나 폭력을 당하기도 한다. 이들은 사이버공간에서 주로 관계를 맺는데, 그러한 학생들은 사이버공간에서 참여가 제한되거나 소외되면서 왕따의 경험을 하게 된다. 만약 학생들이 유해한 정보에 대한 관심으로 집단성을 이룬 경우, 학교라는 현실세계에서 부적응적인 행위를 하거나 배타적인 집단활동을 할 경향성이 커지게 된다.

제3절 대중문화

학생은 학업생활로 바쁜 일상을 보내고 있으나 TV, 인터넷, 스마트폰 등을 통해 대중문화의 바다에서 생활하고 있다고 볼 수 있다. 이에 따라 대중문화가 학생에 미치는 영향을 고려할 필요가 있다. 최근 통신의 발달로 인해 가상현실에 근거한 대중문화가 급속도로 확산되고 있다.

1. 대중문화와 청소년[1]

대중문화란 주로 대중적인 매체나 매스미디어를 통해 우리의 일상에 보급되는 문화이다. 대중문화는 대량복제가 가능한 매스미디어가 등장한 근대자본주의 이후의 문화산업으로부터 크게 확산되었다. 대중문화의 현상적 특징은 다음과 같다.

1) 대중문화의 현상적 특징

첫째, 대중문화는 시장용으로 가공되어 대규모로 유통되고 있다. 대규모 방송 장비

1) 박진규(2012)의 연구에 따라 알아본다.

를 갖춘 매스미디어가 TV, 라디오, 잡지 전달 장치를 통해 대량으로 보급하고 소비한다. 이러한 대중문화는 대중의 가치와 취미를 획일화하고 표준화하며 규격화시키는 경향이 있다. 일방적으로 정보가 대량으로 유통되는 경향이 있기 때문에 사람들의 개성, 창의력, 자발성이 무시될 수 있다. 대중문화는 대중적인 수준에 맞춘다는 명분으로 자극적인 소재나 재미 등 수준이 낮은 쾌락을 전달하여 더 많은 대중들을 집중하게 만드는 경향이 있다. 이러한 대중문화의 저급성은 대중문화는 순수예술이나 엘리트문화와는 구분되기도 하였다. 가치관이 제대로 형성되지 않은 청소년이 이와 같은 대중문화를 접하게 될 때 재미에 빠져들어 벗어나기 어려울 수 있다.

둘째, 대중문화가 주로 매스미디어를 통해 폭발적으로 발전해오고 확산됨에 따라 학생이 유해하거나 적절하지 않은 정보에 쉽게 노출이 될 수 있다. 즉, 청소년용 매체와 성인용 매체가 잘 구분되지 않거나 시중에 나와 있는 대개의 상품은 청소년용이 무색할 정도로 사실은 성인 대중문화의 복제판이다. 또한 대중문화는 주로 외래문화로부터 도입된 내용들이 많다. 학생들은 우리나라의 고유한 민속문화나 전통문화와는 관계가 소원하고 오히려 미국이나 일본 중심의 감각적 서구문화나 다국적 정체불명의 퓨전문화에 더 가까운 색채를 띠고 있다. 외래문화가 갖고 있는 장점이나 우수성이 있다 해도 그것을 선별하고 여과할 수 있는 능력이 부족한 상황에서 우리 학생들은 적절한 정보를 찾아 활용하기가 어려울 수 있다.

2) 대중문화가 학생의 가치관에 미치는 영향

대중문화는 학생에게 삶의 조건이자 놀이의 공간이 되며, 삶을 바라보는 인식에 영향을 줄 수 있다. 특히 하루에 긴 시간동안 학업을 강요받는 학생들은 친구와 경쟁을 하는 고된 삶에서 벗어나려고 하면서 더욱더 매스미디어에 집착하기도 한다. 이에 따라 학생들은 대중문화 속에서 소비 지향적 배금주의 가치관을 가질 수 있다. 학생은 제품화된 문화상품을 소비하고 대중적 취향에 동조하면서 소비를 통해 만족감을 얻는 경향이 있다. 일과 학업에 대한 성취감을 느끼기보다는 소비를 위한 돈을 마련하기 위해 무슨 짓이든지 하려고 함에 따라 학교폭력이 발생하기도 한다. 실제로 학생들은 절도를 통해 습득한 물품을 돈을 벌기 위한 수단으로 활용하기도 한다. 또한 학생은 대중문화 속에서 쾌락과 오락 지향의 가치관을 가질 수 있다. 대중문화가 제공하는 재미에는 생산성이나 창의성이 상대적으로 적을 수 있다. 학생이 능동적으로 참여하여 재미를 얻기 보다는 수동적인 자세로 감각적으로만 재미를 얻는다.

3) 대중가요와 학생

대중가요는 대중문화를 구성하는 한 요소로서 학생에게 미치는 영향이 크다. 대중가요 시장에서 학생층이 절대적인 비중을 차지하고 있다. 학업 생활에 바쁜 학생들이 스마트폰 등을 통해 가장 쉽게 접할 수 있는 것이 대중음악이다. 학생들은 '공부'라는 압력과 '학교'라는 제도적 공간에 갇혀서 자신들의 색깔을 분명하게 나타내고 '일관된 자신들의 언어'를 만들어 낼 수는 없으나 끊임없이 딴짓을 하고 자신만의 CDP(certificate in data processing), 휴대폰을 통해 대중가요를 듣고 노래방에서 가요를 부르며 선호하는 가수의 옷과 신발로 치장하기도 한다(조미경, 2002). 학생들에게 있어서 대중가요의 의미는 다음과 같다.

첫째, 학생에게 대중가요는 육체적 참여를 통해 욕구의 해소를 돕는다. 학생은 스트레스 해소의 차원에서 랩과 댄스 음악, 하드록 음악을 선호하는 경향이 있다. 둘째, 학생에게 대중가요는 자신만의 상상적 공간으로서 도피의 의미가 있다. 많은 학생이 대중음악을 통해 남에게 침해받지 않는 자신만의 세계를 갖고 싶어 한다. 셋째, 학생은 대중가요를 통해 동일시하고 대리만족을 한다. 학생은 특정한 노래 때문이라기보다는 특정한 가수가 좋아서 그의 음악을 모두 좋아하는 경우가 많다. 이때 학생의 취향은 그 가수가 부른 노래에 국한되는 것이 아니라 가수의 용모, 머리 모양, 의상, 몸짓과 율동 등 가수가 나타내고 있는 이미지와 스타일에 대한 선호를 의미한다. 넷째, 학생에게 대중가요는 또래집단의 결속을 높이는 기능을 한다. 대중음악은 학생의 또래집단을 하나의 정체성으로 묶어 주고 모두가 같은 또래집단에 함께 속해 있다는 안도감을 줄 수 있다. 다섯째, 학생은 대중가요의 소비를 통해 새로움과 남다름을 추구한다. 랩이나 댄스 음악을 좋아하는 것은 그것이 주는 새로움 때문일 수 있다.

2. 영상매체

최근 사람들은 통신기술과 영상기술 발달로 인해 무수하고 다양한 영상매체 속에서 삶을 살아간다. 오늘날 영상매체는 현대사회를 살아가는 인간으로써 이용하지 않을 수 없는 필수적인 요소가 되었다(유상미, 2010). 영상매체란 '특수한 기술・수단을 통하여 동일한 메시지를 동시에 또는 거의 동시에 대중에 전달하는 대중매체 중 TV, 영화 및 비디오, 컴퓨터와 같이 영상을 통해 내용을 전달하는 매체'를 말한다(박진규, 2012). 영상매체는 크게 소리와 영상으로 구성되어 있으며, 일반적으로 책과 신문 등의 문자매체와는 구별이 된다. 학생들은 학업이 끝나고 주말에 휴식을 보낼 때 책을 읽거나 신문을 보기보다는 TV, 영화, 유투브 등을 통해 영상을 소비하면서 많은 시간을 보낸다.

영상매체는 소리로 듣고 시각적으로 보기 때문에 현장감을 주면서 인간이 모방하기 쉬운 효과적인 매체이다. 영상매체는 의사소통의 내용을 시각적 영상으로 전환하여 상호 소통하기 때문에 전달하고자 하는 메시지를 명확하게 전달할 수 있으며(박진규, 2012), 시공간적 제약이 없이 소비가 쉽다는 장점이 있다. 이에 따라 학생이 어떠한 영상매체를 소비하느냐가 학생의 행동에 영향을 미칠 수 있다. 실제로 TV에서 폭력적인 장면을 더 많이 시청했다는 학생들이 그렇지 않은 학생들보다 폭력적인 충동을 더 많이 느낄 뿐만 아니라 그러한 행동을 모방해본 경험도 많은 것으로 나타났다(이영화, 2007). 특히 유상미(2010)는 학생들의 폭력적인 영상매제 이용이 폭력 모방이나 수용에 깊은 관련성을 보여주고 있다고 밝혔다. 영상매체가 학생에게 미치는 영향을 순기능, 역기능적으로 구분하여 알아보면 다음과 같다.

1) 영상매체의 순기능 측면

학생은 영상매체가 가지고 있는 순기능적 측면과 역기능적 측면 모두를 인식하고 있으나 역기능보다는 순기능적 측면을 더 높게 인정하였다(이춘화・조성태, 1997; 박진규, 2012). 유상미(2010)는 영상매체가 사회적 기능, 오락적 기능, 자아실현의 기회 제공, 정치적 기능 등의 긍정적인 기능을 갖고 있다고 보았다. 사회적 기능이란 인간이 살아가는 동안 끊임없이 사회화를 통해서 사회에 적응하며, 영상매체는 기존의 제도교육과 가정, 친구, 사회관계에서의 사회교육이 갖는 기능을 포괄적으로 수용하고 반영시켜 준다. TV, 만화, 영화 등의 영상물은 인간의 가치와 삶을 영상으로 담고 있으며, 이를 통해 다양한 사람들의 삶과 가치관, 역할행위 등을 간접적으로 배울 수 있다.

오락적 기능은 영상매체가 건전한 오락적인 내용을 제공해 줌으로써 복잡한 사회생활에 쌓인 감정을 해소하고 문명의 고통으로부터 벗어나서 긴장을 완화해 준다. 영상매체는 현대사회에서 주요한 놀이의 도구이자 소재가 되었다. 사람들은 영화나 TV를 보면서 색다른 경험을 하고 상상의 나래를 펼치면서 스트레스를 해소하기도 한다.

자아실현의 기회는 영상매체의 수용을 통해서 더 넓은 환경과 세계를 경험하도록 한다는 것이다. 영상매체는 다양한 세계 및 다양한 직업들, 그리고 세계 곳곳의 현장을 담아내고 있다. 학생은 다양한 영상매체 중에서 관심의 분야를 확대하고 여러 자료를 수집하기도 한다. 학업으로 바쁜 일상을 살아가는 학생들에게 영상매체가 전해주는 영상과 메시지는 현재적인 삶에서 벗어나 다른 삶의 가능성을 꿈꾸게 한다.

2) 영상매체의 역기능 측면

영상매체는 다양한 역기능을 가짐에 따라 올바른 영상매체교육이 필요하다. 첫째, 영상매체는 표현의 자유라는 흐름에 편승하여 학생들에게 선정적인 내용을 제공하여 성에 대한 비정상적이고 왜곡된 가치관을 심어줄 수 있다. TV, 만화, 광고 영상 등에 선정적인 내용이 포함되어 있어 이러한 논란을 많이 일으켰다. 광고의 경우, 선정성은 육체가 쾌락과 자기표현의 수단으로 사용된다. 최근 들어 비행 학생이 아니더라도 일반 고등학생 대부분이 한두 번 이상 음란 비디오를 본 것으로 밝혀졌으며, 성적 호기심이 왕성한 학생은 이러한 음란물 영상을 통해 강렬한 성적 충동을 일으켜 공격행동을 촉발시켜 성폭력, 폭행, 원치 않는 임신, 미혼모 문제, 변태 행위 등의 문제를 일으키기도 한다(박진규, 2012).

둘째, 영상매체를 통해 폭력에 노출된 학생들은 폭력이라는 자극에 반응하여 폭력적 성향을 가지거나 폭력행위를 유발할 수 있다. 가시적 폭력과 비가시적 폭력에 의해 둘러싸여 있으면서 우리 사회는 점점 더 폭력에 대해 둔감해지고 있다(박진규, 2012). 특히 영상매체에서 보여주는 세계와 현실세계를 뚜렷이 구분할 능력이 부족한 학생들은 영상매체의 폭력적 장면에 즉각적으로 생리적, 감정적 흥분상태를 보이고 폭력적 행동을 할 수 있다(최정호 · 강현두 · 오택섭, 1995: 유상미, 2010 재인용). 즉, 학생들은 영상매체를 통해 폭력을 교육적으로 모방할 수 있으며, 기존에 가지고 있던 도덕이 약해져 쉽게 폭력성을 드러낼 수 있다.

3. 가상현실 문화

통신의 발달로 인해 스마트폰이 보급됨에 따라 사이버공간 및 가상현실은 누구나 쉽게 접속하고 확장할 수 있는 영역이 되었다. 인간의 생활에서 정보의 이용과 제작, 그리고 공유의 핵심적인 공간이 되었으며, 학생들에게 스마트폰은 시공간을 벗어나 친밀감이 있는 사람을 만날 수 있는 진실한 공간이 되고 있다. 혹자는 현생의 인류를 포노 사피엔스[2)]라고 말할 만큼 스마트폰을 사용하는 학생들은 사이버공간에 기반하여 그들의 놀이 문화를 형성하고 있다. 사이버공간에서의 놀이문화를 이해하기 위해서는 사이버공간의 특징을 알아볼 필요가 있다.

박진규(2012)는 사이버공간(가상현실)의 특징을 다음과 같이 보고 있다. 첫째, 가상현실은 익명성과 비면대성을 유지하는 특성을 지닌다. 자신의 신분을 노출시키지 않은 채 활동하는 것이 가능한 매체공간이며, 누가 누구인지를 밝혀지지 않음으로써 사이버공간에서 만나는 사람들은 장소 귀속적이고 대면적인 상황에서 대화자들의 활동을 제약하는 연령, 성명이나 지위, 사회적 정체성이나 신체적 또는 심리적 정체를 직집적으로 드러낼 필요가 없다. 둘째, 리셋신드롬(reset syndrome)과 공동체 유대감 결여의 특징을 지닌다. 가상현실은 언제 어디서든지 관계의 고리를 끊고 사라질 수 있으며, 언제든지 리셋(reset)하여 새로이 시작할 수 있는 리셋신드롬의 특징을 갖는다. 사이버공간에서의 공동체 성원의 무책임성과 책임소재의 불분명과 같은 특성은 공동체적 유대를 결여시킴으로써 일탈행위에 대한 사회적 통제력을 약화시킨다. 셋째, 시공을 초월한 새로운 공동체적 특징을 지닌다. 가상현실은 물리적 장소가 갖는 제한성과 구속성을 벗어나 새로운 사회적 관계를 갖는 하나의 공동체로서의 의미를 갖는다. 인터넷을 예로 들면, 시공간에 구애를 받지 않는 탈공간성과 비동시성의 특성을 지닌다. 인터넷의 공간 초월 의사소통으로서의 특징은 이용자들이 거리상으로 정보의 중심부로부터 멀리 떨어져 있다는 이유로 더 이상 불리한 조건에 있지 않게 되었다는 점이다. 누구든지 인터넷을 24시간 이용할 수 있으며, 세계 어느 곳에 있는 사이트도 접속할 수

2) 스마트폰 없이 생각하거나 살아가는 걸 힘들어하는 사람들을 이르는 말이다. 2015년 2월 28일자 영국 『이코노미스트』는 스마트폰이 세상을 바꿔 놓아 지금은 스마트폰 없이 살기 어려운 '포노 사피엔스(Phono Sapiens)'시대가 되었다고 했다. 『이코노미스트』는 또 "스마트폰은 이제 막 세상을 바꾸려 하고 있다"며 "아직 본격적으로 시작하지 않았다"고 말해 스마트폰이 세상에 미칠 영향은 아직 무궁무진하다는 것을 시사했다. 포노 사피엔스는 지혜가 있는 인간을 의미하는 호모 사피엔스(homo-sapiens)에 빗댄 말이다.
(출처: 다음백과, http://100.daum.net/encyclopedia/view/54XX34300079)

있다. 넷째, 놀이 공간적 특성을 지니고 있다. 가상현실은 현실세계에서 자신의 존재를 인정받지 못하고 소외되거나 불만이 있는 학생·성인의 경우 더욱 활발히 이용할 수 있다. 학생들의 경우, 입시 중압감으로 인한 놀이시간의 부족과 사회적으로 제공되는 놀이공간의 부족이 학생들에게 사이버공간을 또 다른 놀이공간으로 만들도록 유인하고 있다. 그래서 학생들 사이에서는 사이버공간을 개인적 욕구를 충족시키는 오락용으로 생각하는 경향이 나타나고 있다. 다섯째, 정보의 빠른 공유를 특징으로 한다. 가상현실 중에서 인터넷의 경우, 그 기본 특징은 정보의 공유에 있다. 특히 컴퓨터의 네트워크 등에 따른 사이버공간을 통해 이루어지는 정보의 빠른 전파성은 일탈적 정보의 무차별적 전달을 가능하게 하고 있다.

이상에서 사이버공간을 자연적이고 물질적인 환경과 비교할 때, 사이버공간은 인간에게 다양하고 무한하며 경계를 벗어나서 확장할 수 있는 무대라고 볼 수 있다. 학생은 전통적인 기성세대보다 가상현실 세계의 삶에 가장 익숙하면서 가상현실의 삶을 적극적으로 살아간다고 볼 수 있다(박진규, 2012). 그러면 학생들의 사이버공간에서의 놀이문화는 어떨까? 첫째로, 학생들은 실제적 공간과 가상현실 공간과 결합된 무대에서 동시에 활동하게 되면서 활동 범위가 확장되고, 이에 따라 학생이 자기의 기호에 따라서 선택할 수 있는 범위가 넓어졌다고 볼 수 있다. 학생은 자기의 기호에 따라 실제적 공간에 머물거나 아니면 가상현실에서 살아갈 수 있다. 또한 자기의 기호를 실제적 공간과 가상공간 모두에서 확장할 수 있다. 결국 이는 학생이 자기의 생각과 감정에 따라 선택할 수 있음을 의미한다. 이에 따라 학생은 실제적 공간에서의 공간적, 규범적, 전통적 관계에서 벗어날 가능성이 있으며, 규범에 따른 인간관계를 원하지 않을 시에는 가상공간에서 취미, 관심을 공유하는 사람들을 찾아 친밀한 관계를 형성할 수 있다. 학생은 가상공간을 활용하여 자기의 기호와 관심을 공유하고 이해할 수 있는 사람을 만날 수 있고, 그들과 온오프라인에 걸쳐 관계를 확대할 수 있다.

이러한 가상공간의 특징을 잘 보여주는 예로서 가상공간에서의 '오이를 싫어하는 사람들의 모임'을 제시할 수 있겠다. 그들은 오이를 싫어하는 기질을 가진 사람들일 것인데, 실제적 공간에서 오이가 싫어 삶에서 겪는 어려움을 소통할 수 있는 사람을 만나기가 어렵다. 그러나 가상공간을 활용하여 오이로 인한 어려움을 호소하고 함께 위로할 수 있는 커뮤니티를 형성할 수 있다. 그들은 페이스북에서 모토를 내세우고 강령을 제시하면서 동질적인 놀이문화를 형성하고 있다.

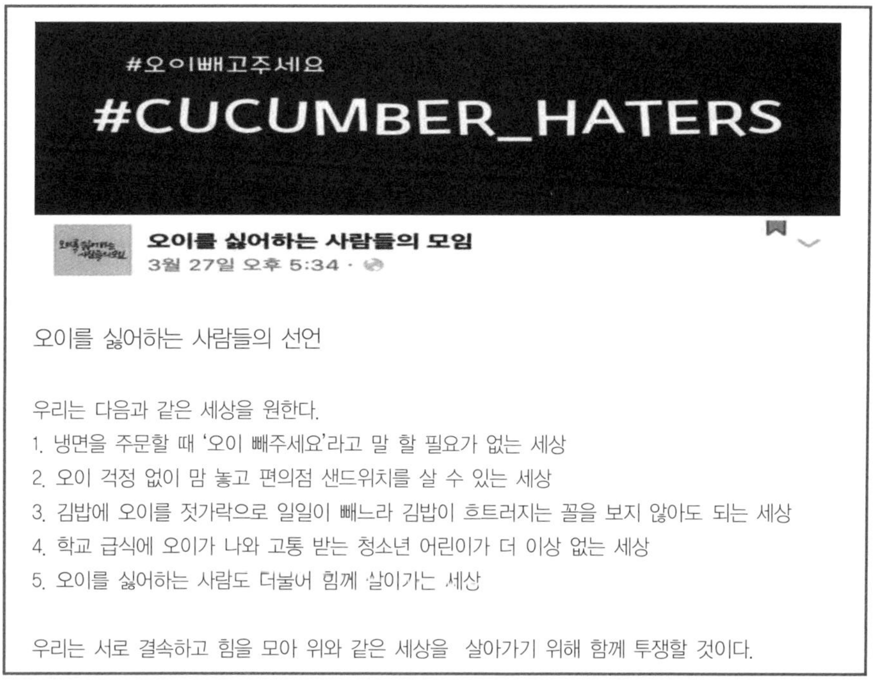

#오이빼고주세요
#CUCUMBER_HATERS

오이를 싫어하는 사람들의 모임
3월 27일 오후 5:34 ·

오이를 싫어하는 사람들의 선언

우리는 다음과 같은 세상을 원한다.
1. 냉면을 주문할 때 '오이 빼주세요'라고 말 할 필요가 없는 세상
2. 오이 걱정 없이 맘 놓고 편의점 샌드위치를 살 수 있는 세상
3. 김밥에 오이를 젓가락으로 일일이 빼느라 김밥이 흐트러지는 꼴을 보지 않아도 되는 세상
4. 학교 급식에 오이가 나와 고통 받는 청소년 어린이가 더 이상 없는 세상
5. 오이를 싫어하는 사람도 더불어 힘께 살아가는 세상

우리는 서로 결속하고 힘을 모아 위와 같은 세상을 살아가기 위해 함께 투쟁할 것이다.

허정경(2018)의 연구에 따라 알아보면, 학생들의 주도적인 문화 활동인 팬덤활동 역시 주로 인터넷 환경 안에서 이루어지면서 학생들이 스스로 정신 건강 증진을 위해 노력하는 것을 볼 수 있다. 팬덤(fandom)은 특정한 인물이나 분야를 열성적으로 좋아하는 사람들 또는 그러한 문화현상을 말하는 용어로, 팬(fan)은 운동 경기나 선수 또는 연극, 영화, 음악이나 배우, 가수 등을 열광적으로 좋아하는 사람을 말한다. 학생은 적극적으로 참여하고 관심 분야의 지식을 설렵하고 창작 활동 등을 통해 새로운 생산물을 창출하기도 하고 공간과 제품, 캐릭터와 제품 등에서 신선한 콜라보레이션을 만들어내는 소비활동 양상을 보여준다. 학생은 분야와 경계를 막론하고 자신의 관심 분야에서 시간과 경험을 즐거이 투자하여 전문적 지식과 실력을 축적하며 이들의 전문성과 열정을 높이 사는 분위기로 확대되고 있다. 학생은 스타의 말투나 성격, 사고방식과 사생활을 맹목적으로 추종하면서 자신들의 억압된 욕구를 해소하면서도 팬클럽을 형성하여 감정, 느낌, 생각을 공유하며 스타와 관련된 수많은 이미지들을 창조적으로 변형시키면서 재생산해 간다(정하성, 2012).

| 학습과제 |

1. 학생의 언어생활의 긍정적, 부정적 기능에는 무엇이 있는지 토의해보자.

2. 학생의 생활문화가 기성세대 문화와 소통할 수 있는 방안에는 무엇이 있는지 토의해보자.

CHAPTER **05**

정서행동장애의 이해

제1절 우울장애

제2절 불안장애

제3절 주의력결핍과 과잉행동장애

제4절 품행장애

제5절 학습장애

| 개요 |

정서행동장애는 아동 그 자신의 발달이나 타인의 생활을 방해하는 행동으로 일반아동에 비해 현저히 일탈된 행동을 의미한다. 정서행동장애는 정신의학적 관점과 행동적 관점에서 분류할 수 있다. 대표적으로 주의력결핍 과잉행동장애, 품행장애와 적대적 반항장애, 불안·섭식·배설 장애, 우울장애와 양극성장애, 틱(tic)장애, 반응성 학습장애, 애착장애 등으로 분류할 수 있다. 본 장에서는 정서행동장애 가운데 우울장애, 불안장애, 주의력결핍과 과잉행동장애, 품행장애, 학습장애의 개념 정의, 특성, 분류 기준을 중심으로 살펴보고자 한다. 또한 학교 현장에서 정서행동장애를 나타내는 아동에 대한 적절한 개입방법에 대해 논의하고자 한다. 최근 정서행동장애 아동의 비율이 지속적으로 증가하고 있어 이에 대한 관심이 매우 필요하다. 특히 일탈된 행동을 하는 개인이 문제가 아닌 일탈된 행동이 나올 수밖에 없는 사회 환경이 문제라는 것을 인식할 필요가 있을 것이다.

chapter 05 정서행동장애의 이해

제1절 우울장애

1. 우울장애의 개념 및 특성

현대 사회에서 한국인이 가장 많이 앓고 있는 대표적인 질환 가운데 하나가 바로 우울증이다. 우울증(depression) 즉, 우울장애는 의욕 저하와 우울감을 주요 증상으로 하여 다양한 인지 및 정신 신체적 증상을 일으켜 일상 기능의 저하를 가져오는 질환을 의미한다. 우울장애는 감정, 생각, 신체 상태, 그리고 행동 등에 변화를 일으키는 심각한 질환으로 한 개인의 전반적인 삶에 영향을 주기 때문에 현대 사회에 심각한 사회문제로 부각되고 있으며 최근에는 아동 및 청소년들에게도 많이 나타나는 대표적인 증상이다.

정신질환 진단 및 통계편람으로 환자의 상태를 임상적으로 분류한 DSM-5에서 우울장애는 "파괴적 기분조절 곤란 장애, 주요우울장애, 지속성 우울장애, 월경전불쾌감장애, 물질/약물치료로 유발된 우울장애"(APA, 2013/2015, p. 163) 등으로 분류된다. 이 가운데 주요우울장애는 가장 대표적인 우울증의 진단 범주로서, 일반적으로 '우울증'은 주요우울장애를 지칭한다(권호인, 2009). 우울증은 지속적인 우울한 기분, 흥미와 기쁨 상실, 급격한 체중 변화, 식욕 감퇴 또는 증진, 불면증 또는 과수면, 정신운동성 지연 또는 초조, 피로, 무가치감 또는 지나친 죄책감, 사고 또는 집중 능력 감퇴, 결정곤란, 자살 사고 또는 자살 시도 등, 인지, 정서, 신체 등의 복합적인 증상들로 인해 현실 적응에 어려움을 겪게 하고, 사회적 또는 직업적 부적응을 초래하게 하는 치명적 심리장애이다(APA, 2015).

마음의 감기라고 하는 우울증의 대표적은 증상 또는 특성은 의욕 저하와 흥미의 저하로 지속적인 우울감이 생기며, 불면증 등 수면장애가 오고, 식욕 저하 또는 식욕 증가와 관련된 체중변화가 생긴다. 또한 주의집중력 저하와 함께 자살에 대한 반복적인 생각과 자살시도를 하며, 부정적 사고, 무가치감(스스로 가치가 없다고 생각하는 것), 지나친 죄책감에 빠져든다. 또한, 일상생활 기능이 저하되며, 학업능력저하, 휴학, 생산성 저하, 가족 갈등, 이혼 등에 이르게 된다(김정민, 2017). 특히 생활에서의 부정적 사고, 집중력 장애, 수면 장애, 욕구와 에너지 상실 등의 요인으로 대인관계의 능력 등에 어려움이 있고, 인지기능의 손상과 기능저하, 삶의 질 저하, 재발율의 증가, 만성화 경향, 자살율의 증가 등 전반적인 정신 기능이 저하된 상태이며 많은 부정적인 예후와 관련이 있다. 또한 미래에 대한 불안과 삶에 대한 비관을 증가시켜 사회적 관계 속에서 소외감을 경험하고 상호작용의 어려움으로 절망감과 무가치함에 사로잡히게 된다(박경숙, 2018).

우울증의 원인을 살펴보면, 크게 생물학적 원인, 유전적 원인, 생활 및 환경 스트레스 원인, 신체적 질환이나 약물 등으로 구분할 수 있다. 최근 경쟁사회가 지속되면서 끝없는 경쟁에서의 소진, 기대 좌절에 대한 실망감, 그리고 그 기저에 사회구조적인 문제, 타인과 비교, 감정 억압, 감정적 배려를 받지 못함, 사회적지원의 부족 등의 환경적인 상황도 우울증의 주요 원인으로 부각되고 있다.

우울증은 일시적인 우울감과는 다르며 개인적인 약함의 표현이거나 의지로 없앨 수 있는 것이 아니다. 상당수가 전문가의 도움을 받지 못하고 우울증으로 고생하는 경우가 많아 안타까운 질환이기도 하다. 그러나 전문가의 적절한 치료를 받는다면 상당한 호전을 기대할 수 있고 이전의 정상적인 생활로 돌아가는 것이 가능하다. 상담을 통해 자신을 수용하게 되고 자존감이 높아지고 사고의 틀이 유연해지고 또한 자기 개방 및 의사표현을 할 수 있기 때문에 혼자 고민하지 말고 주변의 도움 특히 전문가의 적절한 개입 및 조치가 필요할 것이다. 무엇보다 가족, 친구, 중요한 권위자가 지지망이 우울증 극복의 주요한 자원이 될 수 있음을 명심해야 할 것이다.

2. 우울장애의 분류 및 진단 기준

미국 정신의학회(American Psychiatric Association)에서 분류된 주요우울장애를 통상적으로 우울증이라 칭한다. 우울증은 주요우울증(major depression)과 경도우울증(minor depression)으로 나눌 수 있다. 우울감과 절망감, 흥미나 쾌락의 현저한 저하, 저하되거나 증가된 식욕과 체중, 수면양의 감소나 증가, 신체적 초조 또는 활동 속도의 지체, 성욕의 상실이나 피로감, 부적절한 죄책감과 책임감, 무가치감, 집중력의 저하 또는 우유부단함, 죽음이나 자살에 대한 생각 등이 2주 이상 지속되고, 사회적·직업적으로 장애를 일으키면 주요우울증이라고 한다. 주요우울증과 증상은 비슷하되, 그 정도가 경하거나 지속시간이 짧아서 사회적·직업적으로 장애를 일으키지 않으면 경도우울증이라고 한다.

주요우울장애(Major Depressive Disorder: MDD)는 우울한 기분에 대해 주관적으로 보고하거나 타인에 의해 객관적으로 관찰되고, 모든 활동에 대해 흥미나 즐거움이 뚜렷하게 저하되고 하루 중 대부분 그리고 거의 매일 증상이 지속되는 장애를 말한다. 체중 감소와 식욕이 증가하거나 감소하는 증상이 나타나고, 거의 매일 불면 또는 과다수면, 정신운동 초조나 지연, 피로나 활력의 상실, 무가치감 또는 과도하거나 부적절한 죄책감을 느끼며, 사고력이나 집중력이 감소된다. 반복적으로 죽음에 대한 생각, 또는 자살 시도나 자살 수행에 대한 구체적인 계획을 가지는 경우가 있으며 위 증상 가운데 5가지 증상이 2주 연속으로 지속될 경우 주요우울장애라고 한다(APA, 2013).

DSM-5에는 증상의 종류와 정도, 기간 등의 문제로 이 두 가지 진단 기준에 해당하지 않는 우울 증후군들을 진단할 수 있는 진단 기준도 함께 제시하고 있다. 주요우울장애의 DSM-5 진단 기준을 구체적으로 살펴보면 다음과 같다(APA, 2013).

A. 1번과 2번 중에 하나는 반드시 포함되고, 다섯 가지 이상이 2주 동안에 연속으로 나타나야 한다.

1) 거의 하루 종일 우울한 기분이 거의 매일 이어지며, 이는 주관적 느낌(예컨대 슬픔, 공허감, 아무런 희망이 없음)이나 객관적 관찰 소견(예컨데 자주 눈물을 흘림)으로 확인된다.
2) 거의 하루 종일 거의 모든 활동에 대한 흥미나 즐거움 감소된 상태가 거의 매일 이어짐.
3) 체중 또는 식욕의 심한 감소나 증가
4) 거의 매일 반복되는 불면이나 과수면
5) 정신운동의 초조(예: 안절부절 못함) 또는 지체(예: 생각이나 행동이 평소보다 느려짐)

6) 거의 매일 반복되는 피로감 또는 활력 상실
7) 무가치감, 또는 지나치거나 부적절한 죄책감이 거의 매일 지속됨.
8) 사고력 또는 집중력의 감퇴, 결정을 못 내리는 우유부단함이 심해져 거의 매일 지속됨.
9) 죽음에 대한 생각이 되풀이되어 떠오르거나, 특정한 계획이 없는 자살 사고가 반복되거나, 자살을 시도하거나, 구체적인 자살 계획을 세움.

B. 임상적으로 의미 있는 고통이나 대인관계, 직업을 포함한 주요 영역의 기능 저하를 일으킴.

C. 약물 등 섭취 물질이나 질병으로 인해 야기된 생리적 효과로 인한 것이 아니어야 함.

주요우울장애의 진단 기준 가운데 DSM-5의 이전판인 DSM-IV(-TR)에서는 사별에 의한 것이 아니어야 한다고 정의하였으나, DSM-5에서는 삭제되었다. 이는 사별 자체가 우울증을 야기하는 매우 중요한 요인이기 때문이다. 또한 사별, 경제적 몰락, 자연재해 피해, 중증 질환 등의 심각한 상실(significant loss)이 있은 이후에 명백한 주요 우울증상을 보인다면, 주요우울장애로 진단 내릴 수 있다. 이러한 주요우울장애 증상을 가지고 있는 사람들은 전반적인 일상생활을 하기에 에너지가 부족하고, 살아가야 할 동기가 부족하기 때문에 증상이 심각해지기 전 조기개입을 해 주는 것이 좋다고 볼 수 있다.

제2절 불안장애

1. 불안장애의 개념 및 특성

불안장애는 정신적 장애의 한 진단분류로서 정신건강의학과 장애 중 가장 흔한 질병 중의 하나이다. 불안장애(Anxiety Disorder)는 개인이 가진 불안이 삶의 기능을 저하시키고 사회생활을 어렵게 만들거나 심각한 고통을 가져다주는 등 스스로 제어하기 힘들만큼 불안한 상태가 6개월 이상 지속되는 상태를 말하며 정신건강의학과 전문의를 통해 진단되는 진단명으로서의 개념을 가진다(박훈정, 2015). 정신질환의 진단 및 통계 편람 5판(APA, 2013)에서 불안장애는 극심한 공포 및 불안의 인지적, 정서적, 신체적, 행동적 경험에 관련한 행동 장애로 정의된다.

불안장애는 정신건강의학과의 장애 중 가장 흔한 질병 중 하나로서 일반인구 중 약 15% 이상이 평생동안 한 번 이상 불안장애를 경험하는 것으로 보고된다(대한신경정신의학회, 2009). 이 질환은 대개 비교적 일찍 발병해서 적절한 치료를 받지 못할 경우 만성화되기 쉬우며 삶의 질을 떨어뜨리고 우울증이나 물질 남용 장애와 같은 문제가 합병증으로 나타난다. 개인이 자신을 힘들게 만드는 불안을 경험하지 않으려고 의도적으로 회피할 때 오히려 더욱 발달되는 문제를 가질 수 있으며, 불안에는 함께 따라오는 여러 가지 왜곡된 생각과 더불어 동반되는 다른 불편한 감정들도 포함되기 때문이다(홍지영, 2017).

불안은 현재 시점에서 명료하지는 않으나 다가올 위협을 예측할 때 경험하는 정서적 반응이기 때문에 불안장애를 가진 사람들은 불안을 야기하는 특정한 상황에서 습관적으로 사고하는 경향이 있으며, 그 사고는 대부분 부정적이고 왜곡된 것이어서 스스로 불안을 느끼는 상황들을 회피하게 된다는 것이다. 특정한 상황이란 개인이 가지는 미래에 대한 걱정, 존재의 안전, 관계에서 오는 불안, 가정이나 직장의 행복이나 변화에 대한 불안 등과 같은 각자의 삶의 위치에서 경험하는 다양한 상황들이 해당된다. 이처럼 불안은 인간이 지니는 기본적인 정서이며 변화가 빠르고 불확실한 현대사회를 살아가는 사람들에게 쉽게 나타날 수 있는 문제이다(정수연, 2017).

불안장애는 그 정도와 특성이 매우 다양하여 발생 원인에 대한 명백한 이유를 밝혀내지는 못했으나, 일반적으로 생물학적 요인, 환경적 요인, 사회적, 문화적 역할 등의 요소가 그 원인으로 언급되고 있다. 불안은 신경증적 성격특성이 걱정과 관련이 많으며, 불안을 느끼는 동안 반응하는 뇌의 부분을 분석할 수 있기에 불안장애적 성향은 유전 받을 수 있다. 또한 불안은 학습된 반응일 수도 있는 가능성을 가지는데 특정한 상황에 반응하는 반복된 패턴을 경험하는 것은 두뇌가 특정한 방식으로 반응하도록 하기 때문이다(박계순 · 이한준, 2008). 특히 아동기 때 받은 특정한 메시지가 잘못된 핵심믿음과 역기능적 가정들을 형성하여 불안에 취약하게 만들 수 있다. 비판적이고 거부적인 부모와 세상은 믿을 수 없고 위험한 곳이라는 메시지를 주는 부모 밑에서 자란 아이들이 성인이 되었을 때 불안 증상을 더 많이 경험할 가능성이 있다. 또한 감정표현을 격려하기 보다는 힘든 감정을 억누르도록 가르치는 양육방식을 통해 자란 경우에도 불안에 더 취약할 수 있다(Briers, 2015).

이와 같이 불안의 수준이 높은 경우에는 스트레스를 받는 생활사건이 한 가지만 있어도 불안장애가 유발되어 높은 수준의 주관적 고통과 신체적 증상, 그리고 일상생활에 지장을 초래할 수 있기 때문에 적절한 치료 및 개입이 필요하다. 불안장애의 치료에서 중요한 점은 재발 및 우울증으로의 발전을 예방하기 위한 치료이므로 약물치료는 일시적인 해결책으로 볼 수 있다. 약물치료를 통해서는 불안의 본질적 요인을 찾아낼 수 없으며, 지속적으로 반복되는 불안 증세를 치료하기에는 한계점이 있어 약물치료 외에 불안장애에 대하여 보편적으로 이루어지고 있는 치료방법은 정신역동적 치료와 인지행동치료이다. 상담현장에서 가장 많이 사용되고 있는 치료는 그 효과성이 입증된 인지행동치료이지만 인지행동치료는 보편적으로 10~15회기의 단기치료로 진행되기 때문에 전문가의 진단과 분석을 통한 복합적인 치료 및 접근 방법이 필요할 것이다.

2. 불안장애의 유형 및 특성

불안장애는 여러 가지 독립적인 세부유형들이 포함되고 있다. 불안장애의 진단분류 DSM-Ⅳ에서는 불안장애를 공황장애, 범불안장애, 광장공포증, 사회공포증/사회불안장애, 특정공포증, 강박장애, 외상 후 스트레스 장애, 급성 스트레스 장애, 일반적 의학적 상태 때문에 발생하는 불안장애, 물질 유발성 불안장애, 기타 불안장애로 구분하였다(대한신경정신의학회, 2009). DSM-IV에서 DSM-5으로 넘어오면서 불안장애군의 세부 장애 항목에 변화가 있었다. 공황장애와 광장공포증이 각각 다른 장애로 분류되었으며, 분리불안장애와 선택적 함구증이 불안장애군으로 합류하였고, 특정공포증과 사회공포증, 그리고 분리불안장애와 선택적 함구증에서 명시하였던 연령기준을 삭제하였다. 특히 불안장애군에서 강박장애와 외상 후 스트레스장애가 제외되었는데, 이는 이들 장애가 타 세부 불안장애와 질적으로 다르다는 선행연구 결과가 반영된 결과로 불안장애군과 강박장애 및 외상 후 스트레스 장애의 이질성에 주목하여 내린 판단이다(홍지영, 2017).

DSM-5의 불안 장애군에는 선택적 함구증, 분리불안장애, 범불안장애, 사회공포증, 광장공포증, 공황장애가 세부 장애로 포함되어 있다(APA, 2013). DSM-5에서는 불안장애에 포함되는 세부 장애들을 공포 및 불안을 야기하는 자극의 특성과 그에 대한 인지, 신체, 행동적 반응의 양상 차이에 중점을 두고 진단 기준을 명시하고 있다. 불안 장애군에서 가장 많이 나타나고 있는 분리불안장애, 범불안장애, 사회공포증, 광장공포증, 공황장애의 특성을 정리하면 다음과 같다(홍지영, 2017; APA, 2013).

먼저, 분리불안은 집이나 주요 애착 대상으로부터 분리되는 것에 대한 과도한 불안을 나타낸다는 특징이 있다. 분리불안은 주요 애착대상을 갑자기 상실하게 될지 모른다거나, 그 애착대상으로부터 분리될지 모른다는 데 대한 강한 불안을 나타낸다. 이로 인해 죽음에 대한 공포를 강하게 느끼며 이별, 죽음, 납치 등과 같은 것에 대해 자신과 가족의 신변에 대한 과도한 위협을 비현실적으로 느끼고 때로는 분리가 예상될 때 두통, 설사, 어지러움 증과 같은 각종 신체적 증상을 호소한다는 특징을 내포하고 있다.

범불안장애는 다수의 생활 영역에서 지나치고 조절하기 어려운 걱정과 불안이라는 인지, 정서적 경험이 지속된다는 특징이 있다. 또한 안절부절 못하거나 쉽게 지치고 피곤을 느끼며, 주의 집중이 어렵고 신경이 과민해지는 것, 근육의 잦은 긴장 등의 신체적인 증상을 경험할 수 있다.

사회공포증(사회불안장애)은 자신에게 이목이 집중되는 사회적 상황에서 당황하는 자신의 모습이 그대로 타인에게 노출되어 부정적으로 평가되거나 모욕을 당할 것이라는 신념을 특징으로 하는 장애이다. 이러한 인지적 특징으로 인해 사회적 상황에서 신체적, 정서적 불편감을 견디거나 해당 상황을 회피하는 행동적인 반응을 보인다.

광장공포증은 대중교통을 이용하는 상황, 열린 공간 혹은 밀폐된 공간에 있는 상황, 줄을 서거나 군중 속에 있는 상황, 집 밖에 혼자 있는 상황들 중 2가지 이상의 상황에서 공황발작과 같은 부적절한 증상이 나타나면 도움을 받을 수 없거나 벗어나기 힘들 것이라는 신념 때문에 이러한 상황을 회피하거나 신체적, 정서적 불편감을 견디는 것이 특징이다.

공황장애는 예상하지 못한 상황에서 발작 증상을 반복적으로 경험하고, 발작에 대한 지속적인 걱정으로 인해 특정 장소에 대한 회피 행동 등을 보이게 된다. 특히 공황장애는 수 분 이내에 정점에 이르는 공포 정서와 이에 수반하는 신체적(예: 발한, 심계항진 등), 인지적 증상(예: 죽을 것 같은 두려움)이 특징이다.

제3절 주의력결핍과 과잉행동장애

1. 주의력결핍 과잉행동 장애의 정의 및 현황

주의력결핍 과잉행동 장애(Attention Deficit/Hyperactivity Disorder: 이하 ADHD)는 매우 산만하고 부주의한 행동을 나타낼 뿐만 아니라 자신의 행동을 적절히 통제하지 못하고 충동적인 과잉행동을 나타내는 신경학적 장애이다(권석만, 2013; Kendall, 2010). 2013년 새롭게 발표된 DSM-5에서는 ADHD에 대하여 '지속적인 주의력 결핍 및 과잉행동, 충동성의 증상을 보이는 장애'로 정의하고 있다(APA, 2013). DSM-5에서 변화된 점은 ADHD의 진단군 분류에 있어 '아동기 또는 청소년기에 처음 진단되는 진단군'에서 '뇌와 관련한 신경발달적 장애(Neurodevelopmental disorder)군'으로 변경 되었으며, 진단연령의 범주를 넓히고자 증상이 시작하는 시기를 '7세 이전'에서 '12세 이전'으로 바꾸었다. 이외에 부주의 영역에서 기준점 보다 높을 경우의 '부주의형', 과잉행동-충동성 영역에서 기준점 보다 높은 '과잉행동-충동형', 두 영역 모두에서 기준점 보다 높은 '혼합형'의 세 하위 유형으로 구분하는 등의 진단 규준은 이전과 같다.

현재 ADHD 진단군은 지속적으로 증가추세를 보이고 있는데, 미국국립보건통계센터(National Center for Health Statistics)의 2013년 자료에 의하면 2000년 초반의 5~6%, 2008년 약 8%에 비해 2012년의 ADHD 초등학생의 출현율은 9.5%로 나타났다. 또한 남학생이 여학생보다 더 많이 진단 받고, 미국에서 외래 정신건강 진료소에 의뢰되는 아동의 약 50%에 해당할 만큼 흔한 아동기 장애로 알려져 있다(권석만, 2013; Kendall, 2010). 국내에서도 ADHD는 해마다 지속적인 증가추세를 보이고 있으며 2014년 보건복지부 자료에 의하면 최근 5년간 ADHD 아동의 진료인원은 약 23% 증가하였으며,

남학생이 여학생에 비해 지속적으로 4배 이상 많은 것으로 보고되었다. 특히 초등학생에 해당하는 8세~13세의 점유율은 약 60%로 가장 높은 것으로 나타났다(보건복지부, 2014). 최근 국민건강보험공단에 따르면 2012년부터 16년까지 5년간 주의력결핍 및 과잉행동 장애(ADHD)로 진단을 받은 사람은 24.3% 감소했으나, 19세 이상 성인만을 살펴보면 56.1% 증가하여 더 이상 아동기 장애가 아님을 시사하고 있다.[1)]

ADHD의 원인은 일반적으로 유전적 요인이나 미세한 뇌손상, 신경전달물질에 의한 기능장애 등의 생물학적 요인과 부모의 성격이나 양육방식과 같은 환경적 요인이 복합적으로 작용하여 유발되는 것으로 여겨지고 있다(권석만, 2013). ADHD의 근원적인 원인에 대해서는 확실하게 한 가지의 원인으로 정의 내릴 수는 없지만, 도파민과 노르아드레날린 신경 전달에서 조절이 잘 되지 않기 때문이라는 여러 연구가 있다(Zachor, Hodgens, & Patterson, 2012). 또한 현대의 기능적 뇌 영상 연구에서는 대뇌피질의 발달이 정상 아동에 비해 수년간 지체되고 있음을 제시하고 있으며, 특히 주의력과 운동계획을 포함하는 인지 과정의 통제에 중요한 전전두엽 영역의 발달 지체가 두드러진 것으로 나타났다(Reid & Johnson, 2014). 즉, ADHD는 억제성 조절 능력이 결핍되어 있으며, 상당히 유전적이고 선천적인 위험성과 더불어 가족과 학교 환경에 영향 받는, 손상이 심한 만성적인 장애로서 여러 생활 영역에 미치는 영향으로 인해 심층적인 개입이 필수적임을 알 수 있다(Kendall, 2010).

한편, 전문가들 사이에서는 ADHD가 과연 치료가 필요한 장애인지에 대한 논란이 있다. 실제로 ADHD는 늘 주의력결핍과 과잉행동의 문제를 겪는 것은 아니다. 자신이 좋아하거나 잘하는 것에는 고도의 집중력을 발휘하기도 한다. 다만 조직과 그 조직 속의 질서와 규칙을 강조하는 사회 현상이 ADHD를 이상하게 볼 뿐 그 자체로 질병이나 장애가 아니라는 주장이 있다. 그래서 ADHD를 치료할 것이 아니라 ADHD로 진단을 받은 사람들이 자신들의 잠재력을 발휘할 수 있도록 환경을 바꿔주어야 한다. 에디슨, 아인슈타인, 모차르트, 피카소 등 수많은 위인들은 우리가 흔히 말하는 ADHD 증상을 나타내었지만 사회 발전에 큰 공헌을 하였다. 이처럼 ADHD는 생물학적 요인과 환경적 요인에 의해 나타나기 때문에 전문가의 적극적인 개입이 필요하다. 아동의 주의력 개선과 과잉행동 및 충동성을 조절하기 위해 약물치료와 행동치료, 사회성 기술 훈련, 부모 교육 등의 비약물적 치료를 병행할 필요가 있을 것이다. 현재

1) 한국건강관리협회 2018년 건강소식 01월호에 게재된 내용을 발췌함.

우리나라 보건복지부에서는 아동·청소년 심리지원서비스의 일환으로 18세 미만의 ADHD 아동·청소년을 대상으로 조기개입서비스를 시행하고 있다.

2. 주의력결핍 과잉행동 장애의 기준 및 특성

ADHD의 주요 특징은 겉으로 드러나는 과잉행동이다. 산만하게 돌아다니고 주변 사람들에게 의도치 않게 피해를 주거나 자주 싸움에 휘말리는 등 문제행동이 분명하게 드러난다. 그래서 전문가들은 ADHD를 '고장난 발동기'에 비유한다. 그 정도로 ADHD 환자는 잠시도 집중하기가 어렵고 끊임없이 움직이거나 돌아다니는 특징이 있다. DSM-5에서 제시하고 있는 ADHD의 진단기준 및 특성은 다음과 같다(APA, 2013).

A. 다음과 같은 증상이 발달수준에 맞지 않고, 부적응하게 6개월 이상 지속될 때

1) 주의산만 증상(여섯 가지 이상)
   a. 학업, 일, 기타 활동 중 세심한 주의를 기울이지 못하거나 부주의한 실수를 자주 한다.
   b. 과제 수행이나 놀이 중 주의집중을 지속하는 데 어려움을 자주 갖는다.
   c. 대놓고 이야기하는데도 듣지 않는 것처럼 보일 때가 자주 있다.
   d. 지시를 따라오지 않거나 학업, 심부름, 업무를 끝내지 못하는 경우가 자주 있다.
   e. 과제나 활동을 조직적으로 하는 것에 곤란을 자주 겪는다.
   f. 지속적으로 정신을 쏟아야 하는 일을 피하거나 싫어하거나 거부하는 것이 자주 있다.
   g. 과제나 활동에 필요한 것을 자주 잃어버린다(예: 숙제, 연필, 책 등).
   h. 외부 자극에 의해 쉽게 주의가 산만해진다.
   i. 일상적인 일을 자주 잊어버린다.
2) 과잉행동(a-f)/충동성(g-i) 증상(여섯 가지 이상, 17세 이상인 경우 다섯 가지 이상)
   a. 손발을 가만두지 않거나 자리에서 꼬무락거린다.

b. 가만히 앉아 있어야 하는 상황에서 자주 자리를 뜬다.

c. 적절하지 않는 상황에서 지나치게 달리거나 혹은 기어오른다(성인은 안절부절 못함).

d. 조용하게 놀거나 레저 활동을 하지 못하는 경우가 자주 있다.

e. '쉴 새 없이 활동하거나' 혹은 마치 '모터가 달린 것 같이' 행동하는 경우가 자주 있다.

f. 지나치게 말을 많이 하는 경우가 자주 있다.

g. 질문이 끝나기도 전에 대답해 버리는 경우가 자주 있다.

h. 차례를 기다리는 것을 자주 어려워한다.

i. 다른 사람이 하는 것을 중단시키거나 무턱대고 끼어드는 경우가 자주 있다.

B. 이러한 증상이 12세 이전에 있어야 한다.

C. 적어도 2군데 이상(예: 학교와 가정)에서 이러한 증상이 존재해야 한다.

D. 사회활동, 학업, 직업 기능의 방해 혹은 질적 저하의 명백한 증거가 있어야 한다.

E. 조현병의 경과 중이거나 혹은 기분장애, 불안장애, 해리장애, 성격장애, 물질급성중독 혹은 금단에 의한 것이 아니어야 한다.

유아가 초등학교에 입학하면서 아동에게 가장 대표적으로 나타나는 정서행동장애가 바로 ADHD이다. ADHD 아동의 일차적 증후는 과잉행동, 부주의, 충동성 등이 대표적이다. 유치원에서 보다 규칙적인 초등학교 생활을 하면서 이들은 끈기가 부족하여 한 가지 활동을 끝까지 하지 못하고 금방 새로운 행동을 시작하며 무엇을 어떻게 할지 당황해 하며 교사로부터 주어지는 과제를 이행하지 못하거나 지시에 잘 따르지 않고 매우 산만한 특징을 나타내어 문제 아동으로 인식되고 있다. 이런 경우 교사 및 부모의 적극적인 관심과 대처, 때로는 전문가의 적절한 개입이 필요하다. 이런 대처가 적절하게 이루어지지 않으면 증상은 성인기에도 나타날 수 있다. ADHD는 일반적으로 유아 및 아동의 전유물로 인식되었지만 최근 우울증이나 사회생활 부적응을 호소하는 성인들 중에 주의력결핍을 호소하는 사람들이 증가하고 있어 성인에게도 ADHD 진단을 내리고 그에 적절한 치료가 필요할 것이다.

제4절 품행장애

1. 품행장애의 개념 및 특성

품행장애(conduct disorder)는 아동 및 청소년기에 자주 보고되는 장애로 정서와 행동에서 자기 통제 어려움, 타인의 권리 침해 및 사회적 규준, 권위적 대상에 대해 현저한 갈등 유발 행동을 보인다. 최근 들어 청소년 비행이 심각한 사회문제로 대두되고 있는데 정서・행동장애 가운데 품행장애가 차지하는 비율이 지속적으로 증가하고 있다는 것은 이미 보편화된 사실이다. 특히 품행장애는 여아보다는 남자 아동, 청소년에게 자주 발견되어 반사회적 문제행동으로 증가하다가 청소년 후기로 접어들면서 차츰 감소하는 경향을 보이고 있다.

DSM-5에서는 적대적 반항장애, 간헐적 폭발장애, 품행장애, 방화증, 도벽증, 반사회성 성격장애 등을 품행장애의 범주로 설명한다(APA, 2013). 품행장애가 있는 아동들은 성인 정신병질에서 나타나는 '냉담하고 비정서적 특성'을 보이는 경우가 많으며, 종종 자신의 처벌을 피하기 위해 일부러 죄책감을 표현하기도 한다. 품행장애 특성을 보면 다양한 모습을 보인다. 여러 형태의 공격적 행동으로 품행장애의 증상이 자주 나타난다. 공격적인 반사회적 행동으로 약자를 괴롭히고 폭력을 남발하며 잔인한 행동을 한다. 품행장애 청소년들은 어른들에게 복종하지 않으며, 공격적이고 적대적인 경향을 보이며, 또한 결석 및 지각이 잦으며, 성적이 낮고, 흡연, 음주, 약물남용, 거짓말, 잦은 가출, 공공기물 파손 등의 행동을 나타낸다. 자신의 잘못된 행동에 대해 후회나 죄책감을 느끼지 않고 타인의 탓으로 돌린다. 이들은 문제행동을 보여 처벌할 경우 문제행동이 오히려 감소하거나 반성하는 것이 아니라 분노나 반항심으로 문제행동을 악화시키는 모습을 보인다(최현아, 2014). 이러한 품행장애의 행동을 보이는 청소년들은 가정과 학교에서 비행을 일삼는 문제아로 여겨진다.

품행장애는 한 가지 원인에 의해 발생하는 것이 아니라 여러 요인의 상호작용에 의해 발현된다. 품행장애의 원인은 인지적 요인, 신경생물학적 요인, 내적 요인, 가족 요인, 사회문화적 요인으로 설명할 수 있다(이승희, 2017). 생물학적 요인은 장애가 있거나 중독물질 등의 약물을 남용하는 부모와 함께 살아가는 자녀에게 품행장애가 생길 확률이 높은 것으로 알려져 있다. 품행장애 아동의 가족에서 반사회적 성격장애와 물질남용 외에도 양극성장애, 조현병, 학습장애 등의 행동문제가 많이 발생되어 가족 및 유전적인 요인이 품행장애와 관련이 있음을 시사하고 있다. 신경학적 요인으로 폭력적인 행동과 타인을 공격하는 난폭한 행동을 보이는 청소년의 경우에서 신경학적 이상이 그 원인이 되는 경우가 많다. 품행장애 청소년은 정상의 또래에 비해 신경학적 증세, 신경심리학적 결함과 경련성 질환을 가지는 경우가 있으며 신체적 학대의 과거, 안면손상, 신경학적 이상소견, 주의력결핍 과잉행동장애 출산시의 문제와 공격적 행동의 정도가 상관관계가 있다. 심리학적 요인으로는 아동이 속한 가족이 기능면으로 이루이지는 정도, 부모와 자녀간의 상호작용을 통한 행동 통제, 가족의 경제적 정도, 부부의 갈등경험 유무, 아동이 속한 가족의 유형 등으로 내적 요인, 가족 요인, 사회문화적 요인이 심리사회적 주요 원인으로 볼 수 있다.

반사회적 성격장애만큼은 아니지만 사고를 많이 일으키는 병으로 인식되고 있는 품행장애는 연령이 높아짐에 따라, 신체적 힘과 인지 능력 발달, 성직 성숙과 맞물려 문제 행동도 강간, 강도 등으로 심각한 수준으로 나타날 수 있기에 어린 시절 개입이 중요하다.

2. 품행장애의 개념 및 특성

품행장애는 타인의 기본적 권리를 침해하거나 해당 연령에 적합한 사회적 규범이나 규칙을 위반하는 행동이 지속적이고 반복적으로 나타나며 총 15개 항목을 포함한다. 품행장애의 진단기준에는 엄격한 진단이 필요하며 일회성일 경우는 진단할 수 없다. 평가시 언어표현력의 부족이나 환자의 적대적 태도 등으로 인해 면담이 쉽지 않을 수 있기 때문에 진단 시 학교나 가정에서의 행동에 대한 정보를 보충해야 한다. DSM-5에서 제시하고 있는 품행장애의 진단기준 및 특성은 다음과 같다(APA, 2013).

A. 다른 사람의 기본적인 권리를 침해하고 나이에 맞는 사회규범 및 규칙을 위반하는, 지속적이고 반복적인 행동 양상으로서, 다음 항목 가운데 3개 이상 항목이

지난 12개월 동안 있어 왔고, 적어도 1개 항목이 지난 6개월 동안 있어 왔다.

1) 사람과 동물에 대한 공격성
   a. 흔히 다른 사람을 괴롭히거나, 위협하거나, 협박한다.
   b. 흔히 육체적인 싸움을 도발한다.
   c. 다른 사람에게 심각한 손상을 일으킬 수 있는 무기를 사용한다(예: 곤봉, 벽돌, 깨진 병, 칼 또는 총).
   d. 사람에게 신체적으로 잔혹하게 대한다.
   e. 동물에게 신체적으로 잔혹하게 대한다.
   f. 피해자와 대면한 상태에서 도둑질을 한다(예: 노상강도, 날치기, 강탈, 무장강도).
   g. 다른 사람에게 성적 행위를 강요한다.
2) 재산의 파괴
   a. 심각한 손상을 입히려는 의도로 일부러 불을 지른다.
   b. 다른 사람의 재산을 일부러 파괴한다(방화는 제외).
3) 사기 또는 도둑질
   a. 타인의 집, 건물 그리고 차에 무단 침입한다.
   b. 물건이나 호감을 얻기 위해, 또는 의무를 피하기 위해 거짓말을 흔히 한다(예: 다른 사람을 속인다).
   c. 피해자와 대면하지 않은 상황에서 귀중품을 훔친다(예: 파괴와 침입이 없는 도둑질, 문서 위조).
4) 심각한 규칙 위반
   a. 13세 이전에 부모의 금지에도 불구하고 자주 외박을 한다.
   b. 보호자와 같이 사는 동안 적어도 2회 이상 가출을 하거나 1회 이상 긴 기간 동안 가출을 한다.
   c. 13세 이전부터 자주 무단결석을 한다.

B. 행동의 장해가 사회적, 학업적, 또는 직업적 기능에 임상적으로 심각한 장해를 일으킨다.

C. 18세 이상일 경우 반사회적 인격 장애의 진단 기준에 맞지 않아야 한다.

품행장애는 앞에서 살펴본 ADHD와 매우 밀접한 관련성이 있다. 품행장애는 아동기에 발현되었다가 청소년기에 사라지는 경우, 아동기에는 발현되지 않다가 청소년기에 발현하는 경우 또는 첫 증상이 나타난 시기가 충분하지 않을 경우도 종종 있다. 문제아동으로 인식될 소지가 있기 때문에 품행장애 자녀를 가진 부모들은 이를 잘 드러내기 싫어하기 때문에 가정과 학교 간 상호 교류, 전문가의 개입이 반드시 필요함을 명심해야 할 것이다.

제5절 학습장애

1. 학습장애의 개념 및 특성

정서행동장애 가운데 학습장애(Learning disabilities)는 좁은 의미로는 정상지능을 가진 아동이 학업적 기술을 학습하는 데 실패한 경우를 말하지만 넓은 의미의 학습장애는 정신지체나 뇌손상, 정서적 문제 등을 포함하는 어떤 요인에 의해서건 학습에 어려움을 보이는 경우를 모두 포함하고 있다. 일반적으로 낮은 지능으로 인한 학습지진과 학업 실패를 우울, 불안 등 정서적 문제에 기인되어 학습에 어려움을 보이는 학습 부진과 구분하기 위해 이를 특정 학습장애라고 명시한다. 특정 학습장애는 구어(음성언어)나 문어(문자언어)를 이해하거나 사용하는데 포함되는 기본적 심리과정의 하나 또는 그 이상의 장애를 의미합니다. 이것은 듣기, 생각하기, 말하기, 읽기, 쓰기, 철자 또는 산수의 불완전한 능력으로 나타날 수 있다.

미국정신의학 진단 편람(DSM-5)에서는 개인의 생활연령, 측정된 지능, 연령에 알맞은 교육에 따라 기대하게 되는 수준보다 상당히 낮은 학문적 기능 수행을 학습장애로 정의하고, 읽기 장애, 수학 장애, 문자에 의한 표현장애(쓰기 장애), 불특정 학습장애를 이에 포함시키고 있다(APA, 2013). 이 용어에는 지각장애, 뇌 상해, 미세뇌성기능장애, 난독증, 발달 실어증과 같은 상태가 포함되지만 시각장애, 청각장애, 운동장애, 정신지체, 정서장애 또는 환경적으로나 문화적으로나 경제적으로 불리한 조건에 기인하는 학습문제를 가진 아동은 포함되지 않는다.

대부분의 학습장애 관련 연구들은 학습장애는 학령기 아동을 중심으로 이루어진다고 하였지만 최근 연구들은 학습장애가 모든 연령에 걸쳐 일어날 수 있음을 제시하고 있다. 미국학습장애협의회(NJCLD, 2007)는 학습장애가 일생을 통해 일어날 수 있다는 내용을 다음과 같이 보다 구체적으로 제시하였다.

> 학습장애는 듣기, 말하기, 읽기, 쓰기, 추리, 혹은 산수능력의 습득과 사용에 현저한 어려움이 나타나는 이질적인 장애집단을 지칭하는 포괄적인 용어이다. 이들 장애들은 그 개인에게 내재되어 있는 것으로, 중추신경계통의 기능장애에 의한 것으로 가정되며, 일생을 통해 일어날 수 있다. 자기조절행동, 사회적 지각, 그리고 사회적 상호작용에 문제점들이 나타날 수도 있으나, 그것만으로는 학습장애가 성립되지 않는다. 학습장애는 다른 장애상태들(문화적 차이, 불충분하거나 바람직하지 못한 교수, 심인성 요인들)과 동시에 일어날 수 있으나 그러한 상태나 영향들의 직접적인 결과는 아니다.

학습장애는 기본적으로 중추신경계, 특히 대뇌의 특정 영역의 발달적인 기능장애로 인한 것으로 보고되고 있다. 또한 뚜렷한 가족력이 있는 경우도 있어, 유전적인 요인이 있는 것으로 판단된다. 학습장애 아동은 대개 정상 또는 정상보다 높은 지능을 갖는 경우가 많으며, 가족 환경의 면에서 뚜렷한 병리를 갖고 있지 않은 경우도 많다(이승희, 2017). 특히 학습장애는 정서행동장애 가운데 ADHD와 매우 밀접한 관련성이 있다. 학습장애 아동들은 학업적 장애로 인해 또래 및 교사관계에서 의미 있는 상호작용, 친밀한 관계를 형성하고 유지하는데 많은 어려움을 호소하고 있다.

학습장애 아동들은 사회적 유대능력이 부족해 학교생활에 잘 적응하지 못하고 있다. 부모들은 자기 자녀들을 학습장애 아동으로 인식하고 이해하는 것을 두려워한다. 특히 학습장애를 가지고 있는 아동의 부모들은 자녀의 학습부진 원인이나 상태 또는 학교생활 부적응의 원인을 이해하지 못하는 경우가 많이 존재한다. 부모들은 공부를 하지 않아서 이런 현상이 일어난다고 보고 학습장애 자녀들에게 무조건 공부하라고 호통을 친다. 학습장애 아동들에게 단순히 '공부하라'라고 야단만 치게 될 때 아동의 학습 상태는 물론 심리적 부적응 상태도 더욱 나빠지므로 세심한 주의가 필요하다. 특히 저조한 학습 수행 원인이 무엇인지, 면밀하게 파악과 정확한 진단으로 접근하여 자녀에게 적합한 치료 및 알맞은 교육적 개입을 해야 할 것이다.

2. 학습장애의 유형 및 진단 기준

학습장애는 포괄적인 관점보다는 특정 영역에서 보다 세분화하여 유형화되고 있다. DSM-5에서는 읽기 장애, 쓰기 장애, 수학 장애, 불특정 학습장애로 구분하고 있다. 현재 초등학교 단계에서도 학습장애를 전체로 보기 보다는 읽기 장애, 쓰기 장애, 수학 장애 등 특정 학습장애 영역으로 구분하고 있다. DSM-5에 제시된 특정 학습장애 주요 진단 기준은 다음과 같다(APA, 2013).

A. 학습하고 학업기술을 사용하는데 어려움을 해결하기 위한 중재를 제공받았음에도 불구하고 읽기, 쓰기언어, 수학 영역에서의 다음의 여러 가지 증상들 중 적어도 한 가지 증상이 적어도 6개월 동안 지속적으로 나타났을 때이다.

1. 부정확하게 또는 느리게, 노력하며 단어 읽기(하나의 단어를 부정확하게 또는 느리고 머뭇거리며 읽기, 단어를 자주 추측하기, 단어를 소리 내어 읽는 어려움)
2. 읽는 내용의 의미를 이해하는 어려움(문장은 정확하게 읽으나 순서, 관계, 추론, 또는 읽는 내용의 깊은 의미를 이해하는 어려움)
3. 철자의 어려움(추가, 생략, 또는 모음과 자음 대체)
4. 쓰기 표현의 어려움(문장 내 여러 가지 문법과 구두법 오류, 낮은 문단 구성 수준, 명확하지 않은 아이디어에 대한 쓰기 표현)
5. 수 감각, 수 지식, 계산의 어려움(낮은 수준의 수, 수 크기, 관계에 대한 이해력, 또래친구처럼 수학지식을 기억하는 대신에 손가락을 이용해서 한자리수 덧셈하기, 산술계산하는 과정에서 헤매거나 순서 뒤바꾸기)
6. 수학적 추론의 어려움(문제를 푸는데 수학적 개념, 지식, 과정들을 적용하는 심각한 어려움)

B. 특정학습장애의 학업적 어려움에 대한 확고한 임상적 지표는 개별적으로 수행된 표준화된 성취도 평가와 종합적인 임상검사를 통해서 실제 연령에서 기대

되는 학업기술 수준 또는 평균 학업성취보다 수량적으로 현저하게 낮을 때이다. 이러한 낮은 학업기술은 아동의 경우 학교 내 학습활동을 저해하는 원인이 되며, 이는 학교 기록들과 교사의 평가점수를 통해 나타나게 된다. 17세 이상인 경우, 학습 어려움에 대한 문서기록들은 표준화된 평가들을 대체할 수 있다.

C. 학업적 어려움은 학령기 동안에 시작된다. 그러나 개인의 제한된 학습능력을 넘어선 학업기술이 요구되기 전까지 명백하게 나타나지 않을 수도 있다(예: 시간이 정해진 시험, 제출기한이 빠듯한, 복잡한 쓰기 능력이 요구되는 과제, 부담이 너무 큰 과제)

D. 학업적 어려움은 정신지체, 교정되지 않은 시력과 청력의 문제, 다른 정신 또는 신경학적 장애, 심리사회적 역경, 언어문제, 또는 부적절한 교육으로 인해 기인될 수 없다.

학습장애는 조기 선별과 개입, 적절한 치료가 반드시 필요하다. 학습장애에서 제시된 4가지 진단 기준은 개인의 과거력(발달적, 의학적, 가족, 교육적), 학교 보고, 심리교육적 평가에 대한 임상적 통합을 바탕으로 이루어져야 한다. 학습장애를 정확히 진단하고 이에 대한 적절한 치료 및 교육 프로그램을 계획하기 위해서는 학습장애와 관련된 신경생리학적 요인, 인지적 요인, 현재의 학업 수행 수준, 정서적 문제, 학업적 요인 등 다양한 요인들에 대한 체계적인 평가가 선행되어야 할 것이다. 특히 학습장애에 대한 최선의 치료 방법을 모색하기 위해서는 학생이 보이는 여러 영역에서의 결함 외에 현재의 문제를 극복하는데 사용할 수 있는 자산이 무엇인지를 파악하는 것이 중요할 것이다.

| 학습과제 |

1. 우울 장애의 정의, 종류 및 관련 증상을 설명하고 우울 장애 학생을 위한 교사의 역할을 설명하시오.

2. ADHD가 과연 치료가 필요한 장애인가? 필요하다면 어떤 치료법이 적절하다고 생각하는가? 학교에서 적절한 개입 및 대처방안에 대해 논의하시오.

Prevention of School Violence and Understanding Students

Part 3. 학교폭력의 예방

CHAPTER 06

학생생활지도

| 개요 |

학교에서 생활지도는 교과지도와 더불어 매우 중요한 활동이다. 최근 학교 내 다양한 문제들이 발생하면서 생활지도를 담당하는 교사, 담임교사들의 업무 강도는 강해지고 있다. 특히 학교 내 교권이 사라지고 교사에 대한 학생 및 학부모의 존경심이 감소하면서 교사와 학생, 교사와 학부모 간 생활지도에서 다양한 마찰 현상이 초래되고 있다. 본 장에서는 학교에서 생활지도의 중요성과 필요성, 다양한 문제행동에 대한 적극적인 대처 방안을 알아보기 위해 먼저 생활지도의 의미, 원리, 목표, 영역에 대해 살펴보고자 한다. 또한 이를 바탕으로 교실에서의 문제행동, 청소년 비행, 게임·인터넷·스마트폰 중독 등의 문제행동에 대해 효율적인 생활지도 방안에 대해 논의하고자 한다. 청소년은 미래 사회의 주역이다. 삶의 대부분을 학교에서 보내는 청소년 시기에 학교에서 발생하는 다양한 문제들을 적극적으로 대처하지 않는다면 어떤 문제가 발생할까? 학교 내 생활지도는 쉬운 일이 아니다. 지역사회, 학교, 가정이 함께 고민하고 해결해야 할 중요한 현안이다. 다양한 영역에서 발생하는 생활지도의 문제들에 대해 함께 고민하는 시간을 가지길 기대한다.

chapter 06 학생생활지도

제1절 학생생활지도의 의미

1. 학생생활지도의 개념

보편적으로 생활지도는 학교생활 속에서 이루어지는 다양한 활동, 사건, 문제 등을 교육적으로 지도하는 것을 의미하는 것으로 생활지도(guidance)는 영어의 '안내하다(guide)'에서 유래하는데 이는 인도하다, 지도하다, 조언하다, 안내하다의 뜻이 포함되어 있다. 따라서 생활지도는 대개 학생들이 당면하고 있는 부적응에 대한 행동지도, 직업지도, 사회성지도, 여가지도, 도덕지도 등 학생들을 바람직한 방향으로 안내, 지도, 훈육 및 통제를 하는 것을 의미한다(이현림, 2007).

생활지도의 개념은 생활지도의 중점적 활동을 무엇으로 보느냐에 따라 수많은 관점들이 있는 다의적인 개념이다. 학교나 교사에 따라서도 생활지도를 진로지도나 진학지도로 보는 관점, 학교 규율을 기준으로 학생을 지도하는 것으로 보는 관점, 학생들 스스로 의사 결정하는 것을 돕는 관점 등 여러 의미로 이해되고 있다(김충기 · 김정규, 2003). 생활지도는 광의로는 학생 각자가 자신에 대한 이해를 기초로 자율적인 생활습관을 통해 보다 안정되고 통합적인 성장 및 발달을 이룰 수 있도록 도와주기 위한 교육적 목적을 가진 활동으로 상담 활동(counseling service), 정치 활동(placement service), 추수 활동(follow-up service) 등을 의미하는 것으로 정의된다(정탁준, 2009). 협의로는 학교에서 관련 규율을 기준으로 학생들의 행동을 통제(control)하는 활동을 의미하는 것으로 정의된다(권형자 외, 2017).

전통적인 관점에서 생활지도는 학교생활에서 문제를 일으킨 학생에 대한 지도, 도의교육, 사건처리, 훈육지도, 단체활동의 규율지도, 개인의 고충지도 등으로 지엽적이거나 교육 외적인 일로 간주하는 경향이 강했다. 이런 관점의 학교생활지도는 교사와 학생 간의 관계가 수직적인 관계에 있으며 교사는 학생을 통제하고 학생을 교사로부터 통제를 받는 대상으로 보는 관점이 내포되어 있다.

생활지도의 개념을 구체화시키기 위해서는 학교 현장에서 일상적으로 사용하는 생활지도의 개념을 살펴보는 것이 필요하다. 생활지도는 주로 학교현장에서 이루어지는 활동에 국한하는 편이다. 학교현장에서 교사들이 수행하는 대표적은 교육활동으로 교과지도와 생활지도로 구분되고 있다. 교과지도 활동은 담당교사가 학생들의 인지적이고 기능적인 측면의 성장, 발달을 도모하는 것이라면, 생활지도 활동은 학생의 인격완성을 돕는 활동으로 정서적이고 인성적인 측면의 성장·발달이라고 볼 수 있다.

〈표 6-1〉 학생생활지도의 개념

구분	내용	대상	담당교사
광의	학생의 통합된 성장 및 발달을 돕는 인성·진로지도·심리상담 등의 활동	개별 학생	전문상담교사 진로진학상담교사
협의	학교 규칙을 기준으로 학생들의 행동을 지도하는 활동	전체 학생	담임교사 생활지도교사

최근 학교현장에서 교사들이 가장 힘들어하는 영역이 바로 생활지도이다. 생활지도는 기본적으로 모든 교사가 맡아야 하는 교육활동이다. 학교 현장에서 생활지도는 학급에서 담임교사와 학생 간의 일상적인 학교생활과 관련한 생활지도, 학교규율을 적용하는 생활지도, 상담활동으로서의 생활지도 등 다양한 측면으로 이루어지고 있다(강은영, 2016). 생활지도는 상담, 심리치료와 중복 또는 혼재되어 사용되는 개념으로 생활지도와 상담의 관계를 설명하는데 있어, 생활지도는 모든 교사들이 할 수 있는 일반적인 교육활동인 반면 상담은 상담교육을 일정 기간 받는 사람만이 할 수 있는 전문적인 활동으로 이해하고 있다. 하지만 학교 현장에서 생활지도는 상담활동과 함께 이루어지고 있어 생활지도와 상담활동의 연계성이 필요함을 알 수 있다.

초등학교에서는 담임교사 제도가 정착되어 교과지도와 생활지도를 병행하는 반면에 중등학교에서는 담임교사는 교과지도와 생활지도를 병행하고 업무적으로는 생활지도를 담당하는 교사가 따로 있으며 또한 생활지도와 연계적 차원에서 수행하는 상담 활동을 전문적으로 담당하는 전문상담교사로 구별되고 있다. 특히 전문상담교사는 지역교육청 상담실과 학교현장에서 학생들의 정신건강과 복지를 통한 인성교육을 담당하며 교우관계상담, 학습상담, 진로상담, 폭력예방상담 등 다양한 영역에 걸쳐 개인 상담과 집단 상담을 함으로써 학교 부적응 및 일탈을 예방하는 역할을 하고 있다.

생활지도는 학교라는 맥락 안에서 교사와 학생 사이의 상호작용을 통해 이루어진다. 생활지도의 개념을 학교규칙을 기준으로 전체 학생을 대상으로 한 통제 활동의 협의의 의미로 간주하기 보다는 개별 학생들을 대상으로 한 통합된 성장 및 발달을 돕는 인성·진로 지도와 심리상담 활동의 의미로 보는 것이 바람직할 것이다. 즉, 생활지도는 개개인의 인지적·정의적·직업적·사회적·심리적 발달의 가능성을 최대한으로 신장시켜 자아실현을 이룰 수 있도록 원조하는 조직적인 교육활동이며, 개인으로 하여금 자기 자신과 주위 세계를 잘 이해해서 현명한 선택과 적응을 하여 건전한 사회의 일원으로서 성장발달 할 수 있도록 하는 일련의 지속적인 노력 과정으로 간주해야 할 것이다. 학교교육이 표면적으로는 전인교육을 강조하고 있지만 형식적으로는 교과지도 활동에 보다 많은 초점을 두고 있다. 학교에서 바람직한 인성교육과 전인교육을 통해 창의적 인성을 갖춘 구성원을 양성하기 위해서는 교과지도와 생활지도 활동이 상호 보완적인 관계로 실천되어야 하고 무엇보다 교사와 학생 간의 수직적인 관계보다는 수평적인 관계 형성이 이루어져야 할 것이다.

2. 학생생활지도의 필요성

청소년의 학교교육 활동에서 가장 중요한 교육활동으로 간주되고 있는 것이 바로 생활지도이다. 최근 청소년의 학교생활에서 나타나는 다양한 문제점들은 생활지도의 필요성을 강조하고 있다. 지식 및 입시위주의 교육현실, 청소년의 가치관 변화, 청소년의 발달·심리적 측면, 사회 환경적인 변화 등의 관점에서 학교사회는 학습지도와 더불어 생활지도의 필요성이 더욱 강조되고 있다. 생활지도의 필요성을 구체적으로 살펴보면 다음과 같다(권형자 외, 2017; 오만록, 2017).

첫째, 현대사회의 급속한 구조적 변화가 학교생활지도의 필요성을 증대시키고 있다. 유교사회, 농경사회, 산업화 사회, 정보화 사회를 순차적으로 지나온 부모 세대와 달리 지금의 청소년 세대는 정보화 사회만을 경험하면서 정보화 사회가 주는 급속한 변화에 슬기롭게 대처하기 위해서는 생활지도가 필요하다. 정보화가 주는 즉각적인 반응으로 인해 청소년들은 자신들의 감정을 즉각적으로 표현하고 상대방을 이해하기보다는 자기중심적인 사고를 하기 때문에 학교에서 다양한 문제가 발생하고 있어 생활지도의 필요성이 부각되고 있다.

둘째, 치열한 교육경쟁, 입시구조가 생활지도의 필요성을 강조하고 있다. 좋은 대학, 좋은 일자리를 구하기 위해 청소년들은 생존 경쟁에 뛰어들었다. 이 결과, 정서불안, 개인차의 심화 등의 교육문제가 심각하게 대두됨으로써 생활지도가 절실하게 되었다.

셋째, 직업의 전문화와 세분화는 생활지도의 필요성을 부각시키고 있다. 복잡하고 다양한 직업의 세분화와 전문화로 인해 청소년들은 자기에게 적합한 직업이 무엇이고 어느 분야가 자신의 능력이나 적성에 알맞은가를 잘 알 수 없기 때문에 생활지도가 필요하고 적절한 직업안내와 진로지도 등 전문적이고 객관적인 직업지도가 요청되고 있다. 이는 생활지도를 학생의 통합된 성장 및 발달을 돕는 진로지도 활동으로 보는 관점으로 진로진학 상담교사의 역할이 매우 중요하다.

넷째, 청소년의 비행이 학교 생활지도의 필요성을 부각시키고 있다. 학교에서 학생들의 폭력, 집단따돌림, 흡연, 음주, 사이버 폭력 등의 청소년 비행 수준은 날로 심각해지고 있다. 이는 학교가 공교육기관으로서 역할을 제대로 수행하지 못하고 있음을 보여주고 있다. 특히 대중매체, 게임 등의 사이버 문화를 통해 형성된 자기중심적인 사고는 생활지도의 필요성을 강조하고 있다. 무엇보다 주위로부터 고립되고 소외된 생활을 하게 되면서 상대방을 이해하고 수용하는 대인관계능력이 부족한 청소년들에게 생활지도의 필요성은 매우 필요하다.

마지막으로, 가정을 포함한 지역사회와 학교 간의 유기적인 협력 또한 생활지도의 필요성을 강조하고 있다. 현대사회 특징 중 하나는 학교와 가정·지역사회 간의 상호 협조가 제대로 이루어지지 않는다는 것이다. 가정·지역사회와 학교 간에 대화가 점차 차단됨으로 인하여 학교에서 이루어지는 교육활동은 가정·지역사회에까지 연결되지 못할 뿐만 아니라 지도상의 문제를 초래하게 되었다. 이러한 맥락에서 가정·지역사회와 학교 간의 협력이 강조되는데, 이를 위해서는 생활지도가 강화되어야 할 것이다.

제2절 학생생활지도의 원리

생활지도의 목적과 목표를 올바르게 실천하기 위해서는 생활지도의 원리를 이해해야 한다. 생활지도의 원리는 간단히 정의 내리기 쉽지 않은 복합성을 내포하고 있다. 생활지도의 원리를 Shertzer와 Stone(1981)은 기본원리와 실천원리로 구분하고 있다. 기본원리는 생활지도를 수행함에 있어 기본적으로 유의해야 할 원리이고 실천원리는 생활지도 활동을 구체적으로 실천해 나가는 데 있어서 준수해야 할 원리이다.

1. 기본원리

생활지도의 기본원리는 생활지도를 학교현장에서 성공적으로 이끌기 위해 본질적이고 일반적으로 유의해야 할 기본 원칙이다. 학생들에게 생활지도를 실시함에 있이, 그 원리가 지켜지지 않는다면 이는 유명무실한 결과를 가져 올 수밖에 없다. 생활지도를 효율적으로 이끌기 위한 기본적 원리는 다음과 같다(권형자 외, 2017).

첫째, 생활지도는 모든 연령층의 학생을 그 대상으로 한다. 보편적으로 생활지도의 대상은 문제행동을 일으킨 청소년만을 대상으로 한정하지만 생활지도는 학교 내 모든 학생들을 대상으로 한다.

둘째, 생활지도는 주로 개인의 존엄성과 개성 발달에 초점을 둔다. 생활지도 원리 중 어느 정도 합의에 이른 점은 각 개인의 존엄성과 가치의 민주적 개념에 기초를 두고 있다는 점이다.

셋째, 생활지도는 강제가 있고 협동적 방향으로 이루어져야 하며 학교교육계획이 통합된 일부가 되어야 한다. 학교교육활동은 교수적 기능, 행정적 기능, 생활지도의 기능으로 구분하고 있다. 현대교육은 지적 발달만이 아니라 학생의 전인적 발달을 강조하고 있으므로 조직적인 생활지도 프로그램은 학교교육계획 속에서 필요한 교육활동이다. 따라서 교육계획에 있어서 생활지도의 책임은 학생들의 정서적 안정과 성격 성숙의 발달을 촉진하는 것이다.

넷째, 생활지도는 자아발견과 자기발전을 북돋아 주고 자율적인 지도능력을 기본으로 삼는다.

다섯째, 생활지도는 참되고 진정한 사랑에 기초한 지도에 비중을 두고, 처벌보다 선도 내지 지도가 선행되어야 한다. 생활지도의 대상자는 일반적으로 발달상의 어려움을 겪는 부분에 대한 조력과정이라고 할 수 있기 때문에 경험의 부족으로 인한 문제는 처벌보다는 모델링이나 구체적인 방법에 대한 이해를 돕는 지도가 요구된다.

2. 실천 원리

생활지도를 수행함에 있어 지켜야 할 실천적 원리를 제시하면 다음과 같다(강호관, 2010; Shertzer & Stone, 1981).

첫째, 계속성의 원리이다. 이는 생활지도를 단편적으로 보는 것이 아니라 모든 과정에서 연속적으로 이루어짐을 말한다.

둘째, 균등성의 원리이다. 이것은 생활지도의 대상을 문제 학생 혹은 장애학생으로 한정 짓는 것이 아니라 모든 학생을 대상으로 삼아야 함을 기본 전제로 내세운다.

셋째, 협동성의 원리로 학생의 성장발달은 학교 내에서 교사에 의해서만 이루어지는 것이 아니라 가정·학교·사회의 원활한 연계지도에 의해 이루어짐을 뜻한다.

넷째, 조직성의 원리로 학생의 생활지도는 협동성의 원리에 근거하여 생활지도교사를 중심으로 구체적인 조직을 가져야 한다는 것이다.

다섯째, 과학성의 원리이다. 이는 정확한 자료를 수집하여 과학적 근거에 기초한 판단에 역점을 두고 공정하고 편견 없는 태도로 지도해야 함을 나타낸다.

여섯째, 전인성의 원리이다. 이것은 생활지도가 어느 한 부분에 치우치는 것이 아니라 통합적 존재로서 지덕체의 조화로운 발달을 촉진할 수 있어야 한다는 것이다.

마지막으로, 적극성의 원리이다. 생활지도에서 학생들의 문제행동에 대한 치료도 중요하지만 그보다는 적극적인 예방지도에 더 주력해야 한다. 과거 생활지도는 처벌 위주였지만 현대 생활지도는 처벌보다는 예방에 중점을 두는 방향으로 바뀌어 있어 교사들의 적극적인 실천 행위가 필요하다.

생활지도의 기본적 및 실천적 원리를 종합해 보면, 생활지도의 대상은 문제행동을 일으키는 학생만으로 국한할 것이 아니라 학교 내 모든 학생을 대상으로 진행되어야 하며 전통적인 처벌 등의 강압적인 방법보다는 사랑과 선도를 우선시해야 하고, 생활지도는 문제 발생 후의 치료나 교정보다 발생 전의 예방적인 지도에 역점을 두어야 한다. 무엇보다 학생들의 전인적 성장과 발달을 위해 생활지도는 생활지도 담당교사, 전문상담교사, 담임교사뿐만 아니라 학교 내 모든 구성원 및 가정, 지역사회와 연계한 협동적 행위가 매우 필요하다. 또한 학교 내 발생하는 학생과 관련된 다양한 생활지도상의 문제를 숨기기보다는 지도상의 문제를 찾아내고 그 문제의 원인을 규명하여 객관적이고 과학적인 근거를 기초로 문제해결을 위한 다양한 조치를 취하는 방법을 선택해야 할 것이다.

제3절 학생생활지도의 목표와 영역

1. 학생생활지도의 목표

생활지도의 근본적인 목표는 학생들의 성장과 발달을 돕는데 있다. 생활지도를 통해 각 개인이 자신의 문제를 스스로 해결할 뿐만 아니라 새로운 사태에 대해 적응할 수 있는 능력을 길러주는데 있으며, 그 초점은 문제 자체가 아니라 개개의 학생이며, 이러한 학생들의 자율적 능력을 신장시켜 주는 것이다. 생활지도의 목표는 학교 규칙을 기준으로 학생들의 행동을 지도 및 교정, 학생의 통합된 성장 및 발달을 돕는 생활지도의 개념과 매우 밀접한 관련성이 있다.

생활지도 개념 속에서 볼 수 있듯이 생활지도의 목표는 학생으로 하여금 자신의 문제를 현명하게 해결하여 건전한 적응을 하도록 도움으로써 자기지도능력을 함양하는 직접적인 목표가 있다. 이를 구체적으로 살펴보면 다음과 같다(권형자 외, 2017: 33-34 재인용).

첫째, 각 개인으로 하여금 자기의 지적・사회적・도덕적・경제적 관계를 이해하도록 돕는다.

둘째, 학생들로 하여금 교육과 직업과의 관계를 이해하도록 도우며 학교의 기회를 가장 잘 활용하도록 돕는다.

셋째, 학생으로 하여금 복잡 다양한 생활환경 속에서 신체적·인지적·정의적·사회적인 모든 면에서 안정되고 조화로운 성장 및 발달을 하도록 돕는다.

넷째, 학생들로 하여금 성공적인 직업과 교육적 적응에 비추어서 자기의 잠재가능성을 고려하도록 돕는다.

다섯째, 학생으로 하여금 모든 환경 상황에 건전하고 성숙한 적응을 할 수 있도록 돕는다.

여섯째, 학생들이 그들이 속한 사회를 위해서 민주시민으로서의 나름의 공헌을 하도록 돕는다.

학교 내 교육과정, 학습지도, 생활지도의 각각 독립된 영역과 기능들이 서로 유기적으로 돌아가기 위해서는 학생, 학부모, 교사, 학교행정가의 협력이 필요하다. 학생들의 자율적인 성장·발달을 돕는 것이 생활지도의 직접적인 목표라면 이것이 가능하도록 도와주는 역할을 수행하는 교사와 학교행정가들의 역량을 함양하게 하는 것이 생활지도의 간접적 목표이다. 생활지도의 간접적 목표를 구체적으로 제시하면 다음과 같다(Froehlich, 1950을 인용한 오만록, 2017: 87).

첫째, 학생에 대한 생활지도활동을 통하여 교사는 학생을 보다 정확하게 이해하고 지도할 수 있다.

둘째, 교사로 하여금 생활지도를 통하여 학생의 행동을 분석하고 이해하는 기술, 즉, 학생지도의 기술과 태도를 갖추게 한다.

셋째, 생활지도 프로그램은 연구 활동에도 도움을 준다.

넷째, 생활지도 프로그램은 실천을 통하여 가정을 포함한 지역사회와의 협력 및 유대체계를 강화한다.

2. 학생생활지도 영역

생활지도는 원래 직업지도에서 출발하였으나, 오늘날 그 활동영역의 범위가 매우 확대되었다. 그러다 보니 생활지도의 영역은 매우 다양해지고 그 영역은 학생들의 모든 생활과 관련되어 있기 때문에 이를 한정해서 설명하기가 매우 어렵다. 오만록(2017)은 생활지도 영역으로 교육지도, 진로지도, 인성지도, 사회성지도, 건강지도, 여가선용지도, 가정생활지도, 성교육지도 등으로 구분하였는데 이것이 가장 보편적으로 많이 활용되는 생활지도 영역이다. 권형자 외(2017)는 생활지도의 영역을 문제 영역별과 기능 영역별로 구분하였다. 문제 영역별로 생활지도의 영역으로는 신입생 오리엔테이션, 학업지도, 진학 및 진로지도, 건강지도, 인성지도, 사회성지도, 여가 선용지도, 가정생활지도, 창조성 지도 등으로 구분하였고, 기능적인 영역별로 생활지도의 영역으로는 학생이해(조사)활동, 정보활동, 상담활동, 정치활동, 추수활동 등으로 구분하였다. 본 교재에서는 여러 학자들의 견해를 바탕으로 최근 학교생활지도에서 중요시되고 있는 인성 및 사회성지도, 진로 및 진학지도, 상담활동의 세 가지 영역을 중심으로 살펴보고자 한다.

1) 인성 및 사회성 지도

생활지도 영역 가운데 인성 및 사회성지도는 학교 내 생활지도에서 가장 기본적인 활동 영역이다. 개인적 가치관으로 인해 협력의 가치가 사라지고 있는 학교 현실에서 공동체적 사고를 교육하는 활동은 매우 필요하다. 인성지도는 성격지도 또는 인격지도라고 하는데, 건전한 인성의 발달을 도모하기 위한 활동(오만록, 2017)이다. 인성지도에는 건전한 인성 형성에 대한 지도뿐만 아니라 심리적으로 문제가 있는 인성특성, 즉 지나친 내·외향성이나 우월감·열등감, 정서적 불안, 욕구불만, 신경과민, 정신불건강, 불건전한 습관과 태도 등 모든 개인적·심리적 부적응문제에 관한 지도가 포함된다.

사회성지도는 각 개인 혹은 학생의 교양, 도덕적인 윤리관, 인간존중의 습관 형성, 의사전달의 합리적인 방법, 관용과 불관용, 이성의 선택, 이성과의 교제, 집단에서의 대인관계 등 원만한 인간관계를 유지하며 협동과 봉사의 정신으로 생활할 수 있도록 하는 사회성 개발에 대한 지도를 의미한다(권형자 외, 2017). 사회성지도는 학생들이 그들의 인생을 살아가는 데 있어 여러 구성원들과 적절한 관계를 맺고, 그들의 양식을 학습하며, 자신의 능력 및 개성을 개발하여 사회적 환경에 적응해가는 사회화 과정을 거침으로서 민주시민의 자질을 향상시킬 수 있도록 도와주는데 가장 큰 목적이 있다.

자아정체감이 제대로 형성되지 않는 질풍노도의 시기인 청소년기에 학생들이 긍정적인 인간관계를 유지하고, 건전한 삶을 영위할 수 있도록 조력자로서의 교사의 역할을 강조되고 있다. 사람은 혼자서는 살 수 없고, 다른 사람과 서로 돕고 사랑하며 인간관계를 맺고 살아가야한다. 또한 학생들은 가정·학교를 포함하는 커다란 사회 속에서 생활하고 있다. 따라서 이러한 사회 속에서 유능한 구성원으로 생활하기 위해 사회성 지도는 학생들의 생활지도에 있어 꼭 필요한 영역으로 제시되어야 한다.

인성과 사회성은 구별하여 지도해서는 안 된다. 인성은 사회적 환경 속에서 다양한 사회 구성원들과 상호작용을 통해 변화 및 발달한다. 올바른 인성을 함양함에 있어 사회성은 매우 중요한 역할을 한다. 특히 일상생활의 대부분을 학교에서 보내는 청소년들에게 학교 내 개방적이고 협력적인 집단 분위기와 풍토는 개인의 인성 및 사회성 함양에 매우 중요한 역할을 할 수 있기 때문에 교사들은 학생들의 정서적 안정감 형성에 최선을 다해야 할 것이다.

2) 진로 및 진학지도

생활지도 영역 가운데 진로 및 진학지도의 중요성이 강조되면서 진로 및 진학만을 전문적으로 상담하는 교사 및 전문가의 역할이 강조되고 있다. 진로지도는 학생이 자신의 미래방향을 선택하고 준비할 수 있도록 교사가 그들의 진로 결정과정을 지도하며, 필요한 준비를 하도록 도와주는 것이며 학생으로 하여금 진로에 대한 인식을 가지게 하고, 자신을 이해하며, 직업적 적합성을 파악하여 자신의 인생을 설계하도록 하는데 목표가 있기 때문에 진로지도는 청소년기에 매우 중요한 발달 과업이다(김충기 외, 2016).

오늘날 청소년들은 빠르게 변모하는 불안정한 시대의 흐름 속에서 자신의 진로에 대한 관심이 높아진 만큼 관련된 고민이나 요구사항도 많은 것으로 보인다. 이러한 양상은 비단 국내 청소년에게서만 나타나는 것은 아니다. 안선영 외(2012)의 국제비교 연구에 따르면, 한국, 중국, 일본, 미국의 4개국 청소년은 모두 청소년기에 미래를 준비하는 '진로 준비성'에 가장 큰 관심을 갖고 있는 것으로 보고되었다. 그러나 한편으로 한국을 비롯한 일본과 미국 청소년들은 '진로·진학 문제'로 많은 고민과 걱정을 하고 있는 것으로 나타났다. 또한 우리나라 청소년을 대상으로 요구조사를 실시한 문성호와 문호영(2012)의 연구에서도 약 80%의 청소년들이 자신의 진로에 대해 고민한 적이 있다고 답하였고, 이 중 '고민한 적이 많다'는 응답 비율이 42%로 가장 높게 보고되었다. 그리고 청소년이 가장 시급하다고 생각하는 정책 사안으로는 '진로 및 직업체험 기회확대'가 우선적으로 지목되었다.

진로교육 및 진로지도에 대한 중요성이 부각되면서 중학교부터 진로와 직업 교과 과목이 신설되었고, 2013년도부터 공교육의 정상화를 위한 핵심 정책 중 하나로 '자유학기제'가 추진되고 있는 현실은 청소년 진로개발의 당위성을 강조하고, 학교 진로교육의 연장선상에서 청소년 개인과 가정에서의 실제적인 노력에 대한 관심이 필요함을 강조하고 있다. 학생들이 인생을 살아가는 데 도움을 줄 수 있는 합리적인 진로지도가 이루어지기 위해서는 진로탐색기에 있는 고교 직전의 중학교 시기를 결코 간과해서는 안 된다. 이들이 적성과 소질에 맞는 진로를 개척할 수 있도록 교사는 많은 관심과 사랑을 지속적으로 보여야 한다. 이는 우리 사회를 학력(學歷) 중심의 사회가 아니라 학력(學力) 중심의 사회로 변화하는데 출발점의 역할을 할 것으로 기대된다.

3) 상담 활동

상담활동은 생활지도 활동 가운데 가장 핵심적인 영역을 차지하는 활동이다. 상담활동은 전문적 지식을 가진 상담자(교사)가 도움을 필요로 하는 내담자(학생)에게 내담자 자신과 환경에 대한 이해를 높여주고 합리적인 행동 양식을 증진시키거나, 의사결정을 내릴 수 있도록 도와주는 것으로 상담활동의 궁극적인 목표는 교사-학생 간 개별 또는 집단상담을 통하여 학생이 바라는 요구와 그들이 직면하고 있는 문제를 해결할 수 있도록 돕는 데 있다고 본다(김은하 외, 2017).

상담활동은 학생 자신의 문제를 이해하고, 그것을 해결할 수 있는 능력을 배양하며, 자율적으로 성장하도록 조력하는데 그 목적을 두고 있기 때문에 학생들은 상담을 통해서 그들 개개인이 당면하고 있는 현실적인 적응 문제의 해결 및 그들의 장래 계획 설정에 직·간접적으로 많은 도움을 받아야 할 필요성이 있다. 이 필요성에 근거하여 최근 중등학교 내 전문상담교사를 적극적으로 배치하려는 노력이 국가적 차원에서 이루어지고 있다.

상담활동은 학업, 교우관계, 진로지도, 게임중독, 이성 관계 등 학교 내 다양한 영역에서 이루어지고 있다. 특히 상담활동은 학교적응과 매우 밀접한 관련성이 있다.

학교에 적응하지 못한 청소년들은 일차적으로 학교에서 전문상담교사, 교육청의 Wee 센터, 지역사회 내 청소년 상담소를 이용해 자신의 고민을 상담한다. 우리나라 청소년들은 하루 중 대부분의 시간을 학교에서 생활하기 때문에 학교생활에서의 적응은 상담활동에서 가장 중요한 활동 영역으로 간주되고 있다. 바람직한 학교생활 적응은 학교 이외의 사회생활 전반에 걸친 심리사회적 적응상태를 예측할 수 있게 하며, 청소년들의 일상생활의 질을 결정짓는 중요한 척도가 될 수 있다. 이에 반해 청소년들의 학교생활 부적응은 학교중퇴로 이어질 수 있고, 이는 향후 고등교육과 직업훈련을 받는데 필요한 사회적, 학문적 지식과 기술을 습득하지 못하게 하여, 결과적으로 성인이 되었을 때 직장과 가정에서의 역할을 성공적으로 수행할 수 있는 기회에 위협이 된다(Richman, Bowen, & Woolley, 2004).

청소년 시기에 겪는 학교부적응은 이후 성인기의 인지적, 정서적, 사회적 발달에 큰 영향을 미치고 나아가 정신건강에까지 영향을 미칠 수 있기 때문에 조기에 발견하여 예방하는 것이 매우 중요하다. 오늘날 청소년들의 학교생활 부적응은 청소년 비행의 중요한 원인으로 작용하고 있으며 성인범죄나 반사회적 행동에 연루될 가능성이 높다(홍명숙, 2018). 따라서 청소년의 적응행동을 이해하고 증진시키기 위해서는 청소년들에게 중요한 생활환경인 학교에서의 생활 적응에 대한 지속적인 상담활동이 필요하다. 상담활동은 학교의 여러 생활지도 기능 중에서도 가장 핵심적이고 중요한 기능이라고 할 수 있기에 학생들의 생활지도에 있어 꼭 필요한 영역으로 인식하고 이에 대한 지속적인 관심과 적극적인 대처 노력이 필요할 것이다.

제4절 문제행동별 지도

1. 교실에서의 문제행동

청소년기는 사회 구성원으로 역할 수행을 하는데 필요한 다양한 역할을 습득하고 심리적으로나 사회적으로 독립을 하고자하는 과도기적인 특성으로 인하여 많은 갈등과 문제에 직면하게 된다. 이러한 갈등과 문제가 원만하게 해결되지 않으면 청소년의 문제행동으로 나타나게 된다. 청소년의 문제행동은 청소년 개개인의 발달과정에서 위기가 될 뿐만 아니라 가족과 사회에도 심각한 영향을 미치게 된다. Horibata(2006)에 의하면 문제행동을 나타내는 청소년은 사회적·문화적으로 수용할 수 없는 역기능의 정도가 심하고 자신의 발달을 저해하며 다른 사람에게까지 해를 끼치게 된다고 하였다. 그리고 이 시기의 문제행동은 한때 나타나는 것으로 그치는 것이 아니라 청소년기 이후 성인기에서도 사회부적응의 생활을 예측할 수 있기 때문에 청소년의 문제행동을 단순히 개인의 문제로 볼 수 없다.

문제행동은 청소년이 친구와 부모 및 학교, 지역사회에서 적응해 나가는 과정에서 나타나는 사회적 기대나 규범에서 벗어난 심리적·행동적·정서적·부적응적인 행동이다(강정애, 2016). 고현(2008)은 문제행동이란 '교사나 부모가 동일 연령대의 청소년에게 기대하는 규범적인 반응을 벗어나는 행동이나 그들이 속한 사회의 통상적인 기대에 위배되는 행동으로 교육적으로 시도하기 힘든 부적절한 행동을 의미한다'라고 하였으며 윤효정(2014)은 청소년의 문제행동은 사회적 부적응으로 나타나는 비사회적·반사회적 행동으로 일정한 기준선에서 이탈된 행동으로 보고, 법과 규칙, 도덕적 규범 등 질서를 지키지 못함으로써 타인에게 크게 해를 끼치지는 않지만 혼자 불안해하거나 등교 거부 등의 일탈행동을 함으로써 부모나 교사의 마음을 편치 못하게 하는 행동이라고 구체적으로 설명하고 있다.

청소년의 문제행동은 청소년만의 개인적 특성으로 설명하기에는 한계가 있다. 문제행동은 개인, 가정, 사회의 복합적인 요인들이 서로 관련되어 있다. 최근 청소년들의 내면적 및 외현적 문제행동이 과거에 비해 많이 발생하면서 학교 내 이들의 문제행동에 대한 생활지도가 학교의 중요한 과업으로 등장하고 있다. 특히 학급에서 수업 시간에 있어 교사들은 학생 지도에 많은 어려움을 호소하고 있다. 교사들이 학급 내에서 문제행동으로 주목하는 것은 수업을 방해하는 신체행동, 방해적인 소음내기, 주위로 몸을 돌리는 것, 부적응한 과업행동, 다른 학생 몸 집적대기, 또래 관계 회피하기, 친구들과 싸우기, 허락 없이 말하기, 자리이탈, 소음 만들기, 다른 곳 쳐다보기, 학급 규칙 위반하기, 교사의 수업에 주목하지 않기, 교사의 지시 거부하기, 주어진 과제 완성하지 않기, 수업 중 주의집중하지 않기 등으로 나타났다(고동희, 이소현, 2003; Quinn, 2002). 이런 문제행동으로 인해 최근 학급 내에서 교사와 학생 간의 불협화음으로 많은 문제점이 노출되고 있다.

학교와 교실 내에서 문제행동은 교사에게 있어서 중요한 관심사로서 학생의 문제행동은 교실 내에서 뿐 아니라 교실을 포함한 다양한 환경이 내재된 학교 전반에 걸쳐서 일어난다. 학급 내 다양한 문제행동에 대한 교사들의 소극적인 대처는 보다 큰 문제의 여지를 남겨 둘 수 있기 때문에 교사들의 적극적인 개입과 중재 전략이 필요하다. 학급 내에서 일어나는 문제행동은 청소년 개인의 내면적 요인뿐만 아니라, 청소년을 둘러싼 가정, 학교, 사회 등 환경의 영향을 받고 있기 때문에 학교에서는 학교 및 학급에서 일어나는 청소년들의 문제행동에 대한 적극적인 생활지도를 실시해야 할 것이다. 학교에서 발생한 문제행동에 대해 적극적으로 대처하지 않는다면 교외 활동에서 폭력, 집단싸움, 음란물 보기, 흡연, 과대 치장, 스마트폰 중독, 약물 오남용 등의 다양한 문제행동을 유발할 수 있다. 청소년의 문제행동은 성인 입장에서 보면 신체적, 정신적으로 아직 미숙하여 생활에 책임을 질 수 없는 행동이기 때문에 미성숙자를 지도하는 교사들은 이들의 문제행동이 법에 저촉되기 전에 통제하고 예방하는 데 적극적인 노력을 해야 할 것이다.

2. 비행

아동도 성인도 아닌 애매모호한 위치에서 청소년은 자아의식과 현실적응 사이의 갈등, 소외, 외로움, 혼돈의 감정을 경험하게 되고 이로 인한 긴장과 혼란이 이 시기를 질풍노도의 시기로 만든다(김정열, 2013). 무엇보다 청소년을 둘러싸고 있는 환경의 급속한 변화는 청소년의 자아정체감과 자기효능감 형성에 부정적인 영향을 주어 다양한 반항적 행동 특히 일탈 행위를 드러내면서 문제행동을 유발하고 있다. 일탈행동은 사회의 규범에서 일탈된 또는 벗어난 행동으로 청소년 비행은 청소년에게 기대되는 규범에서 벗어난 일탈행동이라고 볼 수 있다(이갑옥, 2016).

청소년 비행에 대한 학교 내 생활지도는 쉬운 일이 아니다. 청소년 비행은 일탈행위를 지속적으로 하는 비행 청소년뿐만 아니라 비행에 쉽게 노출되어 있는 일반 청소년에게도 언제든지 나타날 수 있기 때문에 학교에서 청소년의 비행에 대한 생활지도는 지속적으로 이루어지고 있지만 쉽게 해결될 기미가 보이지 않고 있다. 일반적으로 범죄는 행위자보다는 행위를 중심으로 규정되는 반면에 청소년 비행은 행위자를 중심으로 규정하고 있다(김준호 외, 2013). 사회학적인 의미에서 청소년 비행의 유형은 크게 세 가지 행위군으로 구분되고 있다(이성식, 2011).

첫째, 청소년들에 의해서 범해지는 형법을 위반하는 중한 범죄행위들이다. 이러한 행위는 성인들이 범해도 기소될 수 있는 중대한 행위로서 살인, 강도, 강간, 폭행 등의 강력범죄와 주거침입, 절도 등과 같은 일부의 재산범죄가 될 수 있다. 청소년의 성추행, 성폭력과 같은 성비행은 여기에 포함된다고 볼 수 있다.

둘째, 경한 비행으로 빈도 상으로 볼 때 중한 범죄보다는 좀 더 많이 나타나는 형법 위반행위이다. 이러한 유형에는 사소한 절도, 폭행, 기타 법위반 행위들이 포함된다. 이러한 행위를 한 청소년들은 거의 체포되지 않으며, 경찰에 의해서 체포된다고 하더라도 집으로 돌려보내지는 경우가 많기 때문에 상당 부분의 경한 범죄는 노출되지 않은 상태로 남아 있다.

셋째, 청소년들에게만 해당되는 위반행위로서 청소년 지위 비행이다. 성인이 했을 때에는 그다지 문제가 되지 않으나 청소년이 했을 때에는 바로 청소년이라는 사회적 지위 때문에 일탈행동으로 간주될 수 있는 것이 지위비행이다. 예를 들어, 음주, 흡연, 약물 오남용, 음란물 접촉, 사소한 싸움, 부모에 대한 반항 및 가출 등은 범죄라고 볼 정도로 심각한 일탈행동은 아니지만 그러한 행동을 한 행위자가 청소년이기 때문에 일탈행동으로 규정된다.

위에서 규정한 청소년 비행은 사회적 문제로 부각되고 있다. 청소년기에 있어 학교는 가장 오랜 시간을 보내는 곳이기도 하면서 사회생활을 위한 학문과 기술을 습득하도록 교육하는 환경이다. 학교에서 적응하지 못하고 학교를 떠난 청소년들을 학교 밖 청소년으로 부른다. 학교 밖 청소년들은 사회적응에서 여러 가지 애로점을 경험하고 있다. 이들은 의사소통, 대인관계, 정서적 불안감의 사회·심리적인 어려움을 겪고, 우울한 기분과 스트레스를 경험하면서 자신을 스스로 통제하기는 다소 어려움을 경험하고 호소하고 있는 것으로 나타났다(오은경, 2015; 이랑주, 2015; 최연수, 2015).

청소년들은 사회·심리적 발달 특성 관점에서 혼란기, 반항기에 있다. 청소년들이 부모의 보호로부터 벗어나서 자기의 판단에 의해 독립적으로 행동하려는 성향을 내포하기 있기 때문에 언제든지 일탈행동 즉, 청소년 비행의 우를 범할 가능성이 높다. 청소년 비행은 청소년만의 문제는 아니다. 왜, 청소년들이 학교에 적응하지 못하고 학교를 떠나갈까? 왜, 청소년들이 다양한 비행 문제에 노출이 될까? 학교에서 비행 행위를 하는 청소년에 대한 생활지도는 어떻게 하고 있을까? 이런 문제에 대한 해답은 쉽게 나오기 힘들다. 청소년 비행은 청소년 개인만의 문제가 아니라 청소년을 둘러싸고 있는 환경의 영향을 크게 받고 있다. 따라서 미래 사회 주역으로 성장할 수 있는 청소년들이 자신의 잠재적 능력을 계발하여 사회 구성원으로 잘 적응하기 위해서는 가족, 부모, 친구, 지역의 사회적이고 심리적인 지원과 더불어 지속적이고 체계적인 연계가 매우 필요함을 명심해야 할 것이다.

3. 게임, 인터넷, 스마트폰 중독

학교 현장에서 교사들이 가장 고민을 많이 하는 생활지도 영역이 바로 게임과 스마트폰이다. 스마트폰은 시간과 공간에 상관없이 개인의 욕구에 따라 사용할 수 있는 편리함과 유용성을 주면서 우리 생활의 중요한 필수품으로 자리를 잡고 있다. 휴대폰, 인터넷 및 SNS의 기능 등이 융합되어 있는 스마트폰은 정보탐색과 여가생활, 사이버 관계 등의 이용에 국민의 78.6%가 편리성과 간편함을 인식하면서(미래창조과학부, 한국인터넷진흥원, 2015), 이제 연령, 성별, 경제적 상황에 관계없이 많은 사람들에게 대중적 미디어가 되었다(Archer, 2013).

최근 스마트폰 사용이 급격하게 늘어나면서 우리나라 이동전화 가입자 수는 2017년 2월 기준 6,200만 명인데 그 중 스마트폰 가입자 수는 4,685만 명으로 이동전화 가입자 중 75.6%가 스마트폰을 사용하는 것으로 나타났다(정보통신정책연구원, 2017). 하지만 스마트폰이 주는 긍정적인 측면에도 불구하고 스마트폰 사용 시간의 증가로 스마트폰이 없으면 불안해 견디지 못하는 역기능 현상이 사회 전반에서 지속적으로 일어나고 있다. '노모포비아(No Mobile-Phone Phobia)'라는 신조어를 출현시킬 만큼 스마트폰 이용자들에게 이러한 현상이 현저하게 나타나면서 '스마트폰 중독'은 초등학생, 청소년뿐만 아니라 사회 구성원 모두에게 심각한 사회적 문제로 대두되고 있다(김영미, 김두범, 2016).

전국 1만 1,578개교 초등학교 4학년, 중학교 1학년, 고등학교 1학년 학생 141만 3,725명을 대상으로 실시한 '2017년 인터넷·스마트폰 이용습관 진단조사'에서 올해 인터넷과 스마트폰 중 하나 이상에 중독 증상을 보이는 청소년은 20만 2,436명으로 청소년 7명 중 1명은 중독 증상을 앓고 있는 것으로 나타났다(여성가족부, 2017). 청소년들은 방과 후 학원으로 가는 도중에 시간 때우기 목적으로 스마트폰 사용, 게임 등을 이용하면서 스마트폰에 대한 의존은 더욱 심해지고 있다.

게임, 인터넷, 스마트폰은 하나의 연결된 매체이다. 청소년들은 이 매체에 의존하는 성향이 너무 강하다. 청소년들은 스마트폰을 이용하는 시간이 증가하면 휴대전화 매체특성 중 하나인 음성통화나 문자메시지 사용은 대인관계에 따른 의사소통이라는 명목아래 자신도 자각하지 못하는 사이에 과다사용 현상이나 중독적 경향성을 띄기 쉽다. 중독은 지나친 물질의 사용으로 생리적인 의존성이나 내성, 금단 현상과 같은 증상이 발생하며, 사회적으로나 직업적으로 기능의 손상이 발생하는 현상이다. 스마트폰 중독은 스마트폰에 지나치게 몰입해 스스로를 제어할 수 없는 상황에 이르며, 통제력이 상실되고 주위에 피해를 입힌다. 특히 스마트폰 중독은 스마트폰에 대한 의존이 높고 시간이 지날수록 이용량이 늘어나며, 사용하지 않을 때는 불안 및 초조 증상을 나타내면서 일상생활에 문제를 보이는 현상을 알 수 있다(김혜순, 2016). 학교생활에서도 스마트폰 사용은 교사와 학생 간 생활지도의 주요한 문제로 부각되고 있다. 학교마다 다소의 차이는 있지만 학교 차원에서 청소년의 스마트폰 중독을 예방하고 위해 교칙으로 학내에서 스마트폰 사용을 금지하고 있다.

스마트폰 중독과 더불어 청소년의 생활지도에서 가장 많은 관심을 받는 영역이 바로 게임중독이다. 자극 추구적인 성향이 강한 청소년들은 게임을 통해 친구들과 소통하고 공유하는 등 청소년들에게 게임은 하나의 놀이라고 볼 수 있다. 하지만 건전한 놀이 문화로 정착되어야 할 게임은 이를 이용하는 청소년들이 제대로 조절하지 못해 게임을 지속적으로 사용하거나, 게임을 하지 않을 경우의 금단 증상, 게임에 강박적으로 집착 또는 의존하는 등의 문제적 징후가 나타나 신체적, 사회적, 심리적 문제를 일으키는 게임중독 현상이 나타나고 있다(한국게임산업개발원, 2004). 게임중독은 인터넷 중독의 한 종류로서 인터넷 중 특히 온라인 게임에 몰두하여 학업 성적이 떨어지고 현실에서의 친구관계가 소원해지고 가족생활에서 게임으로 인한 갈등이 높아지는 등 컴퓨터 게임으로 인해 일상생활에 지장을 받는 등 문제가 발생한다(김석환, 2014).

정보화 시대가 낳은 인터넷, 스마트폰, 게임의 산물을 청소년들이 건전하게 잘 조절하고 활용만 잘한다면 건전한 놀이 문화로 정착할 수 있다. 인터넷, 스마트폰, 게임을 통한 중독 현상은 청소년의 개인적 특성으로만 보기에는 한계점이 많다. 또한 학교에서만 이것에 대한 생활지도를 한다고 해서 효과가 나타나지 않을 것이다. 그렇다면 어떻게 이 문제에 대해 생활지도를 해야 할까? 결론적으로 청소년의 인터넷, 스마트폰, 게임중독은 사회, 학교, 가정의 연계 활동이 필요하다. 먼저, 사회적 차원에서 게임, 인터넷, 스마트폰 중독과 효과적인 활용, 예방에 대한 지속적인 캠페인과 교육을 해야 하고 단위학교 차원에서는 학교와 학생들이 합의한 학교 규칙 또는 학급 규칙을 통해 청소년들의 효과적인 스마트폰 활용 방법에 대한 교육과 실천 방안을 모색해야 할 것이다. 그리고 가정에서는 자녀와 부모의 개방적 의사소통을 통해 스마트폰과 게임의 효율적인 사용 방법에 대한 토의가 이루어져야 할 것이다.

인터넷, 스마트폰, 게임을 잘 활용하면 청소년은 미래 사회의 주역이 될 수 있을 것이다. 반면에 인터넷, 스마트폰, 게임을 지나치게 즐기기만 한다면 우리의 미래는 밝지 않다는 사실을 반드시 인식해야 할 것이다.

| 학습과제 |

1. 학생생활지도 영역별에 따른 효과적인 생활지도 방안을 논의하시오.

2. 우리 반에 스마트폰에 중독된 학생들이 많이 있다. 학교 차원에서 이들을 어떻게 생활지도 할 수 있는가? 또한 학교에서 스마트폰 사용을 금지하는 것이 과연 바람직한가? 이에 대한 방안을 함께 논의하시오.

CHAPTER 07

학교폭력 예방을 위한 인성교육

제1절 인성교육의 필요성

제2절 인성과 인성교육의 개념

제3절 인성교육의 실제

| 개요 |

학교폭력은 적절한 대처보다 예방이 더 중요하다. 학교폭력 예방의 직접적인 방안으로는 학생과 학부모를 대상으로 학교폭력에 대한 인식 및 대처방법, 신고의식 등을 고양하는 학교폭력 예방교육과 상담활동, 인터넷·게임 같은 유해환경 관리 등을 언급할 수 있다. 그러나 학교폭력을 근원적인 차원에서 분석해 본다면 학교폭력 근절을 위한 가장 근본적인 대책은 구성원의 의식변화이다. 이러한 면에서 인성교육은 간접적이고 장기적이기는 하나 학교폭력 예방을 위한 바람직한 대안이 될 수 있다.

교육부는 2012년 학교폭력근절종합대책에서 인성교육을 근본적인 대책으로 발표하였다(김진환 등, 2016). 교육부는 인성교육이 학교, 가정, 사회에서 함께 실천되어야 하며 특히 학교교육에서는 인성교육을 교과 간 연계하거나 예술 및 독서활동을 통해 실천할 것을 강조하고 있다.

인성교육은 가치, 지식, 기술을 포함하지만 이 장에서는 학교폭력 예방을 위한 기술에 초점을 두고자 한다. 먼저 인성교육의 필요성, 인성과 인성교육의 개념을 설명하고, 학생들의 관계형성에 필요한 사회적 기술과 정서를 중심으로 인성교육을 실천할 수 있도록 안내할 것이다. 사회적 기술에는 의사소통기술, 주장적 자기표현기술, 분노조절기술을, 정서에는 이타성, 자아존중감, 회복탄력성을 내용으로 한다. 학교는 학생들의 사회적 관계기술 향상과 바른 정서를 함양시킴으로써 폭력의 감소 또는 근절을 기대할 수 있다.

chapter 07 학교폭력 예방을 위한 인성교육

제1절 인성교육의 필요성

학교폭력은 대처보다 예방교육이 중요하다. 그 이유는 학교폭력이 발생하게 되면 당사자는 물론 주변학생, 학부모, 교사에게 정신적·육체적 긴장과 상처를 남기고, 사회에도 부정적 영향을 미치기 때문이다. 또 다른 이유는 폭력에 대한 청소년의 그릇된 인식과 태도를 변화시킴으로써 학교폭력을 예방할 수 있다. 예를 들어, 가해학생에게는 '학교폭력은 범죄'라는 인식과 내인관계에서 바람직한 태도를 갖게 할 수 있고, 일반학생에게는 학교폭력에 대한 효과적인 대처 요령을 교육시킬 수 있기 때문이다(교육부, 2009).

교육부는 2012년 심각해진 학교폭력 문제에 대처하기 위하여 〈학교폭력근절 종합대책〉을 발표하였다(김진환 등, 2016). 교육부의 직접적인 대책은 사소한 괴롭힘도 범죄라는 인식하에 철저하게 대응하는 것이고 근본적인 대책은 학교, 가정, 사회가 함께 인성교육을 실천하는 것이다. 특히, 학교의 인성교육에서는 배움이 실천으로 연결되도록 인성핵심역량(공감능력, 소통능력, 갈등해결능력, 관용, 정의 등)을 강조하고 있다. 이와 같이 학교폭력 예방은 구성원의 의식변화가 근본적이므로 교육부는 인성교육을 대안으로 제시하고 있다.

학교폭력 예방을 위한 인성교육의 필요성을 좀 더 구체적으로 설명해 보면 다음과 같다. 첫째, 인성교육은 학생들의 인성적 능력을 신장시킬 수 있다. 인성적 능력은 학생들이 자아실현적 삶을 사는데 필요하다. 개인적인 차원의 인성교육에는 긍정적 태도, 문제해결능력, 자기관리능력, 자기성찰 능력이 포함된다(정창우, 2015). 이러한 덕목은 학생들이 윤리적인 관점에서 올바른 판단과 실천, 바람직한 자아상, 성공적인 삶 등을 추구하는데 도움이 될 수 있다.

둘째, 인성교육은 타인과의 관계 증진과 공동체 의식을 함양시킬 수 있다. 인성교육은 타인과의 관계에서는 의사소통능력과 대인관계능력, 공동체와의 관계에서는 공동체 의식과 다문화·세계시민의식을 포함한다. 학생들이 이러한 덕목을 함양하게 되면 타인과의 관계에서는 합리적으로 소통할 수 있고, 공감과 존중과 배려심으로 갈등을 관리함으로써 원만한 관계를 유지할 수 있다. 공동체와의 관계에서는 자신의 행동과 역할에 책임을 지고 인권을 존중하고 법을 준수하며 공동체실현에 참여하게 된다(정창우, 2015).

셋째, 뇌과학적인 관점에서도 학령기 인성교육은 매우 필요하다. 인성발달에 영향을 미치는 부분은 뇌의 전전두엽이다. 전전두엽은 대립하는 생각들을 서로 조율하며 선과 악, 같은 것과 다른 것을 구분하고 평가해서 스스로 행동을 결정하는 기능을 한다. 이 전전두엽은 청소년기가 지나면서 완성(김영진, 2011)되기 때문에 아동 청소년기의 인성교육은 뇌의 전전두엽 발달에 도움을 줄 수 있다.

제2절 인성과 인성교육의 개념

1. 인성의 개념

인성은 한마디로 정의 내리기 어렵다. 하지만 우리는 주변 사람을 판단할 때, 인성이 '좋다' 또는 '나쁘다'고 한다. 이때 인성이란 사람됨, 인격, 교양 정도를 의미한다. 국어사전에 의하면 인성은 두 가지로 풀이되어 있다. 하나는 '사람의 성품'이다. 이러한 해석은 윤리 도덕적인 차원의 인성개념으로 인간이 지향하고 성취해야하는 인간다운 면모, 성품, 덕성을 포함한다. 인성개념의 다른 하나는 '각 개인이 가지는 사고와 태도 및 행동 특성'으로 풀이된다(국어사전). 이것은 심리학적 차원에서의 인성개념으로 개인의 독특한 특성이 드러나는 성격과 유사한 의미다. 국어사전에서 풀이된 것처럼, 예로부터 인성의 개념은 철학과 심리학에서 많은 학자들에 의해 논의되어 왔다.

철학적 관점에서 인성의 개념은 서양의 플라톤(Platon)과 아리스토텔레스(Aristoteles)의 덕과 상통하고 동양에서는 공자(孔子)의 인(仁), 맹자(孟子)의 인의예지(仁義禮智)와 통한다.

플라톤의 덕은 도덕적인 올바름, 즉 정의를 강조한다(노상우, 2004). 플라톤에 의하면 인간의 신체는 머리·가슴·배의 세 부분으로 되어 있으며, 머리는 이성을 담당하여 지혜가 요구된다. 가슴은 의지를 담당하여 용기가, 배는 욕망을 관장하여 절제의 덕이 요구된다. 정의의 덕은 몸의 기관과 영혼의 기능이 제 기능을 수행하고 세 가지 덕이 조화를 이룰 때 실현된다(강성률, 2008). 그는 국가에도 농·공·상의 계급은 절제를, 군인 계급은 용기를, 통치자는 지혜를 갖추어야 사회 전체로서의 정의를 실현할 수 있다고 주장한다. 그러므로 가장 바람직한 인간이란 신체가 건강할 뿐만 아니라 개인에게 내재된 자질의 균형을 유지하면서 소속된 집단에서 요구하는 덕목에 충실한 사람이다.

아리스토텔레스는 행복이 인간의 궁극적인 목적이라고 하였다. 행복은 '가장 좋은 것', '가장 선한 것'을 선택하여 행위로 실현하는 것이다(이문연, 2016). 그는 행복을 실현하기 위해 지혜와 행위와 습관이 통합된 도덕적 성향이 필요하다고 주장한다. 지혜는 자기 자신과 모든 사람들을 위해 좋은 것이 무엇인지를 아는 것이고, 행위는 옳은 것을 즐거워하면서 행하는 것이다. 습관은 옳은 행위의 반복적인 실천을 의미한다.

공자는 선의 근원이 되고 행의 기본이 되는 것을 '인(仁)'이라고 한다. 공자는 인을 실천하는 방법으로 극기복례를 언급했다. 그는 안연(顔淵)에게 "극기복례(克己復禮)가 인하는 것(爲仁)"이라고 하였다. 여기서 극기는 사욕을 극복하고 제거하는 일이고, 복례는 천리(天理)를 회복하여 보존하는 일이다(한국민족문화대백과). 그러므로 공자의 '인'의 의미는 일체의 덕목을 포괄하는 광의의 개념이라 할 수 있다.

맹자는 인간이 동물과 다른 점은 본유적으로 도덕성이 있으며, 인간은 도덕성의 발현으로 인간다울 수 있다고 주장한다. 그는 《맹자》 공손추상에서 "측은하게 여기는 마음(惻隱之心), 부끄러워하는 마음(羞惡之心), 사양하는 마음(辭讓之心), 옳고 그름을 판단하는 마음(是非之心)이 없다면 사람이 아니다."라고 하였다(네이버 지식백과). 이 네 가지 마음은 인간의 선한 본성인 '인의예지(仁義禮智)'의 발현으로 나타난다. 이와 같이 철학적 관점에서 인성은 인간의 행위에 가치를 부여하는 덕목으로 이해할 수 있다.

심리학적 관점에서 인성은 성격(personality)과 같은 의미로 사용되는 경우가 많다.[1)]한국교육학회(2001)에서는 성격이론(personality theories)과 성격 심리학(personality psychology)을 인성교육의 학문적 배경으로 강조하고 있다(정창우, 2015 재인용). 일반적으로 성격은 지

1) 인성을 표현하는 단어에는 character와 personality가 있다. character는 개성과 이미지를 더 강조하고 personality는 성격, 인격에 주로 사용한다.

속성을 갖는 개인적 특성으로 정의되고 있다. R. B. 커텔(Cattell)은 성격이란 어떠한 주어진 상황에서 그가 어떠한 행동을 할 것인가를 우리들에게 예상케 하는 것이라고 하였다(네이버 지식백과). 이러한 성격은 기질과 성장환경 및 사회적 역할 등에 의하여 형성된다.

학교폭력근절 종합대책(2012)에는 인성의 개념을 도덕성, 사회성, 정서로 규정하며 실천위주의 인성교육을 위한 인성핵심역량[2] 요소를 강조하고 있다(김진환 등, 2016). 천세영 등(2012)은 사회정서학습(Social Emotional Learning: SEL)에 기반하여 성공적인 삶으로 이끄는 인성을 도덕성(moral skills), 사회성(social skills), 감성(emotional skills, 정서성)이라는 3차원으로 구분하고, 각 차원의 구성요인을 역량 및 핵심덕목으로 설명한다(윤영돈, 2015 재인용).[3]

이와 같이 인성 개념은 전통적인 덕목에 인성역량의 통합을 지향한다. 그동안 인성개념에는 인류의 보편적인 가치와 덕목을 강조하면서 공동체의 전통과 상황적 특수성을 고려한 덕목을 포함하고 있었다. 그러나 최근에는 인성의 개념에 사회에서의 성공적인 삶을 영위하기 위한 핵심전략을 포함시키고 있다. 핵심전략에는 공감능력, 소통능력, 갈등해결능력, 문제해결능력, 대인관계능력, 자기관리능력 등이 있다(정창우, 2015). 정창우(2015)는 덕목과 핵심 인성역량의 관계를 상호보완적, 상호촉진적 관계로 설정하였다. 핵심 덕목은 핵심 인성역량이 뒷받침 될 때 실천력, 수행력이 강화되고, 핵심 인성역량은 덕목이 뒷받침 될 때 방향성이 뚜렷해질 수 있기 때문이다.

2. 인성교육의 개념

인성의 개념을 인격, 사람됨으로 정의한다면 인성교육은 바른 인간으로 성장하게 돕는 것을 의미한다. 여기서 바른 인간이란 개인적인 삶과 공동체적인 삶을 바람직하게 영위하여 자신과 사회에 이로운 역할을 수행할 수 있는 사람이다. 인성교육은 역사적으로 많은 사상가들에 의해 논의되어 왔으며 학교교육의 목적이기도 하다.

2) 인성핵심역량은 소통능력, 공감능력, 갈등해결능력, 관용, 정의 등이다.

3) 도덕성 차원의 역량은 핵심 가치 인식과 책임 있는 의사결정으로, 핵심덕목은 정직과 책임을, 사회성 차원의 역량은 사회적 인식과 대인관계로, 핵심덕목은 공감과 소통을, 감성 차원의 역량은 자기인식과 자기관리로, 긍정과 자율을 그 핵심덕목으로 규정하고 있다.

철학적 관점에서 인성교육은 삶의 궁극적인 목적을 달성하기 위해 필요한 덕목을 익혀 실천하도록 돕는 것이다. 플라톤(Platon)의 지혜, 용기, 절제의 덕은 본유적인 것으로 이들이 발현되어 조화(정의)를 이루도록 돕는 것이 인성교육이다. 아리스토텔레스(Aristoteles)의 사상에서 본 인성교육은 도덕적 성향의 습관화라고 할 수 있다. 그에 의하면 행복의 실현은 지혜와 행위와 습관을 포괄하는 도덕적 성향으로 가능하기 때문이다. 공자는 인성교육으로 극기복례, 즉 수양과 실천을 강조한다. 맹자의 인성교육은 인의예지의 본성을 발현하도록 돕는 것이다.

심리학적 관점에서 인성교육은 바른 성격을 함양하도록 돕는다. 성격이 본유적인 기질과 성장환경, 그리고 사회적인 역할에 의해 형성되고 변화되는 것이라면 교육을 통해 바른 인성을 갖도록 이끌 수 있다. 인성교육에 포함되는 덕목은 개인적인 차원의 정직과 성실, 타인과의 관계에서 요구되는 배려와 존중, 소통과 협력, 공동체 생활에 필요한 사회적 책임과 준법정신, 정의감, 인류사회를 위한 생태의식 등이 있다. 이러한 내용은 성격 심리학, 긍정 심리학, 도덕 심리학에서 논의되고 있다.

최근의 학사들은 인성교육을 전통적인 덕목을 외우고 암기시키는 수준을 넘어서 도덕적 역량을 키워 덕목을 실천할 수 있게 하고자 한다. 즉 인성교육의 개념에서 덕목과 핵심역량을 통합하려는 것이다. 인성교육진흥법에도 인성교육을 도덕적 성품과 역량을 기르는 것으로 정의하고 있다.

> "인성교육"이란 자신의 내면을 바르고 건전하게 가꾸고 타인·공동체·자연과 더불어 살아가는 데 필요한 인간다운 성품과 역량을 기르는 것을 목적으로 하는 교육을 말한다. "핵심 가치·덕목"이란 인성교육의 목표가 되는 것으로 예(禮), 효(孝), 정직, 책임, 존중, 배려, 소통, 협동 등의 마음가짐이나 사람됨과 관련되는 핵심적인 가치 또는 덕목을 말한다. "핵심역량"이란 핵심 가치·덕목을 적극적이고 능동적으로 실천 또는 실행하는 데 필요한 지식과 공감·소통하는 의사소통능력이나 갈등해결능력 등이 통합된 능력을 말한다(인성교육진흥법 제2조 정의).

〈학교폭력근절 종합대책〉에서는 관련 교과 간 연계하거나 예술, 독서활동을 통한 인성교육을 강조한다. 이러한 내용은 2015년 개정교육과정에 그대로 영향을 끼쳤다. 2015 개정교육과정(교육부, 2015)은 '창의융합형 인재 양성'을 위한 6가지 핵심역량으로 자기관리역량, 지식정보처리역량, 창의적 사고역량, 심미적 감성역량, 의사소통역량,

공동체역량을 제시하고 있다.[4)]

미국 폭력예방협회(SPV)에서는 아동과 청소년의 폭력을 예방하고자 사회적 기술 을 교육하고 있다. SPV가 교육하는 사회적 기술에는 경청하기, 대화 나누기, 설득하기, 감정 다스리기, 평화적으로 갈등해결하기, 자기통제하기, 마음평정 유지하기, 또래압력 다루기, 문제해결하기, 의사결정하기 등이 포함된다(홍종관 등, 2014). 홍종관(2014)도 학교폭력의 가해자와 피해자는 사회적 기술, 대인관계능력, 자기성찰과 통제능력이 부족하다고 파악하여 학교폭력 예방을 위해 이러한 능력 증진을 강조한다.[5)]

제3절 인성교육의 실제

청소년기는 부모와 교사로부터 독립하려는 의지가 강한 반면에 또래와 긴밀한 친밀감을 형성하는 시기다. 청소년기는 친밀감을 보여주기 위해 옳지 않은 행위를 묵인하거나 동조하는 경향이 증가한다. 따라서 청소년기는 또래와의 친밀감의 양과 질에 따라 인성형성과 일상생활에 영향을 받는다. 청소년은 또래와의 관계가 긍정적이면 자아존중감이 높아지고 사회적 기술 습득에 긍정적인 영향을 미치는 반면 부정적인 관계에서는 인지, 정서, 사회적인 면에서 심각한 고립을 경험한다. 그러므로 청소년기는 친구와 좋은 관계를 형성하기 위한 사회적 관계기술 교육이 필요하다.

이경아(2008)는 남녀 중학생을 대상으로 한 연구에서 사회적 관계 기술이 부족하고 또래관계 형성이 낮은 학생은 자아존중감이 낮아져서 학교폭력을 당하거나 학교폭력

4) 각 핵심역량의 하위요소에 인성교육을 함양하는데 필요한 덕목이나 역량이 포함되어 있다. 예를 들어 자기관리 역량에는 자아정체성 확립, 자신감 획득, 자기 통제 및 절제, 기본 생활 습관 형성, 자신의 감정 조절 등이 포함된다. 지식정보처리 역량은 지식 정보를 활용한 문제해결 능력과 밀접하게 관련된다. 창의적 사고 역량에는 인지적 측면에서의 유창성, 융통성, 독창성 등과 정의적인 면의 민감성, 개방성, 독립성, 자발성 등이 포함된다. 심미적 감성 역량은 문화적 소양과 감수성, 문화적 상상력, 타인에 대한 공감 능력, 다양한 가치에 대한 존중, 정서적 안정감, 의미 있고 행복한 삶의 추구 등이 하위 요소로 포함된다. 의사소통 역량이란 자기표현 능력, 타인 이해와 존중, 경청, 갈등 조정 능력 등을 포함한다.

5) 홍종관(2014)은 학교폭력의 가해자와 피해자는 사회적 기술, 대인관계기술, 자기성찰 및 자기통제 기술이 부족하다고 파악하여 학교폭력 예방을 위해 필요한 기술과 능력을 제시하고 있다. 사회적 기술에는 의사소통기술, 감정표현 및 분노조절기술, 주장적 자기표현기술이 포함되고, 대인관계기술에는 이타성, 공감능력, 용서능력, 갈등해결 능력 등이 포함된다. 자기성찰 및 자기통제 능력에는 자아존중감, 스트레스 및 불안관리 능력, 자아탄력성을 하위능력으로 포함시키고 있다.

을 행사하게 된다고 하였다(김혜원, 2013 재인용). 따라서 청소년기의 긍정적 관계 형성은 매우 중요하다. 청소년들의 또래 관계형성에서 가장 중요한 것은 소통능력이다. 소통을 잘하기 위해서는 의사소통기술과 자기 주장적 표현기술, 그리고 분노를 조절할 수 있어야 한다. 이러한 기술은 훈련만으로 습관화시키는 것이 불가능하다. 왜냐하면 인간의 행위는 내면적인 마음(정서)의 영향을 받기 때문이다. 따라서 소통능력이 자연스럽게 표출되기 위해서는 이타심, 자아존중감, 회복탄력성 같은 능력이 함께 함양되어야 한다.

여기서는 학생들의 관계형성에 필요한 인성역량강화를 위해 사회적 관계 기술과 정서 함양에 초점을 두고자 한다. 구체적으로는 의사소통기술, 주장적 자기표현기술, 분노조절기술, 이타성, 자아존중감, 회복탄력성을 소개하고 이러한 기술과 정서를 향상시킬 수 있는 실제적인 방법, 그리고 학교폭력 예방과의 관계를 설명하고자 한다.

1. 의사소통 기술

1) 의사소통 기술의 이해

의사소통은 상대와의 관계에서 생각과 감정을 주고받는 것으로 언어적 의사소통과 비언어적 의사소통이 있다. 언어적 의사소통은 자신의 의견과 감정을 직접적으로 전달하므로 더 효과적인 방법이라 할 수 있다. 우리는 언어적 의사소통을 대화라고 한다. 대화를 잘하기 위해서는 말하기와 경청하기를 적절히 사용할 수 있어야 한다. 왜냐하면 의사소통의 효과를 높이기 위해서는 상대방을 배려하면서 자신의 의견을 잘 전달하는 것과 타인의 의견을 잘 경청하는 것이 중요하기 때문이다. 말하기 기술에는 나-전달법(I-message)과 행위 전달법(Do-message)이 있고 경청하기 기술에는 적극적 경청(Active Listening)이 있다.

2) 의사소통 증진 방법

① 나 - 전달법(I-message)

대화법에는 주어를 누구로 정하느냐에 따라 '나-전달법과 너-전달법'(You-Message)이 있다. 나-전달법은 상대방에게 반감을 일으키지 않고 자신의 생각을 잘 전달할 수 있는 기술이다. 너-전달법은 상대방에게 일방적으로 강요하거나 책망 또는 공격하는 느낌을 주기 때문에 상대방의 마음에 상처를 주거나 대화를 단절시킬 우려가 있다(홍종관 등, 2014). 예를 들어 '(너가) 또 지각을 했구나.' '(너가) 왜 그랬어.' 이런 말을 듣게 되면, 상대방은 방어적으로 대처하거나 반감을 갖게 된다.

나-전달법은 상대방의 인격을 존중하면서 부드럽고 우호적인 분위기 속에서 대화가 진행되도록 한다. 효과적인 나-전달법에는 행동, 영향, 감정이라는 3가지 요소가 들어가야 한다(류창현, 2015). 즉, 객관적인 행동묘사(등교 시간 20분이 지나도록 오지 않음), 그 행동이 자신에게 미친 영향(학생에게 무슨 일이 생긴 것은 아닌가하는 생각), 그리고 이 영향으로 내가 느끼는 감정(사고가 났을까 라는 걱정)이 포함된다. 이 중에서도 가장 중요한 것은 감정을 있는 그대로 전하는 것이다. 이런 감정 표현은 상대방으로 하여금 나의 느낌을 저항 없이 수용하게 하여 좋은 관계를 형성할 수 있다.

② 행위 전달법(Do-message)

또 다른 대화법으로 사람의 성격특성(Be)을 강조하는 'Be-대화법'과 행동(Do)에 초점을 맞추는 'Do-대화법'이 있다. Do-대화법은 행동에 초점을 맞추어 자신의 의견을 전달하기 때문에 행위 전달법이라고도 한다. 행위 전달법은 상대방의 행동을 평가 없이 그대로 기술함으로써 상대방에게 비난받거나 핀잔 받는다는 느낌을 주지 않는다(홍종관 등, 2014). 이 전달법은 상대방의 행동을 지적할 때 상대방의 행동과정을 잘 조사하여 설명하기 때문에 잘못에 대하여 스스로 반성하도록 유도하는 방법이다.

반면 Be-대화법은 하나의 행동을 그 사람의 전반적인 특성으로 일반화하는 경향이 있다. 이 방법은 인격에 대한 평가적 표현이 포함되어 있어 상대방이 상처받거나 오해를 불러일으킬 수 있다. 예를 들어 지각한 학생에게 '너는 불성실하구나'라고 말하는 것은 상대의 인격을 비난하는 말이다. 대신 '너는 오늘 20분 지각을 했구나'라고 행위에 초점을 맞춘다면 학생에게 지각한 행위에 대한 잘못을 알려주는 것이 된다. 이와 같이 바람직한 의사소통을 위해서는 발언의 방식에 따라 느낌이 달라진다는 사실을 알고 상대방에게 비난받는다는 느낌을 주지 않는 행위 전달법의 기술을 습관화시켜야 한다.

③ 적극적 경청(Active Listening)

적극적인 경청은 대화에서 상대방의 말을 충분히 이해하고 공감한다는 사실을 그에게 확인시키는 과정이 포함되므로 공감적 경청이라고도 한다. 인간은 자신의 이야기를 진지하게 잘 들어주는 사람에게 호감을 갖는다. 특히 상대방이 나의 이야기에 관심과 공감을 나타낼 때 사람들은 이해받고 있다는 느낌을 받는다. 하지만 보편적으로 상대의 말을 듣기는 쉽지만 공감하며 경청하기는 쉽지 않다. 적극적 경청하기는 상대방이 보내는 소통내용에 귀를 기울이고 이해하려 노력하는 행위가 수반되어야하기 때문이다.

적극적 경청은 대화기술이므로 훈련을 통해 증진될 수 있다. 예를 들어, 상대방의 말 중에 이해가 안 되거나 불확실한 것은 질문하고, 가끔은 이해한 내용을 확인하는 질문을 한다. 또한 상대방의 내용이나 감정에 공감하는 발언도 한다. 비언어적 표현으로는 상대의 눈을 응시하거나 고개를 끄덕이기도 한다(권석만, 2005). 이러한 경청하기는 상대방의 소통내용에 대한 관심과 흥미를 표현하므로 상대로 하여금 개방적이고 솔직한 표현을 촉진하는 기능을 한다.

3) 학교폭력 예방과 의사소통기술

나-전달법과 행위전달법은 타인의 인격을 비난하거나 무시하지 않고 자신의 의견과 감정을 전달하는 기술이다. 또한 적극적 경청은 자신의 편견과 선입견을 내려놓고 상대의 마음을 이해하고 공감하는 듣기이다. 이러한 기술이 부족하면 관계형성에 부정적인 영향을 준다. 그러므로 학교폭력을 예방하기 위해서는 바람직한 대화기술을 교육해야한다. 왜냐하면 의사소통기술은 성장하면서 학교교육이나 부모, 친구 등 주변사람들과의 관계에서 습득되어지는 것이기 때문이다. 학교폭력의 가해자와 피해자는 의사소통 기술이 부족한 편이다. 그들은 성장과정에서 부모와 교사로부터 자신의 의견이 묵살되거나 비난당했을 가능성이 높다. 사실은 부모세대도 바람직한 의사소통기술을 습득하지 못했기 때문에 자녀와의 관계에서 부정적인 영향을 주는 너-전달법과 소극적 경청으로 소통할 가능성이 높다.

청소년들은 부모와 교사로부터 배운 의사소통 기술로 다른 학생들과 소통한다. 만약 그들이 성장과정에서 그들의 생각과 감정을 충분히 공감 받을 수 있는 소통 경험이 많았다면 폭력이 아닌 언어적 소통을 했을 가능성이 높다. 또한 피해학생의 경우 상처받은 마음이 친구나 교사, 학부모로부터 공감 받지 못한다면 더욱 고립되고 극단적인 선택을 할 수 있다. 그러므로 학교는 학교폭력 예방을 위해 학생들에게 바람직한 의사소통기술을 습관화할 수 있도록 도와야 한다.

2. 주장적 자기표현 기술

1) 주장적 자기표현의 이해

주장적 자기표현은 상대방의 인권을 존중하면서 자신의 생각이나 의견, 느낌 등을 솔직하게 전달하는 것이다. 홍경자(2007)는 대화의 기술에서 자기주장의 중요성을 강조하며 자기표현을 주장적 자기표현, 소극적 자기표현, 공격적 자기표현으로 나누어 설명하고 있다. 소극적 자기표현은 타인의 입장만 배려하여 자기의 욕구와 권리를 솔직하게 표현하지 못하는 경우이다. 그 결과 타인이 자신의 욕구와 인권을 침해하도록 허용한다. 이러한 표현은 자신에 대한 실망과 자책뿐만 아니라 상대방에 대한 원망과 증오를 유발하여 대인관계가 소원해지는 부정적인 결과를 초래한다.

공격적 자기표현은 자기의 입장만 강조하여 타인의 욕구와 인권을 무시하고 희생시킨다. 공격적 자기표현을 하는 사람은 자기의 욕구를 성취하기 위하여 과격한 표현을 사용하기도 한다. 그들은 자신의 주장대로 행동할 수 있어 우월감이 생기거나 힘을 과시하는 경향이 있다. 하지만 공격적 자기표현은 자기 행동의 결과가 타인에게 고통을 주었다는 사실을 자각했을 때 죄의식을 느낄 수 있고 상대방에게도 분노, 복수심을 심어주게 되어 대인 관계가 파괴될 가능성이 높다.

주장적 자기표현은 자기의 욕구를 성취하되 타인의 권리를 침해하지 않으므로 자아존중감이 높아진다. 또한 주장적 자기표현은 권리와 인격을 상호존중하므로 바람직한 관계가 지속될 수 있다.

2) 주장적 자기표현 기술 증진 방안

주장적 자기표현 기술은 원만한 대인관계를 형성하거나 지속하기 위해 중요하다. 하지만 모든 사람들이 타인의 권리를 침해하지 않으면서 자신의 입장을 당당하게 주장하기는 어렵다. 그 이유는 대인관계에서 갖게 되는 불안 때문이다. 라코스와 슈로더

(Rakos & Schroeder, 1980)는 주장적 자기표현을 하지 못하는 이유를 인지적, 정서적, 행동적인 이유로 나누어 설명하고 있다(홍종관 등, 2014 재인용). 따라서 주장적 자기표현 기술을 향상시킬 수 있는 방안을 세 가지 차원에서 설명하고자 한다.

① 긍정적이고 합리적인 사고하기

인지적인 이유로 자기표현이 힘든 이유는 주장적인 행위에 대한 부정적이고 비합리적인 사고와 신념을 가지기 때문이다(홍종관 등, 2014). 예를 들어, 자기표현에서 소극적인 사람은 자기의 감정을 전달했을 때, 상대방이 자신을 거부하거나 싫어할 수 있다고 생각한다. 공격적인 표현을 하는 사람은 자신의 주장이 거부당할 때, 타인이 자신을 약자로 본다고 생각한다. 하지만 자아존중감이 높은 사람은 자신의 의견과 감정이 수용되거나 거부당해도 '그 상황에서는 그럴 수 있겠다'고 수용한다. 그러므로 자기주장을 잘 표현하기 위해서는 비합리적인 사고를 긍정적이고 합리적인 사고로 바꾸어야 한다.

② 불안과 두려움 극복하기

주장적 자기표현이 어려운 정서적 이유는 주장행동과 관련된 불안이나 두려움 또는 적개심 때문이다. 자신의 의견을 전달하고자 할 때, 목소리의 떨림, 땀, 심박수 증가, 가쁜 호흡 같은 증세가 나타난다. 이러한 증상은 이전에 자기주장을 표현했을 때 상대방으로부터 모욕을 당했거나 정신적 또는 육체적 고통을 당한 경험이 현재에 영향을 주기 때문이다. 자기주장을 표현하는 과정에서 느껴지는 불안과 두려움을 극복하는 방법으로는 근육이완법, 심상법, 자기진술과 자기교습훈련 등이 있다(홍종관 등, 2014).

③ 주장적 자기표현 연습하기

자기표현이 어려운 행동적 이유는 주장행동과 관련된 기술이 부족하기 때문이다. 그러므로 주장적 자기표현 기술을 익히기 위해 모방, 자기통제, 주장행동 등을 훈련해야한다(홍종관 등, 2014). 이러한 훈련은 상담이나 컨설팅을 통해 할 수도 있고, 자기주장을 잘 표현하는 모델을 모방하거나 거울을 보며 바른 행동을 스스로 연습할 수도 있다.

주장적 자기표현 훈련시 기본 자세
* 소극적인 성향의 사람 · 자기의 인간적 권리와 존엄성을 확실하게 인식한다. · 마음속으로 자기의 권리를 인정하는 말을 독백한다. · 거울 앞에 서서 자기가 할 말에 대해 주장적 표현하기를 연습해 본다. * 공격적인 성향의 사람 · 도발적이고 강렬한 눈빛과 위협적인 말로 상대방을 제압하고 지배하려는 자세를 취하고 있는 자신의 모습에 관심을 기울인다. · 마음속으로 온화하고 품위 있는 자기가 되기로 각오한다. · 거울 앞에서 자기가 할 말을 부드럽고 담담하게 표현하기를 연습해 본다. 홍경자(2007)

3) 학교폭력 예방과 주장적 자기표현 기술

자기표현 기술은 학교폭력에 많은 영향을 미친다. 학교폭력의 가해자는 주로 공격적으로 자기표현을 하고 피해자는 자기표현에 소극적이다(홍경자, 2007). 가해자는 다른 학생의 인격과 권리를 무시한 채 자신의 욕구를 관철시키기 위해 약자를 괴롭히거나 폭력을 행사한다. 반면 피해자는 동료집단에서 관계 단절에 대한 불안과 폭력에 대한 두려움으로 자신의 의견과 감정을 정확하게 전달하지 못한다.

자기표현 방법이 서툰 이유는 부정적이고 비합리적인 사고가 현실을 왜곡하고 있기 때문이다. 가해자는 자기주장이 거부된다고 해도 무시당하거나 나약하기 때문이 아니라는 의식이 필요하고, 피해자는 타인의 요구를 거절해도 괜찮다는 자기인식이 필요하다. 그들은 자신의 표현에 대한 상대방의 태도에서 인격적인 무시나 거절이 아니라 어쩔 수 없는 상황이 개입될 수 있다는 점을 이해해야 한다. 그러므로 학교는 학교폭력 예방을 위해 우선 학생들에게 합리적인 사고를 하도록 교육해야 한다. 더불어 학교는 학생들이 불안과 두려움을 극복하고 자신의 의사를 합리적으로 표현할 수 있도록 도와야 한다.

3. 분노조절 기술

1) 분노조절 기술의 이해

인간은 자신의 내면적인 문제든지, 주변 환경의 영향이든지 분노감정에 직면할 수밖에 없다. 문제는 분노감정을 잘 조절하느냐 그렇지 못하느냐에 달렸다. 인간은 분노감정이 일어날 때, 분노를 억제하거나 표출하거나 조절한다. 분노억제는 분노감정을 참거나 억압하는 것이고, 분노표출은 분노감정을 타인이나 대상에 표현하는 것이다. 분노억제는 자신에게 해를 미친다. 뿐만 아니라 억압된 분노 에너지가 커지면 더 큰 문제를 야기할 수 있다. 분노표출은 분노 대상에게 위해를 가한다. 따라서 분노억제와 분노표출은 바람직하지 않다. 반면 분노조절은 화가 난 상태를 자각하고 화를 진정시키기 위한 다양한 노력을 하는 것으로 관계형성에 긍정적이다(홍종관 등, 2014).

2) 분노조절 기술 훈련

분노조절이 되지 않으면 분노해소를 위해 폭력을 행사하게 된다. 그러므로 분노를 적절하게 조절할 수 있는 훈련이 필요하다. 분노조절훈련은 화가 난 상태를 자각하고 화를 진정시키기 위해 다양한 전략을 구사해야 한다. 분노조절훈련은 상담에서도 다양한 방법으로 시도되어왔다. 홍종관(2014)과 김영곤(2015)이 제시한 내용을 바탕으로 분노조절기술 훈련을 정리하면 다음과 같다.

① 사회적 기술 훈련

사회적 기술 훈련은 구체적인 상황에 필요한 사회적 기술을 모방하거나 연습함으로써 분노를 감소시키는 것이다. 사회적 기술은 긍정적 상호작용에 필요한 능력으로 사회생활의 기본이다. 예를 들어, 타인과 자신의 관계를 이해하고 타인의 위치에 맞는 인사하기, 타인이 이야기 할 때 눈을 맞추고 공감하며 듣기, 상대방의 이야기에 끼어들지 않기, 자신의 기분이나 느낌을 정확하게 전달하기 등 '상황에 맞는 처신하기'다(홍종관 등, 2014). 사회적 기술 훈련은 실제 상황에서 행동으로 나타날 수 있도록 반복 연습해야 한다.

② 인지행동적 접근

인지행동적 접근은 개인의 정서와 행동은 인지의 산물이므로 개인의 비합리적 사고를 합리적인 사고로 바꾸는 연습이다(홍종관 등, 2014). 분노는 자신의 감정이 공격 또는 무시당했다고 느끼거나 상처받았다고 느낄 때 생겨난다. 하지만 느낌은 자신의 감정이므로 비합리적인 생각이다. 상처는 상대방이 주는 것이 아니라 자신이 스스로 받는 것으로 인식해야 한다. 또한 동일한 사건을 역지사지의 관점으로 해석하면 분노 정서가 생겨나지 않을 수 있다. 자신의 편견과 선입견을 버리고 있는 그대로 수용하려는 마음을 가지는 것이 중요하다.

③ 문제해결 기술 훈련

문제해결 기술 훈련은 문제발생의 원인과 예견되는 결과를 파악하여 대안적인 해결책을 도출할 수 있는 능력을 길러주는 것이다(홍종관 등, 2014). 의견대립이나 부당한 대우를 받았다고 생각할 때 생겨나는 분노의 감정은 공격적인 행동으로 나타날 수 있다. 하지만 공격적인 행동은 그 결과에 대한 책임이 따르기 때문에 후회를 수반한다. 인간은 공격적 행동의 결과가 자신에게 미치는 파장이 어떠한지를 미리 인식하게 되면 공격적인 행동을 하지 않을 수 있다.

④ 장이완 훈련

장이완 훈련은 긴장된 정신과 신체의 이완 훈련 즉, 심호흡, 명상하기, 손 씻기 등을 통해 분노를 조절하는 방법이다(홍종관 등, 2014). 이러한 분노조절 훈련들은 단독적으로 적용되기도 하고 상황에 따라서 통합적으로 활용되기도 한다.

3) 학교폭력 예방과 분노조절 기술

대인관계에서 분노는 대부분 타인에 의해 유발된 불쾌하고 공정하지 못한 상황에서 일어난다. 하지만 긍정적 관계형성을 위해서는 분노를 잘 조절할 수 있어야 한다. 학교폭력에 연루된 가해자는 분노표출을 주로 하고 피해자는 분노억제를 주로 하게 된다. 분노유발상황은 유아기의 관계형성, 세상에 대한 표준기대치, 신념 등이 어떻게 학습되었는지에 따라 결정된다(홍종관 등, 2014). 그러므로 분노 조절은 훈련을 통해서 충분히 개선할 수 있다.

학교는 학생들이 분노를 조절할 수 있도록 분노조절 지도와 훈련의 기회를 제공해야 한다. 분노조절 교육은 사회적 기술 훈련, 합리적인 사고, 갈등해결방법 등의 프로그램으로 가능하다. 학생들은 이러한 프로그램에 참가함으로써 긍정적인 자기인식과 타인에 대한 이해와 수용을 배울 수 있어 분노를 조절할 수 있다.

4. 이타성

1) 이타성의 이해

이타성(altruism)은 인간들이 공동체 내에서 화합을 이루면서 살아가는 데 매우 중요한 요소이다. 이타성은 외적 보상을 바라지 않고 타인의 행복과 복지를 위해 행동하고자 하는 마음으로 이타성이 행동으로 나타나는 것을 친사회적 행동이라고 한다. 이러한 이타성은 행복, 기쁨과 같은 정서를 증가시키고, 우울감, 불안과 같은 정서들을 감소시켜 주는 것으로 알려져 있다. 이것은 이타성을 실천하는 자원봉사자들이 그렇지 않은 사람보다 삶의 만족도가 높고, 정신적 및 신체적으로 더 건강하다는 것을 통해 알 수 있다.

공감적 이타성(empathetic altruism)을 주장하는 사람들은 이타성이 타인의 고통이나 아픔에 대한 공감에서 비롯된다고 설명한다(네이버 지식백과). 이타성의 기반이 되는 대표적인 인지 능력으로는 타인의 마음 상태를 아는 것이다. 타인이 겪는 고통의 원인을 이해하거나 다른 사람의 마음을 읽는 능력이 높은 아동들은 친사회적 행동을 한다(Kiang, Moreno & Robinson, 2004, 심리학 용어사전, 2014 재인용).

타인의 정서에 대한 이해뿐만 아니라 그 정서에 대한 반응을 어떻게 다루느냐도 중요하다. 공감(empathy)은 타인의 정서 상태를 이해함으로써 나오는 정서 반응으로 타인이 느끼는 정서와 매우 유사하다. 동정(sympathy)도 타인에 대한 염려나 슬픔을 이해하고 수용하려는 정서이다(Eisenberg et al., 2006, 심리학 용어사전, 2014 재인용). 그러므로 공감과 동정은 친사회적 행동을 유발하는 원천이다.

2) 이타성의 증진 방법

이타성은 생득적인 본성이라는 관점(Martin& Clark, 1982, 심리학용어사전, 2014 재인용)도 있지만 성장과정에서 부모의 양육태도, 공감, 도덕성 발달, 문화적인 영향을 많이 받는다. 홍종관(2014)은 이타성 증진 방안으로 학교에서 정서교육을 강화해야한다고 주장한다. 학생들을 대상으로 올바른 가치관 교육도 중요하지만 공감, 동정, 연민 등의 정서교육이 학교폭력을 예방할 수 있기 때문이다. 이타성을 증진하는 방법으로는 중요한 타자의 칭찬, 모델링, 협동경험, 귀납적 훈육법 등을 들 수 있다(홍종관 등, 2014).

① 중요한 타자의 칭찬

청소년들에게 있어서 중요한 타자는 그들의 성장에 중요한 영향을 미치는 부모와 교사 등 주변의 존경하는 인물이다. 중요한 타자의 칭찬과 인정은 청소년의 긍정적 자기인식에 영향을 준다. 또한 그들이 제시하는 도덕적 가치기준은 청소년의 긍정적인 동기를 자극하여 이타성을 증진시킬 수 있다.

② 모델링

모델링은 학생들이 주변에서 이타성을 실천하는 모델을 관찰하여 모방함으로써 이타성을 향상시킬 수 있는 방법이다. 이타성의 모델은 부모와 교사, 또는 친구가 될 수 있다. 학교에서는 교사가 이타성의 모델이 되어야 한다. 교사는 학생 내면의 감정들을 배려하고 공감하면서 그들의 행복과 복지에 관심을 보여주어야 한다. 또한 이타성이 높은 학생들은 학생들의 모델이 될 수 있도록 그들의 행위를 높이 칭찬하고 학생들과 공유해야 한다.

③ 협동경험

협동경험은 타인을 도와야 자신에게 이익이 돌아온다는 것을 경험할 수 있게 해주기 때문에 이타성 증진에 영향을 준다. 예를 들어, 협동학습은 팀원들이 서로 도와야 문제를 해결할 수 있으므로 타인을 존중하고 배려하는 이타성이 향상될 수 있다. 학교는 학생들에게 다양한 협동경험을 할 수 있도록 기회를 제공해야 한다.

④ 귀납적 훈육법

호프먼(Hoffman)은 귀납적 훈육법이 도덕적 사회화과정에서 아동의 인지적, 정서적, 행동적 차원의 통합을 도와주기 때문에 도덕적 성숙을 이끄는 효과적인 방법이라고 주장한다(네이버 블로그-심리클리닉). 이것은 아동의 행위가 잘못되었을 때, 먼저 그 행동의 나쁜 이유를 설명한다. 다음으로 행위가 타인에게 어떤 영향을 미치는지를 강조한다. 마지막으로 잘못한 행위의 해결을 위해 무엇을 어떻게 해야 하는지를 지도하는 방법이다. 이러한 훈육법을 통해 아동은 가치기준을 세울 수 있고, 타인에 대한 배려와 동정적 공감능력을 향상시킬 수 있으며 행위에 대한 책임을 학습할 수 있다.

3) 학교폭력 예방과 이타성

이타성은 타인의 행복과 복지를 위해 사심 없는 관심을 주는 마음이다. 공감적 이타성은 타인의 정서를 이해할 수 있어 도움 행동을 더 많이 하고, 동료와 지역사회에 더 협력하게 한다. 학교폭력 문제를 보면 가해 학생은 피해를 입은 친구가 어느 정도 힘들었는지, 가해행위가 얼마나 큰 상처가 되었는지를 모르는 경우가 많다. 그러므로 이타성을 증진시킴으로써 공격적인 행동을 감소시킬 수 있다. 학생들이 자신의 감정을 잘 표현하고 상대의 감정을 잘 공감하면서 서로 간에 배려와 존중을 실천하면 학교생활이 보다 행복해 질 수 있다.

학교는 학생들의 이타성 향상을 위해 이타성 교육을 실시해야한다. 덴마크는 행복한 나라로 잘 알려져 있다. 덴마크 사람들이 행복한 이유는 높은 공감능력 때문이라고 한다. 덴마크는 6-16세 청소년을 대상으로 정규수업에서 공감능력 키우기(empathy-building) 수업을 진행한다. 덴마크 공감교육에서 교사들의 역할은 학생들이 어떻게 상대의 감정을 이해할 것인지, 왜 이해해야만 하는지를 가르치는 것이다(네이버 블로그-T times 뉴스). 공감교육은 학생들의 행복과 사회구성원들의 건강한 생활을 위해 필요하다.

5. 자아존중감

1) 자아존중감의 이해

자아존중감(self-esteem)이란 자기 스스로 가치 있는 존재로 여기는 것을 말한다. 이것은 목표를 성취하거나 과제를 성공적으로 완수함으로써 형성된다. 자아존중감이 높은 아동은 자신의 능력과 특성에 대해 긍정적이다. 반면 자아존중감이 낮은 아동은 자신에 대해 부정적인 경향을 가진다. 자아존중감이 중요한 이유는 자신을 어떻게 이해하고 평가하는지가 자신에 대한 만족도를 결정하며, 이러한 만족도가 현실의 문제나 상황에 대한 태도와 대처 행동에 영향을 미치기 때문이다.

자아존중감은 가치, 능력, 통제 세 가지 차원에서 스스로 내리는 평가다(Curry & Johnson, 1990, 심리학용어사전, 2014 재인용). 첫째, 가치의 차원은 자신이 가치 있다고 생각하거나 타인이 자신을 얼마나 가치 있다고 생각하고 좋아하는지에 대한 평가다. 예를 들면, '나는 괜찮은 사람이야' 혹은 '사람들은 나를 좋아해'와 같은 평가다. 둘째, 능력의 차원은 나에게 주어진 과제나 내가 정한 목표를 완수하고 성취할 수 있다고 생각하는 믿음을 의미한다. 예를 들어 '나는 오늘 목표를 달성했어', '나는 내일까지 이 과제를 완수할 수 있어'와 같다. 마지막으로 통제는 자신이 주변 상황에 영향을 미칠 수 있고 스스로를 통제할 수 있다는 믿음이다. 이 차원에서 부정적인 사람은 '나는 무슨 일을 해도 안 돼'라고 생각하겠지만, 긍정적인 사람은 '이렇게 한다면 문제가 해결될 거야'라는 아이디어와 확신을 가진다.

바우마이스터 등(Baumeister et al., 2003, 심리학용어사전, 2014 재인용)의 연구에 따르면 자아존중감이 낮은 사람은 성공의 열쇠가 자신의 통제 밖의 요소이기 때문에 열심히 노력해도 운이 없으면 실패하게 된다고 생각한다. 또한 그들은 상처받을 것을 두려워하여 타인과 거리를 둔다. 그들은 관계형성에서 자신을 지나치게 낮추거나, 아니면 타인을 비방해 자신을 높이려는 경향이 있다. 이러한 태도는 모두 자기를 지키기 위한 방어책이라 볼 수 있다(Dreikurs, 1991, 심리학용어사전, 2014 재인용). 그러므로 낮은 자아존중감은 행복하고 긍정적인 삶에 방해가 된다.

2) 자아존중감 증진 방안

자아존중감은 자아와 환경과의 상호작용과정에서 발달하게 된다. 자아존중감은 유아기에 기본이 마련되지만 성장하는 동안에도 또래와의 비교를 통해 자신을 평가해 가면서 자신의 자존감을 조정해 나간다. 그러므로 자아존중감에 영향을 미치는 대표적인 요인은 타인과의 교류, 사회문화적 가치 기준 등을 들 수 있다(심리학 용어사전, 2014).

① 타인과의 교류

타인과의 교류에서 자아존중감에 가장 많은 영향을 미치는 사람은 부모와 교사, 그리고 청소년기에는 동료학생이다. 유아기에는 부모와의 대화와 교류 경험이 자아존중감에 가장 중요한 영향을 준다(Nelson & Fivush, 2004, 심리학용어사전, 2014 재인용). 학교에서는 학생의 행위에 대한 교사나 친구의 반응이 자아존중감에 중요한 영향을 준다.

부모는 자아존중감 증진을 위해 아동이 가치, 능력, 통제 차원에서 긍정적인 평가를 내릴 수 있도록 양육해야 한다. 이를 실천하기 위한 방법은 다음과 같다. 첫째, 부모는 아동이 사랑과 인정을 받고 있다는 느낌을 갖도록 해야 한다. 아동은 타인으로부터 인정받을 때 자신을 가치 있는 존재로 인식하게 된다. 둘째, 부모는 아동에게 성취의 기회를 제공해야 한다. 아동은 과업을 달성했을 때 성취감과 함께 자신을 유능한 사람으로 지각하기 때문이다. 마지막으로 부모는 아동의 의견과 감정과 행동을 공감하고 기다려 주어야한다. 이것은 아동의 상황 통제 능력을 함양하는데 도움이 되기 때문이다.

교사는 학생의 자아존중감 향상을 위해 그들의 노력과 성취를 인정해 주어야한다. 또한 동료학생의 인정도 자아존중감에 영향을 미치므로 교사는 학생의 노력과 성과를 동료학생들과 공유해야 한다. 이때, 교사는 성취 결과보다 과정에 대한 칭찬, 실수보다 성과에 더 관심을 가져주는 것이 학생은 자아존중감 향상에 도움이 된다. 교사가 '너는 능력 있고 멋진 학생'이라고 칭찬해 준다고 해서 학생의 자아존중감이 저절로 향상되는 것은 아니기 때문이다.

② 사회문화적 가치기준

사회문화적 가치는 학생의 자아존중감에 영향을 줄 수 있다(Nelson, 2003, 심리학용어사전, 2014 재인용). 사회문화적 가치는 문화권마다 다르다. 그러므로 어떤 가치를 중시하는 문화권에서 성장했느냐에 따라 자아존중감이 달라질 수 있다. 그것은 사회가치 기준이 자기를 평가하는 기준이 되기 때문이다. 예를 들어, 타인과 비교가 강한 아시아권 문화와 그렇지 않은 북미 문화권의 아이들의 자아존중감 정도가 다르다는 연구 결과가 있다(Twenge & Crocker, 2002, 심리학용어사전, 2014 재인용). 한국의 경우도 학생들을 성적으로 서열화 시키는 구조 때문에 학생들의 자아존중감에 부정적인 영향을 주고 있다.

학교는 학생들의 자아존중감 향상을 위해 학생의 강점을 발견하여 계발하도록 도와야 한다. 이것은 학생이 분화적 자아개념을 갖도록 도와주는 것이다(김영곤, 2015). 분화적 자아개념이란 자기의 장점에 대해서는 긍지를 가지고 단점에 대해서는 노력하겠다는 생각을 가지게 하는 것을 의미한다.

3) 학교폭력 예방과 자아존중감

자아존중감이 낮은 학생은 학교폭력의 가해자 또는 피해자가 될 가능성이 높다. 그 이유는 자아존중감이 대인관계형성에 지대한 영향을 주기 때문이다. 서울과 경기도에 거주하는 고등학교 1학년생을 대상으로 조사한 결과에 의하면 자아존중감이 가장 높은 그룹은 89.3%가 대인관계 최고 수준의 그룹에 속했다. 반면 자아존중감이 낮은 그룹은 78.0%가 대인관계 수준이 낮게 나타났다(박지연, 2008).

자아존중감이 높은 학생은 합리적이고 주도적인 의사 결정 능력을 가진다(곽금주, 2008). 그러므로 부정적인 정서를 경험할 가능성이 낮거나 경험하더라도 비교적 쉽게 극복한다(선안남, 2011). 반면 자존감이 낮은 학생은 의존적이거나 불확실한 태도를 보일 수 있다. 그 이유는 자아존중감이 낮을 때는 자아가 상황에 순응하기 때문이다. 또한 자아존중감이 낮은 학생은 열등감이나 자격지심으로 공격적인 모습을 보일 수도 있다(선안남, 2011).

학교는 학생들의 노력과 성취를 칭찬하고 단점보다는 강점을 인정하고 계발해 주어야 한다. 그러면 학생들은 자신을 가치 있고, 능력 있으며, 자신의 주변을 통제할 수 있다는 자신감으로 대인관계뿐만 아니라 자신의 역할에 충실할 수 있을 것이다.

6. 자아탄력성

1) 자아탄력성의 이해

자아탄력성(Self-resilience)은 다양한 위기와 고난, 실패에 직면했을 때 역경을 극복하고 더 발전하는 마음의 근력을 의미한다. 성공한 사람이나 지속적으로 발전하는 조직의 공통점은 실패나 역경을 딛고 일어선 경험이 있다는 것이다. 심리학자들은 위기에 직면하여 그것을 극복하느냐, 그렇지 않느냐 하는 것은 위기의 경중보다 그것에 직면한 사람의 자아탄력성에 달려있다고 주장한다.

자아탄력성의 요인은 많은 심리학자들에 의해 성격 특질로 설명되어 왔다. 예를 들어 자아탄력성은 강인함(Kobasa, Maddi, & Kahn, 1982), 강건함(Diuenstbier & Pytlik Zillig, 2002), 자기 고양(Taylor & Brown, 1988), 낙관주의(Carver & Scheier, 2002; Tennen & Affleck, 2002)와 같은 개념들로 스트레스나 고난에 대한 효율적인 대처와 관련이 있다(심리학 용어사전, 2014). 김주환(2011)은 자아탄력성의 구성요소로 자기조절능력과 대인관계능력을 들고 있다. 자기조절능력에는 감정조절력과 충동통제력, 그리고 원인분석력이 포함된다. 대인관계능력은 소통능력, 공감능력, 자아확장력[6]을 포함한다.

한편 바움가르드너(Baumgardner)는 탄력성이 일차적으로 개인의 내적인 강인함에 의존한다고 간주하는 것은 희생자를 비난하게 될 위험성이 있다고 경고한다(Baumgardner et al., 2009, 심리학 용어사전, 2014 재인용). 매스턴(Masten)은 탄력성이 성격보다는 보호 체계와 관련이 있다고 주장하며 아동과 청소년에 대한 연구에 근거하여 세 범주의 보호 요인들을 기술했다(Masten & Reed, 2002, 심리학 용어사전, 2014 재인용).

- 아동에게 내재된 보호 요인
- ·훌륭한 지적 능력과 문제해결 능력
- ·낙관적인 기질과 변화에 적응할 수 있는 성격
- ·긍정적인 자기상과 개인적인 효율성
- ·낙관적인 전망
- ·정서와 충동을 조절하고 통제할 수 있는 능력
- ·자신과 자신이 속한 문화가 존중하는 개인적인 재능
- ·건전한 유머 감각

- 가족에 내재된 보호 요인
- ·부모나 일차 양육자와의 친밀한 관계
- ·뚜렷한 기대와 규칙을 제공하는 따뜻하고 지지적인 양육
- ·부모 간의 갈등이 최소화된 정서적으로 긍정적인 가족
- ·구조화되고 조직화된 가정환경
- ·적절한 경제적 자원을 가진 부모

- 지역사회의 보호 요인
- ·좋은 학교에 다니기
- ·학교나 사회에 있는 사회 조직에 참여하기
- ·문제를 제기하고 공동체 정신을 추진하는 것에 관심이 있는 이웃들과 같이 사는 것

6) 자아확장력은 자신이 타인과 연결되어 하나라고 느끼는 능력이다. 자아확장력이 높은 사람은 자신의 개념 속에 타인이 포함되어 있기 때문에 타인의 일을 자신의 일처럼 받아들여 배려한다.

· 안전한 이웃과 같이 사는 것
· 이용하기 쉬운 수준 높고 반응적인 응급 서비스, 공중 보건 서비스, 사회 서비스

2) 자아탄력성의 증진 방안

자아탄력성의 개인적인 보호요인은 관리와 노력으로 향상될 수 있다. 박남수는 뇌의 가소성을 언급하며 자아탄력성은 언제든지 변화가능하다고 주장한다(박남수, 2015). 김주환은 회복탄력성의 요소인 자기조절능력과 대인관계능력 향상의 기본이 긍정성이라고 한다. 긍정성의 향상은 뇌의 정보처리를 긍정적으로 바꾸는 습관을 들이는 것으로 감사하기와 운동하기 방법이 있다(김주환, 2011).

① 감사하기

감사하기는 매일 매사에 감사하는 마음을 갖는 것을 의미한다. 감사하기 훈련 방법은 매일 저녁 잠들기 전 감사 일기를 작성하는 것으로 하루에 5가지 이상 감사한 일을 기록하는 일이다(김주환, 2011). 우리가 규칙적으로 장기간 감사 일기를 작성하게 되면 모든 순간 감사한 일을 찾으려 노력하게 되고, 모든 일에 감사하는 습관이 들게 된다는 논리다.

② 운동하기

운동하는 습관은 몸뿐만 아니라 정신건강까지 유지시켜 준다. 미국 듀크대학 메디컬센터 연구소에서는 규칙적인 운동이 동기부여, 자아존중감 증대, 대인관계 향상 등에도 탁월한 효과가 있음을 발견했다(김주환, 2011). 운동은 우울, 치매, 불안장애 등 병든 뇌를 치료하는데 효과가 높고, 스트레스 감소, 사고력 신장, 중독의 치료 효과도 있다. 운동하기 훈련은 일주일에 세 번씩 30분 이상, 최대 심박수 60~80% 정도의 세기로 8주 이상 규칙적으로 운동해야 한다. 또한 유산소운동(줄넘기, 조깅 등)과 근력운동(아령, 팔굽혀펴기 등) 그리고 장력운동(스트레칭)을 골고루 해야 하며, 즐겁고 재미있을 정도로 적당히 하는 것이 중요하다(김주환, 2011).

③ 긍정적 자기인식

긍정성은 자신의 생활에 만족하며 자신을 긍정적으로 바라보는 능력이다. 생활만

족도와 자아낙관성은 긍정적 자기인식에 영향을 준다. 생활만족도는 자신이 할 수 있는 일을 통해 즐거움과 성취, 보람을 느끼는 정도를 말한다. 자아낙관성은 자신에게 주어진 상황이 언젠가는 좋아지리라는 믿음을 의미한다(김주환, 2011). 긍정성을 높이기 위해서는 자기내면의 덕성과 강점을 발견하여 계발해나가는 것이 중요하다. 자신이 '멋지고 능력 있는 사람'이라는 자기인식이 긍정성에 영향을 주기 때문이다.

3) 학교폭력 예방과 자아탄력성

학교폭력 예방을 위해 자아탄력성을 증진시키는 것은 중요하다. 자아탄력성이 높은 학생은 지적인 성취뿐만 아니라 정서적인 면에서 건강하고 행복할 수 있기 때문에 교사나 또래와의 원활한 상호작용으로 학교생활에 더 잘 적응할 수 있다.

반면 자아탄력성이 낮은 학생은 고난과 실패에 직면하여 쉽게 좌절하거나 부정적 자기인식을 하는 편이다. 그 결과 그들은 자괴감과 열등감으로 인해 학교생활과 대인관계에서 어려움을 겪을 수 있다. 학교는 그들의 자아탄력성 향상을 위해 긍정성 향상 프로그램을 활용하여 마음의 근력을 강화시켜 주어야 한다. 교사는 학생의 자아탄력성에 가정과 지역사회의 보호요인이 영향을 미치고 있음을 인지하고 학부모와 지역사회와 연대하여 학생이 고난과 실패를 스스로 극복할 수 있도록 도와야 한다.

| 학습과제 |

1. 학교폭력 예방을 위한 인성교육의 필요성과 인성교육의 최근 경향성을 설명하시오.

2. 학생들의 관계형성에 필요한 사회적 기술과 정서 증진 방안 중 하나를 선택하여 실천해 보고, 그 효과를 다른 학생들과 논의하거나 정리해 보시오.

CHAPTER **08**

학교폭력의 조기 감지와 개입

| 개요 |

이 장에서는 학교폭력의 예방을 위해서 학교폭력 관련 위험요인과 보호요인의 특성, 학교폭력의 조기 감지의 의미와 중요성, 진단 평가 등을 알아보고 예방적 개입방안을 제시한 후 학교에서 학교폭력 예방을 위한 구체적 개입방안으로서 국내외의 학교폭력 예방 프로그램, 학교폭력 예방교육의 추진 과제에 대해서 알아본다.

School Life

chapter 08 학교폭력의 조기 감지와 개입

제1절 학교폭력관련 위험요인과 보호요인

1. 학교폭력 위험요인

학교폭력을 연구하는 학자들은 일탈행동의 원인을 규명하고자 하면서 공통된 요인들이 있다는 것을 발견했다. 이러한 요인들은 일탈행동을 예측할 수 있는 위험요인이라고 명명되었다. 위험요인이란 한 개인이 일반적인 타인에 비해 발달상 문제를 일으킬만한 확률이 높아지도록 하는 요인을 말한다. 이러한 위험요인은 부정적인 측면이 강한 개념으로 어떤 생활사건에 대해 주관적으로 느끼는 어려움이기보다는 객관적인 위험 상황을 지칭하는 용어라는 점에서 주관적인 스트레스와 구분된다(신현숙, 2003). 선행연구에 따르면 위험요인들을 개인, 가정, 학교 및 사회요인으로 분류한 것들을 살펴보면 〈표 8-1〉과 같다(이애령, 2004).

〈표 8-1〉 학교폭력의 위험요인

개인 요인	가정 요인	학교 및 사회 요인
· 공격성(충동성)	· 부모의 무관심	· 낮은 학업성취
· 우울 및 불안	· 잘못된 훈육	· 낮은 학습의욕
· 조기 비행	· 어려운 가정형편	· 학교에 대한 부정적 유대
· 반사회적 경향	· 잘못된 양육태도	· 학습 긴장
· 물질적 가치관	· 가정불화	· 비행친구 접촉
· 지배성	· 가족의 구조적 결손	· 학교 중도 탈락
· 동조성(모방성)	· 문제행동에 대한 허용적 태도	· 폭력매체 접촉

위와 같은 위험요소들은 비교적 쉽게 감소시킬 수 있지만, 개인 요인들은 가정요인

이나 학교 및 사회요인에 비해 개인의 성격적 특성인 경우가 있어 변화시키기 어려운 경우가 많다.

2. 학교폭력 보호요인

학교폭력의 원인이 되는 위험요인은 폭력행동이 왜 발생할 수 있는가를 파악하고 이를 조기 감지하는 데 도움을 주지만, 폭력행동으로 인한 부정적인 행동 결과를 예방하거나 감소시킬 수 있는 방법을 제시하는 데는 한계가 있다. 따라서 폭력의 위험요인의 영향을 완충해 주는 요소, 즉 보호요인을 살펴보고 이를 강화함으로써 위험행동의 발생과 이로 인한 부정적 결과를 완화시킬 필요가 있다.

보호요인은 개인들이 가지고 있는 다양한 요인들 중 열악한 환경적 조건하에서도 위험의 원천에 작용함으로써 부정적인 결과물의 가능성을 감소시키는 요인을 말한다(박현선, 1998). 비행청소년의 적응 유연성에 관한 연구(유성경, 2001)는 위험요소에 노출된 청소년 중에는 유능감을 보여주는 적응적 특성을 보여주는 집단이 나타나는데, 이는 위험요소의 영향을 조절해주는 보호요인의 작용으로 보고 있다. 학교폭력의 경우에도 폭력의 피해 자체가 심각한 부정적인 결과를 가져올 수 있지만 모든 청소년들이 똑같은 영향을 받는 것은 아니다. 따라서 폭력에 의한 억눌린 상황 속에서 이를 완화해주는 보호요인을 찾아서 적응에 조력해야 한다. 보호요인의 중요성이 부각되면서 보호요인의 탐색도 이루어졌다. 보호요인으로 나타난 것들을 개인, 가정, 학교 및 사회요인으로 분류하여 정리하면 〈표 8-2〉와 같다.

〈표 8-2〉 학교폭력의 보호요인

개인 요인	가정 요인	학교 및 사회 요인
· 긍정적 가치관 · 자아정체감 · 자기효능감 · 공정성 · 내적 통제소재	· 안정된 집안 분위기 · 부모의 정서적 지지 · 부모의 학습관여 · 부모의 적절한 감독	· 친구 지지 · 교사의 정서적 지지 · 긍정적 학습태도 · 주변환경 시설

위와 같은 보호요인들은 위험요인에 비해 통제 가능한 것들이 상대적으로 많다는 점에서 고무적이다. 예를 들어 위험요인이 낮은 학업성취도보다는 교사나 친구의 지지가 변화시키기에 용이하다. 그러나 학교폭력을 유발할 수 있는 위험요인과 비교해 볼 때, 수적인 면에서 보호요인이 더 취약하다는 것을 알 수 있다. Jessor(1995)는 문제행동에서 위험요인에 대한 보호요인의 완충 효과의 발달적 변화를 밝히기 위해 4년 동안 종단연구를 수행했다. 그 결과, 위험요인이 많아도 보호요인이 많으면 문제행동이 적게 나오며, 시간이 흐를수록 위험요인은 변화가 없는데 반하여 보호요인의 효과는 커진다는 것을 알 수 있었다. 이러한 결과는 학교폭력에 대한 방안은 위험요인의 제거보다는 보호요인의 작동될 수 있도록 해야 한다는 것을 말한다.

제2절 학교폭력의 조기 감지

1. 학교폭력 조기 감지의 의미와 중요성

학교폭력 조기 감지란 문제행동을 예방하기 위해서 '누가 학교폭력 문제행동에 관련될 가능성이 있는가'를 사전에 예측하는 것을 말한다. 학교폭력이 피해자, 가해자, 가족, 교사, 학교, 지역사회 등에 미칠 중대한 영향에 비추어 볼 때 학교폭력 행동의 체계적 예측에 따른 사전 개입, 예방 대처는 매우 중요한 부분이다.

학교폭력 전문상담실의 사례 보고에 의하면 학교폭력이 발생한지 꽤 오랜 시간이 흐른 후에 상담 전화를 통해 인지하는 경우가 많다고 한다. 부모들은 자녀가 학교폭력의 피해자라는 것을 6개월 이상, 심지어는 2년 이상이 지난 후에야 알게 되는 경우도 많다. 이때 많은 부모는 자기 자녀가 학교폭력의 피해자라는 것을 몰랐다는 사실에 대한 자책감과 부모로서 보호해 주지 못했다는 죄책감으로 우울증, 분노감에 빠져 정신과 상담과 치료를 받는 경우가 보고되었다.

또한 교사의 입장에서도 자기 반의 학생이 학교폭력이나 집단따돌림을 경험하고 있다는 사실을 인지하지 못하고 있다가 해당 부모를 통해 나중에 알게 되었을 때 학급 담임교사로서 자신감을 상실하고, 어떻게 개입해야 할지 몰라 당황해하거나, 이후에도 언제 학교폭력이 일어날지 몰라 불안해하는 반응을 보이는 것으로 나타났다(방기연 · 이규미, 2009). 그러므로 학교폭력이 이미 발생한 이후에 지혜롭게 대처하는 것도 중요하지만 무엇보다도 이를 사전에 예측하고 대처해 나가기 위해 학교폭력 조기감지가 중요하다.

2. 학교폭력 조기 감지를 위한 진단 평가

학교폭력 문제행동을 조기에 감지하기 위해서는 교사나 부모의 지속적인 관찰을 통한 시의적절한 실태 파악과 더불어 학생 개인이나 학급을 대상으로 하는 진단 평가를 통한 감지를 할 수 있어야 한다.

1) 검사, 진단 평가를 통한 학교폭력 조기 감지

학교폭력 피해나 집단따돌림 문제행동에 관여할 가능성이 높은 학생들을 예측, 선별하기 위한 척도를 활용하여 이루어지는 감지 방안으로 다음과 같은 검사를 활용할 수 있다(홍준표, 2002; 유형근 외, 2010).

① 또래 평정(peer rating)에 의한 사회성 측정 검사

이 검사는 학급 구성원 아동 각자가 학급 구성원 각각에 대하여 서로 얼마나 좋아하고, 또는 얼마나 싫어하는지를 5단계로 평정하여 표시하도록 한다. 피검사자들은 자기 반 아동들의 이름을 목록의 순서대로 하나씩 읽어 가면서, 개별 아동에 대한 자신의 생각이나 감정을 정리하여 매우 좋음(5점), 좋음(4점), 보통(3점), 싫어함(2점), 아주 싫어함(1점)을 선택하도록 하고, 각각 5, 4, 3, 2, 1점씩 주어 평가한다. 개별 아동의 사회측정 점수는 한 아동에 대하여 학급 구성원 전체 아동이 보여준 5단계 평정을 총합한 총점 및 평균치로 환산한다.

② 또래 지명(peer nomination)에 의한 사회성 측정 검사

이 검사는 한 집단 내에서 또래들의 수용과 배척의 정도를 측정하기 위하여 사용되어 온 전통적 사회성 측정 방법의 하나로서, 학급 내의 모든 아동에게 어떤 놀이나 활동을 함께하고 싶은 사람과 하고 싶지 않은 사람을 일정 수를 지명하도록 하는 방법이다.

해외여행을 떠나는 장면을 떠올리며 함께 가고 싶은 친구 3명을 선정하여 이름을 적어보도록 하는 것이다. 이들을 선정한 이유를 외모, 신체적 특징, 심리적 및 성격적 특징, 사회적 및 행동적 특성 등에 관한 것들로 구성한다. 또한 자신의 생일에 초대하고 싶지 않은 친구 3명을 학급 아동 중에서 선정하여 이름을 기입하도록 한다. 역시 그 싫어하는 이유를 탐색하기 위하여 앞에서와 같이 외모, 신체적, 심리적, 성격적, 사회적 및 행동적 특징에 관한 문항을 제시하고 그중에서 선택하도록 하였다.

이상과 같은 또래 지명 방법은 선택되지 못한 사람에 대하여 아무 정보도 제공하지 못한다는 것이 큰 단점으로 지적되고 있으나, 앞에 제시된 또래 평정에 의한 Likert식의 평정 방법과 병행하여 사용함으로써 그 단점을 보완할 수 있다. 또래 지명 방법은 친구 선택에 관한 정보를 제공하는 반면, 평정법은 또래의 수용 정도를 알려 주는 수단이다.

2) 관찰을 통한 학교폭력 조기 감지

학교폭력 피해나 따돌림 문제행동에 관여될 가능성이 높은 학생들을 조기 감지하기 위해 검사를 활용하는 방법과 함께 관찰을 통한 학교폭력 조기 감지를 위해서는 가해학생과 피해학생에 대한 조기 감지 단서를 파악해야 한다. 〈표 8-3〉은 교사에 의해 관찰될 수 있는 학교폭력 가해나 피해의 행동적 징후를 제시하고 있다.

〈표 8-3〉 학교폭력 피해와 가해의 행동적 징후

유형	행동적 징후
피해	• 필기도구나 쪽지가 특정 친구를 향해 있다. • 교과서와 노트, 가방에 낙서가 비교적 많은 편이다. • 점심 급식을 자주 먹지 않는다. • 교실 안보다 교실 밖에서 시간을 보내려 한다. • 이전과 달리 수업에 참여하지 않고 흥미를 보이지 않는다. • 체험학습, 수학여행 및 체육대회 등 학교행사에 참여하지 않는다. • 학교 성적이 급격히 떨어지는 현상을 보인다. • 갑자기 학교에 가기 싫어하고 전학을 가고 싶다고 한다. • 친구의 전화를 받고 갑자기 외출하는 경우가 많다. • 자신이 소중하게 여기는 물건을 자주 친구에게 빌려주었다고 한다.

유형	행동적 징후
피해	• 몸에 상처나 멍 자국이 보인다. • 몸을 움직이는 일을 하지 않으려 하고 혼자 자기 방에 있기를 좋아한다. • 내성적이고 소심하며 초조한 기색을 보인다. • 전보다 자주 용돈을 달라고 하며, 때로는 훔치기도 한다.
가해	• 문제행동을 하는 친구와 어울리며 흡연, 음주를 자주 한다. • 친구와 어울리는 것에 큰 비중을 두어 귀가시간이 늦어지고, 불규칙해지며 친구 집에서 외박하는 경우가 있다. • 부모가 사주지 않은 고가의 물건을 소지하고 용돈에 비해 지나치게 많은 돈을 쓴다. • 점점 가족과 보내는 시간이 줄어들고 부모와 대화를 거의 하지 않으며 대화중에 화를 잘 내고 참을성이 없는 행동을 한다. • 친구들이 자신에 대해 말하는 것을 두려워한다. • 소위 '일진'과 가깝게 지내며 이들 이외 친구에 대해서 배타적인 태도가 있다. • 주위 학생을 상대로 돈을 갈취하고 선배에게 가져다줄 돈을 마련하느라 또래나 자신보다 어린 후배를 괴롭힌다. • 친구가 빌려 주었다고 하면서 옷이나 고가의 전자제품, 가방, 신발 등을 가지고 다닌다. • 자녀가 어떤 생각과 행동을 하는지 알기 어렵고, 자녀 또한 자신의 생각과 행동을 숨기려 한다. • 매사에 감추는 게 많아진다.

제3절 학교폭력의 예방적 개입

1. 학교폭력 예방적 개입의 효율성

학교상담은 부적응 학생을 포함해서 모든 학생을 대상으로 상담 서비스를 제공해 주는 예방적 프로그램에 대한 이야기를 해 왔다. 학교상담을 통해서 학교폭력을 비롯한 학생들의 다양한 문제를 예방할 수 있다면 문제발생 이후 해결하려는 접근을 하는 것보다 실제적인 효과를 거둘 수 있다. 학생들의 문제를 학교에서 예방하지 않고 효과적으로 개입하지 않는다면, 학생들이 학교를 졸업한 후에는 더욱 심각한 문제를 경험할 가능성이 높아진다. 따라서 아동과 청소년의 학교폭력 및 다양한 문제에 대해 학교가 적절히 대처하지 못한다면 결과적으로 더 많은 문제를 양산할 수 있다. 이는 사회 전체적 측면에서 볼 때 이후 악화된 문제해결에 더 많은 경제적 비용이 발생할 수 있다. 따라서 학생들에 대한 예방적 접근은 문제가 발생하고 악화된 후에 대응하는 치료적 접근과 비교하여 경제적인 면에서도 효율적인 방식이 된다(오인수, 2011).

2. 학교폭력 예방적 개입의 전략

학교폭력을 예방하기 위한 학교상담과 생활지도는 모든 학생을 대상으로 하는 보편적인 예방적 개입, 학교폭력과 관련될 가능성이 높은 학생들을 대상으로 하는 선택적인 예방적 개입, 그리고 이미 학교폭력을 경험한 학생들 중에서 부적응 문제를 보이는 학생들을 대상으로 하는 집중적인 예방적 전략 개입으로 나누어 볼 수 있다(오인수, 2011).

1) 보편적인 예방적 개입

학교폭력을 예방하기 위해 교실수업과 같은 형태로 모든 학생을 대상으로 학급 단위 보편적인 예방 개입을 할 수 있으며, 필요하다면 학급 단위 활동을 변형하여 중규모의 집단으로 예방 상담교육을 실시할 수 있다. 또한 예방 상담교육 프로그램을 일반 교과수업과 통합하여 학문 간 교육과정을 개발하여 실시할 수 있는데, 이러한 접근은 상담 프로그램이 갖는 1회적 성격의 한계를 학교 교육과정이 갖는 지속성을 이용하여 보완할 수 있는 장점이 있다. 예컨대, 학교폭력 예방을 위하여 문학 시간에 폭력이나 집단따돌림을 소재로 한 작품을 다루고, 철학 시간에 폭력이나 괴롭힘 상황을 갈등해결 모형 수업의 소재로 활용할 수 있다. 미술 시간에는 학교폭력 예방을 위한 포스터를 그리고 체육시간에는 신체활동을 통해 서로 협력이 요구되는 체육 활동을 실시할 수 있다.

또한 부모교육이나 알림장을 통해 학교폭력 징후나 증상을 확인할 수 있는 방법이나 학교폭력을 예방하기 위해 가정에서 할 수 있는 전략이나 방안을 소개하여 학교폭력 예방을 강화할 수 있다. 모든 학생을 대상으로 이루어지는 보편적인 예방적 개입은 예방의 중요성을 더욱 강조하는 초등학교 저학년에서 강조될 필요가 있다.

2) 선택적인 예방적 개입

학교폭력과 연관될 가능성이 높은 학생들을 대상으로 하는 선택적인 예방적 개입은 소집단 형태의 상담 프로그램을 제공하는 형태로 이루어질 수 있다. 모든 학생을 대상으로 하는 보편적인 예방적 개입에 비해 선택적인 예방적 개입은 위험 가능성이 높은 학생을 대상으로 하기 때문에 프로그램 내용이 학생들의 특성에 맞게 구성되는 맞춤형 전략을 구사할 필요가 있다. 따라서 담임교사나 전문상담교사는 학교폭력 관련 문헌이나 자료들을 분석해서 어떠한 특성을 갖는 학생들이 학교폭력에 관련될 가능성이 있는지를 파악하여 잠재적 위험성을 갖고 학생들을 선별하는 절차를 거쳐야 한다. 예컨대, 각종 심리검사 도구를 사용하여 공격성이 높고 공감 능력이 낮은 학생을 선별하고 학교폭력 가해 잠재 위험집단을 구성하여 소집단 프로그램을 운영할 수 있다. 반면, 사회적 기술과 자기주장이 낮으며 불안 성향이 높은 학생들을 선별하여 학교폭력 피해의 잠재적 위험집단으로 구성하여 소집단 프로그램을 운영할 수 있다.

선택적인 예방적 개입을 효과적으로 운영하기 위해서는 학교폭력 가해 혹은 피해의 가능성과 징후를 조기에 감지하고 그 대상을 선별하며 각 대상에 적합한 프로그램을 운영할 수 있는 전문성이 요구된다. 따라서 각 학교에 전문성이 있는 상담 인력의 배치나 전문상담 훈련이 된 교사가 필요하다. 잠재적 위험집단에 대해 선택적 예방개입 전략을 실시하는 것은 현실적이며 효율적인 접근이 될 수 있다.

3) 집중적인 예방적 개입

이미 학교폭력을 경험한 학생들 중에서 부적응 문제를 보이는 학생들을 대상으로 하는 집중적인 예방적 개입은 개인상담 또는 집단상담 형태로 이루어질 수 있다. 이 접근은 학교폭력 경험의 증상으로 부적응 문제를 보이는 학생에게 상담 서비스를 제공하여 문제가 악화되지 않게 하는 예방적 측면이 높다.

학교폭력 피해 경험자를 대상으로 하는 국내 연구를 살펴보면 주로 집단상담 접근을 하고 있고 그 효과성을 입증해 보이고 있다. 예컨대, 자아존중감과 대인기술 향상을 가져온 인지행동집단 상담(권효진 · 강영심 · 김재은, 2008), 피해학생들의 보복 심리를 감소시키고 용서 수준의 향상 및 자아개념 향상을 가져온 용서상담교육 프로그램(김철환 · 이영만 · 김미정 · 2008; 양곤성, 2011), 자아개념 향상과 피해 수준 감소를 가져온 독서치료 프로그램(권혜영 · 김춘경, 2006), 그 밖에 관계 증진 프로그램(정진영 · 채준호, 2004)과 사회적 유능성 중재 프로그램(정계숙, 2002)도 피해학생들의 대인관계 개선, 자기표현 능력 및 친구관계에 대한 질적인 향상에 도움이 되는 것으로 밝혀지고 있다.

한편, 학교폭력을 효과적으로 예방하기 위해서는 개인 혹은 집단상담 이외에도 자문과 연계 협력을 통한 개입 전략도 필요하다. 학교폭력이 집단의 형태로 발생하는 경향이 높고 피해자와 가해자 간의 힘의 불균형이 지속되는 특성이 있기 때문에 학급의 역동과 분위기를 바람직하게 변화시키지 못하면 학교폭력 현상을 감소하게 하는 것은 매우 힘든 상황이 된다. 따라서 학교폭력이 용납되지 않는 안전하고 활기찬 학급 분위기를 형성하기 위해서 학급에 대한 교육적 책임을 담당하고 있는 교사에게 적절한 자문이 제공되고 필요한 다양한 자원이 제공되며, 관련 전문가나 전문기관과 연계 협력관계가 형성되는 것이 필요하다.

학교 학급의 담임교사와 연계 협력관계를 맺고 지원하며 집중적 예방 개입 전략을 효과적으로 실시할 수 있는 곳이 현재 교육부가 운영하고 있는 Wee 클래스와 Wee 센터가 될 수 있다. 1차 안전망인 Wee 클래스는 학교 부적응 학생을 조기에 발견하고 이들의 학교 적응력 향상을 높이는 것이 고, 2차 안전망인 Wee 센터는 전문가의 지속적인 관리가 필요한 학생들을 위하여 진단-상담-치유 및 회복 원스톱 서비스를 제공하는 것이 주목적이다(김인규, 2011). 최근 학교폭력으로 인한 학생들의 자살사건에서 Wee 클래스와 Wee 센터가 적절하게 기능을 수행하지 못하여 그 전문성과 효능성에서 문제점을 드러내고 있지만, Wee 클래스와 Wee 센터는 집중적 개입 전략을 전문적이고 집중적으로 제공하는 역할을 감당할 수 있도록 그 전문성을 높여 나갈 필요가 있다.

제4절 학교폭력 예방을 위한 집단상담 프로그램

1. 우리나라 학교폭력 예방 프로그램

우리나라의 한국청소년상담복지개발원, 청소년폭력예방재단, 서울대학교 심리학과 발달심리연구실, 한국교육학술정보원, 한국교육개발원, 한국청소년상담원 등에서 개발한 프로그램들이 있다. 국내 프로그램은 대체로 학교폭력에 대한 정의, 예방 및 대처 방법의 제시, 갈등해결, 문제해결 기술, 사례별 대처 전략, 대인관계 기술, 공동체 의식 등으로 구성되어 있다. 구체적 프로그램을 살펴보면 다음과 같다.

1) 솔리언 또래 상담

한국청소년상담복지개발원에서 개발한 프로그램으로 청소년의 상담대상 1순위가 '또래친구'라는 점을 반영하여 소정의 훈련 프로그램을 이수한 또래상담자들이 또래친구의 고민을 들어줌으로써 도움을 주고받는 청소년 모두가 성장하는 공감·의사소통·리더십 함양 프로그램이다. 또래상담자 활동 내용은 친구의 고민 들어주기, 따돌림 당하는 친구 관심 갖기, 도움이 필요한 친구에게 문자, 카톡, 이메일 보내기, 전문상담이 필요한 친구들을 전문가에게 소개하기, 교내외 학교폭력예방 캠페인 참여하기, 지역 또래상담 연합회 활동 참여하기 등이다. 또래 상담의 3가지 정신은 첫째, 먼저 다가가 친한 친구가 되어준다. 둘째, 친구의 고민을 진심으로 들어주고 대화한다. 셋째, 자기 리더십, 공동체 리더십을 발휘하여 친구를 돕는다.

2) 내가 바로 지킴이

청소년폭력예방재단에서 개발 및 실시한 것으로 초·중·고등학생 대상으로 이루어진다. 주요 내용으로는 학교폭력에 대한 개념 정리, 학교폭력 예방과 대처 방법 제시, 예방을 위한 협동심과 책임감 배양을 위한 활동으로 구성된다. 학급 단위 또는 전교생 단위의 프로그램으로서 자료화면 제시 후, 모둠 활동을 통하여 학교폭력의 개념과 대처 방법을 이해하도록 구성되어 있다. 특히, 중·고등학생용은 역할극을 통해 피해자와 가해자의 입장을 구체적으로 이해할 수 있는 활동이 포함되어 있다.

3) 시우보우(視友保友)프로그램

서울대학교 심리학과 발달심리연구실에서 개발하였다. 이 프로그램은 초등학생과 중·고등학생을 대상으로 10분 내외의 시간에 한 주제를 다루는 다양한 동영상 자료를 활용하여 기본적인 인성교육, 폭력에 대한 인식과 학교폭력 대처양식을 학습하도록 한다. 이 프로그램은 교사의 개입이나 훈련과 시·공간의 제약을 최소화할 수 있다는 장점이 있는 반면에 학생들이 수동적으로 동영상을 시청하는 방식으로 제작되어 있어 학생의 적극적인 참여나 자기주도적 활동이 부족한 면이 있다.

4) 학급에서의 집단따돌림 예방

한국교육학술정보원에서 개발한 프로그램으로 초·중·고등학생을 대상으로 한다. 4~6회기로 구성되어 있으며, 친밀감 형성, 의사소통 기술, 대인관계 기술, 자기개방, 공동체 의식에 관한 내용으로 이루어져 있다.

5) 어울림 프로그램

학교폭력을 예방하고 안전한 학교 문화를 형성하기 위해 학생, 교사, 부모를 대상으로 한국교육개발원에서 개발한 학교폭력 예방 표준 프로그램으로 초등학교 저학년, 초등학교 고학년, 중학교, 고등학교의 4개 학교급별 프로그램으로 구성되어 있으며, 학교폭력 예방을 위해 필요한 핵심역량인 공감, 의사소통, 갈등해결, 감정조절, 자아존중감, 학교폭력 인식 및 대처 모듈로 구성되었다.

6) 품성계발 프로그램

목표, 구성 및 내용, 집단의 크기와 운영시간, 활동 수업지도안을 살펴보면 다음과 같다.

① 품성계발 프로그램의 목표

본 프로그램은 청소년 문제의 예방 및 치유와 더불어 청소년들이 창의적으로 자기계발을 해나가는 데 바탕이 되는 건강한 품성을 계발하는 데 궁극적인 목적을 둔다. 이를 위해 청소년이 지향해야 할 대표적인 덕목들 중 '정직', '배려', '자기통제'에 중점을 두고 있다. 이러한 덕목들을 의지, 정서, 행동의 3가지 영역에서 균형 있게 익힐 수 있도록 구성하여, 덕목 실천의 실천동기와 의지를 키우고, 생활 속에서 적용할 수 있는 구체적 행동 방법을 프로그램화하였다.

② 품성계발 프로그램의 구성 및 내용

프로그램의 각 회기 구성은 1) 지혜로운 생각(자기억제, 주체성, 배려), 2) 자신을 다스리는 마음(자기통제), 3) 홀가분한 고백(정직), 4) 같이 더불어 사는 마음(배려), 5) 꿈을 꾸는 나(자기통제)의 총 5회기로 구성되며, 집단 구성원들의 필요에 따라 특정 덕목을 선별하여 실시할 수 있다.

③ 품성계발 프로그램 집단의 크기와 운영시간

일반적으로 6명에서 10명 이내의 수준이 일반적이나 학교에서의 집단지도(프로그램)의 경우 흔히 20명 이상이 한 집단에 속하게 된다. 이러한 집단에서는 '상담경험'보다는 오히려 '교육적 경험'을 하게 된다.

프로그램 운영시간은 회기별 보통 90분 정도가 적당하나, 집단의 목적, 구성원의 성숙도 그리고 외적 조건에 따라 조정될 수 있다.

품성계발 프로그램에서는 '지혜로운 생각'의 한 회기를 소개하고자 한다.

<table>
<tr><th colspan="4">지혜로운 생각</th></tr>
<tr><td rowspan="3">지도목표</td><td rowspan="3">· 타인과의 관계에서 이기적인 생각을 억제할 수 있다.
· 사회적 삶에서 자신의 주체성을 인식한다.
· 주체적인 삶 속에서 타인 배려의 생활을 실천하게 한다.</td><td>영역</td><td>품성계발</td></tr>
<tr><td>대상</td><td>초중고</td></tr>
<tr><td>집단구성</td><td>중소집단</td></tr>
<tr><td>준비물</td><td>〈활동지 1-1〉, 〈활동지 1-2〉, 〈활동지 1-3〉, 〈활동지 1-4〉, 〈활동지 1-5〉</td><td>소요시간</td><td>90분</td></tr>
<tr><td>진행과정</td><td colspan="3">활동내용</td></tr>
<tr><td>도입</td><td colspan="3">안녕하세요?
• 우리는 일상생활에서 선택해야 할 문제들을 자주 접하게 됩니다.
- 진실을 말할까? 아니면, 감출까?
- 다른 사람을 고려할까? 아니면, 내 입장을 우선으로 생각할까?
- 규칙을 지킬까? 아니면, 말까?가 바로 그것입니다.
• 이러한 행동을 결정하기에 앞서 우리가 하게 되는 생각에는 3가지 종류가 있습니다.
첫째, 어떤 상황에서 당장 자신의 이익이나 자신의 욕구를 최우선으로 생각하는 것으로, '나 우선 생각'이라고 합니다.
둘째, 자신의 욕구나 이익보다는 먼저 다른 사람을 더 의식하고 따르려는 생각으로, '나 없는 생각'이라고 합니다.
셋째, 자신뿐 아니라 다른 사람의 이익이나 입장을 함께 생각하는 것으로, '함께하는 생각'이라고 합니다.</td></tr>
<tr><td>전개</td><td colspan="3">• 예를 들어, 친구에게 도움이 필요할 때, 나는 어떻게 하는지 한 번 볼까요.
〈얼마 전 우리 반에 동욱이가 전학을 왔다. 선생님 말씀에 따르면, 동욱이는 전에 다니던 학교에서 공부를 잘했다고 한다. 지난 시험 때 성적이 크게 떨어져서 고민인 나는 은근히 동욱이가 신경이 쓰인다. 그런데 3일 후부터 중간고사 기간이다. 이 소식을 접한 동욱이는 매우 당황해하며 걱정스런 표정을 짓는다.
동욱이와 짝이 된 나! 동욱이에게 노트를 빌려줘야 할까? 지난번 성적이 떨어졌다고 엄마가 무척 화를 내시며 다른 데는 신경 쓰지 말고, '니 공부나 잘해'라고 하셔서 친구들과도 방과 후에 놀지도 못하고 학원-집을 반복하며 힘겨운 시간을 보내고 있는데 ... 어떻게 할까?〉
• 위와 같은 상황에 처했을 때, 어떤 생각을 하면서 행동하게 될까요?
앞서 제시한 3가지 종류의 생각에 따라 아래의 빈칸에 어떤 내용이 들어갈 수 있는지 생각해봅시다.
〈활동지 1-1〉 참고</td></tr>
</table>

<table>
<tr><td>전개</td><td>– '나 우선 생각': 예, '지금 나는 누구에게도 신경을 쓸 수 있는 상황이 아냐. 내 공부만 열심히 하자.'
– '나 없는 생각': 예, '내 공책을 빌려줬다가 동욱이가 나보다 더 성적이 좋게 나오면 어떻게 하지? 하지만, 내가 노트를 빌려주지 않으면, 옆 짝이 되어 가지고 공책도 안 빌려주는 치사한 애라고 다른 아이들이 수근 거릴지 몰라. 그럼 나만 곤란해지잖아.'
– '함께 하는 생각': 예, '동욱이가 전학을 오자마자 시험을 보게 됐으니 얼마나 걱정이 될까! 나도 성적이 떨어져서 고민이긴 하지만 동욱이도 무척 곤란할 테니까 내 공책을 복사하라고 해야겠다.'
• '나 우선 생각'. '나 없는 생각', '함께 하는 생각'에 따른 행동–마음–결과는 어떠한지 활동지의 빈칸에 다른 친구들과 의논하여 글로 정리하여 봅시다.
〈활동지 1-2〉,〈활동지 1-3〉,〈활동지 1-4〉 참고
• '나 우선 생각', '나 없는 생각', '함께 하는 생각'이라는 3가지 생각에 관한 내용들을 비교하여 정리해 봅시다. 〈활동지 1-5〉 참고
• 서로 느낌들을 발표해 봅시다.
• '나 우선 생각'은 자기 지향적 생각, '나 없는 생각'은 외부 지향적 생각, '함께 하는 생각'은 가치 지향적 생각으로 그에 따른 행동, 감정, 결과에 대해 생각해 보게 한다.
• '함께 하는 가치 지향적 생각'을 취하고자 하는 동기를 촉진하다.
• 다음 시간에는 '자신을 다스리는 마음'에 대해 알아보는 시간을 갖도록 하겠습니다.</td></tr>
<tr><td>유의사항</td><td>• 지나치게 가치지향적인 '함께 하는 생각'을 유도하려 해서는 안된다.
• 솔직하게 스스로의 감정을 표현하고 느낄 수 있도록 격려하고 분위기를 만들어야 한다.</td></tr>
</table>

〈상황〉

> 얼마 전 우리 반에 동욱이가 전학을 왔다. 선생님 말씀에 따르면, 동욱이는 전에 다니던 학교에서 공부를 잘했다고 한다. 지난 시험 때 성적이 크게 떨어져서 고민인 나는 은근히 동욱이가 신경이 쓰인다. 그런데 3일 후 부터 중간고사 기간이다. 이 소식을 접한 동욱이는 매우 당황해하며 걱정스런 표정을 짓는다. 동욱이와 짝이 된 나! 동욱이에게 노트를 빌려줘야 할까? 지난번 성적이 떨어졌다고 엄마가 무척 화를 내시며 다른 데는 신경 쓰지도 말고, '니 공부나 잘해'라고 하셔서 친구들과도 방과 후에 놀지도 못하고 학원–집을 반복하며 힘겨운 시간을 보내고 있는데 ... 어떻게 할까?

〈활동지 1-1〉

생각 유형	위 상황에서 떠오른 생각의 내용
나 우선 생각	
나 없는 생각	
함께 하는 생각	

〈활동지 1-2〉

생각 / 내용	나 우선 생각
생각의 내용	'지금 나는 누구에게도 신경을 쓸 수 가 있는 상황이 아냐. 내 공부만 열심히 하자.'
이런 생각이 들면 어떻게 행동하게 될까?	
행동을 하면서 들게 되는 마음은?	
이런 행동을 하는 것을 다른 사람이 알았다면 어떤 마음이 들까?	
이러한 행동으로 어떤 결과가 나타날까?	

〈활동지 1-3〉

생각 / 내용	나 없는 생각
생각의 내용	'내 공책을 빌려줬다가 동욱이가 나보다 더 성적이 좋게 나오면 어떻게 하지? 하지만, 내가 노트를 빌려주지 않으면, 옆 짝이 되어 가지고 노트도 안 빌려주는 치사한 애라고 다른 아이들이 수군거릴지 몰라. 그럼 나만 곤란해지잖아'
이런 생각이 들면 어떻게 행동하게 될까?	
행동을 하면서 들게 되는 마음은?	
이런 행동을 하는 것을 다른 사람이 알았다면 어떤 마음이 들까?	
이러한 행동으로 어떤 결과가 나타날까?	

〈활동지 1-4〉

생각 / 내용	함께 하는 생각
생각의 내용	'동욱이가 전학을 오자마자 시험을 보게 됐으니 얼마나 걱정이 될까! 나도 성적이 떨어져서 고민이긴 하지만 동욱이도 무척 곤란할 테니까 내 노트를 복사하라고 해야겠다.'
이런 생각이 들면 어떻게 행동하게 될까?	
행동을 하면서 들게 되는 마음은?	
이런 행동을 하는 것을 다른 사람이 알았다면 어떤 마음이 들까?	
이러한 행동으로 어떤 결과가 나타날까?	

〈활동지 1-5〉

생각 / 내용	'나 우선 생각'	'나 없는 생각'	'함께 하는 생각'
사고의 특징			
판단에 따른 행동			
행동에 따른 마음			
타인이 느끼는 마음			
결과			

2. 학교폭력 예방교육의 추진 과제

1) 인성교육 중심 학교폭력 예방 강화

어울림 프로그램, 학생자치활동, 문화·예술·체육 체험형 등 현장 중심의 효과성 있는 다양한 학교폭력 예방 프로그램이 증가하고 있다. 그러나 초·중등 교육과정

내 학교폭력 예방의 비중이 미미하고, 학교급-교과-단원별 연계성 없이 구성되어 있어 학교폭력 예방교육 사각지대가 발생할 수 있다. 또한 학교폭력 문제를 근본적으로 해결할 수 있는 학교·가정·사회 전반의 인성교육 부족 현상이 존재한다. 사이버·언어폭력 예방을 위한 맞춤형 프로그램들이 시행되고 있으나 사이버·언어폭력이 청소년 문화처럼 확산되었다. 자유학기제를 통해 다양한 체험활동, 학생 참여형 수업 강화, 인성체육예술 교육기회 제공 등 교육과정 운영, 수업방식 등 학교교육 전반의 변화를 견인해야 한다.

2) 학교폭력 대응 안전인프라 확충

학교폭력 대응 안전인프라 확충 관련해서 현황 및 문제점은 다음과 같다. 첫째, 고화소 CCTV 설치, 통합관제센터 구축·연계, 범죄예방환경설계(CPTED) 적용사업 추진으로 학교 내외의 안전 인프라 확충이 필요하다. 둘째, 학교전담경찰관, 배움터지킴이 등의 학생보호인력을 확대 추진 및 내실화 필요성이 제기된다. 셋째, 학교폭력 등으로부터 안전한 학교환경 조성을 위해 학생안전구역(Safe Zone)의 지속적 확대 및 관리가 필요하다.

3) 공정한 사안처리 및 학교역량 강화

저출산 등으로 인한 교원 1인당 학생수(초등학교 14.9명, 중학교 15.2명, 고등학교 13.7명)는 지속적으로 감소하고 있고, 학교 여건 개선으로 학급당 학생수(초등학교 22.8명, 중학교 30.5명, 고등학교 30.9명)도 감소하고 있다. 다문화 학생 등의 증가로 학교폭력 조기 감지를 위해서는 교사가 학생의 특성을 이해하는 전문상담 역량이 필요하다. 온라인 이용이 가능한 다양한 매체 보급 증가에 따라 실시간 신고 및 대응이 가능해졌다. 학교운영위원회를 통해 부모의 참여가 증가하고 학교 교육의 영향력이 커짐에 따라 학교폭력사안처리 등 학교운영 전반에 대한 관심이 증가하고 있다.

4) 피해학생 보호·치유 및 가해학생 선도

피해학생, 가해학생별 학교폭력의 원인은 가정환경, 교우관계, 문화차이 등 매우 다양하고 복합적인 요인에서 기인한 것으로 나타났다. 학생에게 매력적인 기술 매체의 출시로 사용시간이 지속적으로 증가하여 인터넷 중독, 게임중독, 스마트폰 중독 등 중독 학생이 증가하고 있다. 이에 학교폭력 문제 등으로 인한 위기 학생 지원을 위한 Wee 클래스·센터·스쿨, 전문상담교사 등의 네트워크를 대폭 확충해야 한다. 피해학생에 대한 즉시 보호 및 가해학생 선도를 위한 격리, 선 치료비 지원 등 피해학생 우선 지원을 하고 다양한 지원책을 강구해야 한다. 피해학생과 가해학생의 관계 회복을 통해 학교폭력의 문제를 근본적으로 해결하기 위한 접근의 필요성이 요구된다.

5) 전 사회적 대응체제 구축

맞벌이 가구의 지속적 증가 등으로 신사회 위험에 취약한 가족이 증가하고 있다. 장시간 근로관행과 경직적인 근로·근무 형태는 가족과 함께 공유할 시간, 부모 역할과 책임을 수행할 절대적 시간 부족, 남성의 가사 참여에 대한 부정적 영향이 있다. 학교폭력을 근본적으로 해소하기 위하여 가정의 교육기능 회복을 위한 여러 프로그램(학부모 교육, 교육기부형 학교체험)이 시행된다. 학교폭력의 주요원인을 가정에서의 인성교육 부족으로 인식하고 지자체를 중심으로 교육지원청, 경찰, 민간기관 등 유관기관 간 협력체제 구축을 통한 학교폭력 예방 및 근절 활동에 노력을 하고 있다. 학교폭력 문제의 근본적 해결을 위한 인식제고를 위한 공익광고 등 홍보강화로 전사회가 지속적인 관심을 가져야 한다는 사회적 분위기가 형성되고 있다.

| 학습과제 |

1. 학생의 인성교육 관점에서 보호요인을 키워 주는 입장에서 이루어질 수 있는 학교폭력 예방 접근과 구체적 프로그램을 찾아서 제시하세요.

2. 학교폭력 피해와 가해의 행동적 징후에 대해서 짝을 지어 설명해보세요.

CHAPTER **09**

학교폭력 예방 프로그램과 사례

제1절 국내의 사례

제2절 국외의 사례

| 개요 |

학교현장에서 활용할 수 있도록 국내외 학교폭력 예방 프로그램에 대해서 알아본다. 한국의 학교폭력 예방 프로그램인 어울림 프로그램, 우리들의 행복한 교실에 대해서 이해하고, 미국 뉴저지주의 HIB프로그램, 뉴욕의 갈등 해결 프로그램, 노르웨이의 올베우스 프로그램, Zero 프로그램, 핀란드의 키바 코울루 프로그램에 대해서 설명하고 있다. 국외의 학교폭력 예방 프로그램의 경우에는 우리나라 학교폭력 예방 프로그램에 어떠한 영향을 주었으며, 프로그램이 가지는 강점에 대해서 알아본다.

chapter 09 학교폭력 예방 프로그램과 사례

제1절 국내의 사례

학교폭력 예방에 대한 관심과 지원은 2004년 '학교폭력 예방법 및 시행령'이 제정된 후 2005년 '학교폭력 예방 및 대책 5개년 기본계획'을 수립하고, 2012년 '학교폭력 근절종합대책' 발표에 이르기까지 지속적으로 이루어지고 있다. 하지만 여러 가지 요인들로 인해 학생의 안전을 위협하는 사건이 지속적으로 발생하고 있으며, 학교폭력의 양상은 저연령화, 집단화, 조직화되면서 학교폭력으로 인한 자살 등 심각한 사회문제로 대두되고 있다.

다양한 학교폭력의 원인 중 학생의 인성 및 사회성 함양을 위한 교육이 부족한 것을 큰 요인으로 보고 있다. 학업성취에 대한 높은 관심에 비해 학생들이 타인과 원만한 관계를 맺고 협력하는 사회적 상호작용 능력이 부족하고, 학업 스트레스를 해소할 수 있는 기회가 부족한 현실이다. 따라서 학교폭력 예방 교육이 필요하다.

1. 어울림 프로그램

학교폭력 예방과 대처의 일환으로 교사양성교육기관의 교육과정에 학교폭력 예방과 대처에 대한 과목이 강화되었고, 한국교육개발원을 중심으로 학교폭력 예방과 대처를 위한 '어울림 프로그램'이 개발·보급되었다. 어울림 프로그램은 학교폭력을 예방하고 안전한 학교 문화를 형성하기 위해 학생, 교사, 학부모를 대상으로 개발된 학교폭력 예방 프로그램으로 초등학교 저학년 및 고학년, 중학교, 고등학교 학교급별 프로그램으로 구성되어 있다. 또한 학교폭력 예방을 위해서 구성원들이 가져야 하는 핵심역량인 공감,

의사소통, 갈등해결, 감정조절, 자기 존중감, 학교폭력 인식 및 대처 모듈로 구성되어 있다. 각 모듈별 내용은 학교폭력 사례와 학교폭력 경향성 및 원인에 대한 분석을 통해 구성되어 있으며, 일반 학생을 대상으로 한 기본 프로그램과 학교폭력유형별 또는 학교폭력 고위험군 학생을 위한 심화 프로그램으로 구분되어 있다. 이 프로그램은 학교 교육과정에 반영되어 운영될 계획으로 구성되었다. 초등학교, 중학교, 고등학교용 프로그램 모두 학교폭력예방연구지원센터 홈페이지(http://stopbullying.kedi.re.kr)에서 다운받아 활용할 수 있다.

어울림 프로그램은 교육부와 교육청 등의 주관으로 전국적으로 연수가 이루어지고 연수교사들을 통해 학교현장에서 활용되기를 기대하고 있다. 이 프로그램의 효과적인 적용을 위해서는 외부 운영기관이나 상담사의 역할보다는 문제해결의 핵심역할을 하는 학교의 역할이 중요하며 학생들이 좀 더 적극적으로 참여할 수 있는 현장 맞춤형 적용이 필요하다. 또한 장애학생들이나 기타 소수자들의 참여를 잘 이끌어 내는 개입방안과 프로그램 진행 후 효과 평가를 통한 개선 노력이 지속될 필요가 있다(좋은교사운동, 2014).

어울림 프로그램의 특징은 다음과 같다.

- 학교 구성원의 공감능력 향상을 통해 학교폭력을 효과적으로 예방한다.
- 발달 단계상 청소년기에 취약한 공감능력의 효과적 발달을 지원하기 위한 집단 상담 프로그램이다.
- 단위 학교의 구성원인 교사, 학생, 학부모 모두가 공감과 소통능력의 향상을 통해 학교폭력을 예방할 수 있다.
- 프로그램 참여자 모두가 공감과 소통을 체험하고 협력한다.
- 공감을 통해 서로를 이해할 수 있고 자신의 고민을 해결하는데 도움이 된다.

어울림 프로그램은 국내·외 학교폭력 예방 프로그램을 분석하고, 현장에 있는 학생 및 전문가협의회와의 면담을 통해 학교폭력 예방을 위해 6가지의 핵심구성요소를 결정했다. 6가지 핵심구성요소는 공감, 의사소통, 갈등해결, 자기존중감, 감정조절, 학교폭력 인식 및 대처이다.

어울림 프로그램은 6가지의 핵심구성요소 중심의 모듈로 구성되어 있으며, 학생용, 교사용, 학부모용 3종이 1세트로 구성되어 있다. 학생용 프로그램은 각 모듈별 학생의 심리적인 역량을 강화하기 위한 프로그램으로 구성되며, 교사 및 학부모용 프로그램은 학생의 심리적인 특성을 변화시키기 위한 교사와 학부모의 개입 및 지원방법을 내용으로 한다. 또한 학교급에 따라 초등 저학년용, 초등 고학년용, 중학생용, 고등학생용으로 구성된다. 학생용의 경우 일반학생을 대상으로 학교폭력 예방을 위해 필요한 핵심역량을 키워주기 위한 기본적인 수준의 기본 프로그램과 학교폭력을 유형별로 분류한 프로그램 또는 학교폭력 고위험군 학생을 대상으로 하는 심화프로그램으로 구성되어 있다. 교사 및 학부모용 프로그램의 경우는 기본 프로그램으로만 구성되어 있다.

〈표 9-1〉 '어울림 프로그램' 내용

달성 목표	핵심구성 요소(모듈)	내용		
		학생	교사	학부모
사회성	공감	· 다인 이해 및 공감 · 타인 존중 및 수용 · 배려행동 증진	· 학생 이해 및 공감 · 학부모 이해 및 공감	· 자녀이해 및 공감 · 감정코칭
	의사소통	· 경청 및 자기주장 훈련 · 대화의 중요성 및 의사소통 기술 획득	· 학생과의 의사소통 · 학부모와의 의사소통	· 자녀와의 의사소통 · 교사와의 의사소통
	갈등해결	· 또래중재 기술과 행동요령 · 또래관계에서의 갈등상황 대처 방법 · 또래관계 형성 및 유지 방법	· 학급 내 갈등해결 · 교사-학생 간 갈등해결	· 자녀의 또래갈등 이해 · 자녀의 또래갈등 개입 및 지도방안
정서	자기존중감	· 긍정적인 자기수용 및 미래상 형성 · 자기존중감 및 자기탄력성 형성	· 학생의 자기존중감 이해 및 중요성 인식 · 학생의 자기존중감 향상 방안	· 자녀의 자기존중감 이해 및 중요성 인식 · 자녀의 자기존중감 향상 방안
	감정조절	· 미해결된 부정적 감정인식 및 표현 · 공격성, 충동성, 분노조절 · 우울, 불안감, 무력감 조절	· 학생의 정서 이해 · 학생의 감정조절 지도	· 자녀의 정서 이해 · 자녀의 감정조절 지도
학교 폭력 예방 역량	학교폭력 인식 및 대처	· 학교폭력 행동유형 및 학교폭력에 대한 심성 인식 · 학교폭력 상황에서 가해자, 피해자, 방관자 입장에 따른 적절한 대처 방법 탐색	· 학급 내 학교폭력 징후 파악 · 학교폭력 사례별 교사의 대처방안 · 학교폭력 대응 절차 이해	· 자녀의 학교폭력 징후 파악 · 학교폭력 사례별 학부모의 대처방안 · 학교폭력 대응 절차 이해

학생용 프로그램은 기본프로그램 경우 모듈당 4차시, 심화프로그램의 경우 모듈당 6차시로 구성되며, 교사용 및 학부모용 프로그램은 기본 프로그램 모듈당 2차시로 구성된다. 차시별 운영시간은 학교급별 1교시 수업시간에 따라 초등학생은 40분, 중학생은 45분, 고등학생은 50분을 1차시로 구성하고, 교사용 및 학부모용은 60분을 1차시로 구성한다.

2. 우리들의 행복한 교실

중학생을 대상으로 하는 '우리들의 행복한 교실' 프로그램은 교사의 프로그램 운영을 통해 학급문화를 개선하여 학교폭력을 예방하도록 개발되었다. 개선하고자 하는 학급문화의 방향성은 학생들이 서로 배려하고 존중하는 태도를 기르고 약자를 보호하는 인식을 가질 수 있는 태도를 형성하기 위한 인성교육의 목적을 담고 있다. 이 프로그램의 핵심 중에 하나는 담임교사가 직접 프로그램을 운영하여 교사와 학생이 긍정적 관계를 형성하도록 하는 것이다. 서로에 대한 이해를 높여 학교폭력 문제가 발생했을 때 학생이 교사에게 쉽게 도움을 요청할 수 있도록 하고, 이를 통해 학교폭력 문제를 해결할 수 있도록 하는 학급문화 형성을 목표로 한다.

프로그램의 구성요소는 집단따돌림에 대한 인식을 높이고, 가해자, 피해자, 방관자의 관점을 이해하고, 피해자에 대한 공감 능력을 향상시키기 위한 내용을 담고 있다. 학급에서 발생하는 갈등의 문제를 해결하고, 친구를 이해하고 존중하는 태도를 향상시키기 위한 내용을 포함하고 있다. 학교폭력 상황에서 행동할 수 있는 행동 지침을 제공하여 학교폭력을 예방하는 학급문화를 형성하는 실천방안을 포함하고 있다.

〈표 9-2〉 '우리들의 행복한 교실 프로그램' 구성 및 내용

구성	목표	내용
행복한 교실로의 첫걸음	· 학생들의 학교폭력 예방의 중요성 인식	· 교실에서 일어나는 학교폭력에 대한 따돌림 평가, 집단따돌림, 배려, 상대방 이해 등 다양한 내용을 포함
얼마나 알고 있을까?	· 학교폭력 개념 이해	· 교실에서 일어나는 학교폭력에 대한 따돌림 평가, 집단따돌림, 배려, 상대방 이해 등 다양한 내용을 포함

구성	목표	내용
우리 반 홈페이지에 생긴 일	· 뇌구조 채우기 및 댓글달기를 통해 반 친구들의 마음 이해하기	· 뇌구조 그림 채우기 · 댓글 달아주기 · 토론 및 발표
그랬구나, 이제야 알겠다.	· 자신의 생각을 효과적으로 전달하고 타인에 대한 공감 능력 향상	· '나 전달법' 및 역할극을 통해 피해학생 마음 이해하기 · 역할극 시나리오
절친노트	· 타인을 인정하고 존중하는 마음을 향상	· '다름'을 인정하고 나와 다른 타인의 마음을 이해하고 공감 · 친구 소개하기, 친구에 대한 편견 알기
모르는 척	· 방관자 역할 인식 및 긍정적 행동능력 향상	· 방관자가 학교폭력 상황에서 어떤 역할을 하는지 이해하기 · 만화를 통해 긍정적인 행동 이해하기
다 같이 친한 우리반	· 집단따돌림의 결과 인식	· 학급회의를 통해서 규칙 정하기 · 함께 만들어가는 문화
우리들의 행복한 교실	· 각 활동에 대한 반성 및 느낌 토론	· 프로그램을 통해 느낀 점 토론 · 다짐과 약속을 통해 실천적 행동

프로그램의 구성이 각 학급단위, 소그룹별 활동에 적합하게 계획되어 있고, 프로그램에 다양한 예시가 사용되어 학생들에게 다양한 학교폭력의 상황을 경험할 수 있도록 구성되었다. 장애인이나 다문화가족에 대한 이야기를 사례로 포함하고 있어서 다양한 친구들을 폭넓게 이해할 수 있는 기회를 제공한다.

제2절 국외의 사례

1. 미국의 학교폭력 대응 사례: 뉴저지주의 HIB 프로그램

최근 들어 미국 내 학교폭력의 형태가 집단따돌림(bullying)이나 사이버 괴롭힘(cyber bully)의 형태로 많이 발생함에 따라, 뉴저지주에서는 2011년 1월 5일에 학교폭력에 관한 법률인 「집단따돌림 방지법(Anti-Bullying Bill of Right Act: ABR)」을 제정하고 2011년

9월부터 일선 학교에 이 법률을 시행하고 있다. 뉴저지주 교육부는 이 법률이 제정된 후 괴롭힘, 협박 및 집단따돌림(Harassment, Intimidation, & Bullying: HIB) 예방 프로그램을 개발하여 일선 학교에서 이를 실행하게 하고 있다. HIB라는 이름에서 보듯 뉴저지주 교육부는 학교폭력의 의미를 신체적·정신적 폭력에서 집단따돌림까지 포함하는 개념으로 확장하였다.

HIB 예방 프로그램에서는 교내, 통학버스, 사이버 공간에서 발생한 성별, 인종, 종교, 국적, 성적 취향, 신체적·정신적 장애와 같은 개인의 특징을 이유로 물리적 폭력, 언어폭력, 문서에 의한 폭력, 혹은 인터넷이나 휴대전화와 같은 커뮤니케이션 기기를 사용한 폭력을 학교폭력으로 규정한다.

학교폭력은 학교의 질서를 파괴하고 다른 학생들의 권리를 방해하는 행동으로서, 다른 학생을 두렵게 하거나, 모욕하거나, 비하함으로써 신체적·정서적 피해를 주고 적대적인 교육환경을 만든다. 하지만 학생들 간에 일상적으로 발생하는 충돌이나 갈등은 발달과정 상 자연스럽게 일어날 수 있는 현상이므로 HIB에 포함하지 않는다.

뉴저지주의 「집단따돌림 방지법」의 기본 골자는 학교 안전팀을 꾸리고, 각 학교마다 괴롭힘 방지 전문가를 배치하고, 각 학군마다 괴롭힘 방지 코디네이터를 배치하여, 새로운 학교폭력 조사, 보고, 훈육, 항소 절차를 개발하는 것이다. 또한 학교폭력에 관한 새로운 보고체계를 확립하고, 각 학교와 학군에 대한 새로운 점수체계를 개발하도록 하고 있다. 그리고 교사와 학생들의 학교폭력에 관한 연수도 의무화하고 있다. HIB를 다룰 관계자들인 괴롭힘 방지 코디네이터, 괴롭힘 방지 전문가, 학교안전팀의 역할과 의무를 구체적으로 살펴보면 다음과 같다.

- 괴롭힘 방지 코디네이터는 교육감이 임명한다. 이들은 자신이 속한 학군의 HIB 정책인 학교폭력의 예방, 발견, 대처에 관여하며, 학교폭력 전문가들과 회의를 한다. 또한 교육부와 교육감에게 HIB 발생 현황을 보고해야 한다.
- 괴롭힘 방지 전문가는 주로 진로상담사나 학교심리치료사 또는 학교에서 괴롭힘 방지 전문가 훈련을 받은 관계자들이다. 이들은 학교안전팀을 이끌며, 일단 학교폭력이 보고되면 이 사건의 조사에 착수하고 조사팀을 이끌어야 한다.
- 학교안전팀은 교장, 교사, 학부모, 학교폭력전문가 등으로 구성되는데, 이들은 교육적 실제에 초점을 둠으로써 긍정적인 학교환경을 개발·조성·유지하는 데

힘을 쏟는다. 학교안전팀은 학교에서 학생들의 HIB와 관련된 문제를 확인하고 다루며, 학교폭력을 예방함으로써 학교가 밝고 안전한 교육환경이 되도록 한다. 또한 학교안전팀은 1년에 적어도 2번 이상의 회의를 진행하도록 한다.

HIB 예방 프로그램은 학생들의 연령에 적합한 학습을 제공해야 한다. 각 학군은 '존중의 주(week of respect)'라는 일정한 날을 정해 놓고 학생들의 수준에 맞게 HIB 예방 프로그램 내용을 전달한다. 뉴저지주에서는 매년 10월 첫째 월요일을 존중의 주로 정해 놓고 있다. 그뿐 아니라 각 학군은 매년 학생들과 HIB 정책에 대하여 토론하는 자리를 마련해야 한다. 학생들과의 토론은 가능한 한 소규모 그룹으로 조직하되, 학생들의 연령을 고려한다. 토론 내용은 주로 HIB 예방 기술에 집중하도록 하며, 학생들의 이해를 확실하게 하기 위해 질문할 기회를 충분하게 제공한다.

HIB 예방 프로그램의 효과를 높이기 위해서 정기적으로 괴롭힘 행동과 교육환경을 평가하는 일 역시 중요하다. 괴롭힘 행동은 상황과 집단에 따라 아주 다양한 규모와 빈도로 발생한다. 따라서 괴롭힘 행동에 대한 다양한 정보를 확보하고 또 그 배경이 되는 교육환경을 평가하는 일이 주기적으로 이루어져야 한다. 이 과정에서 학생들로부터 직접 얻은 정보가 중시되어야 한다.

HIB 예방 프로그램의 다음 단계는 개입 및 대처다. 효과적인 집단따돌림 대처를 위한 핵심 요소를 살펴보면 다음과 같다.

첫째, 상황을 정리하고 안전을 보장해 주기 위해서 집단따돌림이 일어나는 그 순간에 반응해야 한다. 즉시 괴롭힘을 멈추고, 관련된 학생들을 격리시킨다. 그 자리에서 집단따돌림 사건에 대한 이유를 묻거나 논하지 않는다. 이 시점에서는 관련 요인들을 구분하려고 애쓰지 않는다.

둘째, 희생자의 안전을 확실하게 한다. 희생자가 신체적·정서적으로 상처 입지는 않았는지 살피고 안전에 대한 요구를 확인한다. 자리나 시간표를 바꾸는 것과 같은 단기적인 환경 정리를 한다. 집단따돌림 사건이 일어날만한 장소 부근에 어른의 감시를 늘린다.

셋째, 집단따돌림의 목격자들을 가르칠 수 있는 순간으로 활용한다. 목격자들에게 목격자로서의 부적절한 행동을 포함하여 사건의 해로운 영향에 대해서 이해시킨 다음, 행동 목표를 재진술하고 분명하게 한다. 예를 들어, "우리는 서로를 존중하고, 보호하고, 보살펴야한다!"라고 말할 수 있게 가르친다. 또한 학교 규칙을 언급하고, 가해자를 관련 사무실로 보낸다.

넷째, 목격자들이 다음에 괴롭힘 사건을 목격하게 되었을 때 행할 수 있는 구체적인 제안을 함으로써 바람직한 행동을 하도록 격려한다. 학교폭력이 발생했을 때 '그만!'이라고 말하고, 즉각 어른의 도움을 청하고, 집단따돌림이나 사이버 괴롭힘 등 잠재적인 상황을 보고하도록 한다. 또한 피해자 학생들이 빠져나갈 수 있게 돕는다.

다섯째, 해당 학군의 보고 절차를 따라 보고한다.

여섯째, 적극적인 감시 전략을 사용하여 집단따돌림 사건이 계속될 수 있는 가능성에 대해 경계심을 유지한다. 학생들이 정기적으로 교류하는 지역으로 범위를 넓혀 주변 지역을 감시하고, 일어날 수 있는 문제들과 사건들을 정기적으로 살펴본다. 라포(rapport)를 형성하기 위해 정기적으로 학생들을 만나서 상호작용한다.

일곱째, 피해자에게 필요한 지원을 한다. 피해자의 관점을 더 잘 이해하고 적절히 개입하여 대처 효과를 개선하기 위하여 평가 과정을 개발한다. 또한 장기적으로 교육환경을 정비하고, 피해학생에게 사회적 기술을 교육한다. 멘토링을 제공하고, 미팅 시간을 정하여 어른과의 긍정적인 접촉을 증가시킨다. 적극적인 듣기 기술, 공감, 문제해결, 연약하고 피해당하는 친구돕기와 같은 건강한 관계 세우기와 또래 지원에 대해서도 알려준다.

각 학교가 사용할 수 있는 HIB 예방 프로그램은 다양하기 때문에, 뉴저지주 교육부는 그중 연구를 통해 검증된 프로그램을 사용할 것을 권장하고 있다. 뉴저지주 교육부 공식 자료에서는 NREPP(SAMHSA National Registry of Evidence-based Programs and Practices, http://www.nrepp.samhsa.gov)에서 학교 설정에 맞는 HIB 예방 프로그램을 찾아서 사용할 것을 권장하고 있다.

HIB 예방 프로그램 중의 하나인 TSP(Teaching Students To Be Peacemakers)는 미취학 아동에서 고등학생까지 두루 사용할 수 있는 학교폭력 예방 프로그램이다. 이 프로그램에서는 갈등해결 과정과 또래 중재를 가르친다. 이 프로그램은 네 단계로 구성되어 있는데, 첫 번째 단계에서는 갈등은 항상 발생할 수 있지만 중요한 것은 갈등을 잘 중재 하는 것이라는 점을 인식시키기, 두 번째 단계는 서로를 충족시키면서 갈등을 중재할 수 있는 협상의 기술 가르치기, 세 번째 단계는 다른 학급 친구들의 갈등을 중재할 수 있는 중재자로서의 역할 가르치기, 마지막 단계는 사례연구, 역할놀이, 상황극에 실제로 참여시키기 등이 담겨있다. NREPP에는 TSP 이외에도 다양한 프로그램이 소개되고 있으므로 교사들이나 HIB 전문가들은 자신의 학교와 학생들의 특성에 맞는 프로그램을 찾아 사용할 수 있다.

교육감이나 HIB 관련 전문가들은 학생들의 연령에 맞는 HIB 예방교육 콘텐츠를 계속해서 개발하고 이를 각 학교에 제공해야 할 의무를 지닌다. 새 교육법안은 교사나 HIB 전문가, 교직원들이 계속해서 경력을 개발하고, HIB에 관련된 교육을 받도록 요구하고 있다. 구체적인 예로, 일반 교사들은 매년 2시간의 HIB 예방교육을 받도록 의무화하였으며, 더불어 자살예방교육도 함께 받아야 한다.

또한 모든 교사와 교직원은 학교폭력을 목격하거나 보고받은 즉시 보고서를 학교 교장에게 제출해야 하는 보고서 작성의 의무를 가진다. 보고받은 교장은 반드시 교육감에게 의무적으로 학교폭력 발생을 보고하여야 한다.

교육감은 학기마다(연 2회) 공청회에서 학교폭력과 관련된 모든 사건·사고를 교육위원회에 보고해야 한다. 이때 학교폭력발생 횟수, 조사 현황, 조사자 명, 학교폭력의 형태와 발생 현황, 학교폭력을 줄이고자 실행한 연수 프로그램이나 훈련을 빠짐없이 다 보고해야 한다. 뉴저지주 교육부는 리포트 카드를 발행하여, 학교폭력의 발생 현황을 자세히 공문서화할 의무를 가진다.

교사 인터뷰를 통해 확인한 HIB 예방 프로그램의 가장 큰 효과는 담임교사가 피해학생을 선별하고, 피해사건을 보고하고, 피해자와 가해자 사이의 관계를 중재해야 하는 역할을 분명하게 인식하게 되었다는 점이다. 더불어 HIB 예방 프로그램은 학교폭력 사건 발생 후 상담교사와 교장, 교육감 그리고 경찰의 개입도 분명하게 명시하고 있고, 학교폭력과 관련하여 피해학생과 가해학생에게 어떤 개입을 해야 할지 명확한 가이드라인을 제시하여 피해학생의 피해를 최소화할 수 있는 법적·제도적 장치를 마련하였다는 점도 큰 의미가 있다.

학교폭력에 대한 학생들의 인식을 높인 것도 큰 효과로 꼽힌다. 초등학생들부터 학기 초에 상담교사와 담임교사로부터 학교폭력에 대한 구체적인 교육을 받고, 학교에서 다른 친구를 신체적·정신적으로 고통스럽게 만들었을 때 어떤 교육적·법적 결과가 뒤따르는지 철저하게 배우게 된다. 이는 간접적으로 학교폭력의 심각성을 학생들에게 자각하게 만들었고, 또 어떤 행동이 사회적으로 용납될 수 없는 행동인지 명확하게 선을 긋는 효과를 가져왔다. 이러한 학교폭력에 대한 학생들의 인식 증가는 HIB 예방 프로그램이 만들어 낸 긍정적인 측면이다.

HIB 예방 프로그램의 단점은 학교폭력 문제가 심각하지 않은 학군의 교사들까지 의무적으로 교사연수를 받아야 하기 때문에 교사들에게 한 가지 짐이 더해졌다는 점이다. 하지만 HIB 예방 프로그램은 교사와 학생, 학부모에 이르는, 교육과 관련된 주체들에게 학교폭력 문제에 대한 관심을 증대시키고, 더 나아가 사회 전체에 점진적인 인식 변화를 가져올 것으로 예상된다. 궁극적으로 이 프로그램의 실행은 뉴저지 학교현장에서 발생하는 학교폭력의 빈도를 줄이고 수위를 낮춰 줄 것으로 기대된다 (Cerf et al. ,2011).

2. 미국의 학교폭력 대응 사례: 뉴욕의 갈등 해결 프로그램

1985년 뉴욕시 교육위원회는 학생들의 갈등을 창의적으로 해결하는 능력을 향상시킴으로 학교폭력을 예방하고자 RCCP(Resolving Conflict Creatively Program)을 개발하였다. RCCP는 갈등방지를 위한 12개의 하위 프로그램과 단기간이 아닌 장기간 개입하는 다수의 전략을 포함하고 있다. 학생들 간의 폭력적인 상황이 발생하지 않도록 하며, 갈등이 발생하였을 경우에 비폭력적인 방법으로 이를 해결할 수 있도록 하고, 다른 문화에 대한 이해를 촉진하기 위해 개발된 프로그램이다. 유치원부터 시작해서 12학년에 걸쳐 학교를 대상으로 실시되는 일차적인 학교폭력 예방 프로그램으로 오래되고, 대규모로 시행되는 학교폭력 예방 프로그램이다(정재준, 2013).

RCCP는 아동들에게 갈등을 긍정적인 방법으로 해결하도록 가르치며, 공격행동이나 폭력행동을 야기하는 정신적 과정이나 대인관계 행동전략을 변화시켜 긍정적인 대인관계를 형성하도록 돕는데 목표가 있다. 이 프로그램은 다음과 같은 활동을 포함하고 있다.

- 갈등을 해소하기 위해 스스로 할 수 있는 또 다른 선택이 있음을 알게 한다.
- 그 선택을 하기 위한 기술을 발전시키도록 돕는다.

- 자신의 문화적 배경 및 타인의 문화적 배경을 존중할 수 있는 태도를 기르도록 한다.
- 아이들에게 편견을 알아차리고 버리는 법을 가르친다.
- 지금보다 평화로운 세상을 만드는데 필요한 역할이 무엇인지 알게 한다.

이 프로그램은 교사훈련 및 코칭의 과정을 거치는데, 갈등 해결 프로그램을 사용할 교사는 평균 23개의 과업으로 되어 있는 RCCP에 대한 충분한 훈련을 받는다. 훈련받은 교사가 학급 아이들을 대상으로 수업 시간에 이 프로그램을 교육과정에 통합하여 실시한다.

이 프로그램의 목표는 훈련받은 교사에 의해, 교과과정을 통해 달성되는 특징을 가지고 있다. 51주 동안 실시되는 이 프로그램은 효과적인 감정표현, 협동심 증진 전략, 자기주장하기, 긍정적인 의사소통 기법, 선입견 및 편견 억제 프로그램 등으로 구성되어 있다. 진행은 역할놀이나, 소집단 토론 등의 방식으로 이루어지는데, 프로그램별 30~60분 정도로 구성되어 있다.

3. 노르웨이의 학교폭력 대응 사례: 올베우스 프로그램

사회적 불평등과 양극화가 심하지 않고 사회복지정책을 적극적으로 시행하고 있는 노르웨이에서도 학교폭력은 국가적 과제로 중요시되어 왔다. 특히 노르웨이는 학교폭력에 관한 체계적인 연구, 예방과 대처를 위한 프로그램을 개발하여 주변 국가들이 이를 활용하도록 도움을 주었다.

이처럼 노르웨이가 학교폭력을 근절시키기 위해 노력하는 시발점은 1982년 3명의 학생이 학교폭력을 견디다 못해 자살을 시도하면서 사회적 파장을 초래한 사건이다. 이 사건을 계기로 노르웨이 정부는 학교에서의 폭력행동을 엄격하게 감시하고 제재함으로 학교폭력을 예방하고 학교를 안전한 장소로 만들자는 취지로 국가수준의 캠페인을 전개하였다. 또 이 시기부터 교육부 주도하에 모든 초등학교, 중학교를 대상으로 학교폭력 실태조사가 이루어지고, 학교폭력 예방 프로그램이 개발, 적용되기 시작되었다.

노르웨이에서 학교폭력을 예방하고 근절하기 위한 대표적인 프로그램은 베르겐대

학교 심리학 교수인 올베우스가 주도한 '학교폭력 예방 및 근절 프로그램(Bullying Preventing Program)이다. 올베우스는 1970년대부터 학교폭력 문제에 관심을 갖고 그 실태를 분석하고 예방을 위한 대책을 연구해왔다. 올베우스의 학교폭력 예방 및 근절 프로그램은 세계적으로 가장 알려진 프로그램 중에 하나인데, 노르웨의 학교 4~7학년에 속하는 2,500명을 대상으로 프로그램의 효과에 대해 검증된 적이 있으며, 집단따돌림에 초점을 둔 최초의 프로그램이다(곽금주, 2004).

올베우스 프로그램은 3단계로 구성되어 있는데, 1단계에서는 설문조사를 통해 해당 학교에서 벌어지는 학교폭력의 방식을 구체적으로 파악한 뒤 공론화를 통해 대책을 마련하고 시행한다. 2단계에서는 일반학생들을 대상으로 예방교육을 하는데, 이 교육에서는 학교폭력으로 인한 신체 상해의 심각성 등을 가르친다. 마지막 3단계에서는 학교폭력이 발생한 학습으로 교실개입이 이루어지는데, 가해자-피해자의 관계가 아닌 학교폭력을 방관한 학생들도 잘못하는 것으로 보고, 참여와 인권 존중에 대한 민주주의를 교육한다.

올베우스 프로그램이라고 불리는 이 프로그램은 학교에서 폭력학생과 피해학생을 감소시키기 위해 학생들 간의 사회적 관계를 개선하는 것에 목표를 두고 학교수준, 학급수준, 개인수준에서 학교폭력을 예방하고 대처하도록 운영되고 있다.

1) 학교수준

학교폭력 예방은 학교 전체적으로 학생들의 태도와 인식이 바탕이 되어야 하기에 학교수준에서는 학교폭력 가해학생과 피해학생만을 대상으로 하는 것이 아닌 전체 학생을 대상으로 운영된다. 학교수준에서 이루지는 예방활동과 대책은 다음과 같다.

첫째, 학교에서 일어나고 있는 학교폭력의 성격과 현황을 파악하기 위해 무기명으로 설문조사를 실시한다. 학교폭력 문제에 대한 관심과 인식을 고취시키기 위한 가장 효과적이고 간단한 방법이다.

둘째, 학교에서 발생하는 학교폭력에 대한 대책을 논의하기 위해 학교협의회의 날(School conference day)을 정하고 운영한다. 학교 협의회의 중요한 목적 한 가지는 학교폭력 예방 프로그램을 제대로 수행할 수 있도록 장기적인 계획을 세우는 것이며, 이 협의회에는 교장, 교감, 학교폭력 전담교사, 학교폭력 위원회, 부모, 학생 등이 참여하여 학교폭력 대책에 대해 논의한다.

셋째, 학교의 프로그램을 조정하기 위한 학교폭력예방위원회를 구성하여 운영한다. 이 위원회는 학교폭력 예방과 관련된 모든 사항을 조정하는 역할을 담당하고, 학교 행정가, 학년별 교사 대표, 상담가, 학교 정신건강 전문가 또는 학교 심리학자 등이 참여하게 된다.

넷째, 학교폭력이 자주 일어나는 장소에 대한 관리 감독을 강화한다. 이를 위해서 쉬는 시간과 점심시간 등 학교폭력이 발생할 수 있는 장소를 효과적으로 감독하고 지도하는 교사나 성인들을 충분히 확보하고, 조직과 체제를 구성한다.

다섯째, 학부모와 다양한 만남의 기회를 통해 학교폭력에 대한 학부모의 이해와 협조를 구한다. 학교폭력 문제의 예방을 위해서는 부모의 협력이 중요하다. 학교가 학교폭력을 예방하기 위해 노력하고 있다는 것을 부모에게 알리고 이에 대한 이해와 협조를 얻고 있다.

2) 학급수준

학습수준에서도 모든 학생이 참여하는 구체적인 활동은 다음과 같다.

첫째, 학생들이 괴롭힘에 반대하는 학급규칙을 만들어 시행한다. 학교폭력 문제를 해결하고 보다 나은 분위기의 교실을 만들기 위해 교사와 학생이 토론을 통해 학교폭력에 대한 간단한 규칙을 함께 만들고 시행해다는 것이 중요하다. 이를 통해서 학생들 스스로가 책임감을 느끼고 시행하도록 하는 것이다.

둘째, 정기적인 학급회의를 운영함으로 학생들이 친사회적인 행동에 대한 공감능력과 지식을 함양하도록 한다. 학급회의를 통해 학교폭력에 대한 규칙을 분명히 하고 규칙을 위반했을 때 수반되는 부정적인 결과들에 대해서 자연스럽게 알도록 한다. 이 시간을 활용해 학교폭력에 관련된 다양한 활동(영상보기, 역할놀이 등)을 함으로 피해에 대한 실상을 접하고 토론하는 기회를 갖는다.

셋째, 부모의 적극적인 참여를 유도하고 교사와 회의를 자주 갖는다. 학급수준에서는 교사와 부모가 만나 학교폭력에 대한 토론을 하는 것이 필요하지만, 가해자와 피해자가 누구라는 언급은 피하는 것이 좋다. 특히 교사가 학부모를 초청할 때 이를 미리 알려주어야 한다.

넷째, 협동학습을 통해 학생들 사이에서 적극적인 상호 의존성이 조성되도록 한다. 협동학습 팀을 구성할 때 학생들 사이의 사회적 관계에 대한 자기 지식을 활용하는 것이 중요하다. 즉 학생들에게 같이 학습하기를 원하는 학생 3명의 이름을 적게 하면 어떤 학생에게도 선택되지 않는 학생들을 확인할 수 있다. 이를 통해 교사는 고립된 학생 주위에 긍정적이고 우호적인 학생을 배치할 수 있다. 협동학습을 통해 긍정적인 상호관계성이 조성되도록 하고, 학습활동을 통해 어떤 일이 일어나는지 예의 주시하는 것이 중요하다.

다섯째, 칭찬과 제재를 함께 활용한다. 교사의 친근함과 칭찬은 학생의 태도에 영향을 미치는 수단이다. 교사가 자기를 칭찬하고, 또 비교적 매우 좋아한다고 느끼는 학생은 바람직하지 않은 자기 행동에 대한 비판을 쉽게 받아들이고 행동을 고치려고 시도할 것이다.

3) 개인수준

학교폭력 가해학생과 피해학생 및 그들의 부모를 대상으로 이루어지는데 학급에서 학교폭력 가해 및 피해의 문제가 발생하면 무엇보다 교사는 초기에 개입하여 즉각적으로 문제를 다음과 같이 해결한다.

첫째, 가해학생이 다른 학생들을 괴롭히는 행동에 대해서는 단호히 대처한다. 가해학생이 한명이 아닌 경우 빠른 시간 내에 개별적으로 만나 상담을 한다. 이는 면담하는 동안 가해학생들이 그들끼리 만나서 다른 계획을 세우는 것을 방지할 수 있기 때문이다.

둘째, 피해학생과의 면담 시에는 피해학생이 폭력 발생 상황과 세부적인 경위에 대해서 자세한 정보를 제공할 수 있도록 지지하고 격려하는 것이 필요하다. 이때 추가적인 괴롭힘과 폭력으로부터 보호받을 수 있다는 믿음을 주는 것이 중요하며, 이러한 목적을 달성하기 위해서는 학교와 해당 학생의 부모가 정보를 자주 교환하고 긴밀하게 협력하는 것이 중요하다.

셋째, 교사가 학습에서 다른 학생을 괴롭히는 학생이나 괴롭힘을 당하는 학생을 발견했을 때 해당 학생의 부모에게 즉각적으로 연락을 취해 그 상황을 알리고 논의를 통해 문제를 해결할 방안을 모색하는 것이 중요하다.

넷째, 가정에서도 폭력행위와 관련된 규칙을 만들고 규칙을 따르는 행동을 하면서 칭찬과 강화를 주고, 규칙을 위반하면 일관되게 부정적인 반응으로 보이도록 한다.

다섯째, 부모는 자녀와 더 많은 시간을 보내고 자녀의 행동을 모니터 한다. 자녀의 친구가 누구이며, 어디서 주로 시간을 많이 보내는지, 무슨 활동을 하는지 관심을 가지는 것이 필요하다.

여섯째, 학생이 자신의 재능을 보다 적절한 방식으로 계발하도록 도와준다.

일곱째, 새로운 친구들을 만나도록 도와준다. 새로운 환경은 괴롭힘을 당해왔던 아이들이 자신의 가치에 대한 고정적이고 부정적인 개념을 변화시킬 수 있는 기회를 제공할 수 있다.

4. 노르웨이의 학교폭력 대응 사례: Zero(반학교폭력) 프로그램

Zero 프로그램은 학교폭력 방지를 위한 정부의 지원으로 2003년부터 스타방게르대학의 행동연구센터에 의해 운영되었다. 이 프로그램은 지금까지도 많은 학교에서 운영되고 있는데, 운영기간은 17개월이다. 프로그램은 3~5개의 학교가 한 그룹단위로 구성되어 운영되는데, 각 학교에서 교장, 교사, 학부모, 학생회 대표 등이 참여한다. 이 프로젝트 그룹은 연간 6번 정도 모임을 가지는데, 7개월에 걸쳐 외부의 전문컨설턴트로부터 지속적인 도움과 1년에 2회 정도 전문가 협의회를 통해 지원을 받는다.

Zero 프로그램은 다음과 같은 원칙을 기반으로 운영된다.

- 집단따돌림에 대한 무관용의 원칙: 학생들과 부모들은 학교 관계자들이 집단따돌림에 대해서 묵인하지 않으며, 집단따돌림의 문제를 은폐하지 않고 오히려 괴롭힘을 중단시킨다는 확신을 가지고 있다.
- 프로그램에 대한 적극적인 참여: 프로그램 운영과 관련한 모든 사람은 프로그램에 참여해야 하며, 무관용 원칙에 따라 행동을 하도록 하고, 프로그램에 부모들이 학생과 함께 참여하도록 한다.
- 학교폭력 대처방안의 지속: 괴롭힘에 대응하기 위한 학교의 노력은 Zero 프로그램이 끝난 후에도 지속되어야 한다는 알아야 한다. 그러므로 괴롭힘을 은폐하지 않으며 학교 내에서도 괴롭힘을 근절하고 예방하기 위한 지속적인 노력이 필요하다.

Zero 프로그램의 진행과정은 다음과 같다.

시기		진행과정
1년차	4월	프로젝트에의 참여
	5월	프로그램 보완을 위한 프로젝트 그룹 형성 및 지도, 프로젝트 그룹이 준비해야 할 초기 주체에 대한 논의
	8월	프로젝트에 참여한 모든 학교의 모든 교직원이 참석한 가운데 학교폭력을 방지하기 위한 대안 확보 1일 코스 진행(괴롭힘 근절과 예방 방안 모색에 초점을 두고 진행)
	9월	학교폭력에 맞서기 위한 학교의 Action Plan과 첫 설문조사 결과를 토대로 논의, 학교폭력 근절을 위한 심청 강연과 토론
	11월	각 프로젝트 그룹이 자신들의 학교에서 수행한 업무 결과를 보고
2년차	3월	학교에서 진행된 학교폭력 추방사업에 초점을 두고 프로젝트 그룹들을 위한 세미나 진행(학부모, 학생, 교장 및 교사의 요구 수렴)
	9월	학교폭력에 맞서기 위한 그 동안의 작업과 두 번째 설문조사를 토대로 논의, Zero 프로그램이 시작된 이후 학교에서 어떤 작업이 진행되었는지를 보고(이는 학교폭력 추방 사업의 지속을 확보하기 위해 필수적임)

하나의 Zero 프로그램은 3~5개의 학교로 구성되어 있으며, 각각의 학교에는 교장, 담임교사, 학부모위원회, 학생회의 학생들 등으로 구성된 집단이 있다. 일년에 6번 정도 세미를 통해 만난다. 외부의 자문가들은 학교의 세미나와 17개월간 지속되는 프로그램 마무리에 대한 협의를 통해 학교에 봉사한다. 또한 일년에 2번의 만남을 통해 전문적인 네트워크를 구성하고 있다.

프로그램을 활용하기 위한 교사 지침서는 프로그램 운영을 위한 중요한 자료인데, 이 자료에는 집단따돌림을 근절하고 예방하기 위한 척도 및 학생과 부모간, 조력자와 교사, 학생과 학교 등의 관계 형성을 강조하는 내용이 담겨있다. 구체적으로 업무 절차 모형과 안내, 학교 활동, 부모가 괴롭힘을 어떻게 예방하며, 문제를 노출시키며 근절시킬 것인가에 대한 방법을 강조하는 부모용 안내 등으로 구성되어 있다.

5. 핀란드의 학교폭력 대응 사례: 키바 코울루 프로젝트

핀란드 투르쿠대학 심리학과와 교육연구소는 공동으로 핀란드 교육의 아킬레스건인 왕따 문제를 해결하기 위해 키바 코울루 프로젝트를 발족시켰으며 정부는 이 프로젝트에 약 70억 원의 연구자금을 지원하였다. 'Kiva'라는 말은 핀란드어 '왕따에 맞서다(Kiusaamista vastaan)'는 말에서 앞 두 글자씩 따서 만들어졌고, 코울루는 '학교'라는 뜻이다. 결국 '왕따에 맞서는 학교'라는 뜻이 된다. 또 'Kiva'는 핀란드어로 '좋다'는 뜻이 있기 때문에 키바 코울루는 '좋은 학교'라는 뜻으로 해석될 수 있다.

키바 코울루 프로젝트는 2006년부터 2009년까지 3년간 연구 개발 과정을 거친 후, 2009년 가을부터 핀란드 학교에 본격적으로 실시되었다. 학교의 적극적 참여를 유도하기 위해 프로젝트가 처음 시행된 2009년과 2010년에는 참여를 결정한 모든 학교에 프로젝트 시행에 필요한 모든 자료와 교재를 무료로 제공하기도 했다. 현재 핀란드 초등학교, 중학교 90% 이상이 키바 코울루 프로젝트에 참여하고 있다.

키바 코울루 프로그램은 교육문화부의 재정지원으로 운영되며 단위 학교는 국가의 기본교육과정에서 이를 적용하여야 한다. 대개 한 달에 한 번씩 담임교사에 의해 진행되는데 1년에 20시간 정도 수업을 진행한다.

이 프로그램은 괴롭힘 행동에 대해 가해학생에게만 초점을 두는 것이 아니고 전체 학생을 대상으로 학생들의 태도와 인식을 심어 주는 것에 목적이 있다. 집단따돌림은 개인의 문제가 아니라 교실 전체의 문제이기 때문이다. 따라서 모든 학생들에게 괴롭힘에 대해서 보다 분명한 입장을 취할 수 있는 전략을 가르치고, 괴롭힘을 당하는 친구들을 어떻게 도와주어야 하는지를 알게 하는데 목표가 있다. 이 과정에서 괴롭힘이나 그 피해의 개별적인 사례에 초점을 맞추기 보다는 공동체의 안녕을 위한 공동의 책임을 강조하며, 학교는 모든 학생들에게 안전한 곳이라는 확신을 심어준다. 방관하는 학생들은 집단따돌림이나 학교폭력 행위를 조장하면 더 강화시킬 수도 있고, 침묵을 통해 가해 행위를 묵인할 수도 있다는 것을 주지시킨다.

키바 코울루 프로그램은 노르웨이의 올베우스 프로그램의 기본 원리나 정신 등과 유사한 특성을 공유하고 있다. 예컨대 키바 코울루 프로그램과 올베우스 프로그램은 개별 학생이나 학급, 학교 차원에서의 구체적인 행동지침을 제시하고 있을 뿐만 아니라 관련 학생들의 토론을 통해 심각한 괴롭힘 문제를 해결하고자 하며, 괴롭힘 방지를 위한 학급 규칙 제정을 적극 권장하고 있다는 점에서 공통적이다.

괴롭힘 방지 프로그램인 키바 코울루 프로그램은 크게 2가지 형태로 구성된다. 하나는 학생 보호와 관련된 일반적인 행동(general action)프로그램이고, 다른 하나는 성인들의 도움을 받아 심각한 괴롭힘을 저지할 수 있는 절차와 관련된 구체적인 행동(indicated action)프로그램이다. 키바 코울루 프로그램의 근간은 학생들에게 제공하는 수업이다. 초등학교 1학년에서 중학교 3학년까지 학생들은 키바 수업을 학급 담임교사에 의해 매주 한 번씩, 1년에 총 20시간을 받는다.

1) 일반적인 행동(general action)프로그램

일반행동 프로그램은 학교 내에 있는 모든 학생을 대상으로 하여 집단의 규범을 인식하고 지키도록 하고 피해자들을 도와줄 수 있도록 하는 역량을 길러주는데 목적이 있다. 이 프로그램은 토론, 협동과업 수행, 역할극, 괴롭힘에 대한 영상시청 등의 방법들로 구성되며, 여기서 다룬 내용을 기반으로 학급규칙을 만들기도 있다. 또한 이 프로그램은 괴롭힘 방지를 위해 컴퓨터 게임을 활용한다는 특징이 있다. 학생들은 키바 수업중에 혹은 수업 사이에 괴롭힘 방지 컴퓨터 게임을 할 수 있다. 이 게임은 5단계로 이루어져 있는데 각 단계는 다음과 같이 세 부분으로 구성되어 있다.

- I KNOW : 학생들은 괴롭힘에 관한 새로운 정보를 습득하고 자신들이 기존에 가지고 있는 괴롭힘에 관한 지식을 평가받는다.
- I CAN : 학생들은 괴롭힘이 벌어지는 상황에서 적절한 방식으로 대처할 수 있는 새로운 기술을 익힌다.
- I DO : 학생들은 실제 장면에서 괴롭힘 방지를 위한 지식과 기술을 활용할 수 있도록 격려를 받는다.

키바 코울루 프로그램 운영 과정에서는 쉬는 시간 감독자들로 하여금 밝은색 조끼를 입게 하여 쉬는 시간 감독자들의 가시권을 높일 뿐만 아니라, 학교에서 괴롭힘 행위를 매우 심각하게 보고 있음을 나타내어 구성원으로 하여금 지속적인 경각심을 갖게 한다. 학부모들은 안내교육을 받으며, 괴롭힘 문제를 줄이거나 해결하기 위해 어떤 노력을 해야 하는지에 대한 연수도 받는다.

2) 구체적인 행동(indicated action)프로그램

구체적인 행동 프로그램은 학교에서 폭력 문제가 발생했을 때 이를 적절하게 해결하고 피해학생과 가해학생 모두를 도와주는데 목적이 있다. 이를 위해 모든 학생들을 대상으로 사전 예방교육을 실시하고 문제 상황이 발생했을 때 문제를 해결하고 피해자를 보호하며 가해자를 적절히 선도하고 교정할 수 있는 능력을 기른다.

구체적인 행동 프로그램은 괴롭힘 행위가 실제로 학교 담당자들에게 포착되었을 때를 상정하고 이루어지는 프로그램이다. 이 단계의 행위들은 학교의 키바 학교팀과 관련된 학생들 사이의 지속적인 개별 및 그룹 토의 과정으로 이루어진다. 그리고 피해당한 학생을 도와주기 위한 동료 학생들의 적극적인 참여를 중시한다.

핀란드의 각 학교에서는 3명의 교사 혹는 학내 인사로 이루어진 팀이 있는데, 이 팀은 담임교사와 함께 학교에서 목격되고 드러난 괴롭힘 행위를 해결해 나가는 역할을 맡고 있다. 각 괴롭힘 사례들은 피해자 및 가해자와 함께 개별 또는 소그룹 토의를 통해 다뤄 나가는데, 좀 더 체계적인 후속 모임들이 수반된다. 여기에 더하여 각 학급 담임교사들은 2명 내지 4명 정도의 사교적이고 영향력 있는 학급 학생들을 통해 피해당한 학생을 도와줄 수 있도록 적극 격려해 준다.

3) 훈련 및 네트워크 프로그램

핀란드에서는 각 학교 및 교사들이 키바 코울루 프로그램을 잘 실행할 수 있도록 다양한 지원이 이뤄지고 있는데, 대표적인 것이 교사들을 위한 훈련 및 네트워크 프로그램이다. 교사 훈련 및 네트워크 프로그램 운영은 교사들이 학생들의 학교폭력 문제를 다룰 수 있는 역량을 길러주고 키바 코울루 프로그램을 잘 운영할 수 있도록 도와주는데 목적이 있다. 이 훈련 및 네트워크 프로그램은 2일 동안 온종일 이루어지는 면대면 훈련 프로그램 이외에도 학교팀 네트워크가 만들어져 3명으로 이루어진 각 학교팀들이 참여하고 있다. 네트워크 모임은 학기 중 약 3차례 정도 이루어지는데, 프로그램 담당자도 함께 안내하고 참여한다.

| 학습과제 |

1. 우리나라에서 실시되는 학교폭력 예방 프로그램인 어울림 프로그램의 특징은 어떤 것이 있는지 알아보고, 교육현장에서 어떻게 적용하면 좋을지 서로 논의해보자.

2. 외국에서 시행되고 있는 학교폭력 예방 프로그램의 특징에 대해서 알아보고, 우리나라의 학교폭력 예방 프로그램에 어떠한 영향을 미쳤는지 서로 논의해보자.

Prevention of School Violence and Understanding Students

Part 4. 학교폭력의 대처

CHAPTER **10**

학교폭력의 대응

제1절 학교폭력 대응의 관점

제2절 담임교사의 대응

제3절 학교폭력대책심의위원회의 대응

제4절 통고제도의 활용

| 개요 |

학교폭력은 예방을 위한 노력이 매우 중요하며, 학교폭력이 발생했을 때는 신속하고 공정하게 처리되어야 한다. 즉시 학교폭력 사안에 대해 확인하고 조사하여야 하며, 증거를 수집하고 목격자를 확보하여야 한다. 사안의 특성에 따라 학교 전담기구가 구성되어 작동해야 하고, 병원과 경찰서, 상담기관 등 외부 전문기관과의 연계도 이루어져야 한다.

우리나라에서 이루어지고 있는 현행 학교폭력 대응체계는 2004년 제정된 「학교폭력 예방 및 대책에 관한 법률」에 근거하고 있으며, 세부 정책은 '학교폭력근절 종합대책'과 '현장중심 학교폭력대책'과 같은 정부차원의 대책에 따라 실행되고 있다.

학교폭력이 발생하지 않도록 예방을 하는 것이 최우선적인 노력이겠지만, 일단 사안이 발생한 경우 피해자가 더 이상의 상처를 받지 않고 극단적인 선택을 하지 않도록 학교장과 교사가 사소한 괴롭힘도 '범죄'라는 인식을 가지고 '무관용 원칙'을 고수하며 「학교폭력법」상의 절차를 이행하는 것이 중요하다. 하지만 가해자에 대해 응보적 차원에서의 단순한 징계와 처벌을 부과하기 보다는 반성과 성찰을 바탕으로 피해자의 상처와 아픔을 회복시켜주기 위한 화해 노력을 요구함과 더불어 피해자 스스로가 이를 받아들이고 용서함으로써 진정한 회복이 이루어질 수 있도록 체계적인 노력과 지원을 해야 한다.

학교폭력이 발생하였을 때 학교와 교사차원의 대응절차와 지도방법, 학교폭력 전담기구 및 학교폭력대책위원회의 구성과 운영, 통고제도에 대한 내용의 학습을 통해 학교폭력 대응에 관하여 중점적으로 살펴보고자 한다.

chapter 10 학교폭력의 대응

제1절 학교폭력 대응의 관점

학교폭력은 과거에도 존재하였고, 현재에도 진행 중에 있지만 과거와 다르게 과학기술의 발달로 지능적이고, 다양하고, 조직적으로 변화하고 있다.

학교폭력은 피해학생 뿐 아니라 가해학생과 주변학생들에게도 부정적인 영향을 미친다. 특히 학교폭력 피해학생의 경우 불안과 공포감, 분노, 적개심 등 폭력으로 인한 정신적 부작용을 겪게 되는 경우가 많고, 학교생활에 적응하지 못하거나 결석이 잦아지고, 학업을 포기 하는 등 학교생활에 위기를 맞게 된다. 이러한 이유로 학교폭력이 발생한 이후 이루어지는 사후조치보다는 학교폭력을 예방하는 노력이 필요하다. 학교는 학교폭력 발생 시 사안처리라는 입장보다는 발생 전 예방과 발생 후 즉각적인 개입을 통해 더 이상 피해가 확대되지 않도록 하고, 가해학생의 선도를 통해 학교폭력이 재발하지 않도록 하는 것 역시 중요한 과제이다(문용린 외, 2008).

학교폭력이 발생한 경우 교원은 피해학생의 입장에서 보호를 위한 적극적인 조치를 취해야 하고, 지속적인 사후관리를 통해 피해학생의 고통과 아픔을 치유해야 할 의무가 있다. 따라서 학교장과 심의위원회는 학교폭력을 유발할 수 있는 학교 환경을 개선하기 위해 민주적이고 인권존중 풍토의 학교 분위기를 조성해야 함은 물론, 학생생활과 밀접하게 관련되어 있는 법률의 올바른 이해와 적용이 절실히 요구된다.

1. 학교폭력의 대응 체계

현행 학교폭력 대응체계는 2004년 제정된 학교폭력예방법(현재 학교폭력 예방 및 대책에 관한 법률 [시행 2021.06.23.] [법률 제17668호, 2020.12.22.)에 근거하고 있으며, 세부 정책은 2012년 2월 6일 발표된 '학교폭력근절 종합대책'과 2013년 7월 23일 발표된 '현장중심 학교폭력대책'과 같은 정부차원의 대책에 따라 실행되고 있다.

학교장과 교사는 학교폭력의 예방, 학교폭력 발생 시 사안 처리, 그리고 사후 관리에 이르기까지 학교폭력과 관련하여 많은 책무를 지닌다. 또한 학교폭력 사안이 발생하면 학생을 보호·감독할 의무가 있는 학교장과 교사는 그 과실 여부에 따라 법적 책임도 지게 된다. 그러므로 학생을 보호하고 공정하게 사안을 처리하기 위하여 학교폭력 대응체계를 구축하여야 한다.

정부는 학교폭력에 대한 올바른 대처를 위하여 「학교폭력 사안처리 가이드북」(2014)을 발간하여 보급하여 활용하도록 하고 있다. 또한 2013년부터 한국교육개발원 내에 학교폭력예방연구지원센터(https://stopbullying.kedi.re.kr)를 두고 학교폭력실태조사, 어울림프로그램, 연수 등을 지원하고 있으며, 지방자치단체 교육청에서도 현장중심 학교폭력 예방 및 대처 우수사례집과 책임교사 연수나 각 단위학교 학교폭력 예방 프로그램 우수사례를 소개하고 있다.

1) 학교폭력 사안의 신고 및 접수

- 학교폭력 현장을 보거나 그 사실을 알게 된 자는 학교 등 관계기관에 이를 즉시 신고하여야 한다.
- 신고를 받은 기관은 이를 **가해학생 및 피해학생 보호자와 소속 학교의 장에게 통보**하여야 한다.
- 통보받은 소속 학교의 장은 이를 심의**위원회에 지체 없이 통보**하여야 한다.
- 누구라도 학교폭력의 예비·음모 등을 알게 된 자는 이를 학교의 장 또는 심의위원회에 고발할 수 있다. 다만, 교원이 이를 알게 되었을 경우에는 학교의 장에게 보고하고 해당 학부모에게 알려야 한다.
- 학교폭력을 신고한 사람에게 그 신고행위를 이유로 불이익을 주어서는 아니된다.

[학교폭력 예방 및 대책에 관한 법률 제20조 제①~⑤항]

학교폭력이 신고된 후 혹은 학교에 의해 인지된 이후에는 학교 내 학교폭력 사안 처리절차가 진행된다. 피해학생이나 일반학생이 담임교사나 학교에 신고하거나 112(117 학교폭력 신고센터, 2016년 10월 이후 신고전화번호 통일), 전문상담기관 혹은 학교폭력 실태조사에 의해 드러난 학교폭력 사안이 학교에 접수되면 절차가 시작된다.

학교폭력이 발생하면 신고서를 작성하여 접수하고, 신고대장에 기록하여 보관하여야 하며, 접수보고를 하여야 한다.

신고서 작성, 접수		신고 대장 기록		접수 보고
· 다양한 경로를 통해 신고 접수	⇒	· 신고서를 '신고 접수 대장'에 기재하여 보관	⇒	· 학교장에게 보고 · 담임교사, 보호자 통보 · 타학교와 관련된 경우 해당 학교에 통보 · 교육청 보고(24시간 이내)

| 그림 10-1 | 학교폭력 신고 및 접수 절차

2) 즉각적인 조치

학교폭력 신고가 접수되면 피해학생과 가해학생을 즉시 격리시켜 2차 폭력사태를 예방하고, 피해학생과 가해학생의 심리적·신체적 상태를 회복하도록 해야 한다. 또한 피해학생 및 신고·고발한 학생이 가해학생으로부터 보복행위를 당하지 않도록 조치한다.

피해학생에 대한 보호조치로 피해학생의 피해상태를 파악하여 보건실에서 1차 치료를 받게 하거나 위급한 경우 119에 도움을 요청한다. 성폭력 피해학생은 「아동·청소년의 성보호에 관한 법률」에 따라 반드시 수사기관에 신고하고, 성폭력 전문상담기관 및 병원을 지정하여 정신적·신체적 피해 치유를 돕는다.

긴급한 필요가 있는 경우, 법률 제16조 제1항 및 제17조 제2항에 따라 긴급조치를 실시해야 한다.

3) 사안 조사

학교폭력 사안이 학교에 공식적으로 보고되면, 학교에 구성된 전담기구에서 사안의 조사를 시작한다.

학교장은 학교폭력 여부 및 심각성을 종합적으로 판단하고, 심의위원장과의 협의를 통하여 경미한 사안이라고 판단될 경우에는 학교폭력전담기구에서 우선 처리하도록 한 후 심의위원회 개최 일을 결정한다. 이때 사안의 심각성을 판단하는 기준은 첫째, 우발적인지 여부, 둘째, 지속적이고 반복적인지 여부 셋째, 학생들 간의 힘의 균형상태 여부, 넷째, 피해의 심각성 여부를 고려하여 사건의 경중을 판단한다.

(1) 전담기구 구성

- ► 전문상담교사는 학교의 장 및 심의위원회의 요구가 있는 때에는 학교폭력에 관련된 피해학생 및 가해학생과의 상담결과를 보고하여야 한다. 〈개정 2019. 8. 20.〉
- ► 학교의 장은 교감, 전문상담교사, 보건교사 및 책임교사(학교폭력문제를 담당하는 교사를 말한다), 학부모 등으로 학교폭력문제를 담당하는 전담기구(이하 "전담기구"라 한다)를 구성한다. 이 경우 학부모는 전담기구 구성원의 3분의 1 이상이어야 한다. 〈개정 2012. 3. 21., 2019. 8. 20.〉
- ► 학교의 장은 학교폭력 사태를 인지한 경우 지체 없이 전담기구 또는 소속 교원으로 하여금 가해 및 피해 사실 여부를 확인하도록 하고, 전담기구로 하여금 제13조의2에 따른 학교의 장의 자체해결 부의 여부를 심의하도록 한다. 〈신설 2019. 8. 20.〉
- ► 전담기구는 학교폭력에 대한 실태조사(이하 "실태조사"라 한다)와 학교폭력 예방 프로그램을 구성·실시하며, 학교의 장 및 심의위원회의 요구가 있는 때에는 학교폭력에 관련된 조사결과 등 활동결과를 보고하여야 한다. 〈개정 2012. 3. 21., 2019. 8. 20.〉
- ► 피해학생 또는 피해학생의 보호자는 피해사실 확인을 위하여 전담기구에 실태조사를 요구할 수 있다. 〈신설 2009. 5. 8., 2012. 3. 21., 2019. 8. 20.〉
- ► 국가 및 지방자치단체는 실태조사에 관한 예산을 지원하고, 관계 행정기관은 실태조사에 협조하여야 하며, 학교의 장은 전담기구에 행정적·재정적 지원을 할 수 있다. 〈개정 2009. 5. 8., 2012. 3. 21., 2019. 8. 20.〉
- ► 전담기구는 성폭력 등 특수한 학교폭력사건에 대한 실태조사의 전문성을 확보하기 위하여 필요한 경우 전문기관에 그 실태조사를 의뢰할 수 있다. 이 경우 그 의뢰는 심의위원회 위원장의 심의를 거쳐 학교의 장 명의로 하여야 한다. 〈신설 2012. 1. 26., 2012. 3. 21., 2019. 8. 20.〉
- ► 그 밖에 전담기구 운영 등에 필요한 사항은 대통령령으로 정한다. 〈신설 2012. 3. 21., 2019. 8. 20.〉

[학교폭력 예방 및 대책에 관한 법률 제14조 제②~⑨항]

사안조사를 위하여 교감, 전문상담교사, 보건교사 및 책임교사 등 학교폭력 문제와 관련된 자로 전담기구를 구성한다.

전담기구를 총괄하는 교감을 중심으로 책임교사는 학교폭력 사안을 조사하고 목격자·담임교사·전문상담교사 등의 협조를 통해 피해 및 가해 사실을 조사한다. 조사 진행 상황을 육하원칙에 따라 기록하여야 하고, 증인 및 증거 자료를 확보한 후, 조사결과를 심의위원회에 보고하는 역할을 담당한다.

보건교사는 피해·가해학생의 신체적·정신적 피해 상황 파악해야 한다. 피해학생 일시보호와 치료 및 치료를 위한 요양 등의 지원을 하고, 긴급 상황 시 119 연락 및 병원에 이송하며(병원 이송 시 동행), 피해학생의 상담 및 치료비용 업무 지원(학교 안전사고 예방 및 보상에 관한 법률)을 담당한다.

또한 전문상담교사는 학교폭력 관련 학생에 대한 심리 상담 및 조언을 한다. 상담을 통해 심리적·정서적 상황을 파악하고, 필요시 심리검사를 실시하며, 상담 결과 학교장 보고 및 심의위원회의 요구가 있는 경우 보고하고, 집중보호 및 관찰학생에 대한 지속적인 상담 및 기록 관리를 담당한다.

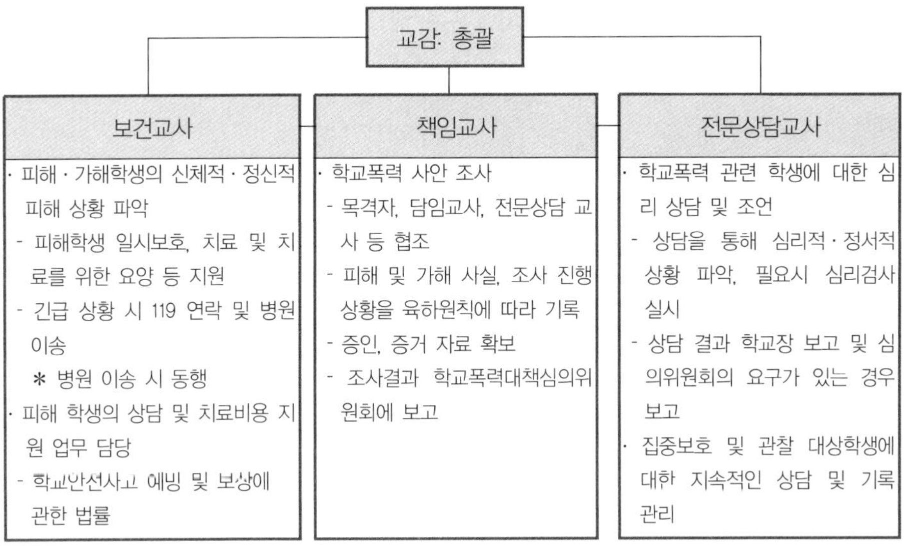

| 그림 10-2 | 학교폭력 전담기구의 구성 및 업무

(2) 학교폭력전담기구의 역할

학교폭력전담기구는 학교폭력 예방활동과 학교폭력 사안발생 시 신고접수 및 보호자에게 통지, 교육청에 학교폭력 사안보고(신고·접수 후 24시간 이내), 학교폭력 사안조사와 관련학생에 대한 생활지도를 담당한다.

학교폭력전담기구의 학교폭력 예방 활동은 연 2회 이상 학교폭력 실태조사를 실시하여 그 결과를 학교폭력 예방계획 수립에 반영해야 한다. 또한 학기별 1회 이상(연간 4회 이상 권장) 학생, 교직원, 학부모를 대상으로 하는 예방교육 프로그램 계획을 수립·운영해야 하고, 홈페이지에 동영상 교육자료를 탑재하는 등 다양한 학부모 교육 방안을 강구해야 한다.

학교폭력 사안이 발생했을 때는 첫째, 학교폭력 신고 접수 및 관련학생 보호자에게 통지하고, 학교폭력신고 접수대장을 비치하여 신고 받은 사안에 대해 기록·관리한다. 학교폭력신고 접수대장은 학교장, 교원의 학교폭력 은폐 여부를 판단하는 중요한 기초자료로 활용되므로, 사소한 폭력이라도 신고된 것은 반드시 기록해야 한다.

또한 접수한 사안에 대해서는 즉시 관련학생 보호자에게 통지하고, 통지일자, 통지방법 등 통지사실을 기록해 둔다.

둘째, 신고·접수 후 24시간 이내에 교육청에 학교폭력 사안을 보고한다. 관련양식에 따라 교육청 담당자에게 전송하는데, 중대사유는 유선보고를 병행한다. 또한 심의위원회 개최일정과 심의위원회의 조치내용에 대해서도 보고해야 한다.

셋째, 관련학생의 담임교사 등의 협조를 얻어 사안 조사(증인 및 증거 자료 확보)를 한다.

넷째, 신고된 학교폭력 사안에 대해 사안조사 결과를 학교장 및 심의위원장에게 보고(학교폭력 사안조사보고서 작성)하고, 심의위원회 개최 시기를 결정하여 관련학생 보호자에게 문서로 통지(전화 또는 문자로도 확인 요망)한다.

마지막으로 관련학생에 대한 생활지도를 한다. 해당학생 담임교사와 함께 지속적인 상담 및 기록을 진행한다.

(3) 사안조사

학교폭력 사안조사의 책임자는 학교장이고, 조사담당자는 학교폭력 전담기구(법적 기구) 또는 소속 교원이다. 사안의 발생-조사-보고의 진행과정은 그림과 같다.

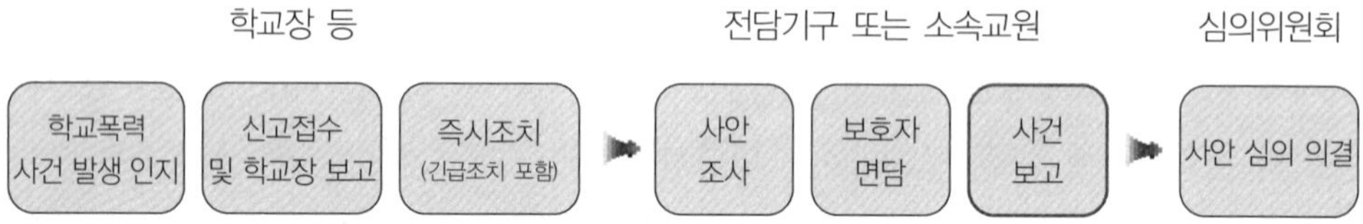

| 그림 10-3 | 학교폭력 사안조사 절차

학교폭력 사안 조사는 피해학생과 가해학생 면담조사와 주변학생들의 면담을 통한 정황파악, 정보수집 등을 근거로 한 사실 확인 후, 피해학생의 요구사항을 확인하여야 한다. 이러한 내용에 관한 면담일지와 보고서를 작성하여 사안보고를 한다.

사안조사 시 유의해야 할 사항은 다음과 같다.

- 서면조사, 해당학생 및 목격자의 면담조사, 사안 발생 현장 조사 등을 통해 종합적인 방법으로 신속하게 증거 자료를 확보한다.

- 면담조사를 하는 경우에는 육하원칙에 근거하여 구체적으로 확인서를 받는다.
- 객관적이고 공정하게 사안조사를 실시한다.
- 피해학생과 가해학생 간의 주장이 다를 경우, 목격학생의 확인을 받거나 증거자료 확보를 통해 적극적으로 사안조사에 임한다.
- 전담기구 소속교사는 학생, 보호자, 목격자, 담임교사 등을 면담조사한 후에 학교폭력 상황 보고서를 작성한다.

① 사실확인

학교폭력 사실 확인을 위해 피해학생과 가해학생의 확인서, 육하원칙에 따라 기술한 목격학생 확인서를 작성한다. 이때 목격학생들은 사실왜곡의 위험이 있으므로 한 자리에 불러 조사한다.

피해학생 및 가해학생과 관련된 학생과 학급을 대상으로 설문조사를 실시하며, 이메일, 채팅, 게시판, SNS, 피해사실 화면 온라인 상 캡처, 문자메시지, 관련사진, 동영상 자료, 음성증거자료 등의 자료를 확보한다.

또한 폭력피해를 증명할 수 있는 신체·정신적 진단서 및 의사소견서 등을 수집한다.

② 면담조사

면담과정에서 피해학생 및 보호자, 가해학생 및 보호자, 목격자 등에게 신뢰감과 안정감을 주도록 한다.

전문상담교사 등 상담전문가에게 학생의 심리・정서적 상태를 파악하도록 한다. 학생들의 언행을 주의 깊게 살펴 심리・정서적 상태를 파악한다. 해당학생의 눈 맞춤, 눈빛, 손 떨림, 목소리 크기 및 높낮이 등을 통해 학생의 불안, 분노, 우울 등을 파악하여 위급한 심리적 지원이 필요한 경우, 학교 내 전문상담 교사를 통해 심리검사 또는 정서적 지원을 받아야 한다.

초등학생의 경우, 서면조사에 무엇을 써야 할지 알지 못해 충분한 내용을 기재하지 못할 수 있으므로, 기재과정을 세심하게 도와주도록 한다.

③ 정보 수집

피해학생에 대한 정보수집을 위해 학년, 성별, 인적사항, 피해학생 수, 교우관계,

장애유무, 평소 학교생활, 특이사항 등을 기록한다.

가해학생도 학년, 성별, 인적사항, 가해학생 수, 가해동기, 다른 피해자 및 유사 사안의 관련 유무 등을 기록한다.

또한 폭력유형(신체폭행, 금품갈취, 따돌림 등) 및 폭력형태(집단폭력, 일대일 폭력 등), 발생 및 지속기간(1회적 · 지속적 사안), 발생장소, 발생원인, 치료비, 피해정도 등을 기록한다.

④ 정황 파악

피해학생의 대처능력, 적응능력 등 심리적 · 신체적 현재 상태를 파악한다. 피해학생(보호자포함)의 현재까지의 대처상황을 확인하고, 가해학생(보호자포함)의 대응 방법 및 태도를 파악한다.

또한 학생과 보호자의 사안 해결과 관련한 요구사항을 파악해야 한다. 피해 · 가해 상황에 대한 수용 정도 및 사과, 처벌, 치료비 등에 대한 합의, 재발 방지요구(설문조사) 등을 파악하여 기록한다.

⑤ 면담일지, 보고서 작성 및 사안보고

관련학생, 보호자, 담임교사와의 면담내용을 면담 일지에 기록하고, 사안을 종합적으로 판단할 수 있도록 조사결과를 보고서로 작성한다.

작성된 보고서를 학교의 장 및 심의위원회(심의위원회의 요청이 있는 경우)에 보고한다.

4) 심의위원회 개최 이전 처리 사항

학교폭력 사안의 내용을 조사한 후 담임교사나 학교장이 자체 해결할 수 있는 사안인지, 긴급조치가 필요한 사안인지, 심의위원회를 개최해야 하는 사안인지에 대한 판단이 필요하다.

(1) 담임교사 또는 학교장이 자체 해결할 수 있는 사안

조사결과 다음의 사항에 해당할 경우 담임교사나 학교장이 자체 해결할 수 있다.

담임교사 또는 학교장이 자체 해결할 수 있는 사안
· 피해학생에게 신체 · 정신 또는 재산상의 피해가 있었다고 볼 객관적인 증거가 없고, 즉시 잘못을 인정하여 상호간에 화해가 이루어진 경우 · 제3자가 신고한 사안에 대한 사안조사 결과, 오인신고였던 경우 · 학교폭력 의심사안(담임교사 관찰로 인한 학교폭력 징후 발견 등)에 대한 사안조사 결과, 학교폭력이 아니었던 경우 ※ 위의 경우에도 학생(학부모)이 심의위원회 개최를 요청할 경우 반드시 심의위원회를 개최하여 처리해야 함. (단, 심의위원회에서 '학교폭력 아님'으로 결정할 경우 '조치 없음'으로 처리할 수 있음).

⑵ 긴급 조치

긴급조치란 심의위원회가 개최되기 이전 긴급한 필요에 의해 피해학생 및 가해학생에게 학교장의 우선 조치가 필요할 경우를 말한다. 즉, 피해학생에게 심리상담 및 조언(1호), 일시보호(2호), 그 밖에 필요한 조치(6호), 가해학생의 서면사과(1호), 접촉, 협박 및 보복행위 금지(2호), 학교에서의 봉사(3호), 특별교육 또는 심리치료(5호), 출석정지(6호)이고, 2명 이상이 고의적 · 지속적으로 폭력을 행사한 경우나 전치 2주 이상의 상해를 입힌 경우, 신고, 진술, 자료제공 등에 대한 보복을 목적으로 폭력을 행사한 경우, 학교장이 피해학생을 가해학생으로부터 긴급하게 보호할 필요가 있다고 인정하는 경우에는 학교장이 우선 출석정지를 명할 수 있다.

가해학생에 대한 긴급조치는 심의위원회에 즉시 보고하여 추인한다. 긴급조치의 경우 사실관계가 확정되기 이전의 결정사항이므로, 심의위원회에서는 '일부추인' 또는 '추인하지 않음'의 결정이 가능(다만, '일부추인', '추인하지 않음'을 결정하였더라도 긴급조치를 결정할 당시에 그 필요성이 인정된다면 '긴급조치'가 문제되지 않음)하다. 또한 학교장이 긴급조치를 한 때에는 가해학생과 그 보호자에게 이를 통지하여야 하며, 가해학생이 이를 거부하거나 회피하는 때에는 「초 · 중등교육법」 제18조에 따라 징계를 내린다.

⑶ 학교폭력 사안처리 시 유의 사항

학교폭력 사안처리를 할 때는 다음과 같은 사항에 유의해야 한다.

첫째, 학교폭력 사안이 발생하면 공정하고 객관적인 자세를 끝까지 견지한다. 학생과 학부모의 상황과 심정에 대한 이해와 공감을 통해 신뢰를 형성하고, 불필요한 분쟁이 추가적으로 발생하지 않도록 해야 한다.

둘째, 적극적인 자세로 학교폭력 사안처리를 위해 노력하고, 축소 · 은폐하거나 성급하게 화해를 종용하지 않도록 한다.

셋째, 학교폭력 사안조사는 가능한 한 수업시간 이외의 시간을 활용하여 학습권 침해 등의 민원이 발생하지 않도록 유의한다.

넷째, 학교폭력에 해당하는 사안은 반드시 심의위원회에 회부하여야 한다. 가해, 피해 당사자 간의 화해를 이유로 학교폭력 사안이 명백함에도 심의위원회에 회부하지 않는 사례가 있다.

다섯째, 전담기구의 조사 및 심의위원회 조치 결정 시 관련학생 및 보호자에게 반드시 의견진술의 기회를 제공하여야 한다. 출석에 의한 의견진술이 어려울 경우에는 서면진술서 제출을 요청해야 한다. 또한 학교폭력 관련 당사자가 자녀의 가해, 피해 진술서 열람을 요청할 경우, 해당 자녀의 개인정보 이외의 정보는 삭제한 후 관련학생 보호자에게 자녀의 진술서를 보여 줄 수 있다.

여섯째, 심의위원회의 결과는 '학교장 명의로 서면통보(등기우편)하고, 이때 재심 등 불복 절차를 안내한다. 가해학생 전학과 퇴학 결정에 대한 재심청구는 도교육청 체육인성과 학생징계조정위원회 담당자에게 직접 방문 신청해야 하고, 가해학생에게 내린 조치가 미흡하다고 판단될 경우 피해학생 측의 재심 청구는 도청 지역위원회 담당자에게 직접 방문하여 신청할 수 있다.

일곱째, 심의위원회 회의록 및 사안조사 자료는 비공개를 원칙으로 한다. 단, 관련학생 및 학부모가 회의록 공개를 요청하는 경우에는 학교폭력예방법 제21조에 의한 개인정보에 관한 사항을 제외하고 공개해야 한다. 또한 회의록 작성 시 녹취를 한 후 회의내용을 상세하게 기록하여 추후 민원 발생 시 증빙자료로 활용할 수 있도록 한다.

여덟째, 동일한 사안에 대하여 재심 성격의 심의위원회는 개최하지 않는다. 가해, 피해당사자의 재심형식의 심의위원회 개최요구 시에는 재심절차를 안내한다.

아홉째, 가해자가 학생이 아닌 경우(일반인, 교원 등) 필요시 피해학생에 대한 보호조치를 실시한다.

열째, 심의위원회 개최 시, 해당 사안을 중심으로 사안을 다루어야 한다. 과거의 학생의 교내외 생활전반을 포함하여 필요이상의 가중조치를 부여할 수 없다.

열한째, 성범죄 관련 사안을 인지한 경우 모든 경우에 예외 없이 수사기관에 즉시 신고한다. 피해학생 및 보호자의 신고 거부 의사에 따라 신고를 하지 않아 과태료를 부과하는 사례가 발생하였다.

제2절 담임교사의 대응

학교폭력에 대처하는 교사의 능력에 따라 학교폭력의 양상은 달라질 수 있다. 교사가 어떻게 학급을 이끌어 가는가에 따라서 가해학생과 피해학생이 만들어질 수 있고, 이미 발생한 폭력에 교사가 어떻게 대처하느냐에 따라서 학급분위기가 달라질 수도 있다. 교사의 문제해결 의지와 대처기술에 따라 자신의 행동에 반성과 책임지는 성장의 기회로 만들 수도 있고, '요즘 아이들은 힘들다'는 무력감을 확인하고 폭력이 만연한 교실로 만들 수도 있다.

피해학생과 가해학생은 같은 학교, 같은 교실에서 1년 이상을 생활한다. 그러기에 지속적이고 반복적으로 피해를 당하게 된다. 더욱이 학년이 올라가도 '피해자'라는 꼬리표가 따라붙어 지속적으로 피해를 당하기 일쑤이다. 이름을 바꾸고 전학을 가도 피해자였다는 것이 드러나면 다시 피해를 당하기도 하고, 가해자를 전학시켜도 남은 학생들을 시켜 보복하기도 한다. 사실 교사가 아이들의 생활에 관심만 가진다면 폭력의 사전징후를 발견하기가 쉽고, 적극적으로 대처한다면 폭력을 예방할 수도 있다. 학교폭력의 가해학생도 피해학생도 모두 교사가 가르쳐야 할 학생이므로 피해학생의 보호와 가해학생의 선도·교육이 교사가 담당해야 할 몫이다.

학교폭력에 대한 교사의 대처는 세단계로 구분할 수 있는데, 첫 번째는 사전관리단계이다. 학생들에 대한 세심한 관찰과 상담 등을 통해 위기발생을 사전에 예측하여 방지할 수 있다. 둘째, 발생 시 관리단계이다. 학교폭력이 발생했을 때, 피해를 최소화하고, 신속히 해결하여 안정 상태로 조기 회복하는 방안을 모색해야 한다. 셋째, 사후관리단계이다. 2차 피해와 재발방지를 위한 대책을 수립하고, 위기교육 활동을 지속하여야 한다.

1. 학교폭력의 사전관리

1) 학교폭력 징후 발견하기

학교폭력에 대한 학생의 인식정도는 교사가 학급을 어떻게 운영하느냐에 따라 달라진다. 교사가 폭력을 모른 체하고 문제가 발생했을 때 상황에 따른 올바른 지도와 통제가 선행되지 않는다면 폭력이 난무한 교실이 될 것이다. 사소한 언어폭력이라도 간과 하지 않고 학교폭력에 대하여 엄정하게 대처하겠다는 교사의 강한 의지 표명이 학교폭력을 예방하는 하나의 방법이다. 이때 특정 한명을 지칭하는 것보다 반 전체를 대상으로 학교폭력에 대한 피해를 설명하고 우리 반에서 남을 괴롭히거나 때리는 행동은 전혀 용납되지 않는다는 것을 강력하게 표현해야 한다.

학생들에 대한 세심한 관찰을 통해 학교폭력의 징후를 발견하여 예방하고 조치할 수 있다.

교실에서 발견할 수 있는 학교폭력 징후들
· 지우개나 휴지, 쪽지가 특정한 아이를 향한다. · 특정한 아이를 빼고 이를 둘러싼 아이들이 이유를 알 수 없는 웃음을 짓는다. · 자주 등을 만지고, 가려운 듯 몸을 자주 비튼다. · 교복이 젖어있거나, 찢겨져 있어 물으면 별일 아니라고 대답한다. · 교복 등에 낙서나 욕설이나 비방이 담긴 쪽지가 붙어 있다. · 평상시와 달리 수업에 집중하지 못하고 불안해 보인다. · 교과서가 없거나 필기도구가 없다. · 자주 준비물을 챙겨오지 않아 야단을 맞는다. · 교과서와 노트, 가방에 낙서가 많다 · 코피나 얼굴의 생채기가 나 있어 물으면 괜찮다거나 별일 아니라고 한다. · 무슨 생각에 골몰해 있는지 정신이 팔려 있는 듯하다.
점심시간과 쉬는 시간에 발견할 수 있는 징후
· 자주 점심을 먹지 않는다. · 점심을 혼자 먹을 때가 많고, 빨리 먹는다. · 친구들과 어울리기보다 교무실이나 교담실로 와 선생님과 어울리려 한다. · 자기 교실에 있기보다 이 반, 저 반 다른 반을 떠돈다. · 친구들과 자주 스파링 연습, 격투기 등을 한다. · 같이 어울리는 친구가 거의 없거나 소수의 학생과 어울린다. · 교실 안보다 교실 밖에서 시간을 보내려 한다.

등 · 하교 시간 및 기타상황에서 발견되는 징후
· 자주 지각을 한다. · 자신의 집과 방향이 다른 노선의 버스를 탄다. · 다른 학생보다 빨리 혹은 아주 늦게 학교에서 나간다. · 학교 성적이 급격히 떨어진다. · 이전과 달리 수업에 흥미를 보이지 않는다. · 수련회, 수학여행 및 체육대회 등 학교행사에 참석하지 않는다. · 무단결석을 한다. · 작은 일에도 예민하고 신경질적으로 반응한다.
학교에서 발견할 수 있는 가해 징후
· 무리의 중심에 서 있으며 아이들을 몰고 다닌다. · 집에서 주는 용돈보다 많이 쓴다. · 선물을 받았다며 낯모르는 물건을 많이 소유하고 있다. · 감추는 게 많아진다.

2) 학교폭력 예방 활동

학교폭력 예방교육을 실시함에 있어 전체학생을 대상으로 하는 강연이나 방송을 통한 예방교육이 형식적으로 이루어지는 경우가 많다. 따라서 학년 초 계획에 의거 학급단위 예방교육을 실시하여 교육의 효율을 높이고 학생들에게 실질적인 예방교육이 되도록 해야 한다. 피해학생의 입장을 이해할 수 있는 역할극을 활용한다거나, 언론에 보도된 학교폭력 사안을 스크랩하는 활동 등을 통하여 학생들은 스스로 학교폭력 문제에 대한 심각성을 인식하고 학교폭력에 대하여 새로운 통찰을 하게 된다.

2. 학교폭력 발생 시 관리

학교폭력의 예방과 대처에 있어서 교사의 마인드는 매우 중요한 위치에 있다. 학교폭력이 초기에 해결되지 않고 민원이 발생하게 되면 학생, 학부모, 교사가 힘들어지는 어려운 상황으로 전개될 수 있다. 이와 같은 상황을 예방하기 위해서 교사는 무엇보다도 어떤 행동이 학교폭력인지에 대하여 바르게 알고 있어야 한다. 예를 들어 학교폭력이 학생들 간에 있을 수 있는 일이라고 가볍게 생각하거나, 또래 간에 발생하는 사소하고 단순한 갈등이라고 생각하거나 시간이 지나면 해결되는 것이며, 그들 스스로 괴롭힘을 해결할 수 있게 맡기고 어른이 개입할 필요가 없다는 생각은 매우 위험하다.

1) 초기 대응의 중요성

학교폭력 발생 시 중요한 것은 사건을 객관적이고 이성적으로 판단하여야 한다는 점이다. 이때, 교사가 이를 피하려고 한다면 문제를 해결되지 않고 오히려 사건이 커지거나 다른 방향으로 흐를 수 있다. 교사의 자신감은 사건 해결의 적극적이고 능동적인 행동으로 연결되어 피해학생 뿐만 아니라 가해학생 및 수많은 방관자적 입장의 학생들에게도 교육적 효과를 줄 수 있다.

학교폭력 사안이 최초로 발생하였을 때, 교사는 가해학생의 입장에서 사안을 바라보기 보다는, 피해학생에게 지속적인 관심과 따뜻한 배려를 제공함으로써 민원 발생을 최소화해야 한다.

초기개입단계에서 교사가 보이는 반응은 해결의지 반응과 회피반응으로 구분된다. 사건해결의지를 강력하게 표명하고 잘못한 아이들은 반드시 처벌한다는 교사의 반응은 이후 아이들의 신뢰를 얻게 되고 이후의 교실상황을 교사가 주도권을 가지고 운영하는데 도움을 제공한다. 반면에 피해학생에게 원인을 추궁하거나 잘못이 있다는 식의 회피 반응은 폭력이 난무하는 교실상황으로 악화시키는 계기를 제공하게 된다.

2) 가해사실의 인지 및 가해학생의 관리

교사는 평소 학생들에게 학교폭력은 반드시 해결된다는 교사의 의지를 학생들에게 심어 주어야 한다. 학교폭력의 징후를 알아차린 후, 교사는 교실에서 주변학생이 가해학생과 피해학생의 행동에 대해 어떻게 생각하고 있는지 알아보고 잘못된 부분은 교육적으로 바꿔 주어야 하며, 여기서 유의할 점은 가해학생이 영웅시 되거나 가해학생의 주도아래 정보가 왜곡되는 부분이다.

폭력사실을 알게 된 교사는 교장이나 다른 교사와 상의하여 가해학생들에 대하여는 적절한 사후조치나 감독 등 특별히 관리를 하며, 다른 교사들에게도 어떤 학생이 누구를 괴롭히는 것으로 보이니 평상시 이상한 징후 등이 보이면 즉시 이야기를 해달라고 하고, 이 학생들에 대해 좀 더 유심히 관찰해 줄 것을 부탁하는 것이 좋다.

학교폭력 사안 조사 시 가해학생과 피해학생을 대질시키는 것은 가급적 자제하여야 한다. 이런 일이 한번 발생하면 피해학생은 더 이상 폭력 상황에 대해 누구에게도 말하지 못하고 가해학생의 폭력의 강도는 더욱 심해지게 되어 상황이 악화될 가능성이 매우 높다.

피해학생의 이야기를 들으며, 사실을 파악할 때에는 육하원칙에 의거하여 자세하고 객관적으로 진술을 기록하여야 하며, 폭력의 범위와 원인이나 형태를 파악하여야 한다. 특히, 폭력사안을 다른 학생이 알고 있는 경우 주변학생의 진술을 확보해 놓는 것이 중요하다.

초등학교의 경우에는 교사가 교실에 상주하기 때문에 학생들의 움직임 등에 대해 관찰이 용이하나, 중·고등학교의 경우 쉬는 시간 등에 교실의 상황을 교사가 파악하기는 쉽지 않다. 따라서 교실의 상황을 알려줄 수 있는 연락망을 만들어 두는 것이 중요하다. 연락망은 학급반장이 역할을 하게 되는데, 책임을 맡은 학생이 교실에서 문제되는 상황이 발생한 경우 이를 교사에게 알리고 수시로 교실에서 일어나는 학생들의 상황을 알려줄 수 있도록 하는 것을 말한다. 이때 학생들에게 학교폭력을 신고하는 것은 고자질이 아니라 친구를 보호하기 위한 것임을 사전에 인식시켜 주어야 한다. 이러한 조치는 학교폭력이나 성폭력이 아니어도 교사가 학생지도를 위해 기본적으로 취하여야 할 조치이다.

학교폭력이나 성폭력 사건을 접하게 되면 교사는 해당사건에 온 관심을 기울이게 된다. 단순히 해당사건에만 급급한 나머지 신경 쓰지 못하는 부분 중 가장 큰 부분은 다른 사건과 연루되어 있지 않은지 확인하는 작업이다. 우발적인 폭력이 아닌 집단따돌림, 상습적 폭행 등의 경우 가해학생이 한 학생만을 괴롭히지 않았을 경우가 대부분이다. 다만 그러한 경우 중 일부만 교사가 알고 있을 수 있기 때문에 일반 학생들을 대상으로 간단한 방식으로라도 유사 사건이 있는지 조사할 필요가 있다.

3) 사후지도

가해사실이 경미하여 훈계정도의 조치로 끝냈을 경우 가해학생은 폭력 사실을 보호자나 교사에게 알렸다는 이유로 피해학생을 전보다 더 심하게 괴롭힐 수 있다. 따라서 학교폭력이 해결된 사안이라도 지속적인 사후지도가 이루어지지 않는다면 오히려 사건을 더 크게 키울 수 있다. 이와 같이 사후 조치가 미흡할 때 경미한 사안이 큰 사안으로 발전하여 자살까지 이르게 되는 것이다.

학교폭력 사안은 우선적으로 피해학생이 보호되어야 하므로 피해학생에게 정서적 지지와 함께 공감대를 형성함은 물론, 피해학생에게 지속적인 관심과 따뜻한 배려를 제공함으로써 사안의 확대를 최소화 할 수 있다.

학교폭력 가해학생에 대한 지도는 처벌이 우선이 아니라, 학교폭력 재발을 예방하는 차원에서 잘못을 반성할 수 있는 기회를 제공해 주어야 한다. 또한, 피해학생에 대한 진정한 사과 행동과 자신의 행동에 책임을 지는 자세를 교육함으로써 자신의 잘못에 대한 명예회복의 기회로 삼도록 해야 한다.

학교폭력이나 성폭력 예방차원에서 가정통신문 발송을 하는 경우가 많이 있는데, 가정통신문은 교사입장에서는 적당한 조치라고 생각할 수 있지만 실효성 면에서는 기대보다는 낮은 것이 사실이다.

학교폭력은 가시적으로 해결된 이후에도 지속적인 지도가 필요하다. 특히 피해학생은 공감과 정서적 지지를 통하여 심리적 안정을 주도록 하고, 피해로 인한 억압된 감정을 글이나 그림으로 표현하게 하는 것도 좋은 방법이다. 또한 피해학생의 흥미와 적성에 맞는 방과 후 활동 등을 추천하여 활동에 몰입하게 하는 것도 추후 지도의 좋은 방법이다.

가해 학생은 저항할 힘이 없거나 심약한 사람들에게 신체적, 심리적, 사회적, 언어적 폭력을 가함으로서 단순한 지배 이상의 쾌감과 즐거움을 느끼게 된다. 따라서 가해행동이 수정 되지 않으면 성인기에 이르기까지 폭력이 지속될 가능성이 높다. 우선 피해학생에 대한 보복이나 다른 학생에 대한 재발 방지를 위하여 사소한 학교폭력도 범죄라는 사실을 인식시켜야 한다. 그리고 가해학생의 성장과 관계회복을 위하여 책임, 관용, 봉사정신을 습득할 수 있는 기회를 제공해 주며, 진정성에 의한 사과와 용서로 피해 및 가해자간 관계회복을 위하여 지속적으로 지도해야 한다.

제3절 학교폭력대책심의위원회의 대응

1. 학교폭력대책심의위원회의 기능

학교폭력 예방 및 대책에 관한 법률 제12조(학교폭력대책심의위원회의 설치 · 기능)
① 학교폭력의 예방 및 대책에 관련된 사항을 심의하기 위하여 「지방교육자치에 관한 법률」 제34조 및 「제주특별자치도 설치 및 국제자유도시 조성을 위한 특별법」 제80조에 따른 교육지원청(교육지원청이 없는 경우 해당 시 · 도 조례로 정하는 기관으로 한다. 이하 같다)에 학교폭력대책심의위원회(이하 "심의위원회"라 한다)를 둔다. 다만, 심의위원회 구성에 있어 대통령령으로 정하는 사유가 있는 경우에는 교육감 보고를 거쳐 둘 이상의 교육지원청이 공동으로 심의위원회를 구성할 수 있다. 〈개정 2012. 1. 26., 2019. 8. 20.〉 ② 심의위원회는 학교폭력의 예방 및 대책 등을 위하여 다음 각 호의 사항을 심의한다. 〈개정 2012. 1. 26., 2019. 8. 20.〉 1. 학교폭력의 예방 및 대책 2. 피해학생의 보호 3. 가해학생에 대한 교육, 선도 및 징계 4. 피해학생과 가해학생 간의 분쟁조정 5. 그 밖에 대통령령으로 정하는 사항 ③ 심의위원회는 해당 지역에서 발생한 학교폭력에 대하여 조사할 수 있고 학교장 및 관할 경찰서장에게 관련 자료를 요청할 수 있다. 〈신설 2012. 3. 21., 2019. 8. 20.〉 ④ 심의위원회의 설치 · 기능 등에 필요한 사항은 지역 및 교육지원청의 규모 등을 고려하여 대통령령으로 정한다. 〈개정 2012. 3. 21., 2019. 8. 20.〉

학교폭력대책심의위원회(이하 심의위원회)는 학교와 학부모뿐만 아니라 다양한 전문가들이 참여하여 학교폭력의 예방 및 대책 관련 사항을 심의하는 기구이다.

심의위원회는 피해학생 보호조치(학교폭력법 제16조), 가해학생에 대한 조치(학교폭력법 제17조), 분쟁조정(학교폭력법 제18조), 그 밖에 학교폭력문제를 담당하는 담당자 및 학생회 대표가 건의하는 사항에 관하여 심의한다.

2. 학교폭력대책심의위원회의 구성 및 운영

학교폭력 예방 및 대책에 관한 법률 제13조(심의위원회의 구성 · 운영)
① 심의위원회는 10명 이상 50명 이내의 위원으로 구성하되, 전체위원의 3분의 1 이상을 해당 교육지원청 관할 구역 내 학교(고등학교를 포함한다)에 소속된 학생의 학부모로 위촉하여야 한다. 〈개정 2019. 8. 20.〉

심의위원회는 10명 이상 50명 이내의 위원으로 구성하되, 전체위원의 3분의 1 이상을 해당 교육지원청 관할 구역 내 학교(고등학교를 포함한다)에 소속된 학생의 학부모로 위촉하여야 한다. 심의위원회는 심의 과정에서 소아청소년과 의사, 정신건강의학과 의사, 심리학자, 그 밖의 아동심리와 관련된 전문가를 출석하게 하거나 서면 등의 방법으로 의견을 청취할 수 있고, 피해학생이 상담·치료 등을 받은 경우 해당 전문가 또는 전문의 등으로부터 의견을 청취할 수 있다. 다만, 심의위원회는 피해학생 또는 그 보호자의 의사를 확인하여 피해학생 또는 그 보호자의 요청이 있는 경우에는 반드시 의견을 청취하여야 한다.

피해학생과 가해학생이 다른 학교에서 재학 중인 경우 둘 이상의 학교가 공동학교폭력대책심의위원회(이하 공동심의위원회) 구성한다. 공동심의위원회 중심학교 지정은 ① 학교 간 협의하여 결정된 학교, ② 학교 간 학교폭력 발생 시 피해 학생이 많은 학교, ③ 피해학생이 동수인 경우 학교 규모가 큰 학교를 고려하여 정한다.

3. 학교폭력대책심의위원회의 소집

학교폭력대책심의위원회의 소집은 분기별 1회 이상 회의를 개최(사안 미 발생 시에도 반드시 개최) 한다.

학교폭력대책심의위원회의 소집 요건은 심의위원회 재적위원 4분의 1 이상이 요청하는 경우, 학교의 장이 요청하는 경우, 피해학생 또는 그 보호자가 요청하는 경우, 학교폭력이 발생한 사실을 신고 받거나 보고받은 경우, 가해학생이 협박 또는 보복한 사실을 신고 받거나 보고받은 경우, 그 밖에 위원장이 필요하다고 인정하는 경우이다.

신고 접수 등 사건 인지 후 14일 이내에 심의위원회를 개최하여야 한다. 다만, 필요한 경우 학교장은 7일 이내에서 심의위원회 개최를 연기 할 수 있다. 심의위원회의 개최 통지는 위원장이 해당학생 및 보호자에게 충분한 기간을 두고 서면으로 통보한다.

4. 학교폭력심의위원회의 진행 절차

심의위원회는 개회 → 사안보고 → 사실확인 및 의견진술, 질의응답 → 조치논의 및 결정 → 결과통보 및 교육청 보고 → 조치실행 및 사후관리의 순으로 이루어진다.

〈표 10-1〉 학교폭력대책심의위원회 진행절차 및 내용

진행절차	내용
개최알림 개회사, 위원장 인사	심의위원회 총괄: 위원장 심의위원회 진행: 학교폭력책임교사
↓ 심의위원회 개요 안내	참석자 소개 및 심의위원회 안내 주의사항 안내 (발언 동의, 비밀유지, 폭언·폭행·비난 시 퇴실)
↓ 사안조사보고	서면 조사 결과 보고
↓ 피해측 진술	원활한 진술을 위해 상대측은 대기실로 이동 후 각기 진술
↓ 가해측 진술	원활한 진술을 위해 상대측은 대기실로 이동 후 각기 진술
↓ 질의 응답	
↓ 조치 논의 및 결정	
↓ 협의 조정	
↓ 결과 통보	학교장의 결재 후 통보

제4절 통고제도의 활동

'통고'란 범죄소년(14세 이상~19세 미만), 촉법소년(10세 이상~14세 미만), 우범소년(10세 이상~19세 미만)의 보호자 또는 학교장 · 사회복리시설의 장 · 보호관찰소장 등이 경찰이나 검찰과 같은 수사기관을 거치지 않고, 직접 사건을 법원에 접수시키는 절차를 말한다. 구체적으로 10세부터 19세 미만 연령대의 소년 중 비행행동을 했거나, 장래 비행행동을 할 우려가 높은 소년의 경우에 보호자 등 소년의 관계인이 법원 소년부에 직접 통고를 함으로써 비행에 대한 적절한 조기 대응책을 마련할 수 있다.

1. 통고제도의 배경

통고제도는 소년보호재판에 관한 모든 절차를 보다 국가후견적인 입장에서 처리하고, 보호처분의 결정과 집행에서 사회와 가정 및 국가기관 상호간에 유기적인 협조가 이루어질 수 있도록 하려는 목적에서 출발하였다. 그 결과 보호자, 학교장, 사회복리시설장, 보호관찰소장 등 소년의 보호와 관련된 사람들과 법원이 함께 소년의 문제에 대해 교육적, 복지적 측면에서 적절한 해결책을 찾을 수 있도록 절차가 마련된 것이다.

통고는 정식으로 경찰이나 검찰에 접수된 사건과 달리 사전 수사단계가 생략된 채 소년의 관계인들에 의해 법원에 바로 의뢰되므로 통고를 받은 법원 소년부가 이를 조사하여 재판할 필요가 있다고 인정할 때 비로소 소년 보호재판의 대상이 된다고 할 수 있다.

2. 학교장 통고제도의 주체 및 대상

학교장 통고제도는 소년법상 범죄소년, 촉법소년, 우범소년을 발견한 보호자 또는 학교, 사회복리시설, 보호관찰소의 장은 통고 절차에 따라 법원에 통고할 수 있다. 따라서 학생의 실질적 교육을 담당하고 있는 학교의 장 명의로 통고할 수 있다.

통고제도의 대상은 10세부터 19세 미만 소년 중 학교폭력 사건이 아니더라도 실제로 형벌법령에 저촉되는 행위를 하거나 장래 위험성이 있는 경우에 소년에 대한 교육 차원에서도 통고를 활용할 수 있다.

3. 학교장 통고제도의 필요성 및 효과

1) 필요성

학교폭력으로 사법기관에 의뢰되는 사건의 접수율 또한 매년 증가하고 있는 추세이다. 그러나 수사기관을 거쳐 법원까지 오게 되면 절차 진행으로 인한 시간 지연 때문에 기해학생이나 피해학생 모두 적응의 어려움을 겪게 되고, 적절한 교육의 시기를 놓치게 되는 문제점도 발생한다.

통고제도는 소년의 비행 초기에 간편하게 법원에 문제 해결을 의뢰할 수 있는 제도로서 학교의 관심과 지원, 보호자의 감독과 교육, 법원의 조기 개입을 통한 협력체계를 구축하여 가해학생이나 피해학생 모두의 피해를 최소화할 수 있는 방향으로 문제 해결이 가능하다.

법원에서 통고사건을 처리할 때에는 통고한 학교장이나 관계인들의 의견을 최대한 청취하고, 정신의학, 심리학 등 인간관계 전문가에 의한 진단이나 사전 상담교육 등의 결과를 참조하므로 상황을 고려한 맞춤식 처분이 가능하다. 또한 사전에 긴급 상황으로 가해학생과 피해학생 간 분리가 필요한 경우에는 임시조치를 신속하게 활용하여 가해학생을 일정 시설에서 생활하도록 하는 등 적절한 조치를 취할 수 있다.

특히, 학교–보호자–전문가–법원의 협의 체계를 활용함으로써 학교폭력 문제에 대한 초기 개입부터 처분 이후까지 전 과정에 걸쳐 관련 기관들이 문제 인식 및 해결방법을 함께 공유할 수 있다는 장점이 있다. 초기 개입 시 시행한 조치의 결과를 평가한 후 이에 필요한 후속 조치를 시행함에 있어 효율적으로 접근이 가능하다.

2) 통고제도의 효과

학교폭력 문제 발생 시 신고나 고발 등을 통해 수사기관에서 수사를 받게 되면 학생이나 학교당국은 심적으로 큰 부담을 느낄 수밖에 없다. 나아가 정식사건이 되면 수사를 받았던 이력이 수사자료 표에 기재되고, 처분결과가 범죄경력조회에도 남게 되므로 향후 학생이 법적 불이익을 입을 가능성도 많다. 그러나 통고제도를 활용하여 법원에 바로 의뢰하면 수사에 대한 부담을 줄일 수 있을 뿐만 아니라, 법원의 처리내용이나 결정이 경찰, 검찰의 수사 자료에 통보되지 않으므로 학생의 장래에 어떠한 영향도 미치지 않는다는 장점이 있다.

학교당국의 입장에서는 학교폭력문제 발생 시 통고제도를 통해 법원에 사건해결을 의뢰하게 되면 학부모간 분쟁에 휘말릴 우려가 적다. 일단 학교로부터 중립적인 법원이 사건을 맡게 되면 객관적인 판단을 기대할 수 있기에 보호자가 학교당국의 결정에 대해 불만을 가질 우려가 있는 경우라면 더욱 효과적이다. 법원은 유관 기관과의 협력체계하에 전문적이고 실질적인 해결 수단을 제공할 수 있고, 소년재판과정을 통해 가해학생에게 적절한 조치를 취할 수 있다.

3) 학교에서 통고 가능한 경우

학교에서 통고가 가능한 경우는 학교폭력대책심의위원회의 의결 사항 중 한 방법으로 통고처분이 가능하다. 또한 지속적인 집단따돌림 사건이나 형사 사건화 가능성이 높은 사안, 가정의 보호력이 미약하고, 지속적인 비행을 저지르는 학생, 정신장애 등이 의심되는 학생과 같이 학교 내에서 해결하기 어려운 경우도 통고처분이 가능하다.

4) 통고 처리 절차

(1) 접수 단계

통고서류를 제출하면 담당판사가 당일 조사관의 접수상담결과, 통고서 내용 및 기타 참고자료를 검토하여 소년보호재판으로 다룰지에 대해 판단한다. 이 때 판사가 소년보호재판의 대상으로 적합하다고 수리결정을 하게 되면 정식 소년보호사건으로 접수한다.

⑵ 조사 단계

통고된 사건이 수리·접수되면 먼저 조사단계로 넘어간다. 소년보호재판절차는 크게 조사단계와 심리단계로 나누어지는데, 조사 후 재판을 계속할 필요가 없다고 판단하면 심리불개시결정을 한 후 사건을 종결한다.

⑶ 조사 및 심리단계

조사란 주로 보호의 필요성에 관한 자료를 수집·분석하는 것으로서 생활환경조사의 기능을 가지고 있다. 심리란 조사된 자료를 기초로 하여 비행 및 보호의 필요성이 있는지 여부를 판단하고, 적절한 보호처분을 결정하는 것으로서 사법적 기능을 갖는다.

⑷ 임시조치 단계

소년부 판사는 조사관에 의한 조사 보고 등에 따라 심리개시 여부를 결정한다. 그 과정에서 판사가 사건의 조사 또는 심리에 필요하다고 인정하면 임시조치 중 한 가지를 선택할 수 있고, 조사관이나 비행예방센터에 학생의 환경 및 비행원인에 대한 상세한 조사를 의뢰할 수 있다.

또한 소년부 판사는 조사 또는 심리를 할 때 정신과의사·심리학자·사회사업가·교육자나 그 밖의 전문가에게 진단을 의뢰하여 그 의견을 참고할 수 있다. 필요한 경우 소년분류심사원의 분류심사결과 및 의견, 보호관찰소의 조사결과와 의견 등을 참고할 수 있다.

⑸ 최종 처분단계

소년보호재판처리절차의 마지막 단계로 최종기일에 학생의 보호를 위하여 10가지 종류의 보호처분 중에서 적합한 처분결정을 할 수 있다. 보호처분은 비록 최종처분이라도 학생의 상태 및 보호환경의 변화가 큰 시기라서 성인과 달리 처분 이후에 학생의 변화에 맞추어 처분기관의 신청 또는 판사의 직권으로 처분변경을 할 수 있다.

| 학습과제 |

1. 학교폭력 사안처리 절차를 기술하세요.

2. 학교폭력 사안 처리 시 유의사항을 설명하세요.

CHAPTER **11**

학교폭력 대응전략

| 개요 |

학교폭력은 형벌의 대상으로 「형법」을 비롯한 형사법이 적용되고, 가해 행위의 동기와 죄질 등을 고려하여 「소년법」이 적용될 수 있으며, 학교폭력에 대한 전반적인 문제를 다루기 위해 「학교폭력 예방 및 대책에 관한 법률」을 제정·시행중에 있다. 「학교폭력 예방 및 대책에 관한 법률」에서는 학교폭력 피해학생의 보호, 가해학생의 선도·교육 및 분쟁조정에 관한 사항을 규정하고 있다.

학교폭력의 피해학생은 가해학생, 그 감독의무자 및 학교 등을 상대로 손해(치료비 및 위자료 등)에 대한 배상을 청구할 수 있다.

학교폭력이 발생했을 때 학교와 교사는 즉시 대응체계를 가동하여야 한다. 학교폭력 피해자를 보호하고 도와주어야 하며, 신체적·정신적 회복을 위해 관련기관 간의 연계를 통한 지원이 이루어져야 한다. 뿐만 아니라 학교폭력 가해학생의 경우도 자신의 잘못을 반성하고 다시는 학교폭력 가해자가 되지 않도록 노력해야 하며, 건강한 인간관계를 회복할 수 있도록 지원해야 한다.

신체적 폭력, 경제적 폭력, 정서적 폭력, 언어적 폭력, 사이버 매체 폭력, 성폭력 등 각 학교폭력 유형별 정의와 사안발생 시 대응, 피해학생 보호 및 가해학생 조치에 대해 정확히 알고 적절히 대응하여야 하며, 마지막으로는 방과 후 발생한 학교폭력에 대한 대응방법을 설명하였다.

chapter 11 학교폭력 대응전략

학교폭력은 형벌의 대상으로 「형법」을 비롯한 형사법이 적용되고, 가해 행위의 동기와 죄질을 고려하여 「소년법」이 적용될 수 있으며, 학교폭력에 대한 전반적인 문제를 다루기 위해 「학교폭력 예방 및 대책에 관한 법률」을 제정 · 시행중에 있다. 「학교폭력 예방 및 대책에 관한 법률」에서는 학교폭력 피해학생의 보호, 가해학생의 선도 · 교육 및 분쟁조정에 관한 사항을 규정하고 있다.

학교폭력의 피해학생은 가해학생, 그 감독의무자 및 학교 등을 상대로 손해(치료비 및 위자료 등)에 대한 배상을 청구할 수 있다.

학교폭력에 효과적으로 대처하기 위해서는 지역의 여러 사원체제를 효과적으로 활용해야 한다. 학기 초 각 학교에서는 안전사고예방대책을 세울 때 학교에서 가까운 거리에 있는 지구대, 병원, 법률기관, 상담기관 등과 업무협약을 맺어 평상시 긴밀한 협조체제를 유지하는 것이 좋다. 특히 성폭력에 대한 즉시 신고, 폭력서클 연계 사안 등을 처리하기 위해 학교 전담경찰관(스쿨폴리스)과 긴밀하게 협력한다.

이 장에서는 유형별 학교폭력의 특징과 대응상의 주의사항들을 설명하고자 한다.

제1절 신체적 폭력

유형	학교폭력예방법 관련	예시
신체폭력	상해, 폭행, 감금, 약취 · 유인	· 일정한 장소에서 쉽게 나오지 못하도록 하는 행위 (감금) · 신체를 손, 발로 때리는 등 고통을 가하는 행위 (상해, 폭행) · 강제(폭행, 협박)로 일정한 장소로 데리고 가는 행위 (약취) 상대방을 속이거나 유혹해서 일정한 장소로 데리고 가는 행위 (유인) ※ 장난을 빙자해서 꼬집기, 때리기, 힘껏 밀치는 행동 등도 상대학생이 폭력행위로 인식한다면 이는 학교폭력에 해당

1. 정의

사람의 신체에 직·간접적인 물리력을 행사하는 것으로 신체적 상해를 비롯하여 감금, 폭행, 약취·유인 등의 행위를 하는 경우를 말한다.

2. 신체폭력 발생 시 대응

신체폭력이 발생한 경우에는 피해학생의 신변안전을 최우선으로 생각하고, 응급상황 발생 시 학교폭력 전담기구 소속교사들(교감, 책임교사, 보건교사, 상담교사 등)을 중심으로 역할을 분담하여 신속하게 조치해야 한다.

담임교사 또는 교직원	· 보호자 연락, 보건교사에게 연락 · 병원 이송 시 반드시 동승
학교폭력 전담기구	· 교감: 상황 파악, 지시 · 책임교사: 상황 지시, 주위 학생 안정 및 질서유지 지도, 진행상황 육하원칙에 따라 기록 · 보건교사: 응급조치, 병원 이송 시 반드시 동승, 차량 내에서 요원의 응급처치 도움, 병원에서 피해학생 상태 설명 · 상담(교)사: 피해학생의 심리적 안정 지원

사안을 가장 먼저 인지한 교직원은 신속히 학교폭력 전담기구 소속교사에게 연락한다. 피해학생의 가벼운 상처는 보건실에서 1차로 치료하고, 정도가 심할 경우 병원으로 신속히 이송(담임교사, 보건교사 등이 동행)해야 한다. 탈골, 기도 막힘, 기타 위급상황 시 119 또는 1339에 도움을 요청하고, 관리자와 해당 교사, 학부모에게 사실을 빠르게 통보해야 한다. 또한 응급조치한 내용은 빠짐없이 기록하고, 현장에 있던 증거자료를 잘 보존하고 기록(촬영, 사진 찍기 등)해 두어야 한다.

신체폭력 처리절차는 일반적인 학교폭력 사안처리 절차와 동일하다. 다만, 전담기구의 사안조사 시 발생경위, 상해의 심각성, 감금·신체적 구속여부, 성폭력 여부를 중점적으로 파악해야 한다.

3. 처리 절차

1) 담임교사 및 생활지도교사의 신속한 보고 및 대처

담임교사는 즉시 학교에 보고하여 신속한 사안조사가 이루어지도록 해야 한다. 담임교사는 병원을 방문하여 피해 학생의 상태를 파악하고 보호자와 면담한다. 학교폭력 전담기구는 즉시 사안을 조사하고, 사안의 내용과 학교 측의 대처 사항에 대해 학부모에게 정확히 알려 주어 분쟁의 소지를 미연에 방지해야 한다.

2) 피해학생 보호 및 가해학생 조치

피해 학생의 보호 조치를 위해 필요한 경우 결석은 출석일수에 산입하고, 성적 등을 평가함에 있어서 불이익이 없도록 한다.(「학업성적관리시행지침」)

가해학생에 대한 조치 중 학교 내 봉사, 사회봉사, 특별교육 이수 또는 심리치료 기간은 출석으로 처리 가능하다.

피해 학생의 경우 추후 불안이나 공포, 무기력감, 분노, 좌절 등 정신건강 상의 어려움을 호소할 수 있으며, 나중에 학습동기 저하, 결석, 전학, 학업 포기 등의 부정적 결과를 낳을 수 있으므로 세심한 주의와 지도가 필요하다.

피해 학생의 상태가 위중하거나 외상이 심한 경우, 가해 학생 역시 충격을 받아 예측하지 못하는 돌발 행동을 할 수 있다. 그러므로 심리적인 안정을 취할 수 있도록 교사가 계속 주의를 기울여야 한다.

목격 학생 및 주변 학생들에게 상황을 인식시키고 차후 유사한 폭력 사항이 벌어져서는 안 되도록 교육한다.

3) 피해 학생 학부모가 경찰에 고소했을 때

학부모가 법적 절차를 밟을 때 학교는 자체적인 조치를 중단하기보다는 피해학생과 가해학생에 대하여 학교 차원에서 할 수 있는 보호 및 지속적인 지도 조치를 한다.

피해학생과 가해학생을 격리 조치하고, 피해학생을 보호조치하며 피해학생이 위험 상황에 있을 때 담임에게 바로 연락할 수 있도록 조치한다.

법적 절차가 진행되는 동안 피해학생에 대한 가해학생의 공격행동이 재발하지 않도록 주의하고, 가해학생을 상담교사나 지역 상담센터와 연계하여 지속적으로 상담을 받도록 한다.

제2절 경제적 폭력

유형	학교폭력예방법 관련	예시
금품 갈취	공갈	· 돌려 줄 생각이 없으면서 돈을 요구하기 · 옷, 문구류 등을 빌린다며 되돌려주지 않기 · 일부러 물품을 망가뜨리기 · 돈을 걷어오라고 하기 등
강요	강제적 심부름, 강요	· 의사에 반하는 행동을 강요(속칭 빵 셔틀, 와이파이 셔틀 등) · 폭행 또는 협박으로 상대방의 권리행사를 방해하거나 억지로 시키는 행위(강요)

1. 정의

경제적 폭력은 금품갈취나 강제적 심부름, 강요 등으로 경제적 손해를 입히는 행위를 말한다.

2. 사안발생 시 대응

금품갈취 문제가 발생한 경우, 정확한 피해사실(언제, 어디서, 어떤 물건을, 누가 등)을 확인해야할 필요가 있다. 다른 신체적인 폭행 등의 피해가 없었는지를 확인해야 한다. 확인 후에는 신체적 폭행과 마찬가지로 피해 자녀가 담임교사와 상담교사에게 이야기하고 도움을 구할 수 있도록 부모는 적극적으로 지지해주어야 한다.

가해자가 모르는 사람이거나 지역의 선배일 경우 이에 대한 예방 차원에서 담임교사나 상담교사를 통해 학교 전체의 예방교육과 주변의 순찰 등을 진행되도록 요청한다.

금품갈취의 경우 액수에 상관없이 피해가 증명될 수 있으면 형사입건이 가능하다. 그리고 재발방지를 원할 경우에는 담임교사나 상담교사를 통해 경찰의 주변 순찰 강화를 요청할 수 있다.

경제적 폭력 사안이 발생할 경우 반환여부, 손괴여부, 협박과 강요의 정도를 중점적으로 파악해야 한다.

강요(강제적 심부름)는 폭력서클과 연계되어 있거나, 금품갈취와 함께 일어날 수 있으므로 평소에 즉시 신고하도록 예방교육을 실시한다.

인터넷 사용 예절, 정보통신 윤리 교육 등을 수시로 실시하고, 피해, 가해 사실은 모두 기록으로 남는다는 사실을 교육한다. 가정에서도 컴퓨터, 스마트폰 사용 교육을 실시토록 안내한다.

3. 예방활동

경제적 폭력의 경우 학생들을 세심하게 살펴보면 다음과 같은 행동이 나타난다.

- 친구를 대신하여 심부름을 한다.
- 친구를 대신하여 과제를 하거나 책가방을 들어준다.
- 친구에게 음식물을 제공하거나 옷 등을 빌려준다.

아무리 적은 금액이라도 다른 학생에게 돈을 빼앗겼을 경우에는 반드시 담임교사에게 사실을 알려 피해가 커지지 않도록 평소에 예방교육을 철저히 해야 한다. 적은 금액을 빼앗겨도 피해 학생은 두려워하고 불안해할 수 있으므로 교사는 이를 무시하거나 가볍게 여기지 말고 반드시 도울 것을 학생에게 약속하여 학교를 신뢰하도록 한다.

4. 피해학생 보호 및 가해학생 조치

가해 학생과의 면담을 통하여 사실을 확인한 후 아무리 적은 금액이라도 남의 돈을 빼앗는 행위는 폭력에 해당한다는 사실을 인식시킨다. 또한 방조 행위도 학교폭력에 해당함을 알려준다.

가해자와 신뢰 관계에 있는 담임교사, 상담교사, 생활지도교사와 연계하여 지도한다. 가해 동기, 배경에 대한 원인을 파악하여 집단따돌림의 피·가해자가 되지 않도록 조기 개입 및 예방교육을 실시해야 한다. 피해 학생에 대해서 진심으로 사죄의 마음을 가질 수 있도록 온화하고 끈기 있게 훈계한다.

학부모에게 사실을 알리고, 방임·빈곤 학생일 경우, 사회복지사나 지역주민자치센터와 연계하여 지원할 수 있도록 한다.

	피해학생 조치	가해학생 조치
금품갈취	· 초등학교 저학년 학생은 적은 돈을 빼앗겨도 두려워하고 불안해할 수 있으므로 교사는 이를 무시하거나 가볍게 여기지 않고 반드시 도와주겠다는 것을 학생에게 약속하여 학교를 신뢰하도록 한다. · 적은 금액을 빼앗겼을 때 피해학생의 경우 교사에게 얘기하기를 주저할 수 있다. 하지만 교사는 금액보다는 금품갈취 당했다는 사실에 대해 주목하고 이에 대해 학생의 심정을 공감하고 해결을 위해 노력한다.	· 가해학생과의 면담을 통하여 사실을 확인한다. · 아무리 적은 금액이라도 남의 돈을 빼앗는 행위는 폭력에 해당한다는 사실을 인식시킨다. · 보호자에게 사실을 알린다. · 방임·빈곤학생일 경우, 경제적 도움을 줄 수 있도록 사회복지사나 지역주민자치센터에 연계하여 지원을 돕는다.
강요·강제적심부름	· 상담을 통하여 어느 정도 피해를 받았는지, 다른 폭력 피해는 없는지 확인을 한다. · 당분간 부모가 등·하교 길에 동행하도록 한다.	· 단순가담 학생들은 상담을 통해 지도한다. · 보호자에게 알리고 재발하지 않도록 지도한다.

제3절 정서적 폭력

유형	학교폭력예방법 관련	예시
따돌림 괴롭힘	따돌림(집단)	· 집단적으로 상대방을 의도적이고, 반복적으로 피하는 행위 · 싫어하는 말로 바보취급 등 놀리기, 빈정거림, 면박주기, 겁주는 행동, 골탕 먹이기, 비웃기 · 다른 학생들과 어울리지 못하도록 막기 등

1. 정의

정서적 폭력은 집단따돌림이나 괴롭힘 등 학교 또는 학급 등 집단에서 한 명 또는 소수의 학생들을 대상으로 적극성을 가지고 지속적·반복적으로 소외시키거나 심리적 또는 신체적으로 괴롭히는 행위를 가리킨다.

2. 사안발생 시 대응

따돌림은 괴롭힘과 함께 이루어지는 경우가 많지만 대부분의 교사들이 학교폭력으로 인식하지 못하는 경우가 많으므로 특별히 주의를 요한다.

집단따돌림 문제가 발생하고 이 사실을 부모가 알게 되었을 경우, 자녀에 대한 공감과 지지가 무엇보다도 중요하다. 그 다음으로는 따돌림의 정황 및 이유, 피해기간, 피해자 개인적인 특성, 경험 등에 대해 구체적으로 파악해보고, 만일 피해자의 정서적·심리적 피해상황을 파악하여, 정신적 피해가 심각하다면 전문상담(치료)자의 도움을 받는 것이 필요하다.

정서적 폭력은 사전예방지도가 매우 중요하다. 학기 초 학교차원에서 생명존중 및 학교폭력 예방교육 계획을 세우고 방송 및 가정통신문, 학교장 훈화(담임 훈화) 등을 통하여 수시로 교육을 실시해야 한다.

정서적 폭력의 경우, 잘 드러나지 않을 뿐 아니라 피해학생의 자살로 이어지는 경우가 많으므로 학기 초 자살위험도 검사(Reynolds)의 자살생각 척도, Beck의 자살생각 척도검사를 실시하는 것이 좋다. 또한 매월 학교폭력 및 비행관련 설문조사를 실시하고 그 결과를 토대로 관련학생에 대하여 성찰교실(Wee클래스) 등에서 특별 상담 및 지도를 해야 한다. 괴롭힘, 왕따, 자살징후 등을 예의 주시하고 사전예방지도를 철저히 해야 한다(훈화기록, 가정통신문, NEIS의 상담기록, 교무수첩, 통화기록, 문자 메시지, 이메일, 주변학생 진술 등).

따돌림의 경우 초기대응이 중요하다. 또한 학급 담임의 중재와 대처가 상당히 큰 역할을 차지할 수 있다. 따라서 초기에 담임교사나 상담교사가 조치할 수 있도록 학교폭력 피해 사실을 피해자가 직접 이야기 할 수 있도록 지지해주어야 한다.

경찰에 알릴 경우는 피해사실에 대한 증거자료가 확보되어야 하며, 형사처벌을 받을 가능성이 있는지를 확인해보아야 한다. 원할 경우에는 담임교사나 상담교사를 통해 경찰의 주변 순찰 강화를 요청할 수 있다.

집단따돌림과 괴롭힘의 경우 구체적이고 사실적인 증거확보가 어렵다. 이메일, 낙서메모지, 일기장 등이 증거자료가 될 수 있지만, 이 정도의 증거자료도 없는 경우엔 피해자가 직접 증거자료를 만들어야 한다. 육하 원칙에 의거하여 언제, 누가, 어디서, 어떤 폭력상황이 발생했는지 구체적이고 사실적으로 정황을 묘사하고 그 당시 피해자의 심정까지 기록을 해서 자료를 만들어야 한다.

3. 사안발생 시 대응

정서적 폭력 문제를 다룰 때는 다음의 사항에 주의해야 한다.

첫째, 피해학생 의사에 반하는 피해사실 공개금지이다.

피해사실이 확인되고 난 후 이를 바로 공개하면 피해학생이 당황하고 난처해질 수 있다. 교사는 피해학생과 상담을 깊이 있게 하여 피해학생의 요구를 최대한 존중해주는 방식으로 대처해야 한다. 가해학생을 바로 불러서 야단치면 가해학생은 교사에게 일렀다는 이유로 피해학생을 더욱 심하게 괴롭히고 따돌리는 경우가 많다. 반 전체 앞에서 피해·가해학생의 이름을 지목하며 따돌림에 대해 훈계하면 피해·가해학생 모두가 낙인이 찍혀 문제해결에 효과적이지 않다.

둘째, 심각한 피해일 경우, 피해학생을 설득해야 한다.

만약 따돌림 정도가 심한데 피해학생이 보복이 두려워 사안의 공개나 처벌을 반대하면 ① 피해를 당했을 때 조치를 취하지 않으면 폭력은 점점 심해지고 지속되며, ② 따돌리는 학생은 자신이 폭력을 행사하는 줄 모르기 때문에 이를 알려주어야 가해행동을 멈출 수 있다는 것을 설명하여 피해학생을 설득해야 한다.

셋째, 피해·가해학생 함께 만나게 해서는 안 된다.

피해·가해학생들을 강제로 한 자리에 불러 모아 화해시키거나 오해를 풀도록 하면 안 된다. 학생들끼리 얘기하라고 교사가 자리를 비우는 경우도 있는데 이는 적절치 않다. 따돌린 학생 다수와 따돌림 받은 학생 한 명이 한 공간에 있게 되면 피해

학생은 더욱 심한 공포심과 위압감을 느끼게 된다. 피해학생과 가해학생은 교사가 따로 불러 상담을 한다.

4. 피해학생 보호 및 가해학생 조치

정서적 폭력은 집단으로 이루어지는 경우가 많으므로 교사가 관계개선 프로그램을 활용하는 것이 좋다. 피해학생 및 가해학생 뿐 아니라 모든 학생들이 공감과 소통능력을 갖도록 해야 한다. 또한 학생의 자기이해, 자존감 향상 등 내적 성장을 지원하고, 학교폭력 당사자에 대한 교육 및 재활치료와 함께 학교구성원 모두가 방관자에 머물지 않고 학교폭력 문제를 적극적으로 해결하려는 문화를 조성해야 한다.

피해학생 조치	가해학생 조치
· 정신적 피해를 심하게 입어 학교에 나오지 못하는 경우 집에서 휴식을 취하거나, 적절한 기관에서 상담을 받게 한다. · 학교에 출석하지 못하는 동안 담임교사는 학생의 학습 상황을 수시로 점검하여 학업이 뒤쳐지지 않도록 신경을 쓴다. · 관련 기관에서 받은 진단서나 상담소견서 등을 교사에게 제출하여 출석으로 인정받을 수 있도록 한다.	· 실제 자신이 무엇을 잘못했는지 모르는 경우가 많으므로, 따돌림 행동이 명확한 학교폭력이라는 것을 인식시킨다. · 담임교사나 상담교사가 수시로 학생을 만나 지속적으로 상담을 한다.

제4절 언어적 폭력

유형	학교폭력예방법 관련	예시
언어폭력	명예훼손, 모욕, 협박	· 여러 사람 앞에서 상대방의 명예를 훼손하는 구체적인 말(성격, 능력, 배경 등)을 하거나 그런 내용의 글을 인터넷, SNS 등으로 퍼뜨리는 행위(명예훼손) ※ 형법상 내용이 진실이라고 하더라도 범죄이고, 허위인 경우에는 가중 처벌 · 여러 사람 앞에서 모욕적인 용어(생김새에 대한 놀림, 병신, 바보 등 상대방을 비하하는 내용)를 지속적으로 말하거나 그런 내용의 글을 인터넷, SNS 등으로 퍼뜨리는 행위(모욕) · 신체 등에 해를 끼칠 듯한 언행(죽을래? 등)과 문자메시지 등으로 겁을 주는 행위(협박)

언어폭력은 언어를 매개로 타인에게 모욕감, 공포심, 수치심 등을 느끼게 하는 일련의 행위로 상대방의 명예를 훼손하는 구체적인 말을 하거나 인터넷, SNS, 문자메시지 등으로 퍼뜨리는 행위, 모욕, 협박 등이 포함된다.

사안발생 시 욕설과 비속어의 정도, 허위성의 정도, 성희롱 여부를 중점적으로 파악해야 한다.

언어폭력 피해학생과 가해학생에 대한 조치는 다음과 같다.

피해학생에 대한 조치는 가해학생의 욕설이나 협박 등에 응답하지 말도록 지도하고, 인터넷이나 모바일 상의 언어폭력은 화면을 캡처해 두도록 한다. 보호자에게 사실을 알리고, 필요시 상담조치를 한다.

가해학생에 대한 조치는 언어폭력을 했는지 사실여부와 이유 등을 확인하고, 학교폭력 전담기구에 신고하며, 보호자에게 사실을 알린다.

피해학생 조치	가해학생 조치
· 욕설, 협박 등에 무응답 할 것을 지도 · 인터넷, 모바일 상의 언어폭력은 저장(캡처) · 보호자에게 연락, 필요시 상담조치	· 언어폭력을 했는지 사실여부와 이유 등을 확인 · 장난으로 한 욕설이라도 피해학생이 고통 받을 수 있다는 것 인식시키기 · 학교폭력 전담기구에 신고 · 보호자에게 알림

제5절 사이버 매체 폭력

유형	학교폭력예방법 관련	예시
사이버 폭력	사이버 따돌림, 정보통신망을 이용한 음란·폭력 정보 등에 의해 신체·정신 또는 재산상 피해를 수반하는 행위	· 특정인에 대해 모욕적 언사나 욕설 등을 인터넷 게시판, 채팅, 카페 등에 올리는 행위 · 특정인에 대한 허위 글이나 개인의 사생활에 관한 사실을 인터넷, SNS, 카카오톡 등을 통해 불특정 다수에 공개하는 행위 · 성적 수치심을 주거나, 위협하는 내용, 조롱하는 글, 그림, 동영상 등을 정보통신망을 통해 유포하는 행위 · 공포심이나 불안감을 유발하는 문자, 음향, 영상 등을 휴대폰 등 정보통신망을 통해 반복적으로 보내는 행위

1. 정의

휴대폰 문자 메시지 또는 인터넷 온라인상에서 특정인에게 욕설, 비방(명예훼손), 도배, 음담패설(성적 욕설), 유언비어 등 모욕을 가하거나 사실 혹은 허위사실을 적시하여 개인의 사회적 평판이나 가치를 떨어뜨리는 행위를 말한다.

2. 사안발생 시 대응

인터넷 표현에 대한 사전적 통제는 기술적으로 불가능하며, 개인의 표현의 자유를 침해할 수 있어 적용하기 힘들다는 점에서 사후 규제의 방식을 채택하고 있다. 대표적인 사이버폭력 행위는 사이버 명예훼손, 사이버 모욕, 사이버 성폭력, 사이버 스토킹 등으로 이미 법적 근거가 마련되어 있으며, 사이버 모욕 행위에 대해서는 형법에 별도의 규정을 두지 않고, 모욕죄의 구성요건 및 처벌규정을 적용한다.

사이버 매체폭력을 예방하기 위한 교육으로는 인터넷 사용 예절, 정보통신 윤리 교육 등을 수시로 실시하고, 피해, 가해 사실은 모두 기록으로 남는다는 사실을 교육해야 한다. 또한 가정에서도 컴퓨터, 스마트폰 사용 교육을 실시토록 안내한다.

사이버 폭력의 경우, 우선 피해자 스스로 적극적으로 대처할 수 있도록 돕는다. 가해자를 만나는 사이버상의 공간에서 피해자 스스로 거절하거나, ID 및 비밀번호를 변경하는 등의 방법과 함께 가해자에게 경고, 공간폐쇄 등 적극적인 일차적 시도를 할 수 있다. 그래도 지속적으로 사이버폭력이 일어날 경우에는 만일 가해자를 아는 경우에는 교사 혹은 부모를 통해서 가해자와 가해자 부모에게 연락하거나 학교에 중재요청을 할 수 있다. 그리고 가해자를 모르는 경우에는 사이버 수사대에 신고할 수 있다.

가해자를 아는 경우에는 구체적인 피해사실과 증거자료를 제시하고, 가해자의 사과와 재발방지 각서를 받는다. 또한 안티 카페, 게시판 등을 통한 공개적 폭력의 경우 공간 삭제 및 공개 사과를 요청한다. 위협, 협박 시 재발방지에 대한 사이버 수사대에 도움을 요청한다.

〈표 11-1〉 사이버폭력의 유형 및 처벌 근거

유형	구성요건	관련법률	처벌
사이버 명예훼손	사람을 비방할 목적으로 정보통신망을 통하여 공연히 사실 또는 허위의 사실을 적시하여 타인의 명예를 훼손하는 자	정보통신망이용촉진 및 정보보호 등에 관한법률 제70조	사실 적시 -3년(2,000만원)이하 허위사실 적시 -7년(5,000만원)이하
사이버 모욕	'사이버' 모욕에 대한 개념은 없으며 '모욕'죄에 대한 개념을 가져와 사용(공연히 사람을 모욕한 자)	형법 제311조	1년(200만원)이하
사이버 성폭력	자기 또는 다른 사람의 성적 욕망을 유발하거나 만족시킬 목적으로 전화, 우편, 컴퓨터, 그 밖의 통신매체를 통하여 성적 수치심이나 혐오감을 일으키는 말, 음향, 글, 그림, 영상 또는 물건을 상대방에게 도달하게 한 사람	성폭력범죄의처벌 및 피해자보호 등에 관한법률 제12조	2년 (500만원) 이하
사이버 스토킹	공포심이나 불안감을 유발하는 부호·문언·음향·화상 또는 영상을 반복적으로 상대방에게 도달하도록 하는 내용의 정보	정보통신망이용촉진 및 정보보호 등에 관한법률 제74조 제1항 제3호	1년(1천만 원) 이하

3. 피해학생 보호 및 가해학생 조치

사이버 폭력 피해학생에게는 협박성 문자가 오면 무응답 할 것을 지도하고, 인터넷, 모바일 등 공개적인 비방 및 욕설의 내용은 그 자체로 저장(캡처)하며, 학교전담경찰관, 학교교사 등을 SNS 친구로 등록하여 사이버 폭력 피해 발생시 즉시 대화방에 초대하도록 한다. 필요시 상담 조치한다.

교사가 증거를 철저하게 확보한 후 사이버폭력을 지속하지 않도록 지도해야 하며, 피해학생에게 사이버 상에서 사과하도록 한다.

피해학생 조치	가해학생 조치
· 협박성 문자가 오면 무응답 할 것을 지도 · 인터넷, 모바일 등 공개적인 비방 및 욕설의 내용은 그 자체로 저장(캡처) · 학교전담경찰관, 학교교사 등을 SNS 친구로 등록하여 사이버 폭력 피해 발생시 즉시 대화방 초대 · 필요시 상담 조치	· 교사가 증거 확보 후, 사이버폭력을 지속하지 않도록 지도 · 피해학생에게 사이버 상에서 사과

제6절 성폭력

유형	학교폭력예방법 관련	예시
성폭력	성폭력	· 폭행·협박을 하여 강제적 성행위, 유사 성교행위, 성기에 이물질 삽입행위(성폭력범죄 등) · 폭행·협박과 함께 성적 모멸감을 주는 신체적 접촉행위(성폭력 범죄 등) · 성적인 말과 행동으로 상대방에게 성적 굴욕감, 수치심을 주는 행위(모욕죄 등) ※ 성폭력은 「아동·청소년의 성보호에 관한 법률」에 의하여 강제추행 이상의 중대 사안은 경찰 등 수사기관에 반드시 신고해야 함

1. 정의

성폭력이란 상대방의 의사에 반하여 성을 매개로 가해지는 모든 폭력(신체적·심리적·언어적·사회적)행위로 성추행, 성폭행뿐만 아니라 개인의 '성적 자기결정권'을 침해하는 행위를 모두 포괄하는 개념이다.

'성적 자기결정권'이란 사람은 성행동을 할 수 있는 존재이고, 성적 욕망과 쾌락을 추구하는 존재이기도 하지만 성행동을 하지 않는 선택과 거부할 수 있는 자율성, 원하지 않는 성행동에 대해 저항하거나 새로운 실천을 만들어낼 수 있는 능력까지도 포함하는 성적 주체로서의 권리를 말한다.

2. 사안발생 시 대응

성폭력 사안에 대해서는 우선 「아동·청소년의 성보호에 관한 법률」 등 성폭력 관련 법률을 적용하여 수사기관에 신고하는 등 엄정하게 대처하되, 「학교폭력 예방 및 대책에 관한 법률」 제2조의 학교폭력의 종류에서 성폭력을 배제한 것이 아니라는 점을 고려하여 학교 내·외에서 학생을 대상으로 발생한 성폭력 사안에 대해서는 「학교폭력 예방 및 대책에 관한 법률」 상의 적절한 조치가 필요하다.

성폭력 사안은 학교폭력대책심의위원회를 개최하여 피해학생 보호 및 가해학생 선도·교육 조치를 해야 한다. 관련 학생의 비밀 보호 및 심의위원회 미 개최 요청이 있는 경우에도 반드시 심의위원회를 개최하여 사안 자체가 축소·은폐되지 않도록 주의해야 한다.

성폭력은 행위 유형별로는 강간, 유사강간, 강제추행, 성희롱, 성학대, 사이버성폭력 등이 있고, 법률상으로는 「아동·청소년 성보호에 관한 법률」상 성범죄(제2조 제2호), 「아동복지법」, 「성폭력범죄의 처벌 등에 관한 특례법」상 성폭력 범죄(제2조 제1항), 「형법」 제22장 성풍속에 관한 죄, 제31장 약취, 유인 및 인신매매의 죄, 제32장 강간과 추행의 죄, 제38장 절도와 강도의 죄 등으로 분류된다.

〈표 11-2〉 성폭력 유형 및 행위 내용

유형	행위
강간	폭행·협박에 의해 상대방의 반항을 곤란하게 하여 가해자가 자신의 성기를 피해자의 성기로 강제로 삽입시키는 행위
유사강간	폭행 또는 협박으로 상대방에 대하여 구강, 항문 등 신체(성기는 제외)의 내부에 성기를 넣거나 성기, 항문에 손가락 등 신체(성기는 제외)의 일부 또는 도구를 넣는 행위
강제추행	폭행·협박에 의해 성교는 하지 않고 가슴, 엉덩이, 성기부위에 접촉하거나, 키스, 음란한 행위, 피해자나 가해자의 성기를 노출시키는 등 성적수치심을 가지게 하는 행위
준강간 준강제추행	폭행·협박 없이도 술·약물에 취하거나 깊은 잠에 빠져 이미 저항이 곤란한 상태에 있는 피해자를 간음·추행하는 행위
위계·위력에 의한 간음	미성년자·장애인·업무상 피감독자(성적 자기결정권 행사 곤란)에게 착각·오인· 부지를 일으켜 범행(위계)하거나, 사회적·경제적·정치적인 지위나 권세를 이용하여 (위력)간음 또는 추행하는 행위
미성년자 의제강간/추행	13세미만의 미성년자를 간음하거나 추행하는 행위 ※ 폭행, 협박, 위계, 위력 유무, 합의 불문
공중밀집장소에서의 추행	대중교통수단, 공연·집회 장소, 그 밖에 공중(公衆)이 밀집하는 장소에서 사람을 추행 하는 행위
성적목적을 위한 공공장소 침입	성적 욕망을 만족시킬 목적으로 공중화장실·목욕장 등 공공장소에 들어가거나 퇴거 요구를 받고도 불응하는 행위
카메라 등 이용 촬영	카메라 등을 이용, 성적욕망 또는 수치심 유발 가능한 타인의 신체를 그 의사(意思)에 반하여 촬영하거나 유포하는 행위
통신매체이용 음란행위(사이버성폭력)	성적 욕망을 유발·만족 목적으로 통신매체를 통하여 그러한 말·음향·사진·그림· 물건 등을 상대방에게 도달하게 하는 행위

유형	행위
성희롱	업무 또는 고용, 기타 관계에서 성적 언동 등으로 성적 굴욕감 또는 혐오감을 느끼게 하거나 성적 언동 또는 그 밖의 요구에 따르지 아니하였다는 것을 이유로 불이익을 주는 행위
성학대	보호하거나 양육하는 대상인 청소년에 대한 성적 가혹행위
성매매	불특정인을 상대로 금품이나 그 밖의 재산상의 이익을 수수하고 성행위를 하는 경우

1) 성범죄 신고의무

「아동·청소년의 성보호에 관한 법률」제34조 제2항에 따라 초·중등교육법 상의 학교에서 근무하는 단체장과 그 종사자는 아동·청소년 대상 성범죄의 발생 사실을 알게 된 때에는 즉시 수사기관에 신고해야 한다. 또한 「성폭력 방지 및 피해자보호 등에 관한 법률 제9조」 19세 미만의 미성년자(19세에 도달하는 해의 1월 1일을 맞이한 미성년자는 제외한다)를 보호하거나 교육 또는 치료하는 시설의 장 및 관련 종사자는 자기의 보호·지원을 받는 자가 「성폭력범죄의 처벌 등에 관한 특례법」 제3조부터 제9조까지, 「형법」 제301조 및 제301조의2의 피해자인 사실을 알게 된 때에는 즉시 수사기관에 신고하여야 한다.

신고하지 않거나 거짓 신고를 할 경우에는 「아동·청소년의 성보호에 관한 법률」 제67조 제4항에 따라 300만 원 이하의 과태료에 처해질 수 있다.

피해자가 신고를 원하지 않는 경우라도 「아동·청소년의 성보호에 관한 법률」은 이에 대하여 별도의 예외 규정을 두고 있지 않으므로 신고의무자는 피해자의 의사와 무관하게 성범죄 발생 사실을 수사기관에 신고하여야 한다. 즉, 피해자가 고소권을 행사할 것인지 여부와 신고의무자의 신고의무는 전혀 별개의 문제이므로 신고의무자는 피해자가 범죄의 신고를 원하지 않는다 할지라도 이와 무관하게 법률상의 신고 의무가 있다.

성폭력 사안처리 교직원의 유의사항은 다음과 같다.

① 성폭력은 성범죄로서 수사기관에 신고의무를 반드시 지킨다.
② 성폭력 사건을 숨기거나 학교 내에서 임의로 해결하려고 하지 않는다.
③ 다른 교직원이나 학생들에게 비밀이 누설되지 않도록 유의하고, 침착하게 대응한다.

④ 성폭력 사안을 목격하거나 알고 있는 주변학생들에게, 성폭력 사실을 주위에 확산 할 경우, 피해자 2차 피해 발생 우려와 유포 시 법적 처벌을 받을 수 있음을 주지시킨다.

⑤ 교직원이 개인상담 과정을 통해 성폭력 피해사실을 안 경우, 피해학생이 성폭력 사실이 알려지기를 원치 않는다 하더라도 피해학생과 그 부모에게 신고의 의무에 대해 알리고 반드시 신고하여야 한다.

⑥ 성폭력 사실을 신고한 학생이 있는 경우 신고 학생의 신상이 조사과정에서 누설되지 않도록 각별히 유의하고, 신고 학생의 비밀보장을 철저히 하여 가해학생으로부터 보복 폭행을 당하지 않도록 한다.

⑦ 신고 학생에 대해서는 사안 종료 시까지 신변의 안전을 보호 할 수 있는 조치를 하되, 가해 학생이 정황을 파악할 수 없도록 한다.

⑧ 교직원이 성폭력 사안을 인지하거나 신고 받은 경우 수사기관에 즉시 신고하고, 교내 성고충 상담원(보건교사 등)과 협의하여 피해자를 긴급 보호조치 하며, 117 신고센터, 해바라기 여성아동센터(1899-3075), ONE-STOP지원센터, 여성긴급전화(1366), 성폭력상담소 등 전문상담기관에 도움을 받는다.

2) 비밀누설 금지

「아동·청소년의 성보호에 관한 법률」 제 31조에는 "누구든지 피해 아동·청소년 및 대상 아동·청소년의 주소·성명·연령·학교 또는 직업·용모 등 그 아동·청소년을 특정하여 파악할 수 있는 인적사항이나 사진 등을 신문 등 인쇄물에 싣거나, 「방송법」 제2조 제1호에 따른 방송(이하 "방송"이라 한다) 또는 정보통신망을 통하여 공개하여서는 아니 된다"고 규정하고 있으며, 같은 법 제34조 제3항에 "다른 법률에 규정이 있는 경우를 제외하고는 누구든지 신고자 등의 인적사항이나 사진 등 그 신원을 알 수 있는 정보나 자료를 출판물에 게재하거나 방송 또는 정보통신망을 통하여 공개하여서는 아니 된다"라고 규정하고 있고, 이에 위반할 시 같은 법 제31조 제4항에 따라 7년 이하의 징역 또는 5천 만 원 이하의 벌금에, 같은 법 제65조 4항에 따라 1년 이하의 징역 또는 500만 원 이하의 벌금에 처해질 수 있도록 규정하고 있어 비밀누설금지 조항을 두고 있다.

또한 「학교폭력 예방 및 대책에 관한 법률」 제21조 제1항에도 "학교폭력의 예방 및 대책과 관련된 업무를 수행 하거나 수행하였던 자는 그 직무로 인하여 알게 된 비밀 또는 가해학생·피해 학생 및 제20조(학교폭력의 신고의무)에 따른 신고자·고발자와 관련된 자료를 누설하여서는 아니 되며, 이를 위반할 시 같은 법 제22조에 따라 1년 이하의 징역 또는 1천만원 이하의 벌금에 처한다"고 규정하고 있다.

3. 피해학생 보호 및 가해학생 조치

성폭력 사건이 발생하면 피해학생이 지속적인 성폭력이나 협박 등을 당하고 있지는 않는지 피해학생의 안전여부를 파악하고, 위험하다고 판단되는 경우에는 가해학생과 즉시 분리하고 보호해야 한다.

〈표 11-3〉 성폭력 피해학생에 대한 조치

유형	행위
제1호 심리상담 및 조언	성폭력으로 받은 정신적·심리적 충격으로부터 회복할 수 있도록 학교 내 교사나 전문상담기관으로부터 상담 및 조언을 받도록 하는 조치
제2호 일시보호	지속적인 성폭력이나 보복의 우려가 있는 경우 일시적으로 보호시설이나 또는 학교 상담실 등에서 보호를 받을 수 있도록 하기 위한 조치
제3호 치료 및 치료를 위한 요양	성폭력으로 인하여 생긴 신체적·정신적 상처의 치유를 위하여 일정기간 출석을 하지 아니하고 의료기관 등에서 치료를 받도록 하는 조치
제4호 학급교체	지속적인 성폭력 상황으로부터 벗어나도록 하기 위해서 또는 학교폭력으로 인해 생긴 정신적 상처에서 벗어나도록 하기 위해서 피해자를 동일 학교 내의 다른 학급으로 소속을 옮겨주는 조치
제5호 그밖에 피해학생의 보호를 위하여 필요한 조치	치료 등을 위한 의료 기관에 인도, 수사기관의 조사 및 법원의 동행, 법률구조기관 등에 필요한 협조와 지원요청, 등하굣길에서의 동반 등

필요한 경우 표에서 보는 바와 같이 제1호~제5호의 피해학생에 대한 적절한 조치를 취해야 한다.

피해자 중심의 사안처리를 하도록 힘써야 하고, 비밀 보장을 위해 최소한의 학교폭력 전담기구가 대책을 수립한다. 2개 이상의 학교 학생의 성폭력 사안인 경우 학교 간 공동대응책을 모색한다.

교사는 피해학생의 보호자와 협의하여 피해학생이 학교생활에 적응할 수 있도록 가능한 범위 내에서 최대한의 보호조치를 강구한다. 피해학생이 치료받는 기간은 학생생활기록부 작성지침의 '기타 부득이한 사유로 학교장의 허가를 받아 결석하는 경우'로 처리하여 출석으로 인정한다.

학생이 일시적인 일탈로 성매매 대상이 되어 검사의 수강명령에 의한 교육 또는 상담과정을 이수한 경우 '특별교육이수' 기간으로 간주하여 출석으로 인정한다.

성폭력 가해학생 선도조치 시 심의위원회의 요청이 있는 때에는 학교의 장은 14일 이내에 가해학생에 대한 조치를 이행하여 가해학생을 신속하게 격리한다.

선도가 긴급한 경우 서면사과, 접촉, 보복행위금지, 학교봉사, 학내외전문가에 의한 특별교육 이수, 출석정지 조치들은 가해학생에게 먼저 부과한 후 심의위원회의 추인을 받으면 된다.

제7절 방과 후 발생한 학교폭력 대응

방과 후 학생들이 귀가하다 다른 학교 학생들로부터 공원, 아파트 뒤, 주차장, 골목 안 등으로 유인되어 금품갈취나 폭행을 당하는 경우가 많다. 또한 학교 인근에 상급학교가 있을 경우 상급학교 학생들에게 폭행, 금품갈취 등의 피해를 당하는 경우도 많다. 이때에는 상대 학생의 신원정보(교복, 명찰, 생김새 등 기억)를 최대한 모으고 피해상황에 대해 사진을 찍어놓는 등 증거자료를 최대한 확보해 두어야 추후 효과적인 대처를 할 수 있다.

방과 후 피해학생이나 보호자에게 연락이 왔을 경우, 학생의 상태를 묻고 필요 시 병원에 가서 진단 및 치료를 받도록 안내한다. 담임교사는 피해상황과 정도를 구체적으로 파악한 후 학교폭력 전담기구에 이를 알린다. 사안이 긴급한 경우(성폭력 및 심각한 폭행 등)라고 판단될 때는 경찰에 신고하도록 한다. 피해학생과 보호자를 안심시키며 추후 학교에서 적절하게 대처할 것을 알린다. 학교소속 및 학교 급이 다른 경우에는 해당학생이 있는 학교의 전담기구 소속교사와 연락하여 관련 사안에 대해 논의 후 조치한다.

| 학습과제 |

1. 학교폭력 유형별 대응방안을 비교 · 설명하세요.

2. 성폭력이 다른 학교폭력 유형과 다른 점을 설명하세요.

CHAPTER 12

학부모 교육 및 상담

제1절 학부모 교육 및 상담

학교폭력문제의 근본적인 해결을 위해서는 사건이 발생하고 처벌하는 방향이 아닌 예방적인 차원으로의 전환이 필요하다. 이를 위해서 학부모들 대상으로 하는 교육 및 상담이 중요하다. 학부모 교육 및 상담의 특징 및 학부모에게 필요한 교육인 효과적인 의사소통 방법, 감정코칭, 비폭력대화법에 대해 알아보고, 학부모 상담의 절차 및 실제에 대해서 알아본다.

| 개요 |

학교폭력문제의 근본적인 해결을 위해서는 사건이 발생하고 처벌하는 방향이 아닌 예방적인 차원으로의 전환이 필요하다. 이를 위해서 학부모들 대상으로 하는 교육 및 상담이 중요하다. 학부모 교육 및 상담의 특징 및 학부모에게 필요한 교육인 효과적인 의사소통 방법, 감정코칭, 비폭력대화법에 대해 알아보고, 학부모 상담의 절차 및 실제에 대해서 알아본다.

chapter 12 학부모 교육 및 상담

제1절 학부모 교육 및 상담

1. 학부모 교육 및 상담의 필요성

학교는 지식 배움의 목적과 건강한 소속감을 갖기 위한 목표를 이루기 위해서 모인 장소이다. 그러나 학교에서 폭력의 문제가 발생하고, 피해자인 학생들이 인간관계에서 소속감을 경험하기보다는 좌절을 경험하는 것이 오늘의 현실이다. 학교폭력은 학교생활의 부적응을 유발하여 학교공부에 흥미를 잃게 하고, 무단결석을 잦아지게 하면서 학교생활에서 점점 더 고립되게 할 수 있다. 다행히 학교폭력 문제 해결을 위한 사회의 노력이 적극적으로 변화되고 있는 추세이다. 이러한 변화에서 실제적인 변화가 일어나기 위해서는 학교폭력에 대한 체계적인 교육을 통해 부모와 교사 및 청소년 관계 지도자들이 함께 실행할 수 있는 상담전략 및 지도방안을 마련해야 한다. 이 모든 것에서 가장 먼저 이루어져야 할 것은 학교폭력에 대한 인식의 전환이며, 학교폭력 문제 예방을 위해 가정과 학교 및 지역사회가 함께 노력할 수 있는 인식이 준비되어 있어야 한다.

학교폭력문제의 근본적인 해결을 위해서는 사건이 발생하고 처벌하는 방향이 아닌 치료적·예방적 차원으로의 전환이 필요하다. 처벌 위주의 대응은 또 다른 폭력과 범죄가 발생할 확률을 증가시킨다. 따라서 학교폭력의 가해학생과 피해학생이 가정과 학교 및 사회 내에서 건강하게 적응할 수 있도록 폭력문제를 해결하기 위해서는 치료적·예방적인 차원에서의 대책이 강구되어야 한다.

학교폭력은 학교단위에서 제한적으로 해결되어야 하는 문제가 아니라, 학부모와의 적극적인 협조를 통해서 학생의 정서적인 안정을 도모하고 행동적인 측면에서의 변화와 수정을 지원할 때 긍정적인 성과를 보인다. 자녀의 정서적 지원의 결핍, 자녀에 대한 감독과 점검의 부재, 자녀교육에 대한 부모의 참여 부족과 같은 부모의 자녀양육방식이 학교폭력 가해행동을 증진시키는 경향이 있다(Olweus, 1993; Sullivan, 2000).

가정은 자녀들이 느끼는 부정적인 경험을 완충시키며, 개인적인 부족함을 채우고, 자아정체감을 확립하는 역할을 하는 곳이다. 이는 부모의 적절한 보호와 감독이 자녀들을 보다 긍정적인 발달을 이룰 수 있도록 하는 것이다.

올베우스(1993)는 부모의 자녀양육과 학교폭력 가해행동에 대한 연구문헌에서 가해행동에 영향을 미치는 부모의 자녀양육 요인들이 다음과 같이 있음을 제시하고 있다.

첫째, 자녀를 온정적이고 관심 어린 태도로 대하지 않는 부모는 자녀를 충동적이고 공격적으로 하게 할 위험성을 증진시킨다.

둘째, 명확한 규칙을 설정하지 않아서, 어떤 행동이 수용되고 수용되지 않는지 학습할 기회를 주지 않거나, 자녀의 공격적 행동을 묵인하는 부모, 그리고 체벌과 같은 물리적 방법을 자주 사용하는 부모는 자녀가 학교폭력 가해자가 되도록 할 위험성을 증진시킨다.

과잉보호적인 가정환경에서 자란 자녀의 경우에 학교폭력 피해 학생일 가능성이 높고, 자기 주장적 기술을 발달시키기 못해서 스스로를 취약하게 만드는 경향이 있다. 이처럼 학교폭력에 영향을 미치는 요인에 대해 학부모와 교사 모두 가정환경 및 부모의 무관심을 가장 중요한 것으로 인식하고 있다. 따라서 학부모 교육과 관련된 내용과 접근형식에 대한 새로운 방안이 강구되어야 하며, 가정 돌봄 기능이 약화되어 있는 지역이나 학부모에 대한 사회복지서비스 차원에서의 지원이 연계되어야 한다.

학부모는 교육과 상담을 통해 자녀의 학교생활과 정서행동 발달의 측면에 대해 구체적으로 알 수 있으며, 청소년기의 자녀를 이해할 수 있는 인식의 폭을 확대할 뿐 아니라, 긍정적인 자아상을 확립하고 자존감을 고양하여 자신의 삶에 대한 긍정성을 확대할 수 있도록 한다. 이러한 과정에서 자신의 잠재력을 충분히 감지하고 계발하여 진학·진로에 대한 구체적인 계획을 수립하여 건강한 학교생활을 영위할 수 있도록 돕는다(김진한 외, 2015).

2. 학부모 교육 및 상담의 특징

학부모 상담은 일반상담과 달리 내담자인 학부모가 학생 자녀로 인해 학교장 면담과 연계되어 상담관계가 성립된다는 특징이 있다. 일반적인 경우 학부모와의 상담을 통해 학부모는 자녀양육에 대한 스트레스가 감소되고 양육태도에 변화가 이루어질 수 있으며, 학부모는 학생의 문제행동을 줄이는 데 중요한 촉매역할을 담당하기도 한다. 그렇기 때문에 학부모 교육과 상담은 매우 다양한 형태로 진행될 수 있다. 단순한 정보 제공을 할 수도 있고, 체계적인 학부모교육, 자녀문제의 규정 및 명료화, 자녀교육에 관한 조언, 학부모가 계획하고 의도한 방안에 대한 허용과 심리적 지원, 문제의 인식 및 해결을 위한 설득, 자녀 문제 해결을 위한 부모개입 과정에 대한 피드백과 코칭, 학부모의 감정해소 및 정리를 위한 도움, 자녀 혹은 학부모의 심리적 문제 해결을 위한 치료적 개입 등의 다양한 방식으로 이루어질 수 있다. 필요시 외부전문가에게 의뢰하여 진행할 수도 있다.

학부모 상담은 매우 중요한 부분이며, 다양한 형태로 진행될 수 있다. 학교폭력이 발생했을 경우, 가해자 상담, 피해자 상담만큼 학부모에 대한 상담도 중요하다. 학부모 교육 및 상담의 특징은 다음과 같다(김진한 외, 2015).

첫째, 상담은 지속성을 가지고 진행해야 한다. 학부모가 자녀의 문제 해결을 위해서는 어느 정도의 긴 시간이 필요하며, 문제가 해결되어지는 과정에서 오히려 문제가 어려워 질 수 있음을 인지시키고, 인내심을 가지고 노력할 수 있도록 지원하여야 한다. 일회적인 상담과 면담이 아니라 지속적인 프로그램과 상담 실행을 통해 학부모의 변화를 도모하는 것이 중요하다.

둘째, 막연하고 포괄적인 이야기보다는 현실적 변화 가능성에 중점을 두도록 한다. 학부모 내담자의 호소 문제를 규정할 때는 '다룰 수 있는 문제'로 규정하는 것이 중요하다. 학부모 상담에서 자녀의 모든 문제를 해결할 수도 없고 학부모가 제시하는 개인적·가족적·상황적 문제의 모든 것을 다 해결해 줄 수는 없다. 큰 문제는 작은 문제들로 나누어서, 추상적인 문제는 그 문제가 드러나는 구체적 양태로 나누어서 규정하여야 문제를 다룰 수 있다.

만약 다양한 문제가 공존한다면, 그 중에서 교사와 학부모가 긍정적인 변화가 가능하도록 도움을 줄 수 있는 것들이 어떤 것인지 찾아본다. 예를 들어, '학교폭력 가해 학생의 아버지는 새아버지인데 일정한 일거리가 없이 항상 집에 계시고, 어머니는 생계를 위해 야간에 24시 식당에서 근무하시느라 자녀를 잘 돌보지 못하는 상황이며, 학생은 중학교 때 친구들과 술을 마시고 담배를 피우기 시작해서 이미 비행습관이 몸에 배었고, 학교부적응 현상이 자주 나타나서 학교폭력으로 이어지고 있다.' 이런 문제의 경우 새아버지의 알코올 중독이나 생계를 위한 어머니의 야간근무에 상담의 초점을 맞추면 무력감과 좌절감에 빠지기 쉽고 문제해결이 어려워진다. 이럴 때는 자녀가 술과 담배를 하는 친구들과 함께하는 시간을 줄인다거나 학교에서 자기 역할을 작은 것이라도 하나 맡아서 학교생활에 재미를 느끼도록 하는 것으로 문제를 규정한다면, 현실적인 문제 해결이 가능해진다.

문제의 우선순위를 정하는 것도 문제를 다루기 쉽게 규정하는 방법 중의 하나이다. 여러 가지 문제를 한 번에 다루려는 태도는 현실적이지도 않고 효과적이지도 않다. 그중에서 가장 먼저 해결되어야 하는 것이나 또는 가장 중요하다고 보이는 것부터 먼저 다루도록 하는 것이 효과적이다. 한 가지 문제를 해결하고 나면, 그것이 긍정적 파급효과를 가져와 나머지 문제들도 보다 쉽게 해결할 수 있다.

셋째, 연계성을 고려해야 한다. 학부모 중에는 담임교사 혼자서 상담하기 어려운 사람들이 종종 있다. 이런 경우에는 학교 내의 자원뿐만 아니라 학교 외의 자원까지 활용하여야 한다. 학생과 관련된 모든 일을 혼자서 해결하겠다는 책임감으로 과도한 부담감을 가지지 말고, 필요할 경우에는 유용한 주변 자원을 활용하겠다는 지혜를 발휘하는 것도 필요하다. 학부모나 학생의 심리적 문제가 전문적인 상담이 요구되는 것이라면 적절한 전문상담자를 찾아서 문제를 의뢰하는 것이 좋다. 또한, 학교폭력에 효과적으로 대응하기 위해서는 학교 내의 자원뿐 아니라 지역사회 내의 다양한 자원을 효과적으로 활용하는 네트워크를 형성하고 있으므로 학부모 상담 시 활용할 수 있다.

3. 학교폭력 관련 학부모 교육

학교상담은 학교부적응 학생만이 아니라 모든 학생을 대상으로 실시하는 예방적 상담 프로그램으로 학교상담을 통해서 학교폭력을 비롯한 학생들의 다양한 문제를 미리 예방할 수 있다면, 문제 발생 이후 문제 해결을 위한 치료적인 접근을 하는 것보다 상당히 효과적이다. 학부모 교육도 학교폭력의 예방적 접근에 근거한 교육이라는 측면에서 그 맥락을 같이 하고 있다.

학교폭력 발생 후 가해 학생이나 피해 학생이 폭력에 연루되게 된 근원적인 원인을 찾다보면 '가족구성원의 의사소통 부재'가 높게 나타나고 있다. 예전에 비해 다양한 가족형태가 생기고, 맞벌이 부모의 증가로 인해 서로 의사소통을 하는 기회가 줄어들기 때문이다. 가족구성원들이 자녀의 언어적 표현과 비언어적 표현을 통해 학교폭력징후를 좀 더 빨리 인지할 수 있다면, 사전에 학교폭력을 예방하거나 최소화할 수 있을 것이다. 특히, 학교폭력 예방을 위해 가정에서 유의해야 할 것은 가족 간에 자행되는 폭력이다. 부부간의 폭력이나 부모-자녀 간 폭력은 자녀가 모방하게 되고, 또한, 폭력에 무감각해져서 문제 해결의 수단으로 폭력을 사용할 수 있기 때문에 학교폭력의 가해자로 전락할 가능성이 높다(양주연, 2004). 따라서 학교폭력을 가정에서부터 예방하기 위해서는 원만한 가족관계를 수립할 수 있는 가족상담과 함께 피해 및 가해 학생과 부모를 위한 상담 프로그램을 운영해야 한다. 그러므로 학부모 교육 시 가장 중요하게 다루는 영역으로 학교폭력의 개념과 대처법, 자녀와의 효과적 의사소통 방법과 감정코칭, 비폭력 대화법 등이 있다.

1) 효과적인 의사소통 방법

일반적으로 의사소통은 '한 사람 또는 그 이상의 사람으로부터 다른 사람들에게 정보와 이해가 전달되는 과정으로서 두 사람 사이의 사실, 감정, 태도, 신념, 생각 등을 전달하는 것'으로 정의할 수 있다.

사회적 관계형성을 위한 기초적인 대화기술로는 인사와 소개, 대화시작하기, 대화계속하기, 대화의 주제 선택하기, 질문하고 답하기, 요청하고 수용 혹은 거절하기 등의 있다 이러한 의사소통 기술은 크게 두 가지로 나누어 볼 수 있다. 즉, 상대의 말을 잘 경청하고 자신의 생각을 잘 전달하는 것이다.

자녀가 가지고 있는 고민이나 어려움을 있는 그대로 경청하고 공감하는 과정을 통해 부모와 자녀간의 관계는 더욱 친밀해지고 고민을 상담할 수 있는 대상으로도 충분한 역할을 하게 된다.

적극적 경청이란 대화에서 대화자 사이에 상호작용이 일어나고 한 사람이 상대방이 말하는 것을 충분히 이해하고 공감한다는 것을 그에게 확인시키는 것을 말한다. 특히 적극적 경청하기에서는 반영의 순서가 중요한데, 먼저 핵심감정을 반영해주고, 그 다음으로 핵심내용을 반영한다. 그리고 윤리 도덕적인 부분은 맨 마지막에 반영한다. 즉, 대화를 할 때 상대방의 감정반영을 먼저 하여 상한 감정을 충분히 치유한 다음에 객관적인 문제 해결을 시도하라는 것이다. 왜냐하면 사람은 감정이 상한 상태에서는 객관적인 인지적 접근이 어렵기 때문이다.

상대방에게 반감을 일으키지 않고 자신의 생각을 잘 전달하기 위해서는 I-Message로 하라고 한다. 의사소통은 개인의 감정, 태도, 신념 및 사실을 전달하는 과정이며, 이때 언어가 일차적인 수단으로 사용될 수 있으나 얼굴표정, 몸짓, 눈짓 혹은 침묵과 같은 비언어적 신호나 단서를 통해 서로 의미를 주고받을 수 있다. 다음은 I-Message 방식과 You-Message 방식에 대한 정리이다.

효과적 의사소통방식 (I-Message)	부정적인 의사소통방식 (You-Message)
상대방의 입장을 이해하는 방식	상대방을 비난하는 방식
내 잘못을 인정하는 방식	내 잘못을 방어하는 방식
상대의 말을 끝까지 들어주기	중간에 말 가로막기
내 입장을 설명하는 방식으로 말하기	설교하거나 훈계하기
진실함을 가지고 말하기	조롱하는 투로 말하기
눈을 맞추고 천천히 말하기	눈을 맞추지 않고 말하기
차분한 태도로 온화하게 말하기	말할 때 찡그리거나 부산하게 말하기
상대의 입장을 이해하려는 자세 보이기	상대방 마음을 다 읽을 수 있는 것처럼 말하기
주제에서 벗어나지 않고 이야기하기	주제에서 벗어나기
지시나 명령어는 사용하지 않기	지시하고 명령하거나 위협하기
현재의 일에만 제한해서 이야기하기	과거의 일 들추기
상대가 말할 수 있는 시간 충분히 주기	대화를 독점하기
주제에 대해 쉽게 이야기하기	현학적으로 말하기
언어적 표현과 비언어적 표현의 일치	언어적 표현과 비언어적 표현의 불일치
상대의 말에 대해 반응해 주기	반응 없이 가만히 있기

2) 감정코칭

현대사회는 지능지수(Intelligence Quotient)의 시대를 넘어 정서지능지수(Emotional Intelligence)의 시대라고 할 수 있다. 정서지능(EQ)이란 아이가 자신의 감정과 충동을 절제하고 통제하며, 타인들의 감정에 대해 예민하게 느끼고 인내심을 지속시키며 자신의 마음을 통제할 수 있는 능력이다. 감정을 정확하게 읽어내고 감정적인 표현이 풍부한 아이가 정서지능이 높은 아이라고 할 수 있다. 한편, IQ가 높은 아이보다 EQ가 높은 지혜로운 아이가 행복하고 성공한다는 것이 이미 여러 가지 연구를 통하여 발표되었다(Goleman, 한창호역, 2008). 그러한 의미는 단순히 머리가 좋아 공부를 잘하는 사람이 성공하는 게 아니라 다른 사람과 소통하고 공감하는 능력이 중요해졌다는 것을 의미한다. 자신의 감정을 잘 인식하고 표현하고 조절하며, 이를 바탕으로 다른 사람의 감정을 잘 읽고 공감하는 능력이 있는 사람이 성공하는 시대가 된 것이라고 볼 수 있다. 이러한 EQ는 후천적으로 길러지는 능력이라고 학자들은 설명한다. 어릴 때부터 꾸준히 부모가 자녀와 대화를 해야 EQ는 높아질 수 있다고 하는데, 부모의 감정코칭을 통해 자녀를 감성적으로 코치한다는 의미로 설명할 수 있다. 감정코칭을 위해서는 공감능력이 필요하다. 공감능력은 다른 사람의 입장이 되어서 상대방의 기분, 감정과 생각을 충실하게 경험하고 수용하여 적절하게 표현하는 능력이다. 자녀의 감정을 충분히 공감하면서 지도하는 감정코칭의 5단계는 다음과 같다.

(1) 1단계: 자녀의 감정을 포착한다.

부모들의 흔한 실수는 자녀의 마음속에 있는 감정을 보지 못하고 눈에 보이는 행동에 초점을 맞추고 행동에 대해 지적하는 것이다. 아이가 삐딱하게 앉아 있으면 "똑바로 앉아!"하고 행동을 수정하려고 한다. 자녀의 감정은 고려의 대상이 전혀 아닌 것이다. 이렇게 되면 자녀와의 관계가 점점 멀어지고 소원해 질 수 있다.

감정에는 무지개만큼 화려한 기본 색상이 여러 개다. 또한 수천가지 다양한 혼합의 색채가 존재하듯이 감정에도 스펙트럼이 있다. 이처럼 다채롭고 풍요로운 감정을 포착하는 것이 감정코칭의 첫 단계이다.

(2) 2단계: 감정이 일어나는 순간을 좋은 기회로 삼는다.

앞서 말한 것처럼 우리는 주로 행동을 보고 판단을 한다. 판단에는 객관적 사실만 존재하는 것이 아니라 주관적 해석이 동반된다. 관찰한 행동을 우리는 의식적으로 선택해야 한다. 부정적 경험이나 감정이 파악될 때가 자녀와 부모가 서로 소통할 수 있는 좋은 기회라고 생각하며 적극적인 소통의 기회로 삼는다. 자신의 감정을 이야기하고, 감정에 이름을 붙이는 등의 표현을 통해 자신이 상대에게 이해받았다고 느껴야 부정적인 감정이 사라진다. 그러므로 부정적 감정이 고조되어 위험천만한 위기로 치닫기 전에 감정에 대해 표현할 수 있도록 돕는다. 1단계에서 감정을 포착하고 감정 코칭을 할 좋은 기회로 여긴다면 계속해서 아이의 행동이 아니라 감정에 초점을 맞춰야 한다.

(3) 3단계: 자녀의 감정을 들어주고 공감한다.

이 단계에서 비로소 능동적으로 개입하면서 긍정적 관계를 만든다. 자녀의 긍정적 감정뿐만 아니라 부정적인 감정도 충분히 들어주면서 공감해주어야 한다. 자녀의 자신도 모르는 복합적인 감정에 대해서도 있는 그대로 수용하도록 한다. 이러한 과정에서 '왜?'라는 질문은 진지한 공감적 수용의 맥락을 차단하기 때문에 최대한 하지 않는 것이 좋다. 이 경우 자녀가 한 말을 형용사나 문장을 그대로 반복해서 부모가 말해 주면 효과적인 감정공감이 이루어진다. 자녀가 자신의 정서 상태에 대해 공감을 충분히 받는다고 느끼면 자신의 현재 감정 상태에 대해 자연스럽게 이야기할 수 있는 분위기가 형성된다.

Tip 1. 자녀의 말에 충고하기 전에 공감과 이해부터 하기
Tip 2. 질문은 열린 질문으로 하기
Tip 3. 자신의 감정, 주변의 상황 등을 알아차리기
Tip 4. 충분한 시간을 두고 감정의 겹을 벗겨내기

(4) 4단계: 감정을 표현할 수 있도록 도와준다.

자녀가 스스로 자신의 감정에 대해 구체적으로 표현하도록 다양한 방식으로 돕는다. 이때 자녀의 상태에 따라 다양한 방식으로 반응하면서 충분히 자기감정을 표출할 수 있도록 돕는다. 이 과정을 통해 자신의 행동이나 감정을 객관화시켜 바라봄으로써 자녀 스스로 성찰할 수 있는 기회를 주는 것과 동시에 문제 해결의 실마리를 찾아갈 수 있는 원동력이 되기도 한다.

자녀가 이야기하는 다양한 감정들에 대해 '화난', '슬픈', '두려운', '시샘하는', '모멸감이 느껴지는' 등과 같은 단어를 제시하여 형태가 없고 불편하게 느껴졌던 자신의 감정을 정의해 그것을 '감정'의 일부분으로 받아들일 수 있게 한다.

(5) 5단계: 자녀 스스로 문제 해결을 해서 바람직한 행동을 할 수 있도록 돕는다.

바람직한 행동을 할 수 있도록 돕는다는 것이 중요하다. 해결책을 주는 것이 아닌

스스로 생각할 수 있도록 한다. 자녀가 공감을 충분히 한 후 문제는 '감정'이 아니라 '잘못된 행동'임을 깨닫도록 한다. 자녀가 원하는 목표를 확인하고 해결책을 찾아서 그 해결책이 과연 합리적이고 현실적인지 검토한 후, 자녀가 스스로 해결책을 선택하여 실천할 수 있도록 돕는다. 한두 가지 방법을 선택하여 시도하도록 지도하고, 그 과정에서 실수를 하거나 효과가 미비하더라도 스스로 분석하여 재조정할 수 있도록 돕는다.

3) 비폭력 대화법

NVC는 Nonviolent Communication 의 약자로 한국에는 '비폭력대화'로 알려져 있고 '삶의 대화' 또는 '연민의 대화'라고도 부른다. NVC 는 자신과 상대방을 비판, 평가, 판단 없이 연민의 마음으로 우리의 느낌과 욕구를 공감하면서 의사소통하는 대화법이다. 1960년대 미국 임상심리학자인 마셜 B. 로젠버그(Marshall B. Rosenberg) 박사에 의해 창안되었고 한국에는 2003년 캐서린 한(Katherine Hahn Singer)이 처음 소개하였다.

비폭력 대화(NVC: Nonviolent Communication)는 태어날 때부터 지니고 있는 연민이 다른 사람들과 유대관계를 맺고, 자신을 더 깊이 이해하는 데 도움이 되는 구체적인 대화 방법을 말한다(김진한, 2015, 재인용).

비폭력 대화 방법은 다음과 같다.

오해와 갈등을 없앤다. (관찰)	얼었던 마음을 녹인다. (느낌)	이해와 공감의 연결고리 (욕구·필요)	속마음을 주고받는다. (부탁)

① 말을 할 때는 상대를 비난하거나 비판하지 않으면서 자신의 마음을 솔직하게 표현하며, 자신이 원하는 것을 강요나 명령이 아닌 상대의 선택을 존중하면서 부탁한다. 먼저, 상황을 있는 그대로 '관찰' 한다. 상대방의 말과 행동이 나에게 이롭든 해롭든 간에 평가와 판단을 내리지 않으면서 관찰한 것을 있는 그대로 명확하고 구체적으로 말한다. 관찰과 평가를 섞어서 말하면 듣는 사람은 내가 뜻한 말을 이해하려 하기보다는 비난으로 받아들여 저항감을 갖는다. 다음으로는 그 말이나 행동을 듣거나 보았을 때 어떻게 느끼는가를 말한다. 가슴이 아팠는지, 두려웠는지, 즐거웠는지, 짜증나는지 등의 '느낌'을 표현한다. 그런 다음 자신이 알아차린 느낌이 자기

내면의 어떤 '욕구와 연결' 되는지를 말한다. 타인의 말과 행동이 자신의 느낌을 불러일으키는 자극은 될 수 있어도 결코 자기 느낌의 원인은 아니다. 즉, 자신이 원하는 욕구나 기대, 희망, 가치관이나 생각을 인정함으로써 타인을 탓하기보다는 자신의 느낌에 대해 스스로 책임을 져야 타인이 자신에게 공감으로 반응하기 쉽다. 하지만 자신의 욕구를 인식하고 표현하는 것을 비판적으로 보는 우리 환경에서는 그것을 표현하기는 매우 두려운 일이므로 느낌을 키워가는 단계가 필요하다. 다음에는 내 삶을 더 풍요롭게 하기 위해서 다른 사람이 해 주기 바라는 것을 '구체적으로 부탁'하는 표현을 사용한다. 자신이 원하는 것을 명확하고 긍정적이며 구체적인 행동언어로 부탁해야 한다. 모호한 표현은 듣는 사람은 말하는 사람이 무엇을 원하는지가 분명하지 않을 수 있으며, 말하는 사람의 느낌과 욕구를 표현하지 않는 부탁은 명령처럼 들릴 수 있다.

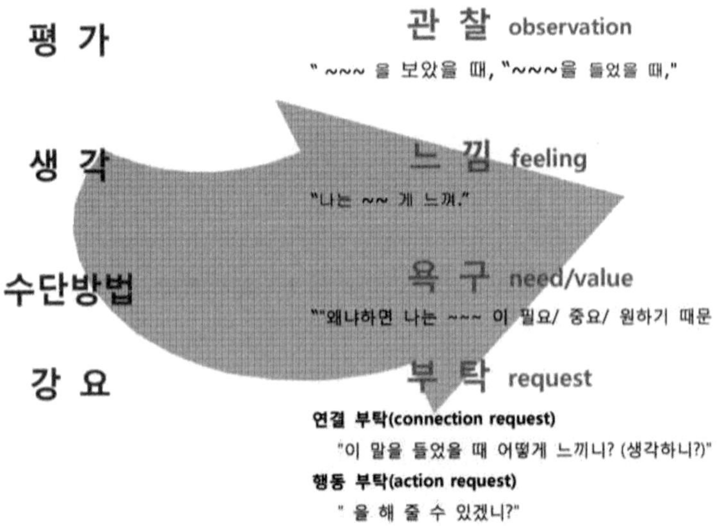

| 그림 12-1 | 비폭력대화의 '전환'

② 말을 들을 때 상대방이 어떤 식으로 표현하든 비난으로 듣지 않고 그 말 뒤에 있는 느낌이나 그 사람이 진실로 원하는 것을 듣는다. 이는 상대방의 말을 비난이나 비판이 아닌 공감으로 듣는 방법으로 상대방이 자기에게 전달하고자 하는 욕구와 느낌을 알아내는 것이다.

<table>
<tr><th colspan="2">솔직한 자기표현</th></tr>
<tr><td colspan="2">있는 그대로, 대화를 시작하게 해주는
1. 관찰(observation) 평가, 비난과 구별하기
"내가 ______________________________을 보았을 때 / 들었을 때"</td></tr>
<tr><td colspan="2">실제 느낌, 서로 연결되고 욕구를 찾기 위해
2. 느낌(feeling) 생각과 구별하기
"나는 ______________________________느낀다."</td></tr>
<tr><td colspan="2">느낌의 원인, 이해와 원하는 것을 추구하는 쪽으로
3. 필요, 욕구(need) 수단방법과 구별하기
"왜냐하면 나는 ______________________________이 필요/중요/원하기 때문에"</td></tr>
<tr><td colspan="2">서로 동등하고 즐거운 대화를 가능하게 해주는
4. 부탁(request) 강요와 구별하기
- 연결 부탁: 상대를 대화로 초대하기
"이 말을 들었을 때 어떻게 느끼니? / 생각하니?"
- 행동 부탁: 구체적, 긍정적, 의문형으로
"______________________________을 해 줄 수 있겠니?"</td></tr>
<tr><td>예시</td><td>관찰: 네가 요즘 매일 12시가 넘어서 들어오고, 나에게 아무 말도 하지 않는 너를 보았을 때,
느낌: 나는 궁금하기도 하고 걱정도 된다.
욕구 : 왜냐하면, 학교에서 무슨 힘든 일이 있다면 우리는 함께 이야기를 힘으로 서로 이해하고 도울 수 있었으면 하거든.
부탁 : (연결부탁) 너는 어떻게 생각하니? / 느끼니?</td></tr>
</table>

③ 스스로는 자신이 진정으로 원하는 것에 집중하여 항시 평화로운 마음 상태를 만들 수 있다.

〈표 12-1〉 느낌의 다양한 표현들

욕구가 충족되었을 때
· 감동받은 - 뭉클한, 감격스러운, 벅찬, 환희에 찬, 황홀한, 충만한
· 고마운 - 감사한
· 즐거운 - 유쾌한, 통쾌한, 흔쾌한, 기쁜, 행복한, 반가운
· 따뜻한 - 감미로운, 포근한, 푸근한, 사랑하는, 정을 느끼는, 친근한, 훈훈한, 정겨운
· 뿌듯한 - 산뜻한, 만족스러운, 상쾌한, 흡족한, 개운한, 후련한, 든든한, 흐뭇한, 홀가분한
· 편안한 - 느긋한, 담담한, 친밀한, 친근한, 긴장이 풀리는, 안심되는, 차분한, 가벼운
· 평화로운 - 누그러지는, 고요한, 여유로운, 진정되는, 잠잠해진, 평온한
· 흥미로운 - 매혹된, 재미있는, 끌리는
· 활기찬 - 짜릿한, 신나는, 용기 나는, 기력이 넘치는, 기운이 나는, 당당한, 살아있는, 생기가 도는, 원기가 왕성한, 자신감 있는, 힘이 솟는
· 흥분된 - 두근거리는, 기대에 부푼, 들뜬, 희망에 찬

욕구가 충족되었을 때
· 걱정되는 - 까마득한, 담담한, 염려되는, 근심하는, 신경 쓰이는, 뒤숭숭한 · 무서운 - 섬뜩한, 오싹한, 주눅 든, 겁나는, 두려운, 간담이 서늘해지는, 진땀나는 · 불안한 - 조바심 나는, 긴장한, 떨리는, 안절부절 못하는, 조마조마한, 초조한
욕구가 충족되지 않았을 때
· 불편한 - 거북한, 겸연쩍은, 곤혹스러운, 떨떠름한, 언짢은, 괴로운, 난처한, 멋쩍은, 쑥스러운, 답답한, 갑갑한, 서먹한, 숨 막히는, 어색한, 찝찝한 · 슬픈 - 가슴이 찢어지는, 구슬픈, 그리운, 눈물겨운, 목이 메는, 서글픈, 서러운, 쓰라린, 애끓는, 울적한, 참담한, 처참한, 안타까운, 한스러운, 마음이 아픈, 비참한, 처연한 · 서운한 - 김빠진, 애석한, 냉담한, 섭섭한, 야속한, 낙담한 · 외로운 - 고독한, 공허한, 적적한, 허전한, 허탈한, 막막한, 쓸쓸한, 허한 · 피곤한 - 고단한, 노곤한, 따분한, 맥 빠진, 지긋지긋한, 귀찮은, 무감각한, 지겨운, 지루한, 지친, 절망스러운, 좌절한, 힘든, 무료한, 성가신, 심심한 · 혐오스러운 - 밥맛 떨어지는, 질린, 정떨어지는 · 혼란스러운 - 끓어오르는, 속상한, 약 오르는, 분한, 울화가 치미는, 핏대 서는, 격노한, 분개한, 억울한, 치밀어 오르는
느낌과 혼동하기 쉬운 느낌이 아닌 것들
강요당한, 거절당한, 공격당한, 궁지에 몰린, 따돌림 당하는, 배신당한, 버림받은, 오해받은, 위협당하는, 의심받는, 무시당한, 이용당하는, 인정받지 못하는, 조종당하는, 학대받은, 협박당하는

4. 학교폭력 관련 학부모 상담

학교폭력과 관련하여 진행되는 학부모 상담은 일반상담이나 학생상담과는 다른 측면에서 매우 신중하게 준비되고 진행되어야 한다. 학교폭력 관련 학부모 상담의 목표를 정리하면 다음과 같다.

첫째, 학부모와 교사가 자녀의 교육과 성장을 위해서 서로 존중하고 협조하는 관계를 형성한다.

둘째, 학부모와 교사가 자녀에 대해 객관적이고 합의 가능한 평가를 도출해낸다.

셋째, 학부모와 교사의 협조적 관계 속에서 자녀의 장점을 더욱 발전시키고 문제행동을 수정할 수 있는 방안을 고안하고 공동의 노력을 기울인다.

넷째, 학부모와 교사는 문제 해결 후에도 앞으로 발생할 수 있는 문제를 예방하고 성장을 촉진하기 위한 협조적인 관계를 지속해야 한다.

다섯째, 학부모가 자녀의 문제 해결과 성장을 위해 지속적인 노력을 할 수 있도록 학부모의 노력을 인정하고 격려한다.

1) 학부모 상담 과정

효과적인 학부모 상담의 과정과 절차에 대해 살펴보면 다음과 같다.

(1) 학부모의 불편한 심정을 충분히 이해하고 공감하면서, 학부모가 편안하게 상담에 임할 수 있도록 안내한다. 학부모 입장에서 자녀 문제로 학교에 오는 것은 심리적으로 힘든 일이며, 특히 직장에 다니고 있는 경우는 바쁜 시간을 내어 방문하는 것이므로 효율적인 상담이 이루어질 수 있도록 사전 준비가 철저하게 이루어져야 한다. 또한, 자녀 문제이긴 하지만 상담을 위해 학교에 와 준 것에 대해 진심으로 감사의 뜻을 전한다.

(2) 간단한 접수 면접지를 작성하도록 안내한다. 상담에 필요한 학부모와 학생에 대한 연락처, 가족관계, 교우관계, 학교폭력 관련 기존 경험 등을 기록한다. 또한, 평소 가정에서의 관계유형에 대해 파악하기 위한 간단한 체크리스크를 작성할 수 있도록 한다. 상담자는 부모님의 외모나 행동특성 등에 관한 비언어적 표현에 대한 기록을 간단하게 작성한다.

(3) 학교폭력과 관련하여 학부모 상담요청이 전달되었을 때, 학부모의 생각과 느낌에 대해 경청하고, 학교폭력과 관련된 사안에 대해 알고 있는지 확인한다. 학교폭력 학부모 상담과 관련하여 가진 생각과 느낌을 이해하면서, 학부모가 과민하게 반응하거나 방어적인 태도를 보이더라도 교사는 잘 들어주고 공감적으로 이해하는 태도를 가져야 상호신뢰의 분위기로 상담을 이끌어 갈 수 있다. 또한, 학교폭력 문제는 사안의 정황에 대한 정확한 인지가 매우 중요하다. 자녀가 학부모에게 전달하는 내용만으로는 분명하게 정황이 전달되기 어렵다. 특히 가해 학생의 경우는 자신에게 불리한 부분은 빠뜨리고 전달하기 마련이며, 피해학생의 피해 정도와 심리적 피해에 대해서 가해 학생 학부모가 제대로 알고 있지 못하는 경우가 많다.

(4) 피해 학생과 그 학부모에게 전달하는 사과에 대해 이야기 나누고, 학교폭력대책심의위원회의 진행결과에 대해서도 안내한다. 학교폭력 사안과 관련된 피해 학생과 학부모의 입장을 충분히 공감하도록 안내하고, 사과하는 마음을 전달하는 방법에

대해서도 이야기를 나눈다. 그리고 학교폭력대책심의위원회의 일정과 진행 과정, 진행결과에 대해 자세히 안내하고, 필요하다면 학교 내의 폭력전담기구의 도움을 받을 수도 있음을 알려 준다.

(5) 가해 학생과 피해 학생이 가지고 있는 심리적·행동적 측면에서의 문제에 대해 이야기 나눈다. 학교폭력 사안과 별개로 평소에 자녀에게서 관찰되었던 심리적·정서적 문제나 행동적인 측면에서의 특징들에 대해 이야기를 나눈다. 학교폭력 문제는 발생하는 사안의 폭력성에 대한 문제도 중요하지만 폭력적인 성향이 드러나게 된 심리적·정서적 문제의 해결도 매우 중요하기 때문이다.

(6) 학교와 가정에서 학생이 가지고 있는 문제를 해결하기 위해 학부모와 교사가 시도할 수 있는 방안에 대해 합의한다. 학생이 가지고 있는 다양한 심리·정서적 문제와 행동적 측면에서의 문제들에 대해 학부모와 교사가 함께 도와줄 수 있는 지원 방법에 대해 구체적으로 이야기 나누고 해결 가능한 방법들에 대해 합의하여 실천할 수 있도록 한다.

(7) 문제 해결을 위해 시도한 내용에 대해 다음 회기상담에서 실행 과정에서 드러난 문제점과 성과에 대해 이야기 나눈다. 지속적인 상담 과정을 통해 이전 회기에서 합의하였던 실천사항을 어느 정도 달성하였는지 확인하고 부족한 부분에 대해서는 어떤 방식으로 보완해 갈 것인지 이야기 나눈다. 자녀의 긍정적인 변화를 위해 가정에서 지속적인 노력을 할 수 있도록 격려한 후 상담회기에 대한 계획을 세운다.

5. 학부모 상담의 실제

최근 학교폭력 신고건수가 늘어나면서 피해 학생의 부모뿐 아니라 가해 학생 학부모 상담도 늘어나고 있다. 이처럼 늘어나고 있는 학교폭력의 건수만큼, 그에 대한 상담의 필요성도 절실하다. 상담은 행동의 변화를 목표로 한다. 행동의 변화는 쉽게 이루어지는 것이 아니고, 일방적인 조언이나 지시로 달성될 수 있는 것도 아니다. 그래서 상담심리 관련 전문가들은 수년 동안 상담에 체계적으로 접근하기 위해 많은 연구와 노력을 기울이고 있다. 하지만 일선 학교에서 학교폭력을 체계적으로 다루고자 하는 선생님이나 학부모에게 도움이 될 수 있는 실질적 내용을 정리하기란 쉽지 않은 일이다. 일선 학교에서 실제적으로 활용할 수 있는 상담접근은 상담기술과 상담 과정일 것이다.

상담기술과 상담 과정은 '관찰-기술-설명-이해-행동변화 중재'로 그 단계를 정리할 수 있다(주은선, 2012). 먼저 관찰은 상대방의 언어적·비언어적 의사소통에 집중하는 것이고, 상담기술로는 '관심기울이기', '경청하기', '질문하기'를 들 수 있다. 기술은 상담자가 관찰한 내담자의 행동을 있는 그대로 정리하는 과정이다. 여기서 중요한 것은 상담자의 생각이나 평가가 아니라 객관적이고 사실적인 정리이다. 특히 육하원칙에 따른 기록을 권장한다. 설명은 기술한 내용에 근거하여 내담자에 대한 개념화를 시도하는 것이다. 상담자는 자신이 선호하는 상담접근에 따라 사례개념화를 시도하여 좀 더 내담자에게 도움을 줄 수 있는 방법을 찾을 수 있다. 이러한 '관찰-기술-설명'을 통해 상담자는 내담자의 문제만을 이해하는 것이 아니라 내담자를 한 인간으로서 전체적으로 그림을 그리고 이해할 수 있게 된다. 이를 바탕으로 내담자의 삶을 윤택하게 하고 좀 더 적응적인 행동을 할 수 있도록 행동변화를 중재할 수 있을 것이다.

상담에서 목표로 하는 행동변화의 방향은 적응일 것이다. 따라서 이 절에서는 피해 학생, 가해 학생, 학부모대상에게 당면한 문제를 이해하고 적응의 방향으로 나아가도록 함께 있어 주고 견뎌 주는 상담기술과 상담 과정에 대해 살펴보고자 한다.

상담의 과정을 보면, 일반적으로 초기상담, 중기상담, 종결상담으로 구분할 수 있다(박태수·고기홍, 2007). 상담에서 사용하는 상담기술을 매우 다양하고 상담 이론에 따라 강조되는 상담기법들이 다르지만, 여기서는 공통적으로 다루어지는 상담기술들을 소개하고자 한다.

〈표 12-2〉 상담의 과정

상담 단계	중요 과제
초기상담	· 상담신청서 접수 및 접수면접 · 상담구조화 및 신뢰관계 형성 · 문제 명료화 및 사례 개념화 · 상담계획
중기상담	· 행동변화를 위한 중재 · 대안 행동 탐색 · 새로운 행동 정립
종결상담	· 상담 결과에 대한 평가 · 상담관계 마무리 · 추후상담

1) 피해 학생 학부모 상담

학교폭력 피해 학생은 가장 힘들고 어려운 학교생활을 하게 될 위험에 처하게 된다. 학교폭력으로 인해 발생한 심리적인 문제를 제대로 치유하지 않으면, 이후의 삶에 치명적인 외상 후 스트레스 장애증상을 갖게 될 위험이 크다. 따라서 상담의 역할이 매우 중요하다. 피해 학생에게는 개인 상담과 집단 상담의 다양한 방식을 적절하게 활용하여 학생의 적응력을 키우고 자존감 향상을 도모하여 건강한 사회인으로 성정하도록 돕는 것이 상담의 가장 큰 목표이다.

(1) 피해 학생 학부모 초기 면접 상담

피해 학생 학부모는 자신의 자녀가 학교폭력의 피해자라는 사실 자체가 받아들이기 힘든 내용이다. 2차적으로 피해 사실을 인지한다고 하더라도 어떻게 대처해야 할지 막막해한다. 더욱이 자신의 자녀가 도움을 받지 못하고 피해를 당하고 있다는 생각은 피해 학생 학부모를 힘들게 한다.

피해 학생 학부모에게는 먼저 심리적 안정을 찾도록 도와주어야 한다. 특히 피해 학생 학부모에게 피해 학생의 피해 구제를 위한 방법과 자녀의 행복한 학교생활을 위해 어떠한 절차를 밟게 되는지 명확하게 설명해 드려야 한다. 공평한 대우를 받고 문제를 해결해 갈 수 있다는 신뢰가 있을 때 피해 학생 학부모는 학교폭력을 제3자의 입장에서 객관적으로 볼 수 있고, 피해 학생에게 가장 좋은 방향으로 일이 처리될 수 있도록 할 수 있다. 그러나 반대로 학교에서 문제를 덮으려 하거나 가해 학생 학부모와의 어떤 관계가 있을 것이라는 불신이 생기게 되면 상담적 개입은 매우 힘들어진다. 이는 곧 피해 학생에 대한 적절한 상담적 도움에도 영향을 주게 되므로, 피해 학생 학부모에게 절차에 관한 구체적 정보가 제공되어야 한다.

피해 학생 학부모 중에는 자녀의 피해에 대해 감정조절이 되지 않는 모습을 보이는 경우도 있다. '그렇게까지 반응할 필요가 없어요.'라는 선생님 혹은 다른 사람들의 말은 감정을 더 고조시킬 수 있다. 이미 감정적으로 악화되어 있는 상태에 대한 인정을 먼저 해 주고, 무엇을 어떻게 할 것인지를 이야기해야 한다. 충분히 감정을 다루지 않으면 가해 학생만 비난하는 것이 아니라 학교 혹은 선생님도 비난할 수 있다 (정종진 외, 2014).

〈표 12-3〉 피해 학생 학부모 초기 면접상담 절차

절차	내용
1. 감정의 격앙상태를 공감한다.	"많이 놀라셨죠?", "얼마나 걱정이 되세요."
2. 보호자의 감정을 수용하고 이야기를 경청한다.	"저도 몹시 마음이 많이 아프네요."
3. 학생의 현재 상태에 대해 묻는다.	"OO이는 어떤 상태인가요?"
4. 보호자에게 정서적 지지를 보낸다.	"힘내세요. 저도 함께 노력하겠습니다."
5. 학생의 피해 사실에 대해 객관적으로 인지한다.	"학생의 피해 사실을 언제, 어떻게 알게 되셨습니까?" "학생은 누구에게, 얼마 동안, 어떤 일이 있었다고 이야기 하였나요?" "혹시 주변에 이 사실을 객관적으로 본 친구가 있나요?"
6. 학생의 피해 사실을 구체적으로 기록한다.	
7. 학생의 피해 사실에 대해 진심 어린 위로와 유감을 표현한다.	"이런 일이 생겨서 죄송하고 유감입니다." "저도 걱정이 되고 속상한 마음이 듭니다."
8. 피해 학생과 부모가 원하는 것을 묻는다.	"지금 가장 원하시는 것이 어떤 것인가요?"
9. 추후 처리 과정과 예상되는 결과에 대해 설명한다.	"앞으로 이 일이 학교폭력대책심의위원회에 회부가 되면, · · · · · · · · · 식으로 절차가 진행됩니다."
10. 진실과 사실에 근거하여 문제가 해결될 것을 약속한다.	"실제 어떤 일이 일어났는지 그 과정에서 OO학생이 어떤 어려움이 있었는지를 객관적으로 조사하여 그에 맞는 조치를 취하게 될 것입니다."
11. 학생의 보호와 안전, 적응을 위해 노력할 것임을 약속한다.	"현재 가장 중요한 것은 OO학생이 안전하게 학교생활을 하는 것이며, 심리적인 충격 없이 학교에 잘 적응하는 것이라고 생각합니다. 학교에서도 노력하겠습니다."

*출처: 김진한 외(2015).

(2) 학교폭력 피해 학생에 대한 학부모의 대응기법

① 자녀의 불안과 두려움 이해하기

학교폭력 피해 학생은 직·간접적인 폭력과 보복의 두려움 때문에 무기력해져서 적절히 대처하기가 어렵다. 이때 부모가 자녀의 피해 사실을 알고 따뜻하게 안아 주며, 자녀의 고통을 미리 알고 대처해 주지 못해 미안하다고 사과하는 행동이 필요하다.

② 자녀의 피해 사실에 대한 부인 수용하기

학교폭력 피해 학생의 대부분은 친구들로부터 비난이나 보복을 두려워해서 피해 사실을 부인하려고 한다. 이때 학부모가 자녀의 불안한 상태를 공감하고 수용해 주면서 충분히 이해해 준다. 자녀에 대한 공감과 수용이 충분히 이루어진 후 피해 사실에 대한 구체적인 대처에 대해 자녀와 함께 고민하고 자녀가 두려워하는 비난이나 보복과 같은 2차적인 피해가 없도록 대책을 세울 것임을 알려주어 자녀를 안심시킨다.

③ 부모의 적극적인 문제 해결의지 보여 주기

자녀의 등·하굣길에 동행하거나 주변 친구와 부모와의 좋은 관계 형성을 통해 자녀에 대한 지지 세력을 구축하는 등의 노력을 함으로 써, 부모가 문제 해결을 위해 최대한의 노력을 하고 있음을 보여 준다. 이러한 과정을 통해 자녀는 부모를 신뢰하게 되고 학교폭력 문제 해결을 위한 적극적인 자세를 취하게 된다.

④ 교사에게 도움 청하기

학부모가 자녀에게 관심을 가지고 학교폭력의 피해를 막고자 노력해도 역부족일 때가 많다. 왜냐하면, 학교폭력은 학교 내에서 쉬는 시간이나 점심시간에 가장 많이 발생하기 때문이다. 자녀가 학교폭력사실을 부모에게 알리면, 부모는 담당교사에게 도움을 청하여 제2의 폭력이 발생하지 않도록 최대한 배려하고 자녀의 안전을 위해 노력해 줄 것을 요청하도록 한다.

⑤ 학교폭력에 대한 대처 행동 연습하기

학교폭력 피해 학생에게 학교폭력 상황에서 어떻게 행동하라고 조언하기보다는 적절한 대처 행동을 연습하도록 하는 것이 중요하다. 즉, 자기의 감정을 표현하는 것을 행동으로 연습시켜야 한다. 피해 학생에게 개괄적 혹은 추상적으로 어떻게 하도록 말하는 것보다 실제 상황을 가정하고 그 상황에서의 행동을 해 보도록 하는 것이 좋다. 이러한 행동연습을 통해 그 효과에 대해 점검해 보고 예상치 못한 돌발 상황에 대해 예측해보며 그 대처행동도 연습해 볼 수 있도록 한다.

2) 가해 학생 학부모 상담

가해 학생은 부모의 양육방식이 권위주의적이고 적대적이며, 거부적이고 비일관적이다. 또한, 사회적 문제 해결 능력이 낮고 사소한 시비에 과잉 반응한다. 올리버(Oliver)는 가해자의 가정환경 특징으로 '재정적·사회적 문제, 냉랭한 정서적 분위기,

가족구조의 결함, 사회적 고립, 부모 갈등과 아동양육기술의 부족'을 제시하였다. 특히 폭력이 일상화되어 있는 가정의 경우, 자녀는 더욱 쉽게 폭력의 가해자로 변화해 가고, 이에 대한 죄책감이나 죄의식을 느끼지 않는다.

학교폭력이 발생하였을 때, 피해자 부모뿐만 아니라 가해자 부모가 느끼는 심적 고통과 어려움도 크다. 그러므로 사건처리보다는 우선 가해자 부모가 느끼는 어려움에 대한 심리적 공감과 지지를 함으로써 정서적으로 안정되도록 돕는다. 자녀 문제의 책임을 부모에게 묻고 비난하는 식의 태도보다 부모의 불만사항을 공감해 주고 부모로서의 역량에 대해 자신감을 회복하도록 도와주어야 한다. 특히 가해 학생의 부정적인 측면보다는 긍정적인 변화 가능성의 잠재적 역량에 대해 지지적 태도를 보임으로 학부모의 태도변화를 효과적으로 이끌어낼 수 있다.

〈표 12-4〉 가해 학생 학부모 초기 면접상담 절차

절차	내용
1. 보호자의 감정을 수용하고 이해한다.	"많이 놀라시고 당황하셨지요."
2. 상대학생의 피해 정도를 정확하게 알려준다.	"현재 OO이는 신체적인 피해로는 · · · · · · · 하며, 심리적으로는 · · · · 한 상태에 있습니다."
3. 궁극적인 학생지도 방안에 대해 말한다.	"이 문제를 해결하는 데 있어서 가장 중요한 것은 앞으로 우리 학생들이 안전하게 학교생활을 하고 두 학생 모두 심리적인 충격 없이 학교에 잘 적응하는 것이라고 생각합니다. 무엇이 문제 해결과 궁극적인 자녀지도에 도움이 될지 함께 생각해 보는 것이 좋겠습니다."
4. 추후 처리 과정에 대해 설명한다.	"앞으로 이 일이 학교폭력대책심의위원회에 회부되면, · · · · · · · · · 의 순서대로 절차가 진행됩니다."
5. 진심 어린 사과의 중요성을 인지시킨다.	"가해 측에서 피해 학생의 신체적·심리적 후유증에 대해 이해하고 진심으로 사과한다면 피해 학생이 안정을 찾는데 큰 도움이 됩니다."
6. 진실과 사실에 근거하여 문제가 해결될 것임을 알린다.	"실제 어떤 일이 일어났는지 그 과정에서 OO이가 어떤 행동을 했는지는 객관적으로 조사하여 그에 맞는 조치를 취하게 될 것입니다."

| 학습과제 |

1. 학교폭력 예방을 위해서 학부모 교육이나 상담이 필요한 이유에 대해서 서로 논의해보자.

2. 예비교사의 입장에서 학부모 교육 중 비폭력 대화법을 적용하여 학교폭력 사안의 가해 학생과 대화를 한다면 어떻게 할 것인지 생각해보자.

CHAPTER **13**

학교폭력과 교사

제1절 교사와 체벌

제2절 교사와 언어폭력

제3절 교사의 성폭력

제4절 교권 침해

| 개요 |

학교폭력은 교사, 학생, 학부모 모두에게 허용되지 않는 행위이다. 최근 학교 현장에서는 구성원 간 신뢰하는 풍토가 조성되지 않아 폭력적인 행위들이 자주 표출되고 있다. 이로 인해 교사에 대한 학부모와 학생의 존경 및 존중감이 사라지고 학생에 대한 교사의 사랑과 헌신 역시 점점 줄어들고 있다. 본 장에서는 교사와 학생의 상호작용 속에서 미래 사회 구성원으로 성장하는 청소년들에 대한 교사의 폭력을 허용할 수 없다는 관점에서 교사와 체벌, 교사와 언어폭력, 교사의 성폭력을 개념, 특성, 실태 중심으로 살펴보고자 한다. 또한 교사의 권리와 권위를 의미하는 교권을 학생, 학부모, 교육당국, 동료교원 등이 침해하는 교권침해에 대해 살펴보고자 한다. 왜, 학교에 폭력이 만연하고 교사와 학생 간 존중하고 사랑하는 풍토가 조성되지 않을까?, 왜 학부모들은 학교와 교사들을 신뢰하지 않을까? 이 문제들은 우리 학교사회에 해결해야 할 가장 중요한 현안들이다. 이 13장을 통해 함께 고민하는 시간을 가지길 기대한다.

chapter 13 학교폭력과 교사

제1절 교사와 체벌

1. 체벌의 관점

전통적인 유교 사회에서 교사와 학생 간 체벌은 간접적으로 허용이 되어 왔지만 시내가 변화하면서 체벌을 보는 관점의 변화가 나타나고 있다. 어떤 형태이든 학교에서 체벌은 허용되지 않는 관점으로 변화되고 있다. 체벌은 일반적으로 교육현장에서 훈육 혹은 교육한다는 이름하에 행해지는 벌의 하위개념인 교육 벌로서 수업 분위기를 흐렸거나, 학업을 게을리 하였거나, 학생 신분에 위배되는 행동을 하였거나, 학교 규칙을 위반 하였을 때 등 교육목적 달성을 위해 교육현장에서 사용되는 제재로서, 직·간접적으로 정신과 신체에 고통을 주는 행위의 일종이다(이광우, 2000).

학교체벌은 훈육이나 벌과 가까운 관계에 있다. 체벌은 보편적으로 벌의 한 형태로서 교사의 신체 일부분이나 물리적 도구인 회초리를 사용하여 신체적 고통을 주는 행위로, 교육학에서 보편적으로 체벌은 벌의 하위 개념으로, 벌은 훈육의 하위 개념으로 본다(정재훈, 2006). 1997년 교육개혁위원회는 체벌을 직접적 체벌과 간접적 체벌로 구분지어 제시하였다. 직접적 체벌은 교사의 신체 일부분이나 도구를 이용하여 학생의 신체에 대한 직접적인 접촉을 통하여 고통을 줌으로써 처벌하는 것이며, 간접적 체벌은 직접적인 접촉은 없으나 여러 유형의 행동 제약을 통해 처벌하는 것이다. 전통적으로 체벌이라 함은 직접체벌만을 일컬어 왔으나 요즘은 간접체벌은 물론 폭언이나 정서적 불안 조성과 같은 아동학대행위도 체벌로 규정하고 있다.

이웃나라 일본은 체벌이 법으로 금지되어 있으며 신체를 침해하는 징계는 분명히 체벌이지만 피벌자에게 육체적 고통을 주는 장시간 서있기, 꿇어 앉아있기 등과 같은 징계도 체벌의 일종이다"라고 하였으며 체벌을 징계 수단으로서 다음과 같이 구체적으로 개념을 정의하고 있다(이범석, 2009).

첫째, 신체에 대한 침해를 내용으로 하는 징계, 때리고 발로 차는 것, 또는 육체적 고통을 주는 것

둘째, 용변을 못 보게 하거나 식사시간이 지나도 식사를 하지 못하도록 잡아 두는 것은 육체적 고통을 수반하므로 체벌이 된다.

셋째, 지각이나 태만한 경우, 청소당번의 횟수를 증가하는 것은 상관없으나 부당한 차별이나 혹사를 시키는 행위

넷째, 도난 사고 시, 그 학생이나 증인을 방과 후에 심문하는 것은 상관없으나 자백이나 진술을 강요하는 행위

다섯째, 수업시간 중 태만하거나 떠들었다고 해서 교실 밖으로 나가게 하여 수업을 받지 못하게 하는 행위

여섯째, 물건을 훔치거나 부숴 버리는 경우, 골탕을 먹이는 의미에서 장시간 남겨 놓는 행위

일곱째, 고의적으로 필요 이상 정신적인 불안감, 긴장감, 초조감을 주는 행위

또한 대법원의 판례와 학자들의 연구 결과에 의하면 체벌이 교육적으로 그 정당성을 인정받기 위해서는 다음과 같은 준거에 합당하다고 판단이 되어야 한다(노경남, 2011).

첫째, 교육상 필요하고, 둘째, 다른 교육적 수단으로는 교정이 불가능하여 부득이한 경우에 한하며, 셋째, 방법 및 정도가 사회 관념상 비난받지 않을 객관적 타당성이 있어야 하고, 넷째, 체벌동기와 경위, 방법 및 정도, 체벌을 가한 부위 및 상처 등을 종합, 교사에게 요구되는 주의 의무를 다한 것이어야 한다.

이처럼 학교 현장에서 체벌은 교육적인 관점에서 교내 질서유지와 다른 학생들의 학습권 보호와 학업을 게을리 하였을 때 주어지는 교육적인 제재로 통용되고 있다. 또한 체벌은 훈육의 한 방법으로써 특정한 행동을 중단시키고 교육의 장에서 교육목적을 달성하기 위한 수단으로 신체에 직접 또는 간접적인 고통을 가하는 것으로 볼 수

있다. 하지만 사회 관념을 기준으로 이루어지는 대법원의 판결에서 볼 수 있듯이 그 사회 관념이라는 것이 명확하지 않고 시대의 흐름에 따라 변화하기 때문에 교육적인 목적으로 이루어지는 어떤 형태의 체벌도 지금의 사회에서는 허용되지 않음을 교육현장의 구성원들은 인식하고 공감할 필요성이 있을 것이다.

2. 체벌 금지와 학생 인권

인간은 어느 누구나 인간으로서 존엄과 가치를 갖는 존재로 행복을 추구할 권리를 가지며 이는 불가침의 권리로서 국가에 의해 보장받는다. 청소년 역시 기본적인 인간의 존엄과 가치, 행복추구권, 자유권, 평등권, 더 나아가 인간다운 생활을 할 권리를 갖는다. 이것은 학생인권의 기본적 요소가 된다. 학생인권은 학교, 학생, 그리고 학생권리의 속성과 범주 등을 고려한다면, 학생인권이라는 것은 넓게는 학생이라는 한 개인이 문화적·사회적 영역에서 누릴 수 있는 기본적인 권리를 의미한다고 볼 수 있고, 좁은 의미에서는 학생이 학교에서 누려야 할 권리를 의미한다고 볼 수 있다(이동주, 2012).

학생의 인권 중에서 가장 논란이 많은 영역은 표현의 자유, 체벌, 성폭행 그리고 사생활보호의 문제 등이다. 학교라는 특수한 상황에서 생활하고 있는 학생들은 미성숙자라는 이유로 체벌을 통해 교사들에 의해 인권을 제한당하는 사례가 지속적으로 나타나고 있다. 체벌은 우리나라를 포함한 대부분의 나라에서 광범위하게 사용해 온 학생인권 제한의 대표적인 방법이다. 체벌은 학교질서 유지와 수업분위기, 그리고 학생의 선도를 목적으로 사용된다. 하지만 학생체벌을 둘러싸고 여전히 찬반논쟁이 첨예하게 대립하고 있다. 체벌에 찬성하는 입장은 학교의 질서유지 수단, 면학 분위기의 조성, 학생의 인성 교육발달을 조성한다는 교육의 긍정적인 부분은 부각시키고 있다. 이에 반해, 체벌에 반대하는 입장은 학생인권의 훼손, 체벌의 교육적 효과의 부정, 교사와 학생간의 불편한 인간관계를 조성한다며 교육의 부정적인 면을 부각하고 있다(표세황, 2012).

가혹하거나 잔인하고 비합리적 체벌(cruel and unusual corporal punishment)을 둘러싼 학생의 인권문제와 교권과의 갈등문제는 오늘날 매우 심각한 인권문제이며 사회문제로 확대되고, 이를 해결하기 위해 학생인권조례 제정 등 정부와 지방자치단체의 노력 등이 다각적으로 이루어지고 있다. 체벌은 더 이상 사랑의 매가 아니다. 학생에 대한 사랑과 관심은 더 이상 매를 통해 전달되지 않는 다는 의미이다. 또한, 교사의 권위는 Authority가 아닌 Legal Right의 개념으로 즉, 교사의 전문성에 기한 권한으로 교권의 개념을 올바로 이해해야 교권을 확립할 수 있다는 의미이다(정순원, 2010).

학생에 대한 인권보호는 교사와 보호자의 의무이며, 또한 사회와 국가의 의무이다. 학교교육 뿐 아니라 평생교육에서 교육과정, 교수학습방법, 교과서 등에서 학생의 인권은 보호되어야 하고 학교의 안전한 환경이 보장되어야 한다. 학교현장에서 체벌이 지양되는 것이 이상적이지만 현실에서는 우리의 이상과 달리 체벌이 필요한 경우가 종종 발생하고 있다. 비록 체벌이 학생의 인권을 제한하고는 있지만, 전면적으로 부정하기 보다는 체벌의 범위와 방법에 대한 구체적인 모색이 필요하다. 특히 학생의 인권과 교사의 교육권 간의 관련성과 제한에 대한 논의 역시 지속적으로 이루어져야 할 것이다.

제2절 교사와 언어폭력

1. 언어폭력의 개념과 특성

언어폭력은 사회적으로 합의된 용어는 아니나 폭력의 심각한 유형으로 공감되고 있다. 언어적 폭력이 언어를 매개로 한 폭력이라는 점에서 언어적 폭력은 사람이나 재산에 피해를 주는 인간의 언어적 공격행위라 할 수 있다. 여러 사람 앞에서 모욕적인 말을 하여 상대방의 명예를 훼손하거나, 그런 내용의 글을 인터넷이나 SNS 등으로 퍼트리는 행위, 욕설, 비웃기, 지속적인 놀림 등을 언어폭력이라고 한다(송창백 외, 2016).

언어의 사용이 상대에게 폭력으로 규정되기 위해서는 적어도 부분적으로 다음과 같은 요소를 가지고 있어야 한다(박성호, 2004).

첫째, 언어폭력은 그 상대방을 해치려고 하거나 고통을 주려고 하는 의도가 있다.

둘째, 상대방에게 미치는 영향이 강하고 지속적이다.

셋째, 언어폭력은 또 다른 사람에게 힘을 실어주기 위해 사용한다.

넷째, 언어폭력은 피해자의 약점을 공격한다.

다섯째, 언어폭력은 피해자에게 소외감이나 노출된 느낌을 주도록 한다.

여섯째, 언어폭력은 상승작용을 일으켜서 신체적 피해를 가져올 수 있다.

일곱째, 언어폭력은 성적 괴롭힘의 한 형태로 될 수 있다.

학교폭력의 대표적인 유형으로 언어폭력이 언급되고 있지만 우리 교직사회에서 언어폭력은 문화처럼 눈에는 보이지 않지만 학교 내 잠재되어 있는 상징적 폭력이다. 또래 간 언어폭력도 심하지만 학생에 대한 교사의 언어폭력이 점점 심해지고 있다. 신체적인 직·간접적인 폭력을 행사할 수 없어 일부 몰지각한 교사들은 지속적인 언어폭력을 가하고 있다.

언어폭력의 경우, 피해학생은 큰 상처를 받는 반면, 가해 학생 또는 교사의 경우 장난으로 여겨 큰 죄책감을 갖지 않는 대표적인 학교폭력의 유형이다. 언어폭력은 신체에 피해를 주는 것은 아니지만, 동료 및 교사로부터 받는 지속적 부정적인 피드백은 정서나 감정 등 정신적 영역에 부정적인 영향을 줄 수 있다. 최근 각종 언론을 통해 아동 및 학생들에 대한 교사들의 언어폭력 실태가 드러나고 있다. 교사-학생 관계가 전통적인 유교사회에 통념되어 왔던 수직적인 관계에서 이제는 함께 걸어가야 할 수평적인 관계의 문화가 학교사회에 하루 빨리 정착되어져야 할 것이다.

2. 언어폭력의 원인

학생에 대한 교사의 언어폭력의 원인은 개인 심리적 요인, 가정적 요인, 학교 환경적 요인 등을 들 수 있다. 가장 근본적인 원인은 학교사회의 뿌리 깊게 자리 잡고 있는 불신과 통제의 지배구조에서 그 이유를 찾을 수 있다.

첫째, 학생을 제압하기 위한 수단으로 언어폭력을 사용한다. 교사와 학생의 충돌 과정에서 교사는 학생들을 단번에 제압하여 교사의 권위를 세우고 그 학생이 다시는 그런 행동을 하지 못하도록 하고자 하는 의도로 또는 다른 학생들에게 본보기를 보이고

자 과도한 폭력적 언어를 사용한다. 이로 인해 학생들은 정서적, 심리적 피해를 보고 때로는 혼자서 고통을 감수하기도 하고 심할 경우 부모와 경찰에 신고하기도 한다.

둘째, 습관성으로 인해 언어폭력을 사용한다. 학교사회에서 학생들은 통제의 대상이라는 인식이 팽배해져 이것이 하나의 문화 또는 습관으로 자리 잡아 교사들은 학생들에게 별 의도 없이 습관처럼 언어폭력을 하곤 한다. 예를 들어, 학생 간 문제가 발생할 경우 피해 학생은 처음 잘못하는 행동이지만 가해 교사는 오래 동안 같은 행동을 다른 학생들에게 수없이 봤기 때문에 학생들의 잘못된 행동에 쉽게 짜증을 내게 되고 악의는 없지만 습관적으로 또는 앞으로 똑바로 하라는 경고의 의미로 폭력적 언어를 사용한다.

셋째, 교사 권위를 유지하기 위한 수단으로 학교폭력을 사용한다. 교사와 학생 간의 감정 대립으로 말싸움의 형태가 되는 경우 교사는 의도적으로 제일 심한 말을 사용하게 되는 경우가 있다. 특히 학생 또한 평소 마음에 들지 않아 하던 교사가 자신의 잘못을 지적하게 되면 별것 아닌 것 갖고 자기만 야단한다는 생각으로 다른 교사들에게 보여주지 않던 불쾌한 표정이나 행위 등을 보여 주게 되고 교사는 이를 교사의 권위에 대한 도전으로 여기면서 언어폭력을 사용한다.

넷째, 교사 또는 교직에 대한 사라진 존경의 풍토가 언어폭력의 원인이 되고 있다. 이것이 어떻게 보면 가장 큰 원인이 될 수 있다. 우리 사회는 존경의 대상으로 여겨졌던 스승에 대한 사랑, 존경심이 사라지고 있다. 가정, 학교, 국가 사회 모두의 문제이다. 교권 확립을 위해 사회가 이제는 공유해야 할 필요가 있을 것이다.

이 외에도 교사의 개인적이고 심리적인 문제, 학급당 학생수 과다, 교사의 업무 과다 등으로 인해 교사들은 학생들에게 언어폭력을 사용하곤 한다. 언어폭력도 학교폭력이다. 학생들에게 습관처럼 언어폭력을 행사하는 교사들은 심리적이고 정신적인 치료 또는 상담을 받을 필요가 있다.

3. 폭력적 언어 사용 형태

Infante, Riddle, Morvath 및 Tumlin(1992)은 사람들 간에 갈등이 있는 상황에서 행해지는 대화 내용에 나타나는 언어적 폭력을 연구한 결과 언어적 폭력의 유형을 크게 아홉 가지로 정리 하였다.

첫째, 성격 공격으로 누군가의 성격을 부정적으로 말하는 것을 일컫는다.
둘째, 능력 공격으로 누군가의 능력을 부정적으로 말하는 것이다.
셋째, 배경 공격으로 누군가의 배경을 공격하는 것이다.
넷째, 생김새 공격으로 누군가의 생긴 모습이나 육체적 매력 혹은 외양이나 옷 입는 모습 등을 부정적으로 표현하는 것이다.
다섯째, 저주(curse)로 어떤 나쁜 일이 누군가에게 일어나기를 바라는 것이다.
여섯째, 희롱(teasing)으로 누군가를 화가 나도록 약 올리거나 놀리는 것이다.
일곱째, 조롱(ridicule)으로 누군가의 단점이나 약점을 농담 삼아 비아냥거리면서 이야기 하는 것이다.
여덟째, 협박(threat)으로 누군가를 처벌할 것이라고 위협하는 것이다.
아홉째, 욕설(swearing)이다.

학교현장에서 일어나는 교사의 언어폭력 실상을 학생인권 침해 사례 관점에서 분석한 유우종(2005)의 연구결과는 교사들의 폭력적 언어 형태를 비하성 발언, 협박성 발언, 욕설 험담 등으로 구분하여 학교 내 교사의 폭력적인 언어 사용 형태를 쉽게 이해할 수 있을 것이다.

● 비하설 발언
· 이런 돌대가리
· 넌 도대체 할 줄 아는 게 뭐냐?
· 반 평균이나 깎아 먹는 놈
· 색칠한 꼬라지하고는…
· 머리가 장식이니?
· 그럴 거면 뭐 하러 무겁게 달고 다녀?
· 너 네가 인간이냐?
· 멍청한 놈
· 넌 구제불능, 연구대상이야!
· 너는 살이 많아서 아프지도 않겠다!

· 그것도 얼굴이냐?

- 협박성 발언

· 눈깔 내리 깔어

· 또 한 번 걸리면 그 땐 정말 죽어!

· 주둥이 닫아

· 너 뒤질래?

· 너 또 한 번 그 따위로 하면 다리몽둥이 부러지는 줄 알아!

- 욕설

· 이런 미친 놈

· 야, 이 새끼!

· 야, 이 년아!

· 싸가지 없는 놈

· 야, 이 병신아!

· 이런 개만도 못한 새끼들

- 험담

· 너네 엄마아빠가 그렇게 교육 시켰니?

· 너 하는 짓 보니 네가 뭐가 될지 걱정이다

· 아유! 넌 정말 밥맛이야!

· 쟤는 도대체 왜 저러니?

· ○○의 반만이라도 닮아라!

학생들은 교사들에게 비하성 발언, 협박성 발언, 욕설 험담 등의 언어폭력을 경험할 때 슬픔, 분노, 이해, 무감각, 무시, 저항 등의 느낌이 들 것이다. 직접 피해를 가하는 신체적인 폭력보다도 지속적이고 습관성처럼 다가오는 언어적 폭력은 학생들이 더욱더 힘들어 할 수 있다. 단위학교 차원에서 바른 언어를 실천하는 언어주간을 선정해 운영하곤 한다. 이 때 학생뿐만 아니라 교사들도 바른 언어를 함께 실천하는 행사를 실시할 필요가 있을 것이다.

제3절 교사의 성폭력

1. 성폭력의 개념과 현황

성폭력은 학교폭력의 한 유형으로 정의되고 있다. 학교폭력 예방법은 성폭력을 학교폭력의 한 가지 유형으로 규정하고 있다. 성폭력을 학교폭력에 포함해야 하는지에 대한 논란이 지속하여 왔지만, 2008년 법률개정 이래 이를 법률에 명시하여 학교폭력으로 정의하고 있다. 학교폭력에 해당하는 다양한 행위 유형들이 이미 열거되어 있고 성폭력 역시 피해 학생의 의사가 무시된 채, 가해진 성적 행위, 음담패설, 성적 희롱 등을 말한다(문영희 · 강동욱, 2015). 신체 · 정신 또는 언어 등 재산상의 피해를 수반하는 행위에 해당하는 것은 마땅히 학교폭력에 포함해야 한다.

사회적 통념과 법에 따라 '정조에 관한 죄'로 규정되었던 성폭력의 개념은 1993년 성폭력 특별법 제정 이후 성 통념과 인식을 바꾸기 위한 노력과 법제도 개선 등을 통해 성을 매개로 한 '폭력'의 개념으로 확장되었다(한국성폭력상담소, 2015). 조금씩 차이가 있으나, 성폭력은 상대의 동의 없이 성을 매개로 인간에게 가해지는 모든 신체적 · 언어적 · 정신적 폭력을 포괄하는 개념으로 개인의 성적 결정권을 침해하는 행위임을 뜻하는 것이다.

또한 성(性)과 관계되는 범죄를 성범죄(性犯罪)라고 한다(김태명, 2011). 성범죄는 성폭력범죄와 성풍속범죄를 총괄하는 용어로써, 형법은 이를 다시 제2편 제32장의 강간과 추행의 죄, 제22장의 성풍속에 관한 죄로 분류하여 규정하고 있다. 또한 성폭법 제2조에서 법률의 적용범위를 형법 제32장의 강간과 추행의 죄, 강도강간죄, 특수강도강간죄 등과 함께, 공중밀집장소에서의 추행죄, 통신매체이용음란죄, 카메라 등 이용촬영죄로 규정하고 있다. 이와는 달리 성풍속에 관한 범죄는 간통죄와 같이 성도덕 또는 건전한 성적 풍속을 보호하기 위한 성생활에 관련된 범죄를 말한다.

성폭력은 대표적인 외상 사건으로 성폭력 피해경험자들은 정서적, 신체적, 성적, 사회적 영역 등에서 다양한 후유증을 겪는다. 성폭력 피해경험자의 94%가 성폭력 사건이 발생한 직후에 외상 후 스트레스 장애 증상을 보이는데, 외상 후 스트레스

장애 발병률이 가장 높은 외상 사건이다(전희원, 2017; Rothbaum, Foa, Murdock, Riggs, & Walsh, 1992). 이들이 호소하는 어려움은 혐오와 불신감 61.6%, 가해자에 대한 분노 및 적대감 42.3%, 피해 반복에 대한 두려움 41.6%, 신변 안전에 대한 두려움으로 인한 일상생활에서의 어려움 39.2%, 무력감과 자아 상실 37.7%, 불안과 우울 30.3%, 대인 기피 24% 순으로 나타났다(여성가족부, 2013).

최근 학교 현장에서 학생들을 대상으로 한 교사 및 교수들의 성폭력 행위가 지속적으로 증가하고 있어 가장 안전한 장소로 여겨져야 할 학교 현장이 성범죄의 온상으로 부각되고 있다. 학내 성폭력의 실태를 있는 그대로 보여주는 통계는 없지만 아래 〈표 13-1〉에 제시된 성희롱 기관 유형별 접수 현황은 학교 내 성폭력의 현상을 그대로 보여주고 있다.

〈표 13-1〉 성희롱 기관 유형별 접수 현황

구분		2013	2014	2015	합계
공공(152건)	각급 학교	17	20	8	45
	공공 기관	5	6	4	15
	정부출연기관 등 공직 유관단체	5	8	4	17
	교육청·연수원 등 교육기관	5	7	1	13
	행정부처	13	10	11	34
		부처명	건수	부처명	건수
		경찰청	7	국가인권위	1
		국방부	7	농촌진흥청	1
		법무부	3	대검찰청	1
		고용노동부	2	방위사업청	1
		교육부	2	산업자원부	1
		국민권익위	2	여성가족부	1
		문화체육관광부	2	외교통상부	1
		보건복지부	2	합계	34
	기타 국가기관	–	–	1	1
	지자체	9	14	4	27

* 출처: 박민영(2015). 학교, 성범죄의 온상: 학생을 상대로 한 교사의 성폭력. 인물과 사상, 10, 156.

위의 〈표 13-1〉에 제시된 것처럼, 국가인권위원회 자료에 따르면, 지난 3년간 공공부문에서 성희롱에 대한 진정이 가장 많았던 곳이 학교였고 그리고 성범죄 피해 장소 1순위는 '학교 교실'이었다. 최근 'Me too' 문화가 정착이 되면서 학생을 대상으로 한 교사 성폭력의 모습들의 각종 매체를 통해 소개되고 있다. 성폭력의 개념에 대한 사회적 합의와 더불어 학교 내 성폭력 개념에 대한 학생교육과 더불어 교사교육도 지속적으로 이루어져야 할 것이다.

2. 학생에 대한 교사의 성폭력 실태 및 사례

학교 내에서 교사는 미성숙자인 학생을 보호하는 사람으로 인식되어져왔다. 그래서 교사를 무조건적으로 믿는 풍토가 형성되어 왔다. 최근 '믿는 도끼에 발등 찍힌다'라는 속담이 학교 현장의 한 모습으로 부각되면서 학생에 대한 학교 내 성인들 즉, 교사, 교장, 배움터 지킴이 등을 통한 성추행과 성희롱 등의 성폭력이 지속적으로 제기되고 있다. 온라인과 오프라인 언론을 통해 소개된 교원 성범죄와 관련 기사 내용을 중심으로 학생에 대한 교직원의 성폭력 실태 및 사례를 제시하면 다음과 같다(박민영, 2015: 154-169에 제시된 내용을 일부 발췌함).

1) 학생을 대상으로 한 교사 성희롱

학생에 대한 교사의 성희롱은 지속적으로 보도되고 있는 보편적인 성폭력의 현상이라고 볼 수 있다. 교육부는 2015년 8월 13일 성범죄로 형이 확정된 교원을 교단에서 퇴출하고 교원 자격을 박탈하는 '원 스트라이크 아웃제'를 실시하고 있다. 학생에 대한 교사의 성희롱은 주로 수업시간에 많이 발생하고 있다. 언론에 보도된 기사 내용의 일부를 발췌한 내용은 다음과 같다.

사례1. 서울의 한 공립 고등학교의 영어 교사는 여학생들을 '기생', '황진이', '춘향이'로 부르거나 '원조교제 하자'는 말을 했으며 노골적인 표현을 써가며 자신이 연예인과 성관계 하는 상상을 이야기하였다.

사례2. 부산의 한 특목고 미술교사는 여학생 5명에게 수차례 "몸이 예쁘다. 누드모델을 하면 되겠다"고 말했다. 그는 여학생들에게 "섹시하다. 남자친구와 잠자리를 했느냐, 엉덩이를 만지고 싶다"고 말하기도 하였다.

남교사, 여교사 상관없이 학생에 대한 성희롱은 수업시간에 자주 일어나고 있다. 성희롱은 성차별적 발언으로 그 속에서 학교 내 서열구조가 내포되어 있다. 성희롱은 성폭력의 출발점이 될 수 있다는 사실을 교사는 학생들에게 인식시켜야 하며 교사 역시 성에 대한 인식의 변화가 필요하다.

2) 학생을 대상으로 한 교사 성추행

학생을 대상으로 한 교사의 성추행은 체육 시간에 많이 발생하고 있다. 최근에는 학생들의 성숙 속도가 빨라 초등학교에서부터 교사 성추행이 신고 되고 있다. 교사를 성추행범으로 신고하는 초등학생이 늘어나고 있다는 현상은 학교에서 성폭력예방교육이 잘되고 있음을 보여주는 한편 교사들이 초등학생을 아직도 손쉽게 성추행할 수 있는 대상으로 인식하고 있다는 문제이다.

사례1. 서울의 한 초등학교 5학년 담임교사 A씨는 학기 초부터 3개월간 반 여학생 10명 중 7명을 성추행했다. 한 여학생은 "허리를 세게 끌어당겨 무릎 위에 앉게 했다. 허벅지를 위아래로 쓰다듬거나 반바지 안으로 손을 넣어 속옷이 있는 곳까지 만졌다"

사례2. 부산의 한 고등학교에서 기간제 교사 B씨는 휴대전화 메신저를 통해 "시험문제를 미리 알려 주겠다", "영어로 좋은 대학에 진학하는 법을 알려 주겠다"며 접근해 여학생들을 성추행했다.

성추행 역시 교사의 핵심 권력을 이용한 성폭력의 한 유형으로 성 범죄이다. 성추행은 교사와 학생 간 상하 권력구조가 낳은 전통적인 산물로 볼 수 있다. 성추행이 일어나고 있음에도 불구하고 피해자인 학생들이 왜 신고하지 못할까? 오늘의 가해자가 미래의 피해자가 될 수 있고 오늘의 피해자가 미래의 성추행 가해자가 될 수 있다는 사실을 인식해야 할 것이다.

3) 학생을 대상으로 한 교장과 배움터 지킴이의 성추행

학교 내 성추행은 교사뿐만 아니라 교감이나 교장, 심지어 학교를 지키는 배움터 지킴이, 학교전담 경찰관 등에 의해서도 발생한다.

> 사례1. 인천의 한 여자중학교에서 교장이 학생 이마에 입맞춤하고 명찰을 바로 잡아주거나 교복에 붙은 실밥을 떼준다며 여학생들의 몸을 만진 혐의로 직위 해제되었다.
>
> 사례2. 경남 창원의 C초등학교에서 있었던 일이다. 직업군인 출신인 D씨는 운동장 구석진 벤치에서 1학년 여학생의 몸을 더듬는 등 저학년 여학생 9명을 50여 차례 성추행했다. 피해 학생들은 쉬는 시간에 운동장 벤치, 창고, '배움터 지킴이' 사무실로 이용되는 숙직실 등으로 D씨에게 불려가 성추행 당했다. 경찰 조사 결과, 피해 장소들은 CCTV 사각지대로 D씨는 성추행한 뒤 과자를 사먹으라며 1000원씩 주는 수법으로 입막음했다.

특히 배움터 지킴이가 하는 일은 학교에서 골치 아픈 사고가 나지 않도록 하는데 집중되어 있으며 주로 교장의 명령을 받고 움직인다. 학생을 지키는 것이 주목적임에도 불구하고 학생보다는 학교를 지키는 역할을 하고 있는 전형적인 관료주의 풍토의 잘못된 모습을 보여주고 있다.

학생에 대한 교원들의 성범죄는 매우 심각하다. 늘어가는 교사 성범죄에 대해 처벌하는 것이 효과를 거둘 수 있지만 근본적인 원인을 파악하여 대처 방안을 고민해야 한다. 학생이 학교 안에 있다고 해서 학교가 학생을 보호한다고 할 수는 없다. 학교는 학생들을 보호하는 게 아니라 지배하고 있어 교사에 의한 성폭력 역시 그 지배구조 특히 권력구조의 연장선상에서 이해해야 한다. 학교가 더 이상 성범죄의 온상이 되어서는 안 될 것이다.

3. 학교 성범죄 척결 및 학교문화개선 방안

학교폭력 유형에서 학생에 대한 교사 성폭력 유형은 가장 심각하게 고민해야 할 사안이다. 학교 성범죄 척결하기 위해 법률적인 조치를 강화하는 방안도 좋지만 전통적인 권위적 학교 문화 개선하는 방안을 탐색해야 할 것이다. 이를 구체적으로 살펴보면 다음과 같다(윤명화, 2015).

1) 학교의 권위주의 문화 척결 및 가부장적인 성 문화 개선

학교 내 권위주의적, 가부장적 문화가 만연되어 있다. 폐쇄적인 공동체 문화로 대화, 공감 및 책임 있는 행동 등 부재하다. 이를 위해 학교 내의 자생적인 건강한 문화 정착 지원이 필요하고 토론이 있는 교직원회의 운영이 정착되어야 한다. 또한 소통 및 협력의 분위기 확산으로 조직 내 책임의식을 제고해야 한다.

2) 교사 대상 성폭력 연수의 실효성 제고

학교에서 주기적으로 교사 대상 성폭력 연수를 연 2회 정도 하고 있다. 성희롱, 성폭력, 성매매 등의 교육은 실시되고 있지만 현장에서는 통합 교육을 요구하거나 시간을 대폭 줄여달라고 요청하는 경우가 많으며 교육청이나 학교 대상의 강의는 교육비가 저렴하여 교육 내용이나 수준이 낮아 교육효과가 떨어지고 있다. 무엇보다 형식적으로 이루어지는 성폭력 교사 연수로 인해 성범죄 행위에 대한 학생의 인식 수준에 비해 교사의 인식 수준이 못 따라가는 실정이다. 따라서 교장 및 신입 교사의 성평등 인권 교육을 반드시 의무화하고 학교 자체에서도 교사 대상 성폭력 연수의 효과성을 높이기 위해 실질적인 연수를 실시해야 할 것이다.

3) 학생 대상 성교육의 내실화

학생 대상 성교육을 지속적으로 실시하면서 성에 대한 학생들의 인식 수준은 지속적으로 향상되고 있다. 하지만 체계적이지 못하고 형식적인 성교육으로 인해 그 효과는 예상할 수 없다. 특히 방송강의, 집단 강의는 효과가 없으므로 지양할 필요가 있으면 실질적 교육이 가능하도록 교과 수업시수를 조정하여 성교육을 내실화할 필요가 있을 것이다. 또한 학생 사이의 성범죄는 인식 개선, 교육만으로는 어려우므로 청소년 문화에 대한 이해와 건전한 성문화 정착에 꾸준한 관심을 두어야 하고 연령대에 적합한 체계적인 성교육을 가정과 연계하여 지속적으로 제공해야 할 것이다.

4) 교육지원청에 성폭력 전담부서 설치

폐쇄적인 학교 문화를 바꾸려면 학교에서 성폭력 관련 사안이 발생 시 덮으려는 태도보다는 초기에 적극 개입하고 해결하려는 의지를 가져야 한다. 이를 위해서는 학교와 지역교육지원청의 연계가 필요하다. 교내 신고의 마지막 결정은 교장의 몫이므로 피해 학생과 교사의 부담이 클 수 있기 때문에 지역교육청의 지원이 절실하다. 사안 발생 시 종합적인 지원이 가능하도록 전문가 배치, 예산지원, 권한부여를 할 수 있는 전담부서 설치가 필요하다.

교육은 인격 형성의 과정이기 때문에 학교에서 발생되는 성폭력은 교사, 학생 모두가 가해자 또는 피해자가 될 수 있다. 성폭력 발생 시 신고하는 문화가 학교 내 조성되어야 한다. 학교 성폭력은 학생과 학생, 교사와 학생 간의 유형에서 발생되기 때문에 성폭력 시 체계적으로 대응할 수 있는 매뉴얼과 성폭력을 예방할 수 있는 방안을 지속적으로 강구해야 할 것이다. 무엇보다 숨기기에 급급한 폐쇄적인 문화보다는 교사와 학생, 학생 간 서로 소통하는 학교 문화가 지금의 학교 현장에 뿌리를 내려야 할 것이다.

제4절 교권 침해

1. 교권 침해의 의미와 원인

교권 침해의 의미를 살펴보기 전에 먼저 교권(教權)의 개념부터 살펴보면, 교권은 교사의 권리와 권위를 포함하는 개념으로 활용되고 있다. 교사의 권리로서 교권은 좁은 의미의 교육권과 넓은 의미로 교육상의 권리 외에 신분상의 권리, 재산상의 권리를 포함한다고 볼 수 있다. 교사의 권위로서 교권은 교원이 학생을 교육할 법적인 권리와 사회적·윤리적으로 교사의 지위와 능력에 따라 부여된 권위로 정의 할 수 있다(최경실, 2015). 교권은 교사의 권리와 권위를 포함하는 개념으로 특히 교사의 권위는 교사라는 직책 그 자체만으로도 생길 수 있는 힘이지만 교사 스스로가 전문적 지식을 갖추고 교수자의 역할 수행을 위한 능력과 자질이 인정될 때 학생들이 존경심을 갖게 된다는 것을 알 수 있다.

교권 침해는 교사의 권리를 침범하여 해를 가한다는 뜻으로서 상당히 광범위한 의미를 가지고 있으며, 교권침해는 교권의 개념, 교권침해의 정의에 따라 상이하게 유형화할 수 있다. 한국교원단체총연합회(2018)는 교권침해를 '교육행정기관, 상급자, 동료교원, 학부모, 학생 등이 학교 교육활동과 관련하여 교사의 교육할 권리와 사회·윤리적, 전문적 권위를 침해 또는 무시하는 행위'로 정의하였다.

교권의 침해나 무시로 교사의 권위와 권리가 객관적인 피해나 손상여부에 관계없이 당해 교원이 침해나 무시를 당하였다고 인식하게 되면 교권이 침해되었다고 볼 수 있지만 어느 일방에게만 유리한 판단이 될 수 있으므로 교원 개인의 주관적 사정을 고려함과 동시에 이를 객관적으로 판단할 수 있는 합리적 기준에 의해 여부를 결정해야 한다.

그렇다면, 지속적으로 증가하고 있는 교권 침해는 왜 일어나고 증가하고 있는가? 교권 침해의 원인을 교사 자신의 관점, 교육환경의 변화에서 오는 관점에서 정리해 볼 수 있다(한정수, 2010). 먼저, 교권 침해의 원인을 교사 자신에게 두는 관점이다. 과거에 비해 많이 줄어들었지만 촌지 수수 사례 및 제자에 대한 폭행, 체벌, 부교재 및 교복 채택 관련 부조리, 내신 성적 조작 등으로 얼룩져 있는 일련의 사례들은 교사의 교직윤리나 교사자질문제로 이어지며 교권을 약화시키고 있다. 교사로서 지켜야 할 교직윤리를 명심해야 할 필요가 있다.

둘째, 교권 침해의 원인을 급격한 교육환경의 변화에서 오는 사회적 환경 및 가치관의 변화 및 권한관계로 보는 관점이다. 이것은 크게 4가지로 나누어 볼 수 있는데, 그 첫 번째가 학교교육에 대한 학부모의 지나친 관심과 개입, 저출산으로 인해 극단적인 개인주의적 성향의 학생들이 증가하면서 이들의 예의 및 인성교육의 부재, 대중매체에 의한 영향, 비현실적인 교육정책을 입안하여 교사들의 의견을 무시한 채 밀어붙이는 교육당국도 교권 침해의 환경적 원인으로 부각되고 있다.

교사의 권위를 인정해 주기보다는 교사의 권위를 땅에 떨어뜨리는 실추 현상은 우리 교육사회가 직면한 가장 큰 현안 가운데 하나이다. 교권은 회복되어야 한다. 학교, 지역사회, 학부모, 대중매체 등 교직사회라는 생태계를 둘러싼 다양한 변인들의 지속적인 상호작용만이 교직사회에서 스승을 존경하고 학생을 사랑하는 풍토를 조성할 수 있을 것이다.

2. 교권침해 실태 및 유형

교육 현장에서 교권을 침해하는 행위는 여전한 것으로 나타났다. 교권침해는 상당히 심각하며 지속적으로 증가하고 있다.

교육부가 조사한 '교권침해 현황' 자료에 따르면, 지난 2013~2017년 5년간 접수된 교권침해는 총 18만211건으로 집계됐다(교육부, 2018). 2013년 5,562건이었던 교권침해 사례가 2014년에는 4,009건, 2015년 3,458건, 2016년 2,616건, 2017년 2,566건 등으로 소폭이나마 감소세를 보이고 있었다. 이들 사례를 유형별로 살펴보면 폭언·욕설이 1만1,255건으로 전체의 61.8%를 차지해 가장 많았다. 이어 수업방해 3,426건(18.8%), 교사 성희롱 502건(2.8%), 학부모에 의한 교권침해 456건(2.5%), 폭행 445건(2.4%) 등의 순이었다. 특히 이 가운데 폭행, 교사성희롱, 학부모 등에 의한 교권침해는 해마다 증가하고 있다. 2013년과 비교할 때 폭행은 71건에서 116건으로 63% 늘었고, 교사 성희롱은 62건에서 141건(127%)으로, 학부모 등에 의한 교권 침해는 69건에서 119건(72%)으로 각각 늘었다. 지역별로 보면 서울이 4,027건으로 지난 5년간 교권침해 건수가 가장 많았고 경기도 3493건, 대전시 1,172건, 대구시 1,160건, 강원도 1,129건, 경남 1,111건 등의 순이었으며 가장 적은 지역은 세종시(77건)로 나타났다.

한국교원단체총연합회(교총) 자료에 따르면 2017년 교총에 접수된 교권침해 상담 사례는 총 508건으로 지난해 572건에 비해 다소 줄었으나 여전히 500건대 수준을 유지했다. 10년 전인 2007년 204건에 비하면 250%나 증가한 수치다. 2017년 교권침해 상담사례 건수가 2016년에 이어 500건 이상을 기록하면서 교권 침해로 인한 학교 현장의 고충이 큰 것으로 드러났다. 아울러 전체 교권침해 중 학생·학부모·제3자에 의한 교권침해가 차지하는 비율이 지난해보다 증가한 것으로 조사되었다. 인사권자(처분권자)에 의한 침해 81건(15.8%), 교직원 침해 77건(15.2%), 학생 침해 60건(11.8%), 학부모에 의한 침해 267건(52.6%), 제3자 침해 23건(4.5%)으로 나타나 학부모에 의해 교권 침해가 가장 심함을 알 수 있다. 특히 교권침해 사례의 60% 이상은 교사에 대한 폭언과 욕설이었고, 학부모에 의한 피해(267건) 중에는 '학생지도'가 115건(43.07%)으로 가장 높게 집계됐고, '명예훼손'이 73건(27.34%), '학교폭력' 49건(18.35%), '학교안전사고' 30건(11.24%) 순으로 나타났다.

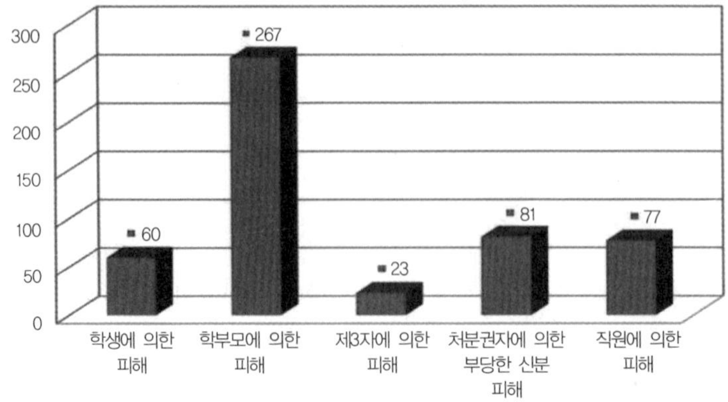

[그림 13-1] 유형별 교권침해 상담사례 접수 현황(건수), 한국교원단체총연합회(2018)

3. 교권침해 사례 및 유형

학교현장에서 교권침해의 주체는 학생, 학부모, 교장을 비롯한 행정가, 동료교직원, 제3자 등을 들 수 있으며 교권침해의 유형으로는 신분문제, 학교안전사고, 학부모 부당 행위, 명예훼손, 교직원간 갈등, 기타 등 다양한 형태의 다양한 주체들을 통해 교사의 권위와 권리가 침해당하고 있음을 알 수 있다. 이를 구체적으로 살펴보면 다음과 같다(한국교원단체총연합회, 2018; 한정수, 2010).

1) 인사권자에 의한 교권침해

학교현장에서 교장 및 교감 등의 학교관리자에 의한 교권침해가 발생하는 이유를 권위적인 교직문화, 교사 본인 업무 외 지시, 학급운영 및 교과수업의 부당한 요구, 금품수수 등 부적절한 처신, 교원단체 간의 갈등으로 볼 수 있다.

2) 동료 교직원에 의한 교권침해

동료교원의 경우, 교권침해의 원인으로 권위적인 교직문화, 개인주의적 학교문화에서 그 근본적인 이유를 들 수 있다. 동료교원 간의 갈등은 교권을 침해할 뿐 아니라 개인의 심적·정신적 부담으로 이어지고 있으며, 심각한 경우에는 이를 확대·재생산하여 언론사에 허위의 내용을 제보하는 형태로까지 발전되어 교원 전체의 이미지를 실추시키는 악영향을 주고 있는 실정이다.

3) 학부모에 의한 교권침해

교권침해의 가장 주된 주체인 학부모에 의한 교권침해 원인으로 학생지도(교과, 생활)관련 불만 간섭, 학교(학급)운영 관련 부당한 요구 및 간섭, 체벌 관련 책임요구, 학교안전사고에 대한 책임요구 등을 들 수 있다. 해마다 학부모에 의한 교권침해가 지속적으로 증가하고 있는 근본적인 이유는 교사 권위 이전에 교사와 학부모 간 신뢰관계의 붕괴에서 그 원인을 찾을 수 있다. 부모와 교사의 상호이해와 협력관계의 유지가 그 어느 때보다 절실히 요구되고 있다.

4) 학생에 의한 교권침해

학생에 의한 교권침해 원인으로 학생권리의 과도한 주장, 교사의 교과(생활)지도 방식에 대한 불만, 교사-학생 간 가치관의 차이, 교사에 대한 불신 등을 들 수 있다. 스승을 존경하는 풍토가 사라진 지금의 학교 현장에서 교사와 학생 간 소통할 수 있는 분위기와 풍토 조성이 시급하다.

5) 제3자에 의한 교권침해

제3자에 의한 교권침해는 주로 교육행정기관과 언론기관을 들 수 있다. 교육행정기관의 교권침해 원인으로 학교현장의 실정을 무시한 업무지시, 지시일변도의 권위적 행정, 교원경시 교육(교원)정책, 과다한 자료보고 및 공문서 처리요구 등을 들 수 있고 언론기관의 교권침해 원인으로 왜곡(편향) 및 과장 보도, 학교 내 과잉취재, 본인 동의 없는 보도행위, 취재관련 폭언(폭행) 또는 협박, 취재관련 부당한 금품요구 등을 들 수 있다. 학교와 유관기관과의 원활한 관계 구축이 필요함을 알 수 있다.

4. 교권보호 방안

교사들의 열정과 노력이 교권이란 이름으로 당당하고 정당하게 보호돼야 함에도 오늘날의 교육현장은 교원의 정당한 교육활동을 침해하는 행위들로 넘쳐나며 교권이 제대로 보호받지 못하고 있다. 학생들이 교육 받을 권리가 보호되기 위해서는 무엇보다 교사들의 교권이 보호되어야 할 것이다. 학교 사회에서 지속되어온 교권침해를 단기간에 해결하기는 쉽지 않을 것이다. 교권은 교사, 학교, 학부모, 교육행정기관, 언론매체, 사회가 유기적으로 연계될 때 보호받을 수 있을 것이다. 스승을 존경하는 풍토가 형성되기 위해 다음과 같은 교권보호 방안을 검토할 필요가 있을 것이다(최경실, 2015; 한국교원단체총연합회, 2018; 한정수, 2010).

첫째, 교권침해 예방 차원에서 교권존중 및 교권보호 풍토를 조성하기 위해 교육 주체 간 협력적 네트워크를 형성해야 한다. 교권침해는 학부모의 권리의식의 신장과 학생의 인권에 대한 인식의 확산에 따른 교원·학생·학부모 사이에 권리와 책무를 둘러싼 갈등에서 기인하는 경우가 있다. 이를 해결하기 위해서는 교육 주체 간 협력적 네트워크 형성을 통한 민주적 학교 공동체의 건설이 시급하다. 즉, 법령과 규칙이 준수되는 학교 풍토를 전제로 학부모의 학교방문이나 수업참관기회를 늘리고, 여론 주도층의 학교방문 기회를 확대해 나가는 등의 방법으로 교원, 학생, 학부모, 지역사회 간의 대립적 관계가 아닌 협조적 관계로서의 협력 체제를 강화해야 한다는 것이다.

둘째, 교원의 안정적인 교육활동을 저해하는 교권침해 발생 시 학교의 책임자가 교권침해 문제를 적극적으로 해결해야 한다. 대다수의 교사들은 학교현장에서 교권침해가 발생할 경우 적극적으로 대처하기 보다는 동료교원의 조언 및 협조를 요청하는 개인적 해결방식을 선호하는 경향이 있으므로 학교의 공적인 책임이 있는 학교관리자와 교권보호위원회가 교권침해 문제를 적극적으로 해결해야 한다.

셋째, 교원배상책임보험제도 및 학교안전공제회가 정착되어야 한다. 교권침해 시 교원이 우려하는 바는 신분상 불안으로 교권침해에 적극적으로 대처하지 못하고 있으며, 교권침해 사후대응책으로 배상 및 중재제도 도입으로 안정적이고 원만한 법적 해결을 원하고 있으므로 자동차 보험처럼 한 통의 전화에 의해 보험회사에서 사고의 모든 부분을 해결해 주듯이 교원에게도 교권침해에 대하여 원스톱 업무가 될 수 있는 교원배상책임보험제도가 정착해야한다. 또한 각 급 학교의 교육활동 중에 발생하는 사고로부터 교원 및 학생을 보호함으로써 교원의 직무수행에 안정을 기하고 교원을 보호하기 위해 도입된 학교안전공제회를 적극적으로 활용해야 한다.

넷째, 교권침해를 근절하기 위해 행정적 조치를 강화해야 한다. 먼저, 행정적 차원에서 학급당 인원수 축소 및 수업부담, 행정업무 경감 등 교사의 교육여건이 개선되어야 한다. 교사들이 담당해야 할 학생 및 업무 부담으로 인해 교사들의 교육의 본질적인 활동에 소홀히 하는 경우가 있어 학생 및 학부모와 갈등을 초래하고 있다. 따라서 교육예산을 확보하여 교사 본연의 의무에 충실할 수 있는 행정적 조치가 교권을 보호 및 예방할 수 있는 중요한 방안이 될 수 있다.

마지막으로, 교원의 교육 활동을 정당하게 보호할 수 있는 실질적인 법적·제도적 장치를 강화해야 한다. 스승의 그림자도 밟지 않는다는 옛말이 무색할 정도로 교권 침해가 심각한 상황이다. 특히 학부모에 의한 교권침해는 다른 유형의 교권침해와는 달리 현행법을 위반해 처벌을 받을 정도의 행위가 아니라면 선도위원회 개최 및 초·중등교육법 시행령상의 징계 등 관련법에 따른 처분 등 적극적인 조치를 할 수 없어 교원들의 고충이 더욱 크다. 현장교원 및 교원단체의 의견을 적극 반영해 관련법(교권 3법-교원지위법, 학교폭력예방법, 아동복지법)을 조속히 개정해 교원의 교육 활동을 정당하게 보호할 수 있는 실질적인 법적·제도적 장치를 강화해야 할 것이다.

왜 교권을 보호하고 교권침해를 예방하는 문제가 학교사회에서 등장하고 있고 등장해야 할까? 학생들이 교육을 받을 권리가 보장되어야 하듯이 학생들을 가르치는 교사들의 권리와 권위 역시 보호되어야 할 것이다. 우리 사회 성장의 큰 역할을 한 교육과 교사의 역할을 다시 한 번 더 생각해봐야 할 시간이 온 것 같다.

| 학습과제 |

1. 교사가 체벌, 언어폭력, 성폭력을 할 경우 학생들은 어떻게 대처하는 것이 바람직한가를 논의하시오.

2. 최근 교사에 대한 학부모, 학생 등의 교권 침해 사례가 지속적으로 증가하고 있다. 교권을 존중하고 보호할 수 있는 방안에 대해 함께 논의하시오.

CHAPTER **14**

학교폭력과 관련 법규

제1절 학교폭력 관계 법령의 이해

제2절 학교폭력 예방 및 대책에 관한 법률의 적용 절차와 기관의 책무

제3절 학교폭력 관련 위원회의 조직과 기능

- 학교폭력 예방 및 대책에 관한 법률
- 학교폭력 예방 및 대책에 관한 법률 시행령

| 개요 |

이 장은 학교폭력에 대한 법적 조치와 관련된 내용을 이해하는 데 목적이 있다. 학교폭력의 관계 법령을 이해하기 위해 「학교폭력 예방 및 대책에 관한 법률」과 그 시행령에 나타난 학교폭력 관련 법률을 중심으로 소개한다. 먼저 「학교폭력 예방 및 대책에 관한 법률」이 제정된 목적, 정의, 적용 대상과 다른 법률과의 관계를 살펴본다. 둘째, 「학교폭력 예방 및 대책에 관한 법률」의 적용 절차에 대해 알아보고 국가와 지방자치단체의 책무, 교육감과 교장의 임무 및 관계 기관과의 협조 사항에 대해 소개한다. 셋째, 학교폭력 관련 위원회의 설치, 기능 및 구성, 내용을 파악하기 위해 학교폭력대책심의위원회, 학교폭력대책지역위원회, 학교폭력대책지역협의회, 학교폭력대책위원회 및 전문상담교사 배치와 전담기구 구성에 대해 살펴보고자 한다.

chapter 14 학교폭력과 관련 법규

제1절 학교폭력 관계 법령의 이해

1. 목적

「학교폭력 예방 및 대책에 관한 법률」(이하 학교폭력예방법이라 칭함)은 학교폭력의 예방과 대책에 관한 필요한 사항을 규정하여 피해학생을 보호하고 가해학생을 선도하여 학생을 건전한 사회 구성원으로 육성하기 위해 2004년에 제정되었다.

2. 정의

학교폭력예방법은 학교폭력의 예방과 대책에 관한 필요한 사항을 규정하여 피해학생을 보호하고 가해학생을 선도하여 학생을 건전한 사회 구성원으로 육성하기 위해 2004년에 제정되었다. 이러한 법령이 다양한 학교현실을 제대로 반영하지 못하고 있거나 학교 구성원의 요구를 충분히 수렴하지 못한 데 기인했다는 반성적 의견이 있었다. 몇 차례의 개정에 의하여 학교폭력예방법의 적용범위도 확대되었다. 학교폭력예방법은 원래 '학생 간에 발생한' 사건에 적용 가능한 법률이었다. 그러나 학교폭력이 학교 교내의 학생들 간에 발생할 뿐만 아니라 학교 밖에서 학생이 아닌 청소년 내지 성인에 의해서도 발생하곤 했다. 이러한 점에 착안하여 학교폭력예방법은 2012년 3월 개정에서 적용범위를 기존의 '학생 간 발생한' 사건에서 이제는 '학생을 대상으로 발생한' 사건에까지 확대하였다. 이로써 학교 밖 청소년과 성인 등에 의한 학생

폭력 사건까지 그 적용범위가 확대되었다. 이러한 개정 취지는 동법의 보호의 주체가 여전히 '학생들' 임에도 폭력의 행위 주체는 학생뿐만 아닌 '누구나' 로 확대된 것이다. 이는 동법의 보호범위 확대로서 학생들에 대한 폭력으로부터의 보호가 확장됨을 알 수 있다.

3. 주요 내용

현행 「학교폭력 예방 및 대책에 관한 법률」의 주요 내용은 다음과 같다.

〈표 14-1〉「학교폭력 예방 및 대책에 관한 법률」의 내용

구분	내용
학교폭력의 개념(제2조)	· 학생을 대상으로 하는 폭력 · '사이버 따돌림'도 포함
기본계획의 수립 등(제6조)	· 교육부장관은 5년마다 기본계획 수립 · 교육부장관은 지자체와 교육청의 학교폭력 예방 및 대책 및 그에 대한 평가, 공표
교육감의 임무 (제11조, 제11조의2)	· 교육감이 학교폭력 실태조사 연 2회 이상 실시 · 조사, 상담, 치유프로그램 운영 등을 위한 전문기관 설치·운영 · 학교폭력 예방 및 사후조치를 위한 조사·상담인력지정
정보의 요청 (제11조의3)	· 교육부장관, 교육감, 지역 교육장, 학교의 장은 경찰청, 경찰서 등 관련기관에 개인정보 요청 가능
학교폭력대책심의위원회 (제12조, 제13조)	· 분기별로 1회 이상 심의위원회를 개최하여 위원회 운영 활성화 · 학교의 장과 관할 경찰서장에게 자료 요청 가능
전문상담교사 배치 및 전담기구 구성(제14조)	· 전문상담교사는 학교폭력에 관련된 피해학생과 가해학생과의 상담결과를 보고 · 학내 전담기구에 교감, 전문상담교사, 보건교사 및 책임교사 등으로 전담기구 구성
예방교육(제15조)	· 매 학기 마다 학생, 교직원, 학부모 대상 실시
피해학생의 보호(제16조)	· 학내외 전문가에 의한 심리상담 및 조언 · 일시보호 · 치료 및 치료를 위한 요양 · 학급교체 · 학교장 또는 피해학생 보호자 요청 시 학교안전공제회에서 치료비 선 보상 후 구상하여 피해학생의 신속한 치료 지원
가해학생조치(제17조)	· 피해학생에 대한 서면사과 · 피해학생 및 신고·고발 학생에 대한 접촉, 협박 및 보복행위의 금지 · 학교에서의 봉사

구분	내용
가해학생조치(제17조)	· 사회봉사 · 학내외 전문가에 의한 특별 교육이수 또는 심리치료 · 출석정지 · 학급교체 · 전학 · 퇴학처분
학교전담경찰관(제20조의6)	· 학교폭력 업무 등을 전담하는 경찰관을 둘 수 있음
비밀누설금지 등(제21조)	· 직무와 관련하여 알게 된 비밀의 누설 금지

4. 다른 법률과의 관계

학교폭력예방법(이하 '법' 으로 표기) 제5조에 따르면, 학교폭력의 규제, 피해학생의 보호 및 가해학생에 대한 조치에 있어서 다른 법률에 특별한 규정이 있는 경우를 제외하고 이 법을 적용하며, 성폭력은 다른 법률에 규정이 있는 경우에는 이 법을 적용하지 아니한다.

제2절 학교폭력 예방 및 대책에 관한 법률의 적용 절차와 기관의 책무

1. 학교폭력 예방 및 대책에 관한 법률의 적용 절차

1) 기본 계획의 수립 및 시행

교육부장관은 이 법의 목적을 효율적으로 달성하기 위하여 학교폭력의 예방 및 대책에 관한 정책 목표・방향을 설정하고, 이에 따른 학교폭력의 예방 및 대책에 관한 기본계획(이하 "기본계획"이라 한다)을 제7조에 따른 학교폭력대책위원회의 심의를 거쳐 수립・시행하여야 한다. 기본계획은 다음 각 호의 사항을 포함하여 5년마다 수립하여야 한다. 이 경우 교육부장관은 관계 중앙행정기관 등의 의견을 수렴하여야 한다. 교육부장관은 대통령령으로 정하는 바에 따라 특별시·광역시·특별자치시·도 및 특별자치도(이하 "시·도"라 한다) 교육청의 학교폭력 예방 및 대책과 그에 대한 성과를 평가하고, 이를 공표하여야 한다.

2) 학교폭력 예방교육

각 급 학교에서는 학생과 교직원 및 학부모에 대한 학교폭력 예방교육을 다음과 같이 실시하도록 규정하고 있다(법 제15조, 동법 시행령 제17조).

- 학교의 장은 학생의 육체적·정신적 보호와 학교폭력의 예방을 위한 학생들에 대한 교육(학교폭력의 개념·실태 및 대처방안 등을 포함하여야 한다)을 학기별로 1회 이상 실시하여야 한다.
- 학교의 장은 학교폭력의 예방 및 대책 등을 위한 교직원 및 학부모에 대한 교육을 학기별로 1회 이상 실시하여야 한다.
- 학교의 장은 제1항에 따른 학교폭력 예방교육 프로그램의 구성 및 그 운용 등을 전담기구와 협의하여 전문단체 또는 전문가에게 위탁할 수 있다.
- 교육장은 제1항부터 제3항까지의 규정에 따른 학교폭력 예방교육 프로그램의 구성과 운용계획을 학부모가 쉽게 확인할 수 있도록 인터넷 홈페이지에 게시하고, 그 밖에 다양한 방법으로 학부모에게 알릴 수 있도록 노력하여야 한다.

3) 피해학생의 보호조치와 지원범위

(1) 피해학생의 보호조치

심의위원회는 피해학생의 보호를 위하여 필요하다고 인정하는 때에는 피해학생에 대하여 다음 각 호의 어느 하나에 해당하는 조치(수 개의 조치를 병과하는 경우를 포함한다)를 할 것을 교육장에게 요청할 수 있다. 다만, 학교의 장은 학교폭력사건을 인지한 경우 피해학생의 반대의사 등 대통령령으로 정하는 특별한 사정이 없으면 지체 없이 가해자(교사를 포함한다)와 피해학생을 분리하여야 하며, 피해학생이 긴급보호의 요청을 하는 경우에는 제1호(학내외 전문가에 의한 심리상담 및 조언), 제2호(일시보호), 제3호(치료 및 치료를 위한 요양), 제4호(학급교체) 및 제6호(그 밖에 피해학생의 보호를 위하여 필요한 조치)의 조치를 할 수 있다. 이 경우 학교의 장은 심의위원회에 즉시 보고하여야 한다.

(2) 피해학생의 지원범위

피해학생의 지원범위 교육감이 정한 전문심리상담기관에서 심리상담 및 조언을 받는 데 드는 비용, 교육감이 정한 기관에서 일시보호를 받는 데 드는 비용, 「의료법」에 따라 개설된 의료기관, 「지역보건법」에 따라 설치된 보건소·보건의료원 및 보건지소, 「농어촌 등 보건의료를 위한 특별조치법」에 따라 설치된 보건진료소, 「약사법」에 따라 등록된 약국 및 같은 법 제91조에 따라 설립된 한국희귀의약품센터에서 치료 및 치료를 위한 요양을 받거나 의약품을 공급받는데 드는 비용을 청구할 수 있다. 비용을 지원 받으려는 피해학생 및 보호자가 학교안전공제회 또는 시·도교육청에 비용을 청구할 수 있다.

4) 가해학생에 대한 조치

(1) 학생의 징계

학교의 장이 법 제17조 제4항에 따른 조치를 한 때에는 가해학생과 그 보호자에게 이를 통지하여야 하며, 가해학생이 이를 거부하거나 회피하는 때에는 다음의 절차에 따라 징계하여야 한다(「초·중등교육법」 제18조).

- 학교의 장은 교육상 필요한 경우에는 법령과 학칙으로 정하는 바에 따라 학생을 징계하거나 그 밖의 방법으로 지도할 수 있다. 다만, 의무교육을 받고 있는 학생은 퇴학시킬 수 없다.
- 학교의 장은 학생을 징계하려면 그 학생이나 보호자에게 의견을 진술할 기회를 주는 등 적정한 절차를 거쳐야 한다.

(2) 가해학생에 대한 조치별 적용 기준

심의위원회는 피해학생의 보호와 가해학생의 선도·교육을 위하여 가해학생에 대하여 ① 피해학생에 대한 서면사과, ② 피해학생 및 신고·고발 학생에 대한 접촉, 협박 및 보복행위의 금지, ③ 학교에서의 봉사, ④ 사회봉사, ⑤ 학내외 전문가에 의한 특별교육 이수 또는 심리치료, ⑥ 출석 정지, ⑦ 학급 교체, ⑧ 전학, ⑨ 퇴학 처분 중 어느 하나에 해당하는 조치(수 개의 조치를 병과하는 경우를 포함한다)를 할 것을 학교의 장에게 요청하여야 하며, 각 조치별 적용 기준은 대통령령으로 정한다. 다만, 퇴학 처분은 의무교육과정에 있는 가해학생에 대해서는 적용하지 아니한다(법 제17조 제1항). 법 제17조 제1항의 가해학생에 대한 조치별 적용 기준은 다음 각 호의 사항을 고려하여 결정하고, 그 세부적인 기준은 교육부장관이 정하여 고시한다(시행령 제19조).

- 가해학생이 행사한 학교폭력의 심각성·지속성·고의성
- 가해학생의 반성 정도
- 해당 조치로 인한 가해학생의 선도 가능성
- 가해학생 및 보호자와 피해학생 및 보호자 간의 화해의 정도
- 피해학생이 장애학생인지 여부

(3) 가해학생에 대한 전학 조치

교육장은 심의위원회가 가해학생에 대한 전학 조치를 요청하는 경우에는 그 사실을 해당 학생이 소속된 학교의 장에게 통보해야 한다. 이 경우 해당 통보를 받은 학교의 장은 교육감 또는 교육장에게 해당 학생이 전학할 학교의 배정을 지체 없이 요청해야 한다.(시행령 제20조 제1항). 교육감 또는 교육장은 가해학생이 전학할 학교를 배정할 때 피해학생의 보호에 충분한 거리 등을 고려하여야 하며, 관할구역 외의 학교를 배정하려는 경우에는 해당 교육감 또는 교육장에게 이를 통보하여야 한다(시행령 제20조 제2항). 시행령 제20조 제2항에 따른 통보를 받은 교육감 또는 교육장은 해당 가해학생이 전학할 학교를 배정하여야 한다(시행령 제20조 제3항). 교육감 또는 교육장은 제2항과 제3항에 따라 전학 조치된 가해학생과 피해학생이 상급 학교에 진학할 때에는 각각 다른 학교를 배정해야 한다. 이 경우 피해학생이 입학할 학교를 우선적으로 배정한다(시행령 제20조 제4항).

⑷ 가해학생에 대한 우선 출석 정지

학교의 장이 출석 정지 조치를 하려는 경우에는 해당 학생 또는 보호자의 의견을 들어야 한다. 다만, 학교의 장이 해당 학생 또는 보호자의 의견을 들으려 하였으나 이에 따르지 아니한 경우에는 그러하지 아니한다. 학교의 장이 출석 정지 조치를 할 수 있는 경우는 다음 각 호와 같다(시행령 제21조 제1항).

· 2명 이상의 학생이 고의적 지속적으로 폭력을 행사한 경우
· 학교폭력을 행사하여 전치 2주 이상의 상해를 입힌 경우
· 학교폭력에 대한 신고, 진술, 자료 제공 등에 대한 보복을 목적으로 폭력을 행사한 경우
· 학교의 장이 피해학생을 가해학생으로부터 긴급하게 보호할 필요가 있다고 판단하는 경우

⑸ 가해학생의 조치 거부·기피에 대한 추가 조치 및 퇴학학생의 재입학

심의위원회는 법 제17조제1항제2호부터 제9호까지의 조치를 받은 학생이 해당 조치를 거부하거나 기피하는 경우에는 학교의 장으로부터 그 사실을 통보받은 날부터 7일 이내에 추가로 다른 조치를 할 것을 교육장에게 요청할 수 있다(시행령 제22조). 퇴학학생의 재입학에 대해 교육감은 법 제17조제1항제9호에 따라 퇴학처분을 받은 학생에 대하여 해당 학생의 선도의 정도, 교육 가능성 등을 종합적으로 고려하여 「초·중등교육법」제60조의 3에 따른 대안학교로의 입학 등 해당 학생의 건전한 성장에 적합한 대책을 마련하여야 한다. 앞에서 규정한 사항 외에 가해학생에 대한 조치 및 재입학 등에 필요한 세부사항은 교육감이 정한다(시행령 제23조).

5) 장애학생의 보호

누구든지 장애 등을 이유로 장애학생에게 학교폭력을 행사하여서는 아니 된다. 심의위원회는 피해학생 또는 가해학생이 장애학생인 경우 심의과정에 「장애인 등에 대한 특수교육법」 제2조제4호에 따른 특수교육교원 등 특수교육 전문가 또는 장애인 전문가를 출석하게 하거나 서면 등의 방법으로 의견을 청취할 수 있다.

심의위원회는 학교폭력으로 피해를 입은 장애학생의 보호를 위하여 장애인전문 상담가의 상담 또는 장애인전문 치료기관의 요양 조치를 학교의 장에게 요청할 수 있다.

2. 학교폭력 예방 및 대책에 관한 각 기관의 책무

1) 국가 및 지방자치단체의 책무

국가 및 지방자치단체는 다음과 같은 책무가 있다.

- 국가 및 지방자치단체는 학교폭력을 예방하고 근절하기 위하여 조사・연구・교육・계도 등 필요한 법적・제도적 장치를 마련하여야 한다(법 제4조 제1항).
- 국가 및 지방자치단체는 청소년 관련 단체 등 민간의 자율적인 학교폭력 예방활동과 피해학생의 보호 및 가해학생의 선도・교육활동을 장려하여야 한다(법 제4조 제2항).
- 국가 및 지방자치단체는 제2항에 따른 청소년 관련 단체 등 민간이 건의한 사항에 대하여는 관련 시책에 반영하도록 노력하여야 한다(법 제4조 제3항).
- 국가 및 지방자치단체는 제1항부터 제3항까지의 규정에 따른 책무를 다하기 위하여 필요한 행정적・재정적 지원을 하여야 한다(법 제4조 제4항).

2) 교육감의 임무

(1) 전담 부서의 구성

교육감은 시・도교육청에 학교폭력의 예방과 대책을 담당하는 전담부서를 설치・운영하는 데 있어(법 제11조 제1항) 다음 각 호의 업무를 수행하기 위하여 시・도교육청 및 교육지원청에 과・담당관 또는 팀을 둔다(시행령 제8조).

- 학교폭력 예방과 근절을 위한 대책의 수립과 추진에 관한 사항
- 학교폭력 피해학생의 치료 및 가해학생에 대한 조치에 관한 사항

- 학교폭력 피해학생과 가해학생 간의 관계 회복을 위하여 필요한 조치에 관한 사항
- 그 밖에 학교폭력의 예방 및 대책과 관련하여 교육감이 정하는 사항

⑵ 실태조사

교육감은 학교폭력의 실태를 파악하고 학교폭력에 대한 효율적인 예방대책을 수립하기 위하여 학교폭력 실태조사를 연 2회 이상 실시하여야 한다(법 제11조 제8항). 교육감이 실시하는 학교폭력 실태조사는 교육부 장관과 협의하여 다른 교육감과 공동으로 실시할 수 있으며, 학교폭력 실태조사를 교육 관련 연구·조사기관에 위탁할 수 있다(시행령 제9조).

⑶ 전문기관의 설치

교육감은 조사·상담, 학교폭력 피해학생·가해학생에 대한 치유 프로그램 운영 업무를 수행하기 위해 전문기관을 설치·운영할 수 있다. 전문기관의 설치·운영에 관한 세부 사항은 교육감이 정한다.

교육감은 치유 프로그램 운영 업무를 다음 각 호의 어느 하나에 해당하는 기관·단체·시설에 위탁하여 수행하게 할 수 있다(시행령 제10조).

- 「청소년복지원법」 제14조에 따른 청소년쉼터, 「청소년보호법」 제44조의 2에 따른 청소년보호센터 등 청소년을 보호하기 위하여 국가·지방자치단체가 운영하는 시설
- 「청소년활동진흥법」제10조에 따른 청소년 활동시설
- 학교폭력의 예방과 피해학생 및 가해학생의 치료·교육을 수행하는 청소년 관련 단체
- 청소년 정신치료 전문 인력이 배치된 병원
- 학교폭력 피해학생·가해학생 및 학부모를 위한 프로그램을 운영하는 종교기관 등의 기관
- 그 밖에 교육감이 치유프로그램의 운영에 적합하다고 인정하는 기관

(4) 학교폭력 조사·상담

교육감은 학교폭력 예방 과 사후조치 등을 위하여 다음 각 호의 조사·상담 등을 수행할 수 있다(법 제11조의 2).

- 학교폭력 피해학생 상담 및 가해학생 조사
- 필요한 경우 가해학생 학부모 조사
- 학교폭력 예방 및 대책에 관한 계획의 이행 지도
- 관할 구역 학교폭력서클 단속
- 학교폭력 예방을 위하여 민간기관 및 업소 출입·검사
- 그 밖에 학교폭력 등에 관련하여 필요로 하는 사항

3) 학교장의 의무

학교장의 의무에 관한 사항은 법 제19조에 규정되어 있는데, 학교의 장은 제16조, 제16조의2, 제17조에 따른 조치의 이행에 협조하여야 한다. 학교폭력을 축소 또는 은폐해서는 아니 된다. 또한 교육감에게 학교폭력이 발생한 사실과 제13조의2에 따라 학교의 장의 자체해결로 처리된 사건, 제16조, 제16조의2, 제17조 및 제18조에 따른 조치 및 그 결과를 보고하고, 관계 기관과 협력하여 교내 학교폭력 단체의 결성예방 및 해체에 노력하여야 한다.

제3절 학교폭력 관련 위원회의 조직과 기능

1. 학교폭력대책심의위원회

1) 학교폭력대책심의위원회의 설치 및 기능

학교폭력의 예방 및 대책에 관련된 사항을 심의하기 위하여 교육지원청에 학교폭력대책심의위원회(이하 '심의위원회'라 한다)를 둔다. 다만, 심의위원회 구성에 있어 대

통령령으로 정하는 사유가 있는 경우에는 교육감의 보고를 거쳐 둘 이상의 교육지원청이 공동으로 심의위원회를 구성할 수 있다(법 제12조 제1항). 심의위원회는 학교폭력의 예방 및 대책 등을 위하여 다음 각 호의 사항을 심의한다(법 제12조 제2항).

- 학교폭력의 예방 및 대책
- 피해학생의 보호
- 가해학생에 대한 교육, 선도 및 징계
- 피해학생과 가해학생 간의 분쟁조정
- 그 밖에 대통령령으로 정하는 사항

2) 학교폭력대책심의위원회의 구성 및 운영

- 위원회 구성: 의위원회는 10명 이상 50명 이내의 위원으로 구성하되, 전체위원의 3분의 1 이상을 해당 교육지원청 관할 구역 내 학교(고등학교를 포함한다)에 소속된 학생의 학부모로 위촉하여야 한다.
- 위원회 회의 소집 요건: 심의위원회의 위원장은 다음 각 호의 어느 하나에 해당하는 경우에 회의를 소집하여야 한다.
  1. 심의위원회 재적위원 4분의 1 이상이 요청하는 경우
  2. 학교의 장이 요청하는 경우
  3. 피해학생 또는 그 보호자가 요청하는 경우
  4. 학교폭력이 발생한 사실을 신고받거나 보고받은 경우
  5. 가해학생이 협박 또는 보복한 사실을 신고받거나 보고받은 경우
  6. 그 밖에 위원장이 필요하다고 인정하는 경우
- 위원회 회의록 작성: 심의위원회는 회의의 일시, 장소, 출석위원, 토의내용 및 의결사항 등이 기록된 회의록을 작성·보존하여야 한다. 〈신설 2011. 5. 19., 2019. 8. 20.〉
- 위원회 운영 기타사항: 심의위원회는 심의 과정에서 소아청소년과 의사, 정신건강의학과 의사, 심리학자, 그 밖의 아동심리와 관련된 전문가를 출석하게 하거나 서면 등의 방법으로 의견을 청취할 수 있고, 피해학생이 상담·치료 등을 받은 경우 해당 전문가 또는 전문의 등으로부터 의견을 청취할 수 있다. 다만, 심의위원회는

피해학생 또는 그 보호자의 의사를 확인하여 피해학생 또는 그 보호자의 요청이 있는 경우에는 반드시 의견을 청취하여야 한다.

2. 학교폭력대책지역위원회

1) 학교폭력대책지역위원회의 설치

지역의 학교폭력 문제를 해결하기 위하여 시·도에 학교폭력대책지역위원회(이하 "지역위원회"라 한다)를 둔다(법 제9조 제1항). 특별시장·광역시장·특별자치시장·도지사 및 특별자치도지사는 지역위원회의 운영 및 활동에 관하여 시·도의 교육감(이하 "교육감"이라 한다)과 협의하여야 하며, 그 효율적인 운영을 위하여 실무위원회를 둘 수 있다(법 제9조 제2항).

2) 학교폭력대책지역위원회의 구성

- 위원 수: 지역위원회는 위원장 1인을 포함한 11인 이내의 위원으로 구성한다.
- 위원의 위촉: 지역위원회의 위원은 학식과 경험이 풍부하고 청소년보호에 투철한 사명감이 있는 사람으로서 다음 각 호의 어느 하나에 해당하는 사람 중에서 특별시장·광역시장·특별자치시장·도지사·특별자치도지사(이하 "시·도지사"라 한다)가 교육감과 협의하여 임명하거나 위촉한다.

· 해당 시·도의 청소년보호 업무 담당 국장 및 시·도교육청 생활지도 담당 국장
· 해당 시·도의회 의원 또는 교육위원회 위원
· 시·도 지방경찰청 소속 경찰공무원
· 학생생활지도 경력이 5년 이상인 교원
· 판사·검사·변호사
· 「고등교육법」 제2조에 따른 학교의 조교수 이상 또는 청소년 관련 연구기관에서 이에 상당하는 직위에 재직하고 있거나 재직하였던 사람으로서 학교폭력 문제에 대한 전문지식이 있는 사람
· 청소년 선도 및 보호 단체에서 청소년보호활동을 5년 이상 전문적으로 담당한 사람

· 「초 · 중등교육법」 제31조제1항에 따른 학교운영위원회(이하 "학교운영위원회"라 한다)의 위원 또는 법 제12조제1항에 따른 학교폭력대책심의위원회(이하 "심의위원회"라 한다) 위원으로 활동하고 있거나 활동한 경험이 있는 학부모 대표
· 그 밖에 학교폭력 예방 및 청소년 보호에 대한 지식과 경험이 있는 사람

- 위원장: 지역위원회의 위원장은 특별시 · 광역시 · 특별자치시 · 도 · 특별자치도(이하 "시 · 도"라 한다)의 부단체장(특별시의 경우에는 행정(1)부시장, 광역시 및 도의 경우에는 행정부시장 및 행정부지사를 말한다)으로 한다. 지역위원회의 위원장은 회의를 소집하고, 그 의장이 된다. 지역위원회의 위원장이 부득이한 사유로 직무를 수행할 수 없을 때에는 지역위원회 위원장이 미리 지명하는 위원이 그 직무를 대행한다.
- 위원의 임기: 지역위원회 위원의 임기는 2년으로 한다. 다만, 지역위원회 위원의 사임 등으로 새로 위촉되는 위원의 임기는 전임위원 임기의 남은 기간으로 한다.
- 간사의 임명: 지역위원회의 사무를 처리하기 위하여 간사 1명을 두며, 지역위원회의 위원장과 교육감이 시 · 도 또는 시 · 도교육청 소속 공무원 중에서 협의하여 정하는 사람으로 한다.

3) 학교폭력대책지역위원회의 기능

지역위원회의 기능 등에 관련된 내용은 다음과 같다(법 제10조).

· 지역위원회는 기본계획에 따라 지역의 학교폭력 예방대책을 매년 수립한다.
· 지역위원회는 해당 지역에서 발생한 학교폭력에 대하여 교육감 및 시 · 도경찰청장에게 관련 자료를 요청할 수 있다.
· 교육감은 지역위원회의 의견을 들어 제16조제1항제1호부터 제3호까지나 제17조제1항제5호에 따른 상담 · 치료 및 교육을 담당할 상담 · 치료 · 교육 기관을 지정하여야 한다.
· 교육감은 제3항에 따른 상담 · 치료 · 교육 기관을 지정한 때에는 해당 기관의 명칭, 소재지, 업무를 인터넷 홈페이지에 게시하고, 그 밖에 다양한 방법으로 학부모에게 알릴 수 있도록 노력하여야 한다.

3. 학교폭력대책지역협의회

1) 학교폭력대책지역협의회의 설치

학교폭력 예방 대책을 수립하고 기관별 추진계획 및 상호 협력·지원 방안 등을 협의하기 위하여 시·군·구에 학교폭력대책지역협의회(이하 "지역협의회"라 한다)를 둔다(법 제10조의2 제1항).

2) 학교폭력대책지역협의회의 구성

- 위원 수: 지역협의회는 위원장 1명을 포함한 20명 내외의 위원으로 구성한다.
- 위원의 위촉: 지역협의회의 위원은 학식과 경험이 풍부하고 청소년보호에 투철한 사명감이 있는 사람으로서 다음 각 호의 어느 하나에 해당하는 사람 중에서 시장·군수·구청장이 해당 교육지원청의 교육장과 협의하여 임명하거나 위촉한다.

· 해당 시·군·구의 청소년보호 업무 담당 국장(국장이 없는 시·군·구는 과장을 말한다) 및 교육지원청의 생활지도 담당 국장(국장이 없는 교육지원청은 과장을 말한다)
· 해당 시·군·구의회 의원
· 해당 시·군·구를 관할하는 경찰서 소속 경찰공무원
· 학생생활지도 경력이 5년 이상인 교원
· 판사·검사·변호사
·「고등교육법」 제2조에 따른 학교의 조교수 이상 또는 청소년 관련 연구기관에서 이에 상당하는 직위에 재직하고 있거나 재직하였던 사람으로서 학교폭력 문제에 대하여 전문지식이 있는 사람
· 청소년 선도 및 보호 단체에서 청소년보호활동을 5년 이상 전문적으로 담당한 사람
· 학교운영위원회 위원 또는 심의위원회 위원으로 활동하거나 활동한 경험이 있는 학부모 대표
· 그 밖에 학교폭력 예방 및 청소년보호에 대한 지식과 경험을 가진 사람

- 위원장: 지역협의회의 위원장은 시·군·구의 부단체장이 된다. 지역협의회의 회의를 소집하고, 그 의장이 된다. 지역협의회의 위원장이 부득이한 사유로 직무를

수행할 수 없을 때에는 위원장이 미리 지정하는 위원이 그 직무를 대행한다.

- 위원의 임기: 지역협의회 위원의 임기는 2년으로 한다. 다만, 지역위원회 위원의 사임 등으로 새로 위촉되는 위원의 임기는 전임위원 임기의 남은 기간으로 한다.
- 간사의 임명: 지역협의회에는 사무를 처리하기 위해 간사 1명을 두며, 간사는 지역협의회의 위원장과 교육장이 시・군・구 또는 교육지원청 소속 공무원 중에서 협의하여 정하는 사람으로 한다.

4. 학교폭력대책위원회

1) 학교폭력대책위원회의 설치 및 기능

학교폭력의 예방 및 대책에 관한 다음 각 호의 사항을 심의하기 위하여 국무총리 소속으로 학교폭력대책위원회(이하 "대책위원회"라 한다)를 둔다.

- 학교폭력의 예방 및 대책에 관한 기본계획의 수립 및 시행에 대한 평가
- 학교폭력과 관련하여 관계 중앙행정기관 및 지방자치단체의 장이 요청하는 사항
- 학교폭력과 관련하여 교육청, 제9조에 따른 학교폭력대책지역위원회, 제10조의2에 따른 학교폭력대책지역협의회, 제12조에 따른 학교폭력대책심의위원회, 전문단체 및 전문가가 요청하는 사항

2) 학교폭력대책위원회의 구성

- 위원의 수와 위원의 위촉: 대책위원회는 위원장 2명을 포함하여 20명 이내의 위원으로 구성한다. 위원은 다음 각 호의 사람 중에서 대통령이 위촉하는 사람으로 한다. 다만, 제1호의 경우에는 당연직 위원으로 한다.
  - 기획재정부장관, 교육부장관, 과학기술정보통신부장관, 법무부장관, 행정안전부장관, 문화체육관광부장관, 보건복지부장관, 여성가족부장관, 방송통신위원회 위원장, 경찰청장(법 제8조 제3항 제1호)
  - 학교폭력 대책에 관한 전문지식과 경험이 풍부한 전문가 중에서 제1호의 위원이 각각 1명씩 추천하는 사람

· 관계 중앙행정기관에 소속된 3급 공무원 또는 고위공무원단에 속하는 공무원으로서 청소년 또는 의료 관련 업무를 담당하는 사람
· 대학이나 공인된 연구기관에서 조교수 이상 또는 이에 상당한 직에 있거나 있었던 사람으로서 학교폭력 문제 및 이에 따른 상담 또는 심리에 관하여 전문지식이 있는 사람
· 판사 · 검사 · 변호사
· 전문단체에서 청소년보호활동을 5년 이상 전문적으로 담당한 사람
· 의사의 자격이 있는 사람
· 학교운영위원회 활동 및 청소년보호활동 경험이 풍부한 학부모

- 위원장과 위원의 임기 및 간사의 임명: 위원장은 국무총리와 학교폭력 대책에 관한 전문지식과 경험이 풍부한 전문가 중에서 대통령이 위촉하는 사람이 공동으로 되고, 위원장 모두가 부득이한 사유로 직무를 수행할 수 없을 때에는 국무총리가 지명한 위원이 그 직무를 대행한다. 위원장을 포함한 위원의 임기는 2년으로 하되, 1차에 한하여 연임할 수 있다. 위원회의 효율적 운영 및 지원을 위하여 간사 1명을 두되, 간사는 교육부장관이 된다.

3) 학교폭력대책위원회의 운영

대책위원회의 회의 소집, 개의와 의결, 출석위원 수당, 여비 지급 등 운영에 관련된 내용은 다음과 같다.

- 회의 소집 및 개의와 의결: 대책위원회의 위원장은 회의를 소집하고, 그 의장이 된다. 회의는 반기별로 1회 소집한다. 다만, 재적위원 3분의 1 이상이 요구하거나 위원장이 필요하다고 인정하는 경우에는 수시로 소집할 수 있다. 위원장이 회의를 소집할 때에는 회의 개최 5일 전까지 회의 일시 · 장소 및 안건을 각 위원에게 알려야 한다. 다만, 긴급히 소집하여야 할 때에는 그러하지 아니하다. 회의는 재적위원 과반수의 출석으로 개의(開議)하고, 출석위원 과반수의 찬성으로 의결한다.
- 출석위원 수당, 여비 지급 및 학교폭력 전문가 출석: 회의에 출석한 위원과 전문가 등에게는 예산의 범위에서 수당과 여비를 지급할 수 있다. 다만, 공무원인 위원이 그 소관 업무와 직접적으로 관련하여 회의에 출석하는 경우에는 그러하지 아

니하다. 위원장은 필요하다고 인정할 때에는 학교폭력 예방 및 대책과 관련하여 전문가 등을 회의에 출석하여 발언하게 할 수 있다.

5. 전문상담교사 배치 및 전담기구 배치

1) 전문상담교사 배치 및 전담기구 구성

학교폭력예방법 제14조에 규정하고 있는 전문상담교사의 배치 및 전담기구 구성에 관련된 사항은 다음과 같다.

- 학교의 장은 학교에 대통령령으로 정하는 바에 따라 상담실을 설치하고, 「초·중등교육법」 제19조의 2에 따라 전문상담교사를 둔다.
- 전문상담교사는 학교의 장 및 심의위원회의 요구가 있는 때에는 학교폭력에 관련된 피해학생 및 가해학생과의 상담결과를 보고하여야 한다.
- 학교의 장은 교감, 전문상담교사, 보건교사 및 책임교사(학교폭력문제를 담당하는 교사를 말한다) 등으로 학교폭력문제를 담당하는 전담기구(이하 "전담기구"라 한다)를 구성하며, 학교폭력 사태를 인지한 경우 지체 없이 전담기구 또는 소속 교원으로 하여금 가해 및 피해 사실 여부를 확인하도록 한다.
- 전담기구는 학교폭력에 대한 실태조사(이하 "실태조사"라 한다)와 학교폭력 예방 프로그램을 구성·실시하며, 학교의 장 및 심의위원회의 요구가 있는 때에는 학교폭력에 관련된 조사결과 등 활동결과를 보고하여야 한다.
- 피해학생 또는 피해학생의 보호자는 피해사실 확인을 위하여 전담기구에 실태조사를 요구할 수 있다.
- 국가 및 지방자치단체는 실태조사에 관한 예산을 지원하고, 관계 행정기관은 실태조사에 협조하여야 하며, 학교의 장은 전담기구에 행정적·재정적 지원을 할 수 있다.
- 전담기구는 성폭력 등 특수한 학교폭력사건에 대한 실태조사의 전문성을 확보하기 위하여 필요한 경우 전문기관에 그 실태조사를 의뢰할 수 있다. 이 경우 그

의뢰는 심의위원회 위원장의 심의를 거쳐 학교의 장 명의로 하여야 한다.

2) 상담실 설치

상담실은 다음 각 호의 시설, 장비를 갖추어 상담활동이 편리한 장소에 설치해야 한다(시행령 제15조).

· 인터넷 이용시설, 전화 등 상담에 필요한 시설 및 장비
· 상담을 받는 사람의 사생활 노출 방지를 위한 칸막이 및 방음시설

학교폭력 예방 및 대책에 관한 법률 (약칭: 학교폭력예방법)

[시행 2021. 6. 23] [법률 제17668호, 2020. 12. 22, 일부개정]

교육부(학교생활문화과) 044-203-6975

제1조(목적) 이 법은 학교폭력의 예방과 대책에 필요한 사항을 규정함으로써 피해학생의 보호, 가해학생의 선도·교육 및 피해학생과 가해학생 간의 분쟁조정을 통하여 학생의 인권을 보호하고 학생을 건전한 사회구성원으로 육성함을 목적으로 한다.

제2조(정의) 이 법에서 사용하는 용어의 정의는 다음 각 호와 같다. 〈개정 2009. 5. 8., 2012. 1. 26., 2012. 3. 21.〉

1. "학교폭력"이란 학교 내외에서 학생을 대상으로 발생한 상해, 폭행, 감금, 협박, 약취·유인, 명예훼손·모욕, 공갈, 강요·강제적인 심부름 및 성폭력, 따돌림, 사이버 따돌림, 정보통신망을 이용한 음란·폭력 정보 등에 의하여 신체·정신 또는 재산상의 피해를 수반하는 행위를 말한다.

1의2. "따돌림"이란 학교 내외에서 2명 이상의 학생들이 특정인이나 특정집단의 학생들을 대상으로 지속적이거나 반복적으로 신체적 또는 심리적 공격을 가하여 상대방이 고통을 느끼도록 하는 일체의 행위를 말한다.

1의3. "사이버 따돌림"이란 인터넷, 휴대전화 등 정보통신기기를 이용하여 학생들이 특정 학생들을 대상으로 지속적, 반복적으로 심리적 공격을 가하거나, 특정 학생과 관련된 개인정보 또는 허위사실을 유포하여 상대방이 고통을 느끼도록 하는 일체의 행위를 말한다.

2. "학교"란 「초·중등교육법」 제2조에 따른 초등학교·중학교·고등학교·특수학교 및 각종학교와 같은 법 제61조에 따라 운영하는 학교를 말한다.

3. "가해학생"이란 가해자 중에서 학교폭력을 행사하거나 그 행위에 가담한 학생을 말한다.

4. "피해학생"이란 학교폭력으로 인하여 피해를 입은 학생을 말한다.

5. "장애학생"이란 신체적·정신적·지적 장애 등으로 「장애인 등에 대한 특수교육법」 제15조에서 규정하는 특수교육을 필요로 하는 학생을 말한다.

제3조(해석·적용의 주의의무) 이 법을 해석·적용함에 있어서 국민의 권리가 부당하게 침해되지 아니하도록 주의하여야 한다.

제4조(국가 및 지방자치단체의 책무) ① 국가 및 지방자치단체는 학교폭력을 예방하고 근절하기 위하여 조사·연구·교육·계도 등 필요한 법적·제도적 장치를 마련하여야 한다.

② 국가 및 지방자치단체는 청소년 관련 단체 등 민간의 자율적인 학교폭력 예방활동과 피해학생의 보호 및 가해학생의 선도·교육활동을 장려하여야 한다.

③ 국가 및 지방자치단체는 제2항에 따른 청소년 관련 단체 등 민간이 건의한 사항에 대하여는 관련 시책에 반영하도록 노력하여야 한다.

④ 국가 및 지방자치단체는 제1항부터 제3항까지의 규정에 따른 책무를 다하기 위하여 필요한 행정적·재정적 지원을 하여야 한다. 〈개정 2012. 3. 21.〉

제5조(다른 법률과의 관계) ① 학교폭력의 규제, 피해학생의 보호 및 가해학생에 대한 조치에 있어서 다른 법률에 특별한 규정이 있는 경우를 제외하고는 이 법을 적용한다.

② 제2조제1호 중 성폭력은 다른 법률에 규정이 있는 경우에는 이 법을 적용하지 아니한다.

제6조(기본계획의 수립 등) ① 교육부장관은 이 법의 목적을 효율적으로 달성하기 위하여 학교폭력의 예방 및 대책에 관한 정책 목표·방향을 설정하고, 이에 따른 학교폭력의 예방 및 대책에 관한 기본계획(이하 "기본계획"이라 한다)을 제7조에 따른 학교폭력대책위원회의 심의를 거쳐 수립·시행하여야 한다. 〈개정 2012. 3. 21., 2013. 3. 23.〉

② 기본계획은 다음 각 호의 사항을 포함하여 5년마다 수립하여야 한다. 이 경우 교육부장관은 관계 중앙행정기관 등의 의견을 수렴하여야 한다. 〈개정 2012. 3. 21., 2013. 3. 23.〉

1. 학교폭력의 근절을 위한 조사·연구·교육 및 계도
2. 피해학생에 대한 치료·재활 등의 지원
3. 학교폭력 관련 행정기관 및 교육기관 상호 간의 협조·지원
4. 제14조제1항에 따른 전문상담교사의 배치 및 이에 대한 행정적·재정적 지원
5. 학교폭력의 예방과 피해학생 및 가해학생의 치료·교육을 수행하는 청소년 관련 단체(이하 "전문단체"라 한다) 또는 전문가에 대한 행정적·재정적 지원
6. 그 밖에 학교폭력의 예방 및 대책을 위하여 필요한 사항

③ 교육부장관은 대통령령으로 정하는 바에 따라 특별시·광역시·특별자치시·도 및 특별자치도(이하 "시·도"라 한다) 교육청의 학교폭력 예방 및 대책과 그에 대한 성과를 평가하고, 이를 공표하여야 한다. 〈신설 2012. 1. 26., 2013. 3. 23.〉

제7조(학교폭력대책위원회의 설치·기능) 학교폭력의 예방 및 대책에 관한 다음 각 호의 사항을 심의하기 위하여 국무총리 소속으로 학교폭력대책위원회(이하 "대책위원회"라 한다)를 둔다. 〈개정 2012. 3. 21., 2019. 8. 20.〉

1. 학교폭력의 예방 및 대책에 관한 기본계획의 수립 및 시행에 대한 평가
2. 학교폭력과 관련하여 관계 중앙행정기관 및 지방자치단체의 장이 요청하는 사항
3. 학교폭력과 관련하여 교육청, 제9조에 따른 학교폭력대책지역위원회, 제10조의2에 따른 학교폭력대책지역협의회, 제12조에 따른 학교폭력대책심의위원회, 전문단체 및 전문가가 요청하는 사항

[제목개정 2012. 3. 21.]

제8조(대책위원회의 구성) ① 대책위원회는 위원장 2명을 포함하여 20명 이내의 위원으로 구성한다.

② 위원장은 국무총리와 학교폭력 대책에 관한 전문지식과 경험이 풍부한 전문가 중에서 대통령이 위촉하는 사람이 공동으로 되고, 위원장 모두가 부득이한 사유로 직무를 수행할 수 없을 때에는 국무총리가 지명한 위원이 그 직무를 대행한다.

③ 위원은 다음 각 호의 사람 중에서 대통령이 위촉하는 사람으로 한다. 다만, 제1호의 경우에는 당연직 위원으로 한다. 〈개정 2013. 3. 23., 2014. 11. 19., 2017. 7. 26.〉

1. 기획재정부장관, 교육부장관, 과학기술정보통신부장관, 법무부장관, 행정안전부장관, 문화체육관광부장관, 보건복지부장관, 여성가족부장관, 방송통신위원회 위원장, 경찰청장
2. 학교폭력 대책에 관한 전문지식과 경험이 풍부한 전문가 중에서 제1호의 위원이 각각 1명씩 추천하는 사람
3. 관계 중앙행정기관에 소속된 3급 공무원 또는 고위공무원단에 속하는 공무원으로서 청소년 또는 의료 관련 업무를 담당하는 사람
4. 대학이나 공인된 연구기관에서 조교수 이상 또는 이에 상당한 직에 있거나 있었던 사람으로서 학교폭력 문제 및 이에 따른 상담 또는 심리에 관하여 전문지식이 있는 사람
5. 판사·검사·변호사
6. 전문단체에서 청소년보호활동을 5년 이상 전문적으로 담당한 사람

7. 의사의 자격이 있는 사람
8. 학교운영위원회 활동 및 청소년보호활동 경험이 풍부한 학부모

④ 위원장을 포함한 위원의 임기는 2년으로 하되, 1차에 한하여 연임할 수 있다.

⑤ 위원회의 효율적 운영 및 지원을 위하여 간사 1명을 두되, 간사는 교육부장관이 된다. 〈개정 2013. 3. 23.〉

⑥ 위원회에 상정할 안건을 미리 검토하는 등 안건 심의를 지원하고, 위원회가 위임한 안건을 심의하기 위하여 대책위원회에 학교폭력대책실무위원회(이하 "실무위원회"라 한다)를 둔다.

⑦ 그 밖에 대책위원회의 운영과 실무위원회의 구성·운영에 필요한 사항은 대통령령으로 정한다.

[전문개정 2012. 3. 21.]

제9조(학교폭력대책지역위원회의 설치) ① 지역의 학교폭력 문제를 해결하기 위하여 시·도에 학교폭력대책지역위원회(이하 "지역위원회"라 한다)를 둔다. 〈개정 2012. 1. 26.〉

② 특별시장·광역시장·특별자치시장·도지사 및 특별자치도지사는 지역위원회의 운영 및 활동에 관하여 시·도의 교육감(이하 "교육감"이라 한다)과 협의하여야 하며, 그 효율적인 운영을 위하여 실무위원회를 둘 수 있다. 〈개정 2012. 1. 26.〉

③ 지역위원회는 위원장 1인을 포함한 11인 이내의 위원으로 구성한다.

④ 지역위원회 및 제2항에 따른 실무위원회의 구성·운영에 필요한 사항은 대통령령으로 정한다.

제10조(학교폭력대책지역위원회의 기능 등) ① 지역위원회는 기본계획에 따라 지역의 학교폭력 예방대책을 매년 수립한다.

② 지역위원회는 해당 지역에서 발생한 학교폭력에 대하여 교육감 및 시·도경찰청장에게 관련 자료를 요청할 수 있다. 〈개정 2020. 12. 22.〉

③ 교육감은 지역위원회의 의견을 들어 제16조제1항제1호부터 제3호까지나 제17조제1항제5호에 따른 상담·치료 및 교육을 담당할 상담·치료·교육 기관을 지정하여야 한다. 〈개정 2012. 1. 26.〉

④ 교육감은 제3항에 따른 상담·치료·교육 기관을 지정한 때에는 해당 기관의 명칭, 소재지, 업무를 인터넷 홈페이지에 게시하고, 그 밖에 다양한 방법으로 학부모에게 알릴 수 있도록 노력하여야 한다. 〈신설 2012. 1. 26.〉

[제목개정 2012. 1. 26.]

제10조의2(학교폭력대책지역협의회의 설치·운영) ① 학교폭력 예방 대책을 수립하고 기관별 추진계획 및 상호 협력·지원 방안 등을 협의하기 위하여 시·군·구에 학교폭력대책지역협의회(이하 "지역협의회"라 한다)를 둔다.

② 지역협의회는 위원장 1명을 포함한 20명 내외의 위원으로 구성한다.

③ 그 밖에 지역협의회의 구성·운영에 필요한 사항은 대통령령으로 정한다.

[본조신설 2012. 3. 21.]

제11조(교육감의 임무) ① 교육감은 시·도교육청에 학교폭력의 예방과 대책을 담당하는 전담부서를 설치·운영하여야 한다.

② 교육감은 관할 구역 안에서 학교폭력이 발생한 때에는 해당 학교의 장 및 관련 학교의 장에게 그 경과 및 결과의 보고를 요구할 수 있다.

③ 교육감은 관할 구역 안의 학교폭력이 관할 구역 외의 학교폭력과 관련이 있는 때에는 그 관할 교육감과 협의하여 적절한 조치를 취하여야 한다.

④ 교육감은 학교의 장으로 하여금 학교폭력의 예방 및 대책에 관한 실시계획을 수립·시행하도록 하여야 한다.

⑤ 교육감은 제12조에 따른 심의위원회가 처리한 학교의 학교폭력빈도를 학교의 장에 대한 업무수행 평가에 부정적 자료로 사용하여서는 아니 된다. 〈개정 2019. 8. 20.〉

⑥ 교육감은 제17조제1항제8호에 따른 전학의 경우 그 실현을 위하여 필요한 조치를 취하여야 하며, 제17조제1항제9호에 따른 퇴학처분의 경우 해당 학생의 건전한 성장을 위하여 다른 학교 재입학 등의 적절한 대책을 강구하여야 한다. 〈개정 2012. 1. 26., 2012. 3. 21.〉

⑦ 교육감은 대책위원회 및 지역위원회에 관할 구역 안의 학교폭력의 실태 및 대책에 관한 사항을 보고하고 공표하여야 한다. 관할 구역 밖의 학교폭력 관련 사항 중 관할 구역 안의 학교와 관련된 경우에도 또한 같다. 〈개정 2012. 1. 26., 2012. 3. 21.〉

⑧ 교육감은 학교폭력의 실태를 파악하고 학교폭력에 대한 효율적인 예방대책을 수립하기 위하여 학교폭력 실태조사를 연 2회 이상 실시하고 그 결과를 공표하여야 한다. 〈신설 2012. 3. 21., 2015. 12. 22.〉

⑨ 교육감은 학교폭력 등에 관한 조사, 상담, 치유프로그램 운영 등을 위한 전문기관을 설치·운영할 수 있다. 〈신설 2012. 3. 21.〉

⑩ 교육감은 관할 구역에서 학교폭력이 발생한 때에 해당 학교의 장 또는 소속 교원이 그 경과 및 결과를 보고함에 있어 축소 및 은폐를 시도한 경우에는 「교육공무원법」 제50조 및 「사립학교법」 제62조에 따른 징계위원회에 징계의결을 요구하여야 한다. 〈신설 2012. 3. 21.〉

⑪ 교육감은 관할 구역에서 학교폭력의 예방 및 대책 마련에 기여한 바가 큰 학교 또는 소속 교원에게 상훈을 수여하거나 소속 교원의 근무성적 평정에 가산점을 부여할 수 있다. 〈신설 2012. 3. 21.〉

⑫ 제1항에 따라 설치되는 전담부서의 구성과 제8항에 따라 실시하는 학교폭력 실태조사 및 제9항에 따른 전문기관의 설치에 필요한 사항은 대통령령으로 정한다. 〈개정 2012. 3. 21.〉

제11조의2(학교폭력 조사·상담 등) ① 교육감은 학교폭력 예방과 사후조치 등을 위하여 다음 각 호의 조사·상담 등을 수행할 수 있다.

1. 학교폭력 피해학생 상담 및 가해학생 조사
2. 필요한 경우 가해학생 학부모 조사
3. 학교폭력 예방 및 대책에 관한 계획의 이행 지도
4. 관할 구역 학교폭력서클 단속
5. 학교폭력 예방을 위하여 민간 기관 및 업소 출입·검사
6. 그 밖에 학교폭력 등과 관련하여 필요로 하는 사항

② 교육감은 제1항의 조사·상담 등의 업무를 대통령령으로 정하는 기관 또는 단체에 위탁할 수 있다.

③ 교육감 및 제2항에 따른 위탁 기관 또는 단체의 장은 제1항에 따른 조사·상담 등의 업무를 수행함에 있어 필요한 경우 관계 기관의 장에게 협조를 요청할 수 있다.

④ 제1항에 따라 조사·상담 등을 하는 관계 직원은 그 권한을 표시하는 증표를 지니고 이를 관계인에게 보여주어야 한다.

⑤ 제1항제1호 및 제4호의 조사 등의 결과는 학교의 장 및 보호자에게 통보하여야 한다.

[본조신설 2012. 3. 21.]

제11조의3(관계 기관과의 협조 등) ① 교육부장관, 교육감, 지역 교육장, 학교의 장은 학교폭력과 관련한 개인정보 등을 경찰청장, 시·도경찰청장, 관할 경찰서장 및 관계 기관의 장에게 요청할 수 있다. 〈개정 2013. 3. 23., 2020. 12. 22.〉

② 제1항에 따라 정보제공을 요청받은 경찰청장, 시·도경찰청장, 관할 경찰서장 및 관계 기관의 장

은 특별한 사정이 없으면 이에 응하여야 한다. 〈개정 2020. 12. 22.〉

③ 제1항 및 제2항에 따른 관계 기관과의 협조 사항 및 절차 등에 필요한 사항은 대통령령으로 정한다.

[본조신설 2012. 3. 21.]

제12조(학교폭력대책심의위원회의 설치·기능) ① 학교폭력의 예방 및 대책에 관련된 사항을 심의하기 위하여 「지방교육자치에 관한 법률」 제34조 및 「제주특별자치도 설치 및 국제자유도시 조성을 위한 특별법」 제80조에 따른 교육지원청(교육지원청이 없는 경우 해당 시·도 조례로 정하는 기관으로 한다. 이하 같다)에 학교폭력대책심의위원회(이하 "심의위원회"라 한다)를 둔다. 다만, 심의위원회 구성에 있어 대통령령으로 정하는 사유가 있는 경우에는 교육감 보고를 거쳐 둘 이상의 교육지원청이 공동으로 심의위원회를 구성할 수 있다. 〈개정 2012. 1. 26., 2019. 8. 20.〉

② 심의위원회는 학교폭력의 예방 및 대책 등을 위하여 다음 각 호의 사항을 심의한다. 〈개정 2012. 1. 26., 2019. 8. 20.〉

1. 학교폭력의 예방 및 대책
2. 피해학생의 보호
3. 가해학생에 대한 교육, 선도 및 징계
4. 피해학생과 가해학생 간의 분쟁조정
5. 그 밖에 대통령령으로 정하는 사항

③ 심의위원회는 해당 지역에서 발생한 학교폭력에 대하여 조사할 수 있고 학교장 및 관할 경찰서장에게 관련 자료를 요청할 수 있다. 〈신설 2012. 3. 21., 2019. 8. 20.〉

④ 심의위원회의 설치·기능 등에 필요한 사항은 지역 및 교육지원청의 규모 등을 고려하여 대통령령으로 정한다. 〈개정 2012. 3. 21., 2019. 8. 20.〉

[제목개정 2019. 8. 20.]

제13조(심의위원회의 구성·운영) ① 심의위원회는 10명 이상 50명 이내의 위원으로 구성하되, 전체위원의 3분의 1 이상을 해당 교육지원청 관할 구역 내 학교(고등학교를 포함한다)에 소속된 학생의 학부모로 위촉하여야 한다. 〈개정 2019. 8. 20.〉

② 심의위원회의 위원장은 다음 각 호의 어느 하나에 해당하는 경우에 회의를 소집하여야 한다. 〈신설 2011. 5. 19., 2012. 1. 26., 2012. 3. 21., 2019. 8. 20.〉

1. 심의위원회 재적위원 4분의 1 이상이 요청하는 경우
2. 학교의 장이 요청하는 경우
3. 피해학생 또는 그 보호자가 요청하는 경우
4. 학교폭력이 발생한 사실을 신고받거나 보고받은 경우
5. 가해학생이 협박 또는 보복한 사실을 신고받거나 보고받은 경우
6. 그 밖에 위원장이 필요하다고 인정하는 경우

③ 심의위원회는 회의의 일시, 장소, 출석위원, 토의내용 및 의결사항 등이 기록된 회의록을 작성·보존하여야 한다. 〈신설 2011. 5. 19., 2019. 8. 20.〉

④ 심의위원회는 심의 과정에서 소아청소년과 의사, 정신건강의학과 의사, 심리학자, 그 밖의 아동심리와 관련된 전문가를 출석하게 하거나 서면 등의 방법으로 의견을 청취할 수 있고, 피해학생이 상담·치료 등을 받은 경우 해당 전문가 또는 전문의 등으로부터 의견을 청취할 수 있다. 다만, 심의위원회는 피해학생 또는 그 보호자의 의사를 확인하여 피해학생 또는 그 보호자의 요청이 있는 경우에는 반드시 의견을 청취하여야 한다. 〈신설 2020. 12. 22.〉

⑤ 그 밖에 심의위원회의 구성·운영에 필요한 사항은 대통령령으로 정한다. 〈개정 2011. 5. 19., 2019. 8. 20., 2020. 12. 22.〉

[제목개정 2011. 5. 19., 2019. 8. 20.]

제13조의2(학교의 장의 자체해결) ① 제13조제2항제4호 및 제5호에도 불구하고 피해학생 및 그 보호자가 심의위원회의 개최를 원하지 아니하는 다음 각 호에 모두 해당하는 경미한 학교폭력의 경우 학교의 장은 학교폭력사건을 자체적으로 해결할 수 있다. 이 경우 학교의 장은 지체 없이 이를 심의위원회에 보고하여야 한다.

1. 2주 이상의 신체적·정신적 치료를 요하는 진단서를 발급받지 않은 경우
2. 재산상 피해가 없거나 즉각 복구된 경우
3. 학교폭력이 지속적이지 않은 경우
4. 학교폭력에 대한 신고, 진술, 자료제공 등에 대한 보복행위가 아닌 경우

② 학교의 장은 제1항에 따라 사건을 해결하려는 경우 다음 각 호에 해당하는 절차를 모두 거쳐야 한다.

1. 피해학생과 그 보호자의 심의위원회 개최 요구 의사의 서면 확인
2. 학교폭력의 경중에 대한 제14조제3항에 따른 전담기구의 서면 확인 및 심의

③ 그 밖에 학교의 장이 학교폭력을 자체적으로 해결하는 데에 필요한 사항은 대통령령으로 정한다.

[본조신설 2019. 8. 20.]

제14조(전문상담교사 배치 및 전담기구 구성) ① 학교의 장은 학교에 대통령령으로 정하는 바에 따라 상담실을 설치하고, 「초·중등교육법」 제19조의2에 따라 전문상담교사를 둔다.

② 전문상담교사는 학교의 장 및 심의위원회의 요구가 있는 때에는 학교폭력에 관련된 피해학생 및 가해학생과의 상담결과를 보고하여야 한다. 〈개정 2019. 8. 20.〉

③ 학교의 장은 교감, 전문상담교사, 보건교사 및 책임교사(학교폭력문제를 담당하는 교사를 말한다), 학부모 등으로 학교폭력문제를 담당하는 전담기구(이하 "전담기구"라 한다)를 구성한다. 이 경우 학부모는 전담기구 구성원의 3분의 1 이상이어야 한다. 〈개정 2012. 3. 21., 2019. 8. 20.〉

④ 학교의 장은 학교폭력 사태를 인지한 경우 지체 없이 전담기구 또는 소속 교원으로 하여금 가해 및 피해 사실 여부를 확인하도록 하고, 전담기구로 하여금 제13조의2에 따른 학교의 장의 자체해결 부의 여부를 심의하도록 한다. 〈신설 2019. 8. 20.〉

⑤ 전담기구는 학교폭력에 대한 실태조사(이하 "실태조사"라 한다)와 학교폭력 예방 프로그램을 구성·실시하며, 학교의 장 및 심의위원회의 요구가 있는 때에는 학교폭력에 관련된 조사결과 등 활동결과를 보고하여야 한다. 〈개정 2012. 3. 21., 2019. 8. 20.〉

⑥ 피해학생 또는 피해학생의 보호자는 피해사실 확인을 위하여 전담기구에 실태조사를 요구할 수 있다. 〈신설 2009. 5. 8., 2012. 3. 21., 2019. 8. 20.〉

⑦ 국가 및 지방자치단체는 실태조사에 관한 예산을 지원하고, 관계 행정기관은 실태조사에 협조하여야 하며, 학교의 장은 전담기구에 행정적·재정적 지원을 할 수 있다. 〈개정 2009. 5. 8., 2012. 3. 21., 2019. 8. 20.〉

⑧ 전담기구는 성폭력 등 특수한 학교폭력사건에 대한 실태조사의 전문성을 확보하기 위하여 필요한 경우 전문기관에 그 실태조사를 의뢰할 수 있다. 이 경우 그 의뢰는 심의위원회 위원장의 심의를 거쳐 학교의 장 명의로 하여야 한다. 〈신설 2012. 1. 26., 2012. 3. 21., 2019. 8. 20.〉

⑨ 그 밖에 전담기구 운영 등에 필요한 사항은 대통령령으로 정한다. 〈신설 2012. 3. 21., 2019. 8. 20.〉

제15조(학교폭력 예방교육 등) ① 학교의 장은 학생의 육체적·정신적 보호와 학교폭력의 예방을 위한 학생들에 대한 교육(학교폭력의 개념·실태 및 대처방안 등을 포함하여야 한다)을 학기별로 1회 이상 실시하여야 한다. 〈개정 2012. 1. 26.〉

② 학교의 장은 학교폭력의 예방 및 대책 등을 위한 교직원 및 학부모에 대한 교육을 학기별로 1회 이상 실시하여야 한다. 〈개정 2012. 3. 21.〉

③ 학교의 장은 제1항에 따른 학교폭력 예방교육 프로그램의 구성 및 그 운용 등을 전담기구와 협의하여 전문단체 또는 전문가에게 위탁할 수 있다.

④ 교육장은 제1항부터 제3항까지의 규정에 따른 학교폭력 예방교육 프로그램의 구성과 운용계획을 학부모가 쉽게 확인할 수 있도록 인터넷 홈페이지에 게시하고, 그 밖에 다양한 방법으로 학부모에게 알릴 수 있도록 노력하여야 한다. 〈개정 2012. 1. 26.〉

⑤ 그 밖에 학교폭력 예방교육의 실시와 관련한 사항은 대통령령으로 정한다. 〈개정 2011. 5. 19.〉

[제목개정 2011. 5. 19.]

제16조(피해학생의 보호) ① 심의위원회는 피해학생의 보호를 위하여 필요하다고 인정하는 때에는 피해학생에 대하여 다음 각 호의 어느 하나에 해당하는 조치(수 개의 조치를 병과하는 경우를 포함한다)를 할 것을 교육장(교육장이 없는 경우 제12조제1항에 따라 조례로 정한 기관의 장으로 한다. 이하 같다)에게 요청할 수 있다. 다만, 학교의 장은 학교폭력사건을 인지한 경우 피해학생의 반대의사 등 대통령령으로 정하는 특별한 사정이 없으면 지체 없이 가해자(교사를 포함한다)와 피해학생을 분리하여야 하며, 피해학생이 긴급보호의 요청을 하는 경우에는 제1호, 제2호 및 제6호의 조치를 할 수 있다. 이 경우 학교의 장은 심의위원회에 즉시 보고하여야 한다. 〈개정 2012. 3. 21., 2017. 4. 18., 2019. 8. 20., 2020. 12. 22.〉

1. 학내외 전문가에 의한 심리상담 및 조언
2. 일시보호
3. 치료 및 치료를 위한 요양
4. 학급교체
5. 삭제 〈2012. 3. 21.〉
6. 그 밖에 피해학생의 보호를 위하여 필요한 조치

② 심의위원회는 제1항에 따른 조치를 요청하기 전에 피해학생 및 그 보호자에게 의견진술의 기회를 부여하는 등 적정한 절차를 거쳐야 한다. 〈신설 2012. 3. 21., 2019. 8. 20.〉

③ 제1항에 따른 요청이 있는 때에는 교육장은 피해학생의 보호자의 동의를 받아 7일 이내에 해당 조치를 하여야 한다. 〈개정 2012. 3. 21., 2019. 8. 20.〉

④ 제1항의 조치 등 보호가 필요한 학생에 대하여 학교의 장이 인정하는 경우 그 조치에 필요한 결석을 출석일수에 산입할 수 있다. 〈개정 2012. 3. 21.〉

⑤ 학교의 장은 성적 등을 평가함에 있어서 제3항에 따른 조치로 인하여 학생에게 불이익을 주지 아니하도록 노력하여야 한다. 〈개정 2012. 3. 21.〉

⑥ 피해학생이 전문단체나 전문가로부터 제1항제1호부터 제3호까지의 규정에 따른 상담 등을 받는 데에 사용되는 비용은 가해학생의 보호자가 부담하여야 한다. 다만, 피해학생의 신속한 치료를 위하여 학교의 장 또는 피해학생의 보호자가 원하는 경우에는 「학교안전사고 예방 및 보상에 관한 법률」 제15조에 따른 학교안전공제회 또는 시·도교육청이 부담하고 이에 대한 구상권을 행사할 수 있다. 〈개정 2012. 1. 26., 2012. 3. 21.〉

1. 삭제 〈2012. 3. 21.〉

2. 삭제 〈2012. 3. 21.〉

⑦ 학교의 장 또는 피해학생의 보호자는 필요한 경우 「학교안전사고 예방 및 보상에 관한 법률」 제34조의 공제급여를 학교안전공제회에 직접 청구할 수 있다. 〈신설 2012. 1. 26., 2012. 3. 21.〉

⑧ 피해학생의 보호 및 제6항에 따른 지원범위, 구상범위, 지급절차 등에 필요한 사항은 대통령령으로 정한다. 〈신설 2012. 3. 21.〉

제16조의2(장애학생의 보호) ① 누구든지 장애 등을 이유로 장애학생에게 학교폭력을 행사하여서는 아니 된다.

② 심의위원회는 피해학생 또는 가해학생이 장애학생인 경우 심의과정에 「장애인 등에 대한 특수교육법」 제2조제4호에 따른 특수교육교원 등 특수교육 전문가 또는 장애인 전문가를 출석하게 하거나 서면 등의 방법으로 의견을 청취할 수 있다. 〈신설 2020. 12. 22.〉

③ 심의위원회는 학교폭력으로 피해를 입은 장애학생의 보호를 위하여 장애인전문 상담가의 상담 또는 장애인전문 치료기관의 요양 조치를 학교의 장에게 요청할 수 있다. 〈개정 2019. 8. 20., 2020. 12. 22.〉

④ 제3항에 따른 요청이 있는 때에는 학교의 장은 해당 조치를 하여야 한다. 이 경우 제16조제6항을 준용한다. 〈개정 2012. 3. 21., 2020. 12. 22.〉

[본조신설 2009. 5. 8.]

제17조(가해학생에 대한 조치) ① 심의위원회는 피해학생의 보호와 가해학생의 선도·교육을 위하여 가해학생에 대하여 다음 각 호의 어느 하나에 해당하는 조치(수 개의 조치를 병과하는 경우를 포함한다)를 할 것을 교육장에게 요청하여야 하며, 각 조치별 적용 기준은 대통령령으로 정한다. 다만, 퇴학처분은 의무교육과정에 있는 가해학생에 대하여는 적용하지 아니한다. 〈개정 2009. 5. 8., 2012. 1. 26., 2012. 3. 21., 2019. 8. 20.〉

1. 피해학생에 대한 서면사과
2. 피해학생 및 신고·고발 학생에 대한 접촉, 협박 및 보복행위의 금지
3. 학교에서의 봉사
4. 사회봉사
5. 학내외 전문가에 의한 특별 교육이수 또는 심리치료
6. 출석정지
7. 학급교체
8. 전학
9. 퇴학처분

② 제1항에 따라 심의위원회가 교육장에게 가해학생에 대한 조치를 요청할 때 그 이유가 피해학생이나 신고·고발 학생에 대한 협박 또는 보복 행위일 경우에는 같은 항 각 호의 조치를 병과하거나 조치 내용을 가중할 수 있다. 〈신설 2012. 3. 21., 2019. 8. 20.〉

③ 제1항제2호부터 제4호까지 및 제6호부터 제8호까지의 처분을 받은 가해학생은 교육감이 정한 기관에서 특별교육을 이수하거나 심리치료를 받아야 하며, 그 기간은 심의위원회에서 정한다. 〈개정 2012. 1. 26., 2012. 3. 21., 2019. 8. 20.〉

④ 학교의 장은 가해학생에 대한 선도가 긴급하다고 인정할 경우 우선 제1항제1호부터 제3호까지, 제5호 및 제6호의 조치를 할 수 있으며, 제5호와 제6호는 병과조치할 수 있다. 이 경우 심의위원회에 즉시 보고하여 추인을 받아야 한다. 〈개정 2012. 1. 26., 2012. 3. 21., 2019. 8. 20.〉

⑤ 심의위원회는 제1항 또는 제2항에 따른 조치를 요청하기 전에 가해학생 및 보호자에게 의견진술

의 기회를 부여하는 등 적정한 절차를 거쳐야 한다. 〈개정 2012. 3. 21., 2019. 8. 20.〉

⑥ 제1항에 따른 요청이 있는 때에는 교육장은 14일 이내에 해당 조치를 하여야 한다. 〈개정 2012. 1. 26., 2012. 3. 21., 2019. 8. 20.〉

⑦ 학교의 장이 제4항에 따른 조치를 한 때에는 가해학생과 그 보호자에게 이를 통지하여야 하며, 가해학생이 이를 거부하거나 회피하는 때에는 학교의 장은 「초·중등교육법」 제18조에 따라 징계하여야 한다. 〈개정 2012. 3. 21., 2019. 8. 20.〉

⑧ 가해학생이 제1항제3호부터 제5호까지의 규정에 따른 조치를 받은 경우 이와 관련된 결석은 학교의 장이 인정하는 때에는 이를 출석일수에 산입할 수 있다. 〈개정 2012. 1. 26., 2012. 3. 21.〉

⑨ 심의위원회는 가해학생이 특별교육을 이수할 경우 해당 학생의 보호자도 함께 교육을 받게 하여야 한다. 〈개정 2012. 3. 21., 2019. 8. 20.〉

⑩ 가해학생이 다른 학교로 전학을 간 이후에는 전학 전의 피해학생 소속 학교로 다시 전학올 수 없도록 하여야 한다. 〈신설 2012. 1. 26., 2012. 3. 21.〉

⑪ 제1항제2호부터 제9호까지의 처분을 받은 학생이 해당 조치를 거부하거나 기피하는 경우 심의위원회는 제7항에도 불구하고 대통령령으로 정하는 바에 따라 추가로 다른 조치를 할 것을 교육장에게 요청할 수 있다. 〈신설 2012. 3. 21., 2019. 8. 20.〉

⑫ 가해학생에 대한 조치 및 제11조제6항에 따른 재입학 등에 관하여 필요한 사항은 대통령령으로 정한다. 〈신설 2012. 3. 21.〉

제17조의2(행정심판) ① 교육장이 제16조제1항 및 제17조제1항에 따라 내린 조치에 대하여 이의가 있는 피해학생 또는 그 보호자는 「행정심판법」에 따른 행정심판을 청구할 수 있다. 〈신설 2012. 3. 21., 2017. 11. 28., 2019. 8. 20.〉

② 교육장이 제17조제1항에 따라 내린 조치에 대하여 이의가 있는 가해학생 또는 그 보호자는 「행정심판법」에 따른 행정심판을 청구할 수 있다. 〈개정 2012. 3. 21., 2017. 11. 28., 2019. 8. 20.〉

③ 제1항 및 제2항에 따른 행정심판청구에 필요한 사항은 「행정심판법」을 준용한다. 〈개정 2019. 8. 20.〉

④ 삭제 〈2019. 8. 20.〉

⑤ 삭제 〈2019. 8. 20.〉

⑥ 삭제 〈2019. 8. 20.〉

[본조신설 2012. 1. 26.]

[제목개정 2019. 8. 20.]

제18조(분쟁조정) ① 심의위원회는 학교폭력과 관련하여 분쟁이 있는 경우에는 그 분쟁을 조정할 수 있다. 〈개정 2019. 8. 20.〉

② 제1항에 따른 분쟁의 조정기간은 1개월을 넘지 못한다.

③ 학교폭력과 관련한 분쟁조정에는 다음 각 호의 사항을 포함한다. 〈개정 2019. 8. 20.〉

1. 피해학생과 가해학생간 또는 그 보호자 간의 손해배상에 관련된 합의조정
2. 그 밖에 심의위원회가 필요하다고 인정하는 사항

④ 심의위원회는 분쟁조정을 위하여 필요하다고 인정하는 때에는 관계 기관의 협조를 얻어 학교폭력과 관련한 사항을 조사할 수 있다. 〈개정 2019. 8. 20.〉

⑤ 심의위원회가 분쟁조정을 하고자 할 때에는 이를 피해학생·가해학생 및 그 보호자에게 통보하여야 한다. 〈개정 2019. 8. 20.〉

⑥ 시·도교육청 관할 구역 안의 소속 교육지원청이 다른 학생 간에 분쟁이 있는 경우에는 교육감

이 직접 분쟁을 조정한다. 이 경우 제2항부터 제5항까지의 규정을 준용한다. 〈개정 2019. 8. 20.〉

⑦ 관할 구역을 달리하는 시·도교육청 소속 학교의 학생 간에 분쟁이 있는 경우에는 피해학생을 감독하는 교육감이 가해학생을 감독하는 교육감과의 협의를 거쳐 직접 분쟁을 조정한다. 이 경우 제2항부터 제5항까지의 규정을 준용한다. 〈개정 2019. 8. 20.〉

제19조(학교의 장의 의무) ① 학교의 장은 제16조, 제16조의2, 제17조에 따른 조치의 이행에 협조하여야 한다.

② 학교의 장은 학교폭력을 축소 또는 은폐해서는 아니 된다.

③ 학교의 장은 교육감에게 학교폭력이 발생한 사실과 제13조의2에 따라 학교의 장의 자체해결로 처리된 사건, 제16조, 제16조의2, 제17조 및 제18조에 따른 조치 및 그 결과를 보고하고, 관계 기관과 협력하여 교내 학교폭력 단체의 결성예방 및 해체에 노력하여야 한다.

[전문개정 2019. 8. 20.]

제20조(학교폭력의 신고의무) ① 학교폭력 현장을 보거나 그 사실을 알게 된 자는 학교 등 관계 기관에 이를 즉시 신고하여야 한다.

② 제1항에 따라 신고를 받은 기관은 이를 가해학생 및 피해학생의 보호자와 소속 학교의 장에게 통보하여야 한다. 〈개정 2009. 5. 8.〉

③ 제2항에 따라 통보받은 소속 학교의 장은 이를 심의위원회에 지체 없이 통보하여야 한다. 〈신설 2009. 5. 8., 2019. 8. 20.〉

④ 누구라도 학교폭력의 예비·음모 등을 알게 된 자는 이를 학교의 장 또는 심의위원회에 고발할 수 있다. 다만, 교원이 이를 알게 되었을 경우에는 학교의 장에게 보고하고 해당 학부모에게 알려야 한다. 〈개정 2009. 5. 8., 2012. 1. 26., 2019. 8. 20.〉

⑤ 누구든지 제1항부터 제4항까지에 따라 학교폭력을 신고한 사람에게 그 신고행위를 이유로 불이익을 주어서는 아니 된다. 〈신설 2012. 3. 21.〉

제20조의2(긴급전화의 설치 등) ① 국가 및 지방자치단체는 학교폭력을 수시로 신고받고 이에 대한 상담에 응할 수 있도록 긴급전화를 설치하여야 한다.

② 국가와 지방자치단체는 제1항에 따른 긴급전화의 설치·운영을 대통령령으로 정하는 기관 또는 단체에 위탁할 수 있다. 〈신설 2012. 1. 26.〉

③ 제1항과 제2항에 따른 긴급전화의 설치·운영·위탁에 필요한 사항은 대통령령으로 정한다. 〈개정 2012. 1. 26.〉

[본조신설 2009. 5. 8.]

제20조의3(정보통신망에 의한 학교폭력 등) 제2조제1호에 따른 정보통신망을 이용한 음란·폭력 정보 등에 의한 신체상·정신상 피해에 관하여 필요한 사항은 따로 법률로 정한다.

[본조신설 2012. 3. 21.]

제20조의4(정보통신망의 이용 등) ① 국가·지방자치단체 또는 교육감은 학교폭력 예방 업무 등을 효과적으로 수행하기 위하여 필요한 경우 정보통신망을 이용할 수 있다.

② 국가·지방자치단체 또는 교육감은 제1항에 따라 정보통신망을 이용하여 학교 또는 학생(학부모를 포함한다)이 학교폭력 예방 업무 등을 수행하는 경우 다음 각 호의 어느 하나에 해당하는 비용의 전부 또는 일부를 지원할 수 있다.

1. 학교 또는 학생(학부모를 포함한다)이 전기통신설비를 구입하거나 이용하는 데 소요되는 비용
2. 학교 또는 학생(학부모를 포함한다)에게 부과되는 전기통신역무 요금

③ 그 밖에 정보통신망의 이용 등에 관하여 필요한 사항은 대통령령으로 정한다.

[본조신설 2012. 3. 21.]

제20조의5(학생보호인력의 배치 등) ① 국가·지방자치단체 또는 학교의 장은 학교폭력을 예방하기 위하여 학교 내에 학생보호인력을 배치하여 활용할 수 있다.

② 다음 각 호의 어느 하나에 해당하는 사람은 학생보호인력이 될 수 없다. 〈신설 2013. 7. 30.〉

1. 「국가공무원법」 제33조 각 호의 어느 하나에 해당하는 사람
2. 「아동·청소년의 성보호에 관한 법률」에 따른 아동·청소년대상 성범죄 또는 「성폭력범죄의 처벌 등에 관한 특례법」에 따른 성폭력범죄를 범하여 벌금형을 선고받고 그 형이 확정된 날부터 10년이 지나지 아니하였거나, 금고 이상의 형이나 치료감호를 선고받고 그 집행이 끝나거나 집행이 유예·면제된 날부터 10년이 지나지 아니한 사람
3. 「청소년 보호법」 제2조제5호가목3) 및 같은 목 7)부터 9)까지의 청소년 출입·고용금지업소의 업주나 종사자

③ 국가·지방자치단체 또는 학교의 장은 제1항에 따른 학생보호인력의 배치 및 활용 업무를 관련 전문기관 또는 단체에 위탁할 수 있다. 〈개정 2013. 7. 30.〉

④ 제3항에 따라 학생보호인력의 배치 및 활용 업무를 위탁받은 전문기관 또는 단체는 그 업무를 수행함에 있어 학교의 장과 충분히 협의하여야 한다. 〈개정 2013. 7. 30.〉

⑤ 국가·지방자치단체 또는 학교의 장은 학생보호인력으로 배치하고자 하는 사람의 동의를 받아 경찰청장에게 그 사람의 범죄경력을 조회할 수 있다. 〈신설 2013. 7. 30.〉

⑥ 제3항에 따라 학생보호인력의 배치 및 활용 업무를 위탁받은 전문기관 또는 단체는 해당 업무를 위탁한 국가·지방자치단체 또는 학교의 장에게 학생보호인력으로 배치하고자 하는 사람의 범죄경력을 조회할 것을 신청할 수 있다. 〈신설 2013. 7. 30.〉

⑦ 학생보호인력이 되려는 사람은 국가·지방자치단체 또는 학교의 장에게 제2항 각 호의 어느 하나에 해당하지 아니한다는 확인서를 제출하여야 한다. 〈신설 2013. 7. 30.〉

[본조신설 2012. 3. 21.]

제20조의6(학교전담경찰관) ① 국가는 학교폭력 예방 및 근절을 위하여 학교폭력 업무 등을 전담하는 경찰관을 둘 수 있다.

② 제1항에 따른 학교전담경찰관의 운영에 필요한 사항은 대통령령으로 정한다.

[본조신설 2017. 11. 28.]

[종전 제20조의6은 제20조의7로 이동 〈2017. 11. 28.〉]

제20조의7(영상정보처리기기의 통합 관제) ① 국가 및 지방자치단체는 학교폭력 예방 업무를 효과적으로 수행하기 위하여 교육감과 협의하여 학교 내외에 설치된 영상정보처리기기(「개인정보 보호법」 제2조제7호에 따른 영상정보처리기기를 말한다. 이하 이 조에서 같다)를 통합하여 관제할 수 있다. 이 경우 국가 및 지방자치단체는 통합 관제 목적에 필요한 범위에서 최소한의 개인정보만을 처리하여야 하며, 그 목적 외의 용도로 활용하여서는 아니 된다.

② 제1항에 따라 영상정보처리기기를 통합 관제하려는 국가 및 지방자치단체는 공청회·설명회의 개최 등 대통령령으로 정하는 절차를 거쳐 관계 전문가 및 이해관계인의 의견을 수렴하여야 한다.

③ 제1항에 따라 학교 내외에 설치된 영상정보처리기기가 통합 관제되는 경우 해당 학교의 영상정보처리기기운영자는 「개인정보 보호법」 제25조제4항에 따른 조치를 통하여 그 사실을 정보주체에게 알려야 한다.

④ 통합 관제에 관하여 이 법에서 규정한 것을 제외하고는 「개인정보 보호법」을 적용한다.

⑤ 그 밖에 영상정보처리기기의 통합 관제에 필요한 사항은 대통령령으로 정한다.

[본조신설 2012. 3. 21.]

[제20조의6에서 이동 〈2017. 11. 28.〉]

제21조(비밀누설금지 등) ① 이 법에 따라 학교폭력의 예방 및 대책과 관련된 업무를 수행하거나 수행하였던 자는 그 직무로 인하여 알게 된 비밀 또는 가해학생·피해학생 및 제20조에 따른 신고자·고발자와 관련된 자료를 누설하여서는 아니 된다. 〈개정 2012. 1. 26.〉

② 제1항에 따른 비밀의 구체적인 범위는 대통령령으로 정한다.

③ 제16조, 제16조의2, 제17조, 제17조의2, 제18조에 따른 심의위원회의 회의는 공개하지 아니한다. 다만, 피해학생·가해학생 또는 그 보호자가 회의록의 열람·복사 등 회의록 공개를 신청한 때에는 학생과 그 가족의 성명, 주민등록번호 및 주소, 위원의 성명 등 개인정보에 관한 사항을 제외하고 공개하여야 한다. 〈개정 2011. 5. 19., 2012. 3. 21., 2019. 8. 20.〉

제21조의2(「지방교육자치에 관한 법률」에 관한 특례) 교육장은 「지방교육자치에 관한 법률」 제35조에도 불구하고 이 법에 따른 고등학교에서의 학교폭력 피해학생 보호, 가해학생 선도·교육 및 피해학생과 가해학생 간의 분쟁조정 등에 관한 사무를 위임받아 수행할 수 있다.

[본조신설 2019. 8. 20.]

제22조(벌칙) 제21조제1항을 위반한 자는 1년 이하의 징역 또는 1천만원 이하의 벌금에 처한다.

[전문개정 2017. 11. 28.]

제23조(과태료) ① 제17조제9항에 따른 심의위원회의 교육 이수 조치를 따르지 아니한 보호자에게는 300만원 이하의 과태료를 부과한다. 〈개정 2019. 8. 20.〉

② 제1항에 따른 과태료는 대통령령으로 정하는 바에 따라 교육감이 부과·징수한다.

[본조신설 2017. 11. 28.]

부칙 〈제17689호, 2020. 12. 22.〉

제1조(시행일) 이 법은 2021년 1월 1일부터 시행한다.

제2조부터 제6조까지 생략

제7조(다른 법률의 개정) ①부터 ㊿까지 생략

〈51〉 학교폭력 예방 및 대책에 관한 법률 일부를 다음과 같이 개정한다.

제10조제2항 중 "교육감 및 지방경찰청장"을 "교육감 및 시·도경찰청장"으로 한다.

제11조의3제1항 및 제2항 중 "지방경찰청장, 관할 경찰서장"을 각각 "시·도경찰청장, 관할 경찰서장"으로 한다.

〈52〉 및 〈53〉 생략

제8조 생략

학교폭력 예방 및 대책에 관한 법률 시행령 (약칭: 학교폭력예방법 시행령)

[시행 2021. 1. 1] [대통령령 제31349호, 2020. 12. 31, 타법개정]

교육부(학교생활문화과) 044-203-6975

제1조(목적) 이 영은 「학교폭력 예방 및 대책에 관한 법률」에서 위임된 사항과 그 시행에 필요한 사항을 규정함을 목적으로 한다.

제2조(성과 평가 및 공표) 「학교폭력 예방 및 대책에 관한 법률」(이하 "법"이라 한다) 제6조제3항에 따른 학교폭력 예방 및 대책에 대한 성과는 「초·중등교육법」 제9조제2항에 따른 지방교육행정기관에 대한 평가에 포함하여 평가하고, 이를 공표하여야 한다.

제3조(학교폭력대책위원회의 운영) ① 법 제7조에 따른 학교폭력대책위원회(이하 "대책위원회"라 한다)의 위원장은 회의를 소집하고, 그 의장이 된다.

② 대책위원회의 회의는 반기별로 1회 소집한다. 다만, 재적위원 3분의 1 이상이 요구하거나 위원장이 필요하다고 인정하는 경우에는 수시로 소집할 수 있다.

③ 대책위원회의 위원장이 회의를 소집할 때에는 회의 개최 5일 전까지 회의 일시·장소 및 안건을 각 위원에게 알려야 한다. 다만, 긴급히 소집하여야 할 때에는 그러하지 아니하다.

④ 대책위원회의 회의는 재적위원 과반수의 출석으로 개의(開議)하고, 출석위원 과반수의 찬성으로 의결한다.

⑤ 대책위원회의 위원장은 필요하다고 인정할 때에는 학교폭력 예방 및 대책과 관련하여 전문가 등을 회의에 출석하여 발언하게 할 수 있다.

⑥ 회의에 출석한 위원과 전문가 등에게는 예산의 범위에서 수당과 여비를 지급할 수 있다. 다만, 공무원인 위원이 그 소관 업무와 직접적으로 관련하여 회의에 출석하는 경우에는 그러하지 아니하다.

제3조의2(대책위원회 위원의 해촉) 대통령은 법 제8조제3항제2호부터 제8호까지의 규정에 따른 대책위원회의 위원이 다음 각 호의 어느 하나에 해당하는 경우에는 해당 위원을 해촉(解囑)할 수 있다.

1. 심신장애로 인하여 직무를 수행할 수 없게 된 경우
2. 직무와 관련된 비위사실이 있는 경우
3. 직무태만, 품위손상이나 그 밖의 사유로 인하여 위원으로 적합하지 아니하다고 인정되는 경우
4. 위원 스스로 직무를 수행하는 것이 곤란하다고 의사를 밝히는 경우

[본조신설 2016. 5. 10.]

제4조(학교폭력대책실무위원회의 구성·운영) ① 법 제8조제6항에 따른 학교폭력대책실무위원회(이하 "실무위원회"라 한다)는 위원장(이하 "실무위원장"이라 한다) 1명을 포함한 12명 이내의 위원으로 구성한다. 〈개정 2013. 3. 23.〉

② 실무위원장은 교육부차관이 되고, 위원은 기획재정부, 교육부, 과학기술정보통신부, 법무부, 행정안전부, 문화체육관광부, 보건복지부, 여성가족부, 국무조정실 및 방송통신위원회의 고위공무원단에 속하는 공무원과 경찰청의 치안감 또는 경무관 중에서 소속 기관의 장이 지명하는 사람 각 1명이 된다. 〈개정 2013. 3. 23., 2014. 11. 19., 2017. 7. 26.〉

③ 제2항에 따라 실무위원회의 위원을 지명한 자는 해당 위원이 제3조의2 각 호의 어느 하나에 해

당하는 경우에는 그 지명을 철회할 수 있다. 〈신설 2016. 5. 10.〉

④ 실무위원회의 사무를 처리하기 위하여 간사 1명을 두며, 간사는 교육부 소속 공무원 중에서 실무위원장이 지명하는 사람으로 한다. 〈개정 2013. 3. 23., 2016. 5. 10.〉

⑤ 실무위원장이 부득이한 사유로 직무를 수행할 수 없을 때에는 실무위원장이 미리 지명하는 위원이 그 직무를 대행한다. 〈개정 2016. 5. 10.〉

⑥ 회의는 대책위원회 개최 전 또는 실무위원장이 필요하다고 인정할 때 소집한다. 〈개정 2016. 5. 10.〉

⑦ 실무위원회는 대책위원회의 회의에 부칠 안건 검토와 심의 지원 및 그 밖의 업무수행을 위하여 필요한 경우에는 이해관계인 또는 관련 전문가를 출석하게 하여 의견을 듣거나 의견 제출을 요청할 수 있다. 〈개정 2016. 5. 10.〉

⑧ 실무위원장은 회의를 소집할 때에는 회의 개최 7일 전까지 회의 일시·장소 및 안건을 각 위원에게 알려야 한다. 다만, 긴급히 소집하여야 할 때에는 그러하지 아니하다. 〈개정 2016. 5. 10.〉

제5조(학교폭력대책지역위원회의 구성·운영) ① 법 제9조제1항에 따른 학교폭력대책지역위원회(이하 "지역위원회"라 한다)의 위원장은특별시·광역시·특별자치시·도·특별자치도(이하 "시·도"라 한다)의 부단체장(특별시의 경우에는 행정(1)부시장, 광역시 및 도의 경우에는 행정부시장 및 행정부지사를 말한다)으로 한다.

② 지역위원회의 위원장은 회의를 소집하고, 그 의장이 된다.

③ 지역위원회의 위원장이 부득이한 사유로 직무를 수행할 수 없을 때에는 지역위원회 위원장이 미리 지명하는 위원이 그 직무를 대행한다.

④ 지역위원회의 위원은 학식과 경험이 풍부하고 청소년보호에 투철한 사명감이 있는 사람으로서 다음 각 호의 어느 하나에 해당하는 사람 중에서 특별시장·광역시장·특별자치시장·도지사·특별자치도지사(이하 "시·도지사"라 한다)가 교육감과 협의하여 임명하거나 위촉한다. 〈개정 2020. 2. 25., 2020. 12. 31.〉

1. 해당 시·도의 청소년보호 업무 담당 국장 및 시·도교육청 생활지도 담당 국장
2. 해당 시·도의회 의원 또는 교육위원회 위원
3. 해당 시·도경찰청 소속 경찰공무원
4. 학생생활지도 경력이 5년 이상인 교원
5. 판사·검사·변호사
6. 「고등교육법」 제2조에 따른 학교의 조교수 이상 또는 청소년 관련 연구기관에서 이에 상당하는 직위에 재직하고 있거나 재직하였던 사람으로서 학교폭력 문제에 대한 전문지식이 있는 사람
7. 청소년 선도 및 보호 단체에서 청소년보호활동을 5년 이상 전문적으로 담당한 사람
8. 「초·중등교육법」 제31조제1항에 따른 학교운영위원회(이하 "학교운영위원회"라 한다)의 위원 또는 법 제12조제1항에 따른 학교폭력대책심의위원회(이하 "심의위원회"라 한다) 위원으로 활동하고 있거나 활동한 경험이 있는 학부모
9. 그 밖에 학교폭력 예방 및 청소년 보호에 대한 지식과 경험이 있는 사람

⑤ 지역위원회 위원의 임기는 2년으로 한다. 다만, 지역위원회 위원의 사임 등으로 새로 위촉되는 위원의 임기는 전임위원 임기의 남은 기간으로 한다.

⑥ 시·도지사는 제4항제2호부터 제9호까지의 규정에 따른 지역위원회의 위원이 제3조의2 각 호의 어느 하나에 해당하는 경우에는 해당 위원을 해임하거나 해촉할 수 있다. 〈신설 2016. 5. 10.〉

⑦ 지역위원회의 사무를 처리하기 위하여 간사 1명을 두며, 지역위원회의 위원장과 교육감이 시·도

또는 시·도교육청 소속 공무원 중에서 협의하여 정하는 사람으로 한다. 〈개정 2016. 5. 10.〉

⑧ 지역위원회 회의의 운영에 관하여는 제3조제2항부터 제6항까지의 규정을 준용한다. 이 경우 "대책 위원회"는 "지역위원회"로 본다. 〈개정 2016. 5. 10.〉

제6조(학교폭력대책지역실무위원회의 구성·운영) 법 제9조제2항에 따른 실무위원회는 7명 이내의 학교폭력 예방 및 대책에 관한 실무자 및 민간 전문가로 구성한다.

제7조(학교폭력대책지역협의회의 구성·운영) ① 법 제10조의2에 따른 학교폭력대책지역협의회(이하 "지역협의회"라 한다)의 위원장은 시·군·구의 부단체장이 된다.

② 지역협의회의 위원장은 회의를 소집하고, 그 의장이 된다.

③ 지역협의회의 위원장이 부득이한 사유로 직무를 수행할 수 없을 때에는 위원장이 미리 지정하는 위원이 그 직무를 대행한다.

④ 지역협의회의 위원은 학식과 경험이 풍부하고 청소년보호에 투철한 사명감이 있는 사람으로서 다음 각 호의 어느 하나에 해당하는 사람 중에서 시장·군수·구청장이 해당 교육지원청의 교육장과 협의하여 임명하거나 위촉한다. 〈개정 2014. 6. 11., 2020. 2. 25.〉

1. 해당 시·군·구의 청소년보호 업무 담당 국장(국장이 없는 시·군·구는 과장을 말한다) 및 교육지원청의 생활지도 담당 국장(국장이 없는 교육지원청은 과장을 말한다)
2. 해당 시·군·구의회 의원
3. 해당 시·군·구를 관할하는 경찰서 소속 경찰공무원
4. 학생생활지도 경력이 5년 이상인 교원
5. 판사·검사·변호사
6. 「고등교육법」 제2조에 따른 학교의 조교수 이상 또는 청소년 관련 연구기관에서 이에 상당하는 직위에 재직하고 있거나 재직하였던 사람으로서 학교폭력 문제에 대하여 전문지식이 있는 사람
7. 청소년 선도 및 보호 단체에서 청소년보호활동을 5년 이상 전문적으로 담당한 사람
8. 학교운영위원회 위원 또는 심의위원회 위원으로 활동하거나 활동한 경험이 있는 학부모
9. 그 밖에 학교폭력 예방 및 청소년보호에 대한 지식과 경험을 가진 사람

⑤ 지역협의회 위원의 임기는 2년으로 한다. 다만, 지역위원회 위원의 사임 등으로 새로 위촉되는 위원의 임기는 전임위원 임기의 남은 기간으로 한다.

⑥ 시장·군수·구청장은 제4항제2호부터 제9호까지의 규정에 따른 지역협의회의 위원이 제3조의2 각 호의 어느 하나에 해당하는 경우에는 해당 위원을 해임하거나 해촉할 수 있다. 〈신설 2016. 5. 10.〉

⑦ 지역협의회에는 사무를 처리하기 위해 간사 1명을 두며, 간사는 지역협의회의 위원장과 교육장이 시·군·구 또는 교육지원청 소속 공무원 중에서 협의하여 정하는 사람으로 한다. 〈개정 2014. 6. 11., 2016. 5. 10.〉

제8조(전담부서의 구성 등) 법 제11조제1항에 따라 다음 각 호의 업무를 수행하기 위하여 시·도교육청 및 교육지원청에 과·담당관 또는 팀을 둔다. 〈개정 2014. 6. 11., 2020. 2. 25.〉

1. 학교폭력 예방과 근절을 위한 대책의 수립과 추진에 관한 사항
2. 학교폭력 피해학생의 치료 및 가해학생에 대한 조치에 관한 사항
3. 학교폭력 피해학생과 가해학생 간의 관계 회복을 위하여 필요한 조치에 관한 사항
4. 그 밖에 학교폭력의 예방 및 대책과 관련하여 교육감이 정하는 사항

제9조(실태조사) ① 법 제11조제8항에 따라 교육감이 실시하는 학교폭력 실태조사는 교육부장관과 협의하여 다른 교육감과 공동으로 실시할 수 있다. 〈개정 2013. 3. 23.〉

② 교육감은 학교폭력 실태조사를 교육 관련 연구·조사기관에 위탁할 수 있다.

제10조(전문기관의 설치 등) ① 교육감은 법 제11조제9항에 따라 시·도교육청 또는 교육지원청에 다음 각 호의 업무를 수행하는 전문기관을 설치·운영할 수 있다. 〈개정 2014. 6. 11.〉

1. 법 제11조의2제1항에 따른 조사·상담 등의 업무
2. 학교폭력 피해학생·가해학생에 대한 치유프로그램 운영 업무

② 교육감은 제1항제2호에 따른 치유프로그램 운영 업무를 다음 각 호의 어느 하나에 해당하는 기관·단체·시설에 위탁하여 수행하게 할 수 있다. 〈개정 2012. 7. 31., 2012. 9. 14.〉

1. 「청소년복지 지원법」 제31조제1호에 따른 청소년쉼터, 「청소년 보호법」 제35조제1항에 따른 청소년 보호·재활센터 등 청소년을 보호하기 위하여 국가·지방자치단체가 운영하는 시설
2. 「청소년활동진흥법」 제10조에 따른 청소년활동시설
3. 학교폭력의 예방과 피해학생 및 가해학생의 치료·교육을 수행하는 청소년 관련 단체
4. 청소년 정신치료 전문인력이 배치된 병원
5. 학교폭력 피해학생·가해학생 및 학부모를 위한 프로그램을 운영 하는 종교기관 등의 기관
6. 그 밖에 교육감이 치유프로그램의 운영에 적합하다고 인정하는 기관

③ 제1항에 따른 전문기관의 설치·운영에 관한 세부사항은 교육감이 정한다.

제11조(학교폭력 조사·상담 업무의 위탁 등) 교육감은 법 제11조의2제2항에 따라 학교폭력 예방에 관한 사업을 3년 이상 수행한 기관 또는 단체 중에서 학교폭력의 예방 및 사후조치 등을 수행하는 데 적합하다고 인정하는 기관 또는 단체에 법 제11조의2제1항의 업무를 위탁할 수 있다.

제12조(관계 기관과의 협조 사항 등) 법 제11조의3에 따라 학교폭력과 관련한 개인정보 등을 협조를 요청할 때에는 문서로 하여야 한다.

제13조(심의위원회의 설치 및 심의사항) ① 법 제12조제1항 단서에서 "대통령령으로 정하는 사유가 있는 경우"란 학교폭력 피해학생과 가해학생이 각각 다른 교육지원청(교육지원청이 없는 경우 법 제12조제1항에 따라 조례로 정하는 기관으로 한다. 이하 같다) 관할 구역 내의 학교에 재학 중인 경우를 말한다. 〈개정 2020. 2. 25.〉

② 법 제12조제2항제5호에서 "대통령령으로 정하는 사항"이란 학교폭력의 예방 및 대책과 관련하여 학교의 장이 건의하는 사항을 말한다. 〈개정 2020. 2. 25.〉

[제목개정 2020. 2. 25.]

제14조(심의위원회의 구성·운영) ① 심의위원회의 위원은 다음 각 호의 어느 하나에 해당하는 사람 중에서 해당 교육장(교육장이 없는 경우 법 제12조제1항에 따라 조례로 정하는 기관의 장으로 한다. 이하 이 조, 제14조의2제5항, 제20조제1항 전단 및 제22조에서 같다)이 임명하거나 위촉한다. 〈개정 2020. 2. 25.〉

1. 해당 교육지원청의 생활지도 업무 담당 국장 또는 과장(법 제12조제1항에 따라 조례로 정하는 기관의 경우 해당 기관 소속의 공무원 또는 직원으로 한다)

1의2. 해당 교육지원청의 관할 구역을 관할하는 시·군·구의 청소년보호 업무 담당 국장 또는 과장

2. 교원으로 재직하고 있거나 재직했던 사람으로서 학교폭력 업무 또는 학생생활지도 업무 담당 경력이 2년 이상인 사람

2의2. 「교육공무원법」 제2조제2항에 따른 교육전문직원으로 재직하고 있거나 재직했던 사람

3. 법 제13조제1항에 따른 학부모
4. 판사·검사·변호사
5. 해당 교육지원청의 관할 구역을 관할하는 경찰서 소속 경찰공무원

6. 의사 자격이 있는 사람

6의2. 「고등교육법」 제2조에 따른 학교의 조교수 이상 또는 청소년 관련 연구기관에서 이에 상당하는 직위에 재직하고 있거나 재직했던 사람으로서 학교폭력 문제에 대하여 전문지식이 있는 사람

6의3. 청소년 선도 및 보호 단체에서 청소년보호활동을 2년 이상 전문적으로 담당한 사람

7. 그 밖에 학교폭력 예방 및 청소년보호에 대한 지식과 경험이 풍부한 사람

② 심의위원회의 위원장은 위원 중에서 교육장이 임명하거나 위촉하는 사람이 되며, 위원장이 부득이한 사유로 직무를 수행할 수 없을 때에는 위원장이 미리 지정하는 위원이 그 직무를 대행한다. 〈개정 2020. 2. 25.〉

③ 심의위원회의 위원의 임기는 2년으로 한다. 다만, 심의위원회 위원의 사임 등으로 새로 위촉되는 위원의 임기는 전임위원 임기의 남은 기간으로 한다. 〈개정 2020. 2. 25.〉

④ 교육장은 제1항제2호, 제2호의2, 제3호부터 제6호까지, 제6호의2, 제6호의3 및 제7호에 따른 심의위원회의 위원이 제3조의2 각 호의 어느 하나에 해당하는 경우에는 해당 위원을 해임하거나 해촉할 수 있다. 〈신설 2016. 5. 10., 2020. 2. 25.〉

⑤ 심의위원회의 회의는 재적위원 과반수의 출석으로 개의하고, 출석위원 과반수의 찬성으로 의결한다. 〈개정 2016. 5. 10., 2020. 2. 25.〉

⑥ 심의위원회의 위원장은 해당 교육지원청 소속 공무원(법 제12조제1항에 따라 조례로 정하는 기관의 경우 직원을 포함한다) 중에서 심의위원회의 사무를 처리할 간사 1명을 지명한다. 〈개정 2016. 5. 10., 2020. 2. 25.〉

⑦ 심의위원회의 회의에 출석한 위원에게는 예산의 범위에서 수당과 여비를 지급할 수 있다. 다만, 공무원인 위원이 그 소관 업무와 직접적으로 관련하여 회의에 출석한 경우에는 그렇지 않다. 〈개정 2016. 5. 10., 2020. 2. 25.〉

⑧ 심의위원회는 필요하다고 인정할 때에는 학교폭력이 발생한 해당 학교 소속 교원이나 학교폭력 예방 및 대책과 관련된 분야의 전문가 등을 출석하게 하거나 서면 등의 방법으로 의견을 들을 수 있다. 〈개정 2020. 2. 25.〉

⑨ 제1항부터 제8항까지에서 규정한 사항 외에 심의위원회의 운영 등에 필요한 사항은 교육장이 정한다. 〈신설 2020. 2. 25.〉

[제목개정 2020. 2. 25.]

제14조의2(소위원회) ① 심의위원회의 업무를 효율적으로 수행하기 위하여 필요하면 심의위원회에 소위원회를 둘 수 있다.

② 제1항에 따른 소위원회(이하 "소위원회"라 한다)의 위원은 심의위원회의 위원으로 구성한다.

③ 심의위원회는 필요한 경우에는 그 심의 사항을 소위원회에 위임할 수 있으며, 이 경우 소위원회에서 심의·의결된 사항은 심의위원회에서 심의·의결된 것으로 본다.

④ 소위원회는 심의가 끝나면 그 결과를 심의위원회에 보고해야 한다.

⑤ 제1항부터 제4항까지에서 규정한 사항 외에 소위원회의 설치·운영에 필요한 사항은 교육장이 정한다.

[본조신설 2020. 2. 25.]

제14조의3(학교의 장의 자체해결) 학교의 장은 법 제13조의2제1항에 따라 학교폭력사건을 자체적으로 해결하는 경우 피해학생과 가해학생 간에 학교폭력이 다시 발생하지 않도록 노력해야 하며, 필요한 경우에는 피해학생·가해학생 및 그 보호자 간의 관계 회복을 위한 프로그램을 운영할 수 있다.

[본조신설 2020. 2. 25.]

제15조(상담실 설치) 법 제14조제1항에 따른 상담실은 다음 각 호의 시설·장비를 갖추어 상담활동이 편리한 장소에 설치하여야 한다.

1. 인터넷 이용시설, 전화 등 상담에 필요한 시설 및 장비
2. 상담을 받는 사람의 사생활 노출 방지를 위한 칸막이 및 방음시설

제16조(전담기구 운영 등) ① 법 제14조제3항에 따른 학교폭력문제를 담당하는 전담기구(이하 "전담기구"라 한다)의 구성원이 되는 학부모는 「초·중등교육법」 제31조에 따른 학교운영위원회에서 추천한 사람 중에서 학교의 장이 위촉한다. 다만, 학교운영위원회가 설치되지 않은 학교의 경우에는 학교의 장이 위촉한다.

② 전담기구는 가해 및 피해 사실 여부에 관하여 확인한 사항을 학교의 장에게 보고해야 한다.

③ 제1항 및 제2항에서 규정한 사항 외에 전담기구의 운영에 필요한 사항은 학교의 장이 정한다.

[전문개정 2020. 2. 25.]

제17조(학교폭력 예방교육) 학교의 장은 법 제15조제5항에 따라 학생과 교직원 및 학부모에 대한 학교폭력 예방교육을 다음 각 호의 기준에 따라 실시한다.

1. 학기별로 1회 이상 실시하고, 교육 횟수·시간 및 강사 등 세부적인 사항은 학교 여건에 따라 학교의 장이 정한다.
2. 학생에 대한 학교폭력 예방교육은 학급 단위로 실시함을 원칙으로 하되, 학교 여건에 따라 전체 학생을 대상으로 한 장소에서 동시에 실시할 수 있다.
3. 학생과 교직원, 학부모를 따로 교육하는 것을 원칙으로 하되, 내용에 따라 함께 교육할 수 있다.
4. 강의, 토론 및 역할연기 등 다양한 방법으로 하고, 다양한 자료나 프로그램 등을 활용하여야 한다.
5. 교직원에 대한 학교폭력 예방교육은 학교폭력 관련 법령에 대한 내용, 학교폭력 발생 시 대응요령, 학생 대상 학교폭력 예방 프로그램 운영 방법 등을 포함하여야 한다.
6. 학부모에 대한 학교폭력 예방교육은 학교폭력 징후 판별, 학교폭력 발생 시 대응요령, 가정에서의 인성교육에 관한 사항을 포함하여야 한다.

제18조(피해학생의 지원범위 등) ① 법 제16조제6항 단서에 따른 학교안전공제회 또는 시·도교육청이 부담하는 피해학생의 지원범위는 다음 각 호와 같다.

1. 교육감이 정한 전문심리상담기관에서 심리상담 및 조언을 받는 데 드는 비용
2. 교육감이 정한 기관에서 일시보호를 받는 데 드는 비용
3. 「의료법」에 따라 개설된 의료기관, 「지역보건법」에 따라 설치된 보건소·보건의료원 및 보건지소, 「농어촌 등 보건의료를 위한 특별조치법」에 따라 설치된 보건진료소, 「약사법」에 따라 등록된 약국 및 같은 법 제91조에 따라 설립된 한국희귀의약품센터에서 치료 및 치료를 위한 요양을 받거나 의약품을 공급받는데 드는 비용

② 제1항의 비용을 지원 받으려는 피해학생 및 보호자가 학교안전공제회 또는 시·도교육청에 비용을 청구하는 절차와 학교안전공제회 또는 시·도교육청이 비용을 지급하는 절차는 「학교안전사고 예방 및 보상에 관한 법률」 제41조를 준용한다.

③ 학교안전공제회 또는 시·도교육청이 법 제16조제6항에 따라 가해학생의 보호자에게 구상(求償)하는 범위는 제2항에 따라 피해학생에게 지급하는 모든 비용으로 한다.

제19조(가해학생에 대한 조치별 적용 기준) 법 제17조제1항의 조치별 적용 기준은 다음 각 호의 사항을 고려하여 결정하고, 그 세부적인 기준은 교육부장관이 정하여 고시한다. 〈개정 2013. 3. 23.〉

1. 가해학생이 행사한 학교폭력의 심각성·지속성·고의성
2. 가해학생의 반성 정도

3. 해당 조치로 인한 가해학생의 선도 가능성
4. 가해학생 및 보호자와 피해학생 및 보호자 간의 화해의 정도
5. 피해학생이 장애학생인지 여부

제20조(가해학생에 대한 전학 조치) ① 교육장은 심의위원회가 법 제17조제1항에 따라 가해학생에 대한 전학 조치를 요청하는 경우에는 그 사실을 해당 학생이 소속된 학교의 장에게 통보해야 한다. 이 경우 해당 통보를 받은 학교의 장은 교육감 또는 교육장에게 해당 학생이 전학할 학교의 배정을 지체 없이 요청해야 한다. 〈개정 2020. 2. 25.〉

② 교육감 또는 교육장은 가해학생이 전학할 학교를 배정할 때 피해학생의 보호에 충분한 거리 등을 고려하여야 하며, 관할구역 외의 학교를 배정하려는 경우에는 해당 교육감 또는 교육장에게 이를 통보하여야 한다.

③ 제2항에 따른 통보를 받은 교육감 또는 교육장은 해당 가해학생이 전학할 학교를 배정하여야 한다.

④ 교육감 또는 교육장은 제2항과 제3항에 따라 전학 조치된 가해학생과 피해학생이 상급학교에 진학할 때에는 각각 다른 학교를 배정하여야 한다. 이 경우 피해학생이 입학할 학교를 우선적으로 배정한다.

제21조(가해학생에 대한 우선 출석정지 등) ① 법 제17조제4항에 따라 학교의 장이 출석정지 조치를 할 수 있는 경우는 다음 각 호와 같다.

1. 2명 이상의 학생이 고의적·지속적으로 폭력을 행사한 경우
2. 학교폭력을 행사하여 전치 2주 이상의 상해를 입힌 경우
3. 학교폭력에 대한 신고, 진술, 자료제공 등에 대한 보복을 목적으로 폭력을 행사한 경우
4. 학교의 장이 피해학생을 가해학생으로부터 긴급하게 보호할 필요가 있다고 판단하는 경우

② 학교의 장은 제1항에 따라 출석정지 조치를 하려는 경우에는 해당 학생 또는 보호자의 의견을 들어야 한다. 다만, 학교의 장이 해당 학생 또는 보호자의 의견을 들으려 하였으나 이에 따르지 아니한 경우에는 그러하지 아니하다.

제22조(가해학생의 조치 거부·기피에 대한 추가 조치) 심의위원회는 법 제17조제1항제2호부터 제9호까지의 조치를 받은 학생이 해당 조치를 거부하거나 기피하는 경우에는 법 제17조제11항에 따라 교육장으로부터 그 사실을 통보받은 날부터 7일 이내에 추가로 다른 조치를 할 것을 교육장에게 요청할 수 있다. 〈개정 2020. 2. 25.〉

제23조(퇴학학생의 재입학 등) ① 교육감은 법 제17조제1항제9호에 따라 퇴학 처분을 받은 학생에 대하여 법 제17조제12항에 따라 해당 학생의 선도의 정도, 교육 가능성 등을 종합적으로 고려하여 「초·중등교육법」 제60조의3에 따른 대안학교로의 입학 등 해당 학생의 건전한 성장에 적합한 대책을 마련하여야 한다.

② 제1항에서 규정한 사항 외에 가해학생에 대한 조치 및 재입학 등에 필요한 세부사항은 교육감이 정한다.

제24조 삭제 〈2020. 2. 25.〉

제25조(분쟁조정의 신청) 피해학생, 가해학생 또는 그 보호자(이하 "분쟁당사자"라 한다) 중 어느 한 쪽은 법 제18조에 따라 해당 분쟁사건에 대한 조정권한이 있는 심의위원회 또는 교육감에게 다음 각 호의 사항을 적은 문서로 분쟁조정을 신청할 수 있다. 〈개정 2020. 2. 25.〉

1. 분쟁조정 신청인의 성명 및 주소
2. 보호자의 성명 및 주소

3. 분쟁조정 신청의 사유

제26조(심의위원회 위원의 제척·기피 및 회피) ① 심의위원회의 위원은 법 제16조, 제17조 및 제18조에 따라 피해학생과 가해학생에 대한 조치를 요청하는 경우와 분쟁을 조정하는 경우 다음 각 호의 어느 하나에 해당하면 해당 사건에서 제척된다. 〈개정 2020. 2. 25.〉

1. 위원이나 그 배우자 또는 그 배우자였던 사람이 해당 사건의 피해학생 또는 가해학생의 보호자인 경우 또는 보호자였던 경우
2. 위원이 해당 사건의 피해학생 또는 가해학생과 친족이거나 친족이었던 경우
3. 그 밖에 위원이 해당 사건의 피해학생 또는 가해학생과 친분이 있거나 관련이 있다고 인정하는 경우

② 학교폭력과 관련하여 심의위원회를 개최하는 경우 또는 분쟁이 발생한 경우 심의위원회의 위원에게 공정한 심의를 기대하기 어려운 사정이 있다고 인정할 만한 상당한 사유가 있을 때에는 분쟁당사자는 심의위원회에 그 사실을 서면으로 소명하고 기피신청을 할 수 있다. 〈개정 2020. 2. 25.〉

③ 심의위원회는 제2항에 따른 기피신청을 받으면 의결로써 해당 위원의 기피 여부를 결정해야 한다. 이 경우 기피신청 대상이 된 위원은 그 의결에 참여하지 못한다. 〈개정 2020. 2. 25.〉

④ 심의위원회의 위원이 제1항 또는 제2항의 사유에 해당하는 경우에는 스스로 해당 사건을 회피할 수 있다. 〈개정 2020. 2. 25.〉

[제목개정 2020. 2. 25.]

제27조(분쟁조정의 개시) ① 심의위원회 또는 교육감은 제25조에 따라 분쟁조정의 신청을 받으면 그 신청을 받은 날부터 5일 이내에 분쟁조정을 시작해야 한다. 〈개정 2020. 2. 25.〉

② 심의위원회 또는 교육감은 분쟁당사자에게 분쟁조정의 일시 및 장소를 통보해야 한다. 〈개정 2020. 2. 25.〉

③ 제2항에 따라 통지를 받은 분쟁당사자 중 어느 한 쪽이 불가피한 사유로 출석할 수 없는 경우에는 심의위원회 또는 교육감에게 분쟁조정의 연기를 요청할 수 있다. 이 경우 심의위원회 또는 교육감은 분쟁조정의 기일을 다시 정해야 한다. 〈개정 2020. 2. 25.〉

④ 심의위원회 또는 교육감은 심의위원회 위원 또는 지역위원회 위원 중에서 분쟁조정 담당자를 지정하거나, 외부 전문기관에 분쟁과 관련한 사항에 대한 자문 등을 할 수 있다. 〈개정 2020. 2. 25.〉

제28조(분쟁조정의 거부·중지 및 종료) ① 심의위원회 또는 교육감은 다음 각 호의 어느 하나에 해당하는 사유가 발생한 경우에는 분쟁조정의 개시를 거부하거나 분쟁조정을 중지할 수 있다. 〈개정 2020. 2. 25.〉

1. 분쟁당사자 중 어느 한 쪽이 분쟁조정을 거부한 경우
2. 피해학생 등이 관련된 학교폭력에 대하여 가해학생을 고소·고발하거나 민사상 소송을 제기한 경우
3. 분쟁조정의 신청내용이 거짓임이 명백하거나 정당한 이유가 없다고 인정되는 경우

② 심의위원회 또는 교육감은 다음 각 호의 어느 하나에 해당하는 사유가 발생한 경우에는 분쟁조정을 끝내야 한다. 〈개정 2020. 2. 25.〉

1. 분쟁당사자 간에 합의가 이루어지거나 심의위원회 또는 교육감이 제시한 조정안을 분쟁당사자가 수락하는 등 분쟁조정이 성립한 경우
2. 분쟁조정 개시일부터 1개월이 지나도록 분쟁조정이 성립하지 아니한 경우

③ 심의위원회 또는 교육감은 제1항에 따라 분쟁조정의 개시를 거부하거나 분쟁조정을 중지한 경우 또는 제2항제2호에 따라 분쟁조정을 끝낸 경우에는 그 사유를 분쟁당사자에게 각각 통보해야 한다.

〈개정 2020. 2. 25.〉

제29조(분쟁조정의 결과 처리) ① 심의위원회 또는 교육감은 분쟁조정이 성립하면 다음 각 호의 사항을 적은 합의서를 작성하여 분쟁당사자와 피해학생 및 가해학생이 소속된 학교의 장에게 각각 통보해야 한다. 〈개정 2020. 2. 25.〉

1. 분쟁당사자의 주소와 성명
2. 조정 대상 분쟁의 내용
   가. 분쟁의 경위
   나. 조정의 쟁점(분쟁당사자의 의견을 포함한다)
3. 조정의 결과

② 제1항에 따른 합의서에는 심의위원회가 조정한 경우에는 분쟁당사자와 조정에 참가한 위원이, 교육감이 조정한 경우에는 분쟁당사자와 교육감이 각각 서명날인해야 한다. 〈개정 2020. 2. 25.〉

③ 심의위원회의 위원장은 분쟁조정의 결과를 교육감에게 보고해야 한다. 〈개정 2020. 2. 25.〉

제30조(긴급전화의 설치·운영) 법 제20조의2에 따른 긴급전화는 경찰청장과 시·도경찰청장이 운영하는 학교폭력 관련 기구에 설치한다. 〈개정 2020. 12. 31.〉

제31조(정보통신망의 이용 등) 법 제20조의4제3항에 따라 국가·지방자치단체 또는 교육감은 정보통신망을 이용한 학교폭력 예방 업무를 다음 각 호의 기관 및 단체에 위탁할 수 있다.

1. 「한국교육학술정보원법」에 따라 설립된 한국교육학술정보원
2. 공공기관의 위탁을 받아 정보통신망을 이용하여 교육사업을 수행한 실적이 있는 기업
3. 학교폭력 예방에 관한 사업을 3년 이상 수행한 기관 또는 단체

제31조의2(학교전담경찰관의 운영) ① 경찰청장은 법 제20조의6제1항에 따라 학교폭력 예방 및 근절을 위해 학교폭력 업무 등을 전담하는 경찰관(이하 "학교전담경찰관"이라 한다)을 둘 경우에는 학생상담 관련 학위나 자격증 소지 여부, 학생 지도 경력 등 학교폭력 업무 수행에 필요한 전문성을 고려해야 한다.

② 학교전담경찰관은 다음 각 호의 업무를 수행한다.

1. 학교폭력 예방활동
2. 피해학생 보호 및 가해학생 선도
3. 학교폭력 단체에 대한 정보 수집
4. 학교폭력 단체의 결성예방 및 해체
5. 그 밖에 경찰청장이 교육부장관과 협의해 학교폭력 예방 및 근절 등을 위해 필요하다고 인정하는 업무

③ 학교전담경찰관이 소속된 경찰관서의 장과 학교의 장은 학교폭력 예방 및 근절을 위해 상호 협력해야 한다.

[본조신설 2018. 12. 31.]

제32조(영상정보처리기기의 통합 관제) 법 제20조의7제1항에 따라 영상정보처리기기를 통합하여 관제하려는 국가 및 지방자치단체는 다음 각 호의 절차를 거쳐 관계 전문가와 이해관계인의 의견을 수렴하여야 한다. 〈개정 2018. 12. 31.〉

1. 「행정절차법」에 따른 행정예고의 실시 또는 의견 청취
2. 학교운영위원회의 심의

제33조(비밀의 범위) 법 제21조제1항에 따른 비밀의 범위는 다음 각 호와 같다.

1. 학교폭력 피해학생과 가해학생 개인 및 가족의 성명, 주민등록번호 및 주소 등 개인정보에 관한

사항

2. 학교폭력 피해학생과 가해학생에 대한 심의·의결과 관련된 개인별 발언 내용

3. 그 밖에 외부로 누설될 경우 분쟁당사자 간에 논란을 일으킬 우려가 있음이 명백한 사항

제33조의2(고유식별정보의 처리) ① 국가·지방자치단체 또는 학교의 장은 다음 각 호의 사무를 수행하기 위하여 불가피한 경우 「개인정보 보호법 시행령」 제19조에 따른 주민등록번호 또는 외국인등록번호가 포함된 자료를 처리할 수 있다.

1. 법 제20조의5제2항에 따른 학생보호인력의 결격사유 유무 확인에 관한 사무

2. 법 제20조의5제5항에 따른 학생보호인력의 범죄경력조회에 관한 사무

② 법 제20조의5제3항에 따라 학생보호인력의 배치 및 활용 업무를 위탁받은 전문기관 또는 단체는 다음 각 호의 사무를 수행하기 위하여 불가피한 경우 「개인정보 보호법 시행령」 제19조에 따른 주민등록번호 또는 외국인등록번호가 포함된 자료를 처리할 수 있다.

1. 법 제20조의5제2항에 따른 학생보호인력의 결격사유 유무 확인에 관한 사무

2. 법 제20조의5제6항에 따른 학생보호인력의 범죄경력조회 신청에 관한 사무

[본조신설 2017. 6. 20.]

제34조(규제의 재검토) 교육부장관은 제15조에 따른 상담실 설치기준에 대하여 2015년 1월 1일을 기준으로 2년마다(매 2년이 되는 해의 1월 1일 전까지를 말한다) 그 타당성을 검토하여 개선 등의 조치를 하여야 한다.

[본조신설 2014. 12. 9.]

제35조(과태료의 부과기준) 법 제23조제1항에 따른 과태료의 부과기준은 별표와 같다.

[본조신설 2018. 12. 31.]

부칙 〈제31349호, 2020. 12. 31.〉

제1조(시행일) 이 영은 2021년 1월 1일부터 시행한다.

제2조 및 제3조 생략

제4조(다른 법령의 개정) ①부터 ㊻까지 생략

㊼ 학교폭력 예방 및 대책에 관한 법률 시행령 일부를 다음과 같이 개정한다.

제5조제4항제3호 중 "시·도 지방경찰청"을 "해당 시·도경찰청"으로 한다.

제30조 중 "지방경찰청장"을 "시·도경찰청장"으로 한다.

㊽ 및 ㊾ 생략

| 학습과제 |

1. 학교폭력 '피해학생'에 대해 다음의 절차에 따라 보호조치 과정을 사례를 들어 설명하시오.

2. 학교폭력 '가해학생'에 대해 다음의 절차에 따라 조치 과정을 사례를 들어 설명하시오.

참고문헌

강성률(2008). 청소년을 위한 서양철학사. 서울: 평단문화사.

강영배(2018). 급식체를 통해 본 청소년의 언어문화. 청소년 문화포럼, No.53, 201-206.

강은영(2016). 사회적 자본으로서 규범 신뢰감 형성에 영향을 주는 교사의 생활지도 태도. 인하대학교 대학원 박사학위논문.

강정애(2016). 청소년의 학업스트레스, 갈등적 친구관계 및 심리적 불안감과 문제행동의 구조관계 - 성별 및 학교 급별의 다집단 분석. 위덕대학교 사회복지대학원 석사학위논문.

강진령 · 유형근(2000). 집단괴롭힘. 서울: 학지사.

강태훈 · 고현 · 곽유미 · 류영숙 · 박신희 · 송준석 · 이정원 · 조중현 (2017). 생활지도와 상담. 서울: 공감플러스.

강호관(2010). 공 · 사립 고등학교 교사들의 직무만족도와 학생생활지도와의 관계. 인천대학교 교육대학원 석사학위논문.

경상남도교육청(2012) 학교폭력담당 책임교사 연수 자료집.

고동희 · 이소현(2003). 교사의 긍정적 행동지원이 장애 학생의 수업시간 문제행동에 미치는 영향. 정서 · 행동장애연구, 19(2), 1-21.

고현(2008). 유아 문제행동 검사도구 개발. 조선대학교 대학원 박사학위논문.

고현 · 박신영 · 김종임(2017). 통합예술치료 프로그램이 ADHD아동을 둔 어머니의 효능감 및 대인관계능력에 미치는 효과. 한국예술심리치료학회 예술심리치료연구 제13권 제2호.

고현 · 박신희(2010). ADHD 아동에 대한 인지행동치료와 예술심리치료 상담사례. 한국예술심리치료학회. 제6권 제2호.

고현 · 차금안(2016).학교 밖 청소년의 개인적 특성 및 환경적 변인이 성 비행 행동에 미치는 영향. 복지상담교육연구. 3(1),

곽금주(2008). 20대 심리학. 서울: 랜덤하우스코리아.

곽형식(1999). 아동청소년학교폭력원인과 예방대책. 경산대학교학교생활연구, 4(1), 1-16.

관계부처합동(2014). 제3차 학교폭력 예방 및 대책 기본계획안.

광주지방법원 가정지원(2011). 통고제도 안내.

교육과학기술부(2012). 우리들의 행복한 교실.

교육과학기술부(2012). 학교폭력 사안 처리 가이드북.

교육부(2009). 굿바이! 학교폭력. 학교폭력 성폭력 예방 및 대처 가이드북.

교육부(2013). 2013년 2차 학교폭력 실태조사 정보공시 분석결과 발표. 교육부 2013년 11월 29일 보도자료.

교육부(2013). 학교폭력 사안처리 및 초기대응 절차.

교육부(2014). 현장중심 학교폭력 대책 14년 추진계획.

교육부(2015) 학교폭력 사안처리 가이드북 개정판.

교육부(2015). 2015 개정 교육과정 총론 해설. (사)한국장애인문화인쇄협회.

교육부(2017). 2017년 1차 학교폭력 실태조사 결과 조간보도 자료. 교육부 2017년 7월 10일 보도자료.

교육부(2018). 교권침해 현황. 서울: 교육부.

교육인적자원부(2005). 학교폭력 유형별 대처 사례집.

구은미 · 박성혜 · 이영미 · 이혜경(2016). 아동상담. 경기도: 양서원

국립특수교육원(2009). 특수교육학용어사전. 서울: 하우.

권석만(2005). 인간관계의 심리학. 서울: 학지사.

권석만(2011). 인간의 긍정적 성품: 긍정심리학적 관점. 서울: 학지사.

권석만(2013). 현대 이상심리학. 서울: 학지사.

권형자 · 정정애 · 김미란 · 정선영 · 김숙자(2017). 생활지도와 상담. 서울: 태영출판사.

권혜영 · 김춘경(2006). 독서치료가 왕따 당하는 초등학생의 집단 따돌림 피해수준과 자아개념에 미치는 효과. 놀이치료연구, 10(1), 46-57.

권호인(2009). 우울증에 영향을 미치는 인지적 취약성과 대인관계적 취약성. 고려대학교 대학원 박사학위논문.

길은배(2014). 청소년의 비속어, 은어 사용에 관한 연구. 청소년학연구, 21(2), 469-489.

길혜지(2017). 학교폭력 실태를 통해 바라본 학생의 삶. 한국교육개발원. 교육개발, 202, 71-76.

김경희(2005). 아동심리학. 서울: 박영사

김기헌 · 이경상(2006). 청소년 생활시간 활용실태 및 변화. 서울: 한국청소년개발원.

김다현 · 임성숙 · 정석환(2013). 학교폭력의 예방과 대책. 서울: 동문사.

김동배 · 권중돈(2005). 인간행동이론과 사회복지실천(증보판). 서울: 학지사

김문호(2014). 학교폭력의 최근 실태와 대응방안에 관한 연구. 한국경찰학회보, 16권 4호, 27~50.

김민정 · 도현심(2001). 부모의 양육행동, 부부갈등 및 아동의 형제자매관계와 아동의 공격성간의 관계. 한국아동학회지, 22(2). 149-166.

김병찬(2012). 학교폭력문제 해결에 있어 교원의 역할과 책임에 관한 소고, 한국교원교육연구, Vol.29, No.3, pp.19~47.

김석환(2014). 게임중독에 영향을 미치는 청소년의 가정환경요인 분석. 고려대학교 대학원 박사학위논문.

김성곤 · 황인호 · 차주환 · 장성화 · 김순자 · 윤향숙(2014). 학교폭력 예방의 이론과 실제. 서울: 동문사.

김소명 · 현명호(2004). 가정폭력이 집단괴롭힘 행동에 미치는 영향; 사회인지와 정서조절을 중심으로, 한국심리학회지: 임상, 23(1), 17-31.

김영곤(2015). 현장중심 학교폭력 예방의 이론과 실제. 서울: 공동체.

김영미 · 김두범(2016). 중학생의 스마트폰 사용과 학교적응과의 관계에서 자기통제력의 매개효과. 청소년학연구, 23(3), 133-162.

김영식(2015). 경찰의 학교폭력 근절 대책의 성과와 향후 대응전략. 한국콘텐츠학회논문지 Vol. 15 No. 4, pp.168~178.

김영진(2011). 생활 속의 심리학. 네이버지식백과.

김영진・길태영(2017). 학교폭력의 현실과 개선을 위한 정책방안. 인하대학교 법학연구. Vol.20, No.2.

김영천(2014). 질적연구방법론 2: Methods. 파주: 아카데미프레스.

김영천・김필성(2012). 아빠는 죽어도 학원은 죽지 않는다. 파주: 아카데미프레스.

김영희(2015). 놀이와 삶의 관계적 의미에 관한 존재론적 탐구: 초등학생의 놀이문화 형성을 중심으로. 대구교육대학교 석사학위논문.

김용수(2013). 학교폭력 사건에서 학교장 통고 제도 활용의 문제점과 개선방안. 변호사. 제45집.

김은하・고홍월・조원국・조애리(2017). 학교 생활지도와 상담. 서울: 학지사.

김이경・한유경・민수빈(2016). 학교문화가 학생들의 학교폭력 대응행동에 미치는 영향 분석. 교육행정학연구. 제34권, 제2호, pp. 97~118.

김인규(2011). 한국의 학교상담체제. 서울: 교육과학사.

김재협・이순호(2011). 청소년의 부모간 폭력 목격경험이 학교폭력 가해에 미치는 영향과 공격성의 매개효과: 군산지역 청소년을 대상으로. 한국사회복지조사연구, 26, 109-137.

김정민(2017). 20대 미혼여성의 우울증 형성과 극복과정에 관한 질적 사례연구 - 사티어의 빙산메타포를 중심으로. 상명대학교 대학원 박사학위논문.

김정열(2013). 청소년학개론. 고양: 공동체.

김종운(2013). 학교폭력의 예방과 대책. 서울: 학지사.

김주환(2011). 회복탄력성. 경기: 위즈덤하우스.

김준호(1997). 학교주변폭력의 실태 및 대책. 한국형사정책연구원.

김준호・노성호・이성식・곽대경・박정선・이동원・박철현(2013). 청소년비행론. 서울: 청목출판사.

김진한・박선환・박숙희・우지향(2013). 학교폭력의 예방 및 대책. 경기도: 공동체.

김진환・박선환・박숙희・우지향(2016). 학교폭력 예방의 이론과 실제. 서울: 공동체.

김창군・임계령(2010). 학교폭력의 발생원인과 대처방안. 법학연구, 38, 173-198.

김철환・이영만・김미정(2008). 용서교육 프로그램이 집단 따돌림 경험 아동의 보복심리와 용서수준에 미치는 영향. 교육방법연구, 20(2), 109-125.

김충기・김정규(2003). 教育心理 및 生活指導. 고양: 한국학술정보.

김충기・황인호・장성화・김순자・모종수(2016). 진로상담과 진로교육. 서울: 동문사.

김필성(2009). 대안적 유대공동체로서 기능하는 학원에 관한 연구. 경북대학교 대학원 석사학위논문.

김혜순(2016). 청소년의 스마트폰 중독이 우울, 불안 및 공격성에 미치는 영향. 서울벤처대학원대학교 박사학위논문.

김혜원(2013). 청소년 학교폭력. 서울: 학지사.

네이버 블로그 〈T Times 뉴스. 덴마크사람들이 가장 행복한 이유〉, 〈심리 클리닉-박찬선의 마음공방. 주제어: 귀납적 훈육법〉

네이버 지식백과 〈맹자〉, 〈이타성〉, 〈인성〉, 〈성격〉

노경남(2011). 학생체벌담론에 관한 연구. 서울교육대학교 교육대학원 석사학위논문.

노상우(2004). 교육의 역사와 사상. 파주: 교육과학사.

대한신경정신의학회(2009). 신경정신의학 2. 서울: 중앙문화사.

도기봉(2007). 학교폭력 가해행동에 영향을 미치는 요인에 관한 연구. 대구대학교 대학원 박사학위논문.

도기봉(2008a). 학교폭력에 영향을 미치는 공격성과 생태체계요인의 상호작용효과. 청소년복지연구, 10(2), 73-92.

도기봉(2008b). 학교요인이 학교폭력에 미치는 영향에서 개인요인의 조절효과. 청소년복지연구, 10(3), 51-74.

도기봉(2009). 지역사회 환경적 요인이 학교폭력에 미치는 영향: 공격성을 중심으로. 한국지역사회복지학, 29, 83-103.

두산동아(1999). 두산세계백과사전. 동아출판사.

류정희・이주연・송아영・이근영・이미진(2016). 생애주기별 학대・폭력에 대한 통합적 접근과 정책대응. 한국보건사회연구원

류창현(2015). 분노치료 워크북. 파주: 교육과학사.

문성호・문호영(2012). 2012 청소년활동 및 생활 요구조사. 서울: 한국청소년활동진흥원.

문영희・강동욱(2015). 학교폭력 예방 및 대책에 관한 법률의 적용범위 및 피해자보호제도에 관한 비판적 검토와 그 개선방안. 법과정책, 21(1), 151-180.

문용린・임재연・이유미・강주현・김태희・김충식・김현수・김영란・이정옥・박종효・이진국・신순갑・최지영・김미란・리하르트 귄터・최정원・장맹배・이기숙・김미연(2008). 학교폭력 위기개입의 이론과 실제. 서울: 학지사.

문재현 외(2013). 평화! 행복한 학교의 시작. 서울: 살림터.

미래창조과학부, 한국인터넷진흥원(2015). 2014년 인터넷중독 실태조사. 서울: 미래창조과학부, 한국인터넷진흥원.

박경숙(2018). 조현병 환자를 대상으로 한 미용교육 프로그램의 우울증 및 자아존중감 개선 효과에 관한 연구. 동덕여자대학교 대학원 박사학위논문.

박계순・이한준(2008). 뉴 패러다임 보건학. 서울: 대경북스.

박남수(2015). 회복탄력성. 서울: 학지사.

박동호(2011). 창원지역 중학교 학생들의 학교폭력실태와 예방대책에 관한 연구. 경남대학교 교육대학원 석사학위논문.

박문각 시사상식편집부(2014). 최신시사상식 핵심 용어사전. 서울: 박문각.

박민영(2015). 학교, 성범죄의 온상: 학생을 상대로 한 교사의 성폭력. 인물과 사상, 10, 154-169.

박성연・백지숙(2011). 인간발달. 서울: 파워북

박성호(2004). 학교폭력의 실태와 대책. 원광대학교 교육대학원 석사학위논문.

박소진(2017). 인지행동치료의 모든 것. 서울: 학지사.

박영옥・김학린(2014). 학교폭력 대응체계 개선방안 연구: 지방자치단체의 역할을 중심으로. 분쟁해결연구; 12(2): 85~108.

박종효・박효정・정미경(2007). 학교폭력에 대한 교사 스트레스 연구: 발생건수: 심각성 지각과 대처 효능감의 관련성. 한국교육, 34(2), 3-25.

박지연(2008). 자아존중감이 청소년의 대인관계에 미치는 영향. 이화여자대학교 교육대학원 석사학위 논문.

박지혜(2015). 청소년 놀이문화의 디지털 구술성에 대한 문화기술지적 연구: 벤야민의 미메시스와 월터 옹의 구술성에 대한 사유를 중심으로. 중앙대학교 대학원 석사학위논문.

박진규(2012). 청소년문화. 서울: 학지사.

박창민・민성은・김영천(2015). 초등학교 학생들의 학원교육 경험의 특징과 그 의미. 질적탐구, 1(1), 85-126.

박표정(2013). 어울림 학교폭력 예방 프로그램 중학생용(학교폭력 인식 및 대처). 서울: 한국교육개발원.

박현선(1998). 빈곤 청소년의 학교 적응유연성. 서울대학교 박사학위논문.

박효정(2013). 노르웨이의 학교폭력 실태와 대책, 그리고 한국교육에서의 시사점. 서울: 한국교육개발원.

박효정・정미경(2005). 학교폭력 실태의 이해와 진단. 한국교육개발원.

박효정・정미경・박종효・한세리(2006). 학교폭력 실태조사. 한국교육개발원.

박훈정(2015). 범불안장애 인지행동치료의 성경적 적용모델 연구. 총신대학교 대학원 석사학위논문.

방선욱(2003). 심리학의 이해. 경기도: 교육과학사

법무부・교육과학기술부(2012). 학교폭력 예방 교원용 핵심 매뉴얼.

부산교육청(2016). 교육실무편람. 부산교육총서 제28집.

서울시교육청(2014). 학교폭력 피・가해학생의 회복탄력성 증진을 위한 프로그램 개발.

서울특별시 교육청(2016). 대상별 학교 성폭력 사안처리 매뉴얼.

서울특별시(2012). 학교폭력 예방 및 대책마련을 위한 CYS-Net 연합 심포지엄 자료집.

선안남(2011). 행복을 부르는 자존감의 힘. 서울: 소울메이트,

성열준・강병연・이채식・강세현・김정일・황주권・황수주 공저(2012). 청소년문화론. 파주: 양서원.

손민지(2013). 국내 사이버폭력 현황 및 대응방안 연구. Internet & Security Focus 3월호.

손재환・이대형・이현진・유춘자・정진선・김수현・박소영(2013). 학교폭력 가・피해 유형분류를 위한 현장 전문가 대상 개념도(concept mapping) 분석. 청소년상담연구. Vol.21, No. 2, pp.317 342.

송창백・이은희・조은숙・최윤희・하경표・김이영(2016). 학교폭력 예방의 이론과 실제. 파주: 양성원.

신성자(2005). 학교폭력, 가해, 피해 그리고 대응 관련 요인, 사회과학, 17, 111-142.

신현숙(2003). 적응유연성 연구의 전망: 개념 및 방법론적 문제와 학교-기반 예방을 위한 시사점, 교육학연구, 41(2), 431-456.

심성보(2015). 인성상실의 시대, 교육 패러다임의 대전환을 모색한다. “인성교육 패러다임 전환, 어떻게 가능한가?”. 교보교육 심포지움

안선영・김희진・강영배・송민경(2012). 청소년 생활실태 국제비교연구 I: 진로준비. 서울: 한국청

소년정책연구원.
안선욱(1998). 학교폭력의 실태와 대책. 청소년행동연구, 3, 19-36.
양곤성(2011). 용성교육프로그램이 집단 따돌림 피해아동의 용서와 자아개념에 미치는 효과. 서울교육대학교 석사학위논문.
여성가족부 (2013). 2013년 전국 성폭력 실태조사. 서울: 여성가족부.
여성가족부(2017). 2017년 인터넷·스마트폰 이용습관 진단조사. 서울: 여성가족부.
오만록(2017). 생활지도·상담 이론과 실제. 서울: 정민사.
오은경(2015). 학교 밖 청소년의 우울과 공격성에 영향을 미치는 요인 - 대전 지역을 중심으로. 대전대학교 대학원 박사학위논문.
오인수(2010). 괴롭힘을 목격한 방관자의 행동에 영향을 미치는 심리적 요인: 공감과 공격성을 중심으로. 초등교육연구, 23(1), 45-63.
오인수(2011). 예방모형을 적용한 학교상담 접근: 학교괴롭힘을 중심으로. 2011년 한국상담학회 연차대회 발표자료집. 한국상담학회.
유상미(2010). 폭력 영상매체 노출에 따른 청소년 비행연구: 사회학습 이론과 둔감화 이론을 중심으로. 청소년문화포럼, 23(1), 41-71.
유성경·이소래(2001). 청소년 비행수준에 따른 위험요소 및 보호요소 분석. 한국심리학회지: 상담 및 심리치료, 13(2), 187-205.
유우종(2005). 학생인권 침해 사례에 대한 연구-교사들의 언어를 중심으로. 성공회대학교 교육대학원 석사학위논문.
윤명화(2015). 학교 성범죄 척결 및 학교 문화 개선 대책. 학교 성희롱 실태 및 대책방안 토론회 자료집. 서울: 국가인권위원회.
윤영돈(2015). 인성상실의 시대, 교육 패러다임의 대전환을 모색한다. “미래의 행복한 사회를 위한 인성교육의 테마-건강한 인성을 위한 인문치료적 접근”. 교보교육 심포지움.
윤태현(2017). 회복적 정의를 통한 학교폭력 예방 및 대책의 발전방안 연구. 소년보호연구, 30(2), 89-123.
윤효정(2014). 청소년의 부적응적 사고와 내면화 문제행동 및 외현화 문제행동 간의 관계에 대한 연구. 이화여자대학교 대학원 석사학위논문.
이갑옥(2016). 학교 밖 청소년의 성비행 영향요인 분석. 창원대학교 대학원 박사학위논문.
이경아(1999). 소외와 학교폭력에 관한 연구. 한국교원대학교 석사학위논문.
이광우(2000). 교사의 학생체벌에 관한 연구. 경남대학교 대학원 박사학위논문.
이동주(2012). 경기도학생인권조례 제정의 딜레마 연구. 한국교원대학교 대학원 석사학위논문.
이랑주(2015). 학교 밖 청소년의 호흡명상과 드로잉활동체험에 대한 질적 사례 연구. 명지대학교 대학원 박사학위논문.
이문연(2016). 인성교육학 개론. 파주: 교육과학사.
이범석(2009). 교육적 체벌의 범위와 동향. 군산대학교 대학원 석사학위논문.
이성식(2011). 청소년비행과 범죄연구: 이론들 간의 논쟁과 통합. 서울: 청목출판사.
이소희·도미향·정익중·김민정·변미희(2005). 청소년복지론. 서울: 나남출판사이수경 · 오인수(2012). 충동성, 공격성과 직접, 관계적 괴롭힘 가해의 관계에서 죄책감의 매개효과 분석. 상담학연구, 13(4), 2017-2032.

이승현(2017). 청소년 사이버폭력의 유형분석 및 대응방안. 한국형사정책연구원.

이승희(2017). 정서행동장애개론. 서울: 학지사.

이애령(2004). 청소년 비행의 위험요인과 보호요인 분석. 충남대학교 박사학위논문.

이영화(2007). 영상매체가 청소년비행에 미치는 영향. 경기대학교 교육대학원 석사학위논문.

이은정(2003). 학교체계요인이 집단따돌림 가해경험에 미치는 영향에 관한 연구: 가해경험 집단을 중심으로. 연세대학교 대학원 석사학위논문.

이인학 · 이기영 · 류관열 · 김도진 · 김숙복 · 신은정 · 최성열(2017). 학교폭력 예방 및 학생의 이해. 경기도: 공동체.

이종재 외(2010). 학원교육: 현상과 대응. 파주: 교육과학사.

이진숙(2015). 청소년 언어, 청소년 문제인가? 청소년 문화인가?. 청소년 문화포럼, No.42, 157-161

이춘화(1999). 청소년폭력 가해자와 가해집단에 관한 연구. 한국청소년정책연구원 연구보고서.

이항재(2004). 아동발달. 서울: 교육과학사

이현림(2007). 생활지도. 서울: 교육과학사.

이현림 · 김말선 · 박춘자(2012). 학교폭력상담의 이론과 실제. 서울: 한국학술정보.

이현림 · 김영숙(2016). 인간발달과 교육. 경기도: 교육과학사

인성교육진흥법(2015). 법령정보센터.

임승렬(1996). 아동 공격성에 대한 귀인과정의 시간적 경로분석. 인간발달연구, 3(1). 76-91.

임재연 (2017). 학생이 경험한 학교폭력 예방 및 대처 관련 교사역량에 관한 연구. 한국심리학회지: 14(2), 181-208.

장사형 · 김광수(2016). 학교폭력문제 대응에 대한 교육적 고찰: '학교폭력대책자치위원회'의 운영을 중심으로. 교육철학. 제60집: 141~164.

전희원(2017). 여성성폭력피해경험자의 외상 경험과 외상 후 성장의 관계에서 지각된 통제감의 조절효과. 서울여자대학교 특수치료전문대학원 석사학위논문.

정계숙(2002). 교육연극을 적용한 사회적 유능적 중재 프로그램의 집단 따돌림/위험 아동의 사회적 유능성 증진효과. 아동학회지, 24(4), 171-183.

정보통신정책연구원(2017.4.8.). 스마트폰 가입자 수. http://www.itstat.go.kr/home.it.

정수연(2017). 불안장애 선별도구 개발을 위한 예비연구. 고려대학교 대학원 석사학위논문.

정순원(2010). 학생체벌을 둘러싼 학생의 인권과 교권과의 관계. 법과인권교육연구, 3(3), 65-87.

정옥분(2014). 발달심리학: 전생애 인간발달 서울: 학지사

정재훈(2006). 교사의 체벌실태를 통한 인식 조사. 울산대학교 교육대학원 석사학위논문.

정제영 · 박주형 · 이주연(2012). 학교폭력실태와 학교폭력근절 종합대책의 효과성 논의. 이화여자대학교 학교폭력 예방연구소.

정종진 · 문은식 · 신봉섭 · 이근배 · 조영종(2014). 학교폭력의 예방과 대책. 서울: 태영출판사.

정진영 · 최준호(2004). MMTIC을 활용한 관계증진 프로그램이 집단 따돌림 당하는 초등학생의 대인관계와 자기표현 능력에 미치는 영향. 한국심리유형학회지, 11, 147-174.

정진웅(2011). 문화상대주의 교육에 대한 비판적 고찰. 열린교육실행연구, 14, 3-16.

정진희(2009). 학교기반 학교폭력 예방 프로그램의 효과성 분석에 관한 연구, 한양대학교 석사학위논문.

정창우(2015). 인성교육의 이해와 실천. 파주: 교육과학사.

정탁준(2009). 학생생활지도의 도덕교육적 의미와 제안: 학교폭력을 중심으로. 도덕윤리과교육, 28, 57-80.

정태연 · 윤진(1992). 충동성과 공격성이 좌절 상황에서의 사회정보처리에 미치는 영향. 한국심리학회지:발달. 5(1). 29-40.

정하성 · 유진이(2012). 청소년 문화. 파주: 양서원.

정현주 · 김하나 · 최보영(2012). 학교폭력 부모 지침서. 한국청소년 상담원.

정혜성(2018). 청소년 언어문화의 특성과 향상 방안. 한글, 79(1), 135-163.

정혜원(2017). 학교내 성폭력, 현황과 대응과제. 경기도가족여성연구원. 제68호(17-03).

조미경(2002). 대중문화가 청소년들의 일상생활에서 차지하는 위치에 관한 연구. 이화여자대학교 대학원 석사학위논문.

조벽 · 최성애(2012). 최성애, 조벽 교수의 청소년 감정코칭. 서울: 해냄.

조복희 · 도현심 · 유가효(2016). 인간발달. 경기도: 교문사

조성실 · 차명호(2013). 교사와 학부모를 위한 학교폭력 상담. 서울:학지사.

조유진(2006). 집단괴롭힘 목격과 피해경험의 가해와 경로에 대한 중재요인. 숙명여자대학교 대학원 박사학위논문.

조형정 · 김명랑 · 조민희(2017). 학교폭력 예방 및 학생의 이해. 경기도: 양서원.

청소년폭력예방재단(1996). 학교폭력, 고통 받는 아이들을 위해 무엇을 할 것인가?. 청소년폭력예방재단.

청소년폭력예방재단(2011). 2010년도 전국 학교폭력 실태조사 보고서. 서울: 청소년폭력예방재단.

최경실(2015). 교권침해 실태에 대한 중학교 교사의 인식 조사. 부산대학교 교육대학원 석사학위논문.

최연수(2015). 학교 밖 청소년의 도시형 대안학교 적응과정 연구. 명지대학교대학원 박사학위논문.

최옥채 · 박미은 · 서미경 · 전석균(2011). 인간행동과 사회환경(4판). 경기도: 양서원

최현아(2014). 청소년의 외상 경험과 정신화 능력이 품행장애 성향에 미치는 영향. 서울여자대학교 특수치료전문대학원 석사학위논문.

표세황(2012). 학생인권조례의 '체벌금지' 조항에 대한 연구. 인천대학교 교육대학원 석사학위논문.

한국게임산업개발원(2004). 게임환경 변화에 따른 게임몰입(중독)의 추세와 의미. 서울: 한국게임산업개발원.

한국교원단체총연합회(2018). 2017년 교권침해 사례. 서울: 한국교원단체총연합회.

한국교육개발원(2014). 어울림 학교폭력 예방 프로그램.

한국교육개발원(2014). 학교폭력 예방 표준 프로그램 개발 연구.

한국민족문화대백과(http://encykorea.aks.ac.kr/). 한국학 중앙연구원.

한국성폭력상담소 (2015). 우리가 말하는 피해자란 없다: 성폭력 통념 비판과 피해 의미의 재구성. 서울: 한국성폭력상담소.

한국심리학회(2014). 심리학용어사전.

한유경・이주연・김성식・신민섭・정제영・정성수・김성기・박주형・장원경・이동형・김영화・오인수・이승연・신현숙(2014). 학교폭력과 괴롭힘 예방. 서울: 학지사.

한정수(2010). 교권침해를 둘러싼 법적쟁점 분석과 교권보호 방안. 한국교원대학교 교육대학원 석사학위논문.

홍경선(2014). 학교폭력의 예방과 대책. 경기도: 공동체

홍경자(2007). 대화의 심리학2 자기주장의 심리학. 서울: 이너북스.

홍명숙(2018). 청소년의 관계형성요인이 학교생활적응에 미치는 영향: 자아존중감과 의사소통의 매개효과 중심으로. 서울한영대학교 대학원 박사학위논문.

홍종관(2012). 학교폭력의 실태, 원인 그리고 대처에 관한 연구, 초등상담연구, 11(2), 237-259.

홍종관・송재홍・김광수・박성희・안이환・오익수・은혁기・정종진・조붕환・황매향(2014). 학교폭력의 예방 및 대책. 서울: 학지사.

홍지영(2013). 불안장애의 인지행동 통합예술치료에 대한 내러티브 연구. 한양대학교 대학원 박사학위논문.

American Psychiatric Association (2013). Diagnostic and statistical manual of mental disorders (DSM-5®). American Psychiatric Pub.

APA(2015). 정신질환의 진단 및 통계 편람 제5판. (권준수 역). 서울: 학지사. (원서출판 2013).

Archer D. (2013). *Smartphone addiction.* Post published by in Reading Between the (Head) Lines (https://www.psychologytoday.com/smartphoneaddiction).

Bandura., A. (1977). *Social learning theory.* Englewood Cliffs, NJ : Prentice-Hall.

Bosworth, K., Espelage, D. L., & Simon, T. R. (1999). Variables associated with bullying behavior in middle school students. *The Journal of Early Adolescence,* 19, 341-362.

Briers, S. (2015). 똑똑한 인지행동치료. 김선욱・김원・김혜경・조철래・최병휘 공역. 서울: 시그마프레스(원서출판, 2013).

Cerf, C., Hespe, D, Gantwerk, B., Martz, S., & Vermeire, G. (2011). Guidance for schools on Implementing the Anti-Bullying Bill of Rights Act. Trenton, NJ: New jersey Department of Education.

Crick, N. R., & Bigbee, M. A.(1998). Relational and overt forms of peer victimazation: A multi informant approach. *Journal of Consulting and Clinical Psychology,* 66, 337-347.

Crick, N. R., & Grotpeter, J. K. (1995). Relational aggression, gender, social-psychological adjustment. *Cbild Development,* 66, 710-722.

Dallaed. J., Doob, L., Miller, N., Mowrer, O., & Sears, R.(1939). *Frustration and aggression.* New Heaven, CT: Yale University Press.

Defrance, B. (2000). 학교에서의 폭력(전주호 역). 서울: 백의.

Demaray, T. R., & Malecki, M. K. (2003). Perceptions of the frequency and importance of social support by students classified as victims, bullies, and bully/victims in an urban middle school. *School Psychology Review*, 32, 471-489.

Don Tapscott(2009). *Grown Up Digital How the Net Generation Is Changing Your World.* McGraw-Hill Education-Europe.

Franz, D. Z.,& Gross, A. M. (2001, January). Child sociometric status and parent behaviors: an observational study. *Behavior modification*, 25(1), 3-20.

Fraser, M. (1996). Aggressive behavior in childhood and early adolescence: an ecological-developmental perspectives on youth violence. *Social Work*, 41(4), 347-361.

Griffiths, M. (1999). Violent video games and aggression: a review of the literature. *Aggression & Violent Behavior*, 4, 203-212.

Hawkins, J., Herrenkohl, T., Farrington, I., Brewer, D., Catalano, R., Harachi, T., & Cothern,L. (2000). *Predictors of youth violence. Juvenile Justice BulletinI.* Washington, DC: U.S. Department of Justice.

Horibata, J. M. (2006). Asian american and pacific islander adolescents: the role of parental monitoring, association with deviant peers and ethnic identity on problem behavior. Doctorial thesis, Oregon University, Eugene, Oregon, United State.

Houndouma, A., & Pateraki, L. (2001). Bullying and bullies in Greek elementary school: pupils' attitudes and teacher'/parents'awareness. *Educational Review*, 53(1), 19-26.

Hubbard, J. A. (2001). Emotion expression processes in children's peer interaction: the role of peer rejection , aggression, and gender. *Child Development*, 71, 1426-1438.

Infante, D., & Riddle, B., Horvath, C., & Tumlin, S. (1992). Verbal aggressiveness: message and reasons. *Communication Quarterly, 40*, 116-126.

Jessor, R., Bos, J. V. D., Vanderryn, J., Costa, F. M., & Turbin, M.S.(1995). Protective factors in adolescent problem behavior: Moderator effects and developmental change. *Developmental Psychology, 31*(6), 923-933.

Jolliffe, D., & Farrington. D. P. (2004). Empathy and offending: a systematic review and meta-analysis. *Aggression and Violent Behavior*, 9, 441-476.

Kasen, S., Berenson, K., Cohen, P., & Johnson, J. (2004). The effects of school climate on changes in aggressive and other behaviors related to bullying.In D. L. Espelage & S. M. Swearer (Eds.), *Bullying in American schools: A social-ecological perspective on prevention and intervention* (pp.187-210). Mahwah, NJ: Erlbaum.

Kendall, P. C. (2010). 아동・청소년 심리치료(신현균・김정호・최영미 역). 서울: 학지사(원서출판 2006).

Macklem, G. L. (2006). 학교 따돌림이 지도와 상담 (황혜자・김종운 공역). 서울: 동문사.

Muscari, M. (2002). Media violence: advice for parents. *Pediatric Nursing*, 28(6), 585-591.

National Joint Committee on Learning Disabilities (2007). Learning disabilities and young children: identification and intervention. *A Report from the National Joint Committee on Learning Disabilities, 30*, 63-72.

Olweus, D. (1993). Bullying at school: *What we know and we can do.* Oxford, UK: Blackwell publisher.

Olweus, D. (1999). 바로보는 왕따, 대안은 있다: 학교에서 일어나는 폭력문제(Bullying at school:what we know and what we can do). (이동진 역). 서울: 삼산각.

Olweus, D.(1993). Victimization by peers: Antecedents and long-term outcomes. In K.H. Rubin & J. B. Asendorpf(Eds.), *Social withdrawal, inhibition, and shyness in childhood*(pp.315-341). New Jersey: Lawrance Erlbaum Associates.

Olweus, D., & Limber, S. P. (2010). The Olweus bullying prevention program. In Shane R. Jimerson, Susan M. Swearer, Dorothy L. Espelage(Eds.,), Hand book of bullying in schools: An international perspective(pp.371-401). N.Y.: Routledge.

Orpinas, P., & Horne, A. M. (2006). *Bullying Prevention: creating a positive school climate and developing social competence.* Washington DC: American Psychological Association.

Park, J., Essex, M. j., Zahn-Waxler, C., Armstrong, J. M., Klein, M. H., & Goldsmith, H.H. (2005). Relational and overt aggression in middle childhood: early child and family risk factors. *Early Education and Development*, 16, 233-257.

Quinn, M. M. (2002). Changing antisocial behavioral patterns in young boys: a structured cooperative learning approach. *Education and Treatment of Children, 25*(4), 380-395.

Reid, R. & Johnson, J. (2014). ADHD 학생의 이해와 지도(송현종 · 양승갑 역). 서울: 학지사(원서출판 2012).

Richman, J. M., Bowen, G. L., & Woolley, M. E. (2004). School failure: an ecological-interactional-developmental perspective. In M. W. Fraser(Ed.), Risk and resilience in childhood: An ecological perspective (2nd ed.). New York: Plenum Press.

Rossman, S. B., & Morley, E. (1996). Introduction. *Education and Urban Society*, 28(4), 395411.

Rothbaum, B. O., Foa, E. B., Riggs, D. S., Murdock, T., & Walsh, W. (1992). A prospective examination of post traumatic stress disorder in rape victims. *Journal of Traumatic Stress, 5*(3), 455-475.

Shafii, M., & Shafii, S. L. (2006). 학교폭력: 평가, 관리, 예방 (김상식 · 황동현 · 정일미 공역). 서울: 하나의학사.

Sheitzer, B., Stone, S. C. (1981). *Fundamentals of counseling.* Boston: Houphton Mifflin.

Sillivan, H.S.(1953). *The interpersonal theory of psychiatry.* NY: Norton.

Simmons, R. (2002). *Odd girl out: the bidden culture of aggression in girls.* New York: Harcourt.

Swearer, S. M., Espelage, D. L., & Napolitano, S. A. (2011). 괴롭힘의 예방과 개입: 학교에서 어떻게 도울 것인가(이동형 · 이승연 · 신현숙 공역). 서울: 학지사.

Symonds, P. M. (1949). *The dynamic of parent-child relationship.* New York: Bureau of publications.

Warner, B. S., Weist, M. D., & Krulak, A. (1999). Risk factors for school violence. *Urban*

Education, 34, 52-58.

Zachor, D., Hodgens, B., Patterson, C. (2012). 주의력결핍 및 과잉행동장애의 치료(유미숙・신효미・이혜진 역). 서울: 시그마프레스(원서출판 2009).

Zastow, C., & Kirst-Ashman, K. K. (2002). 인간행동과 사회환경(김규수・김인숙・박미은・박정위・설진화・우국희・홍선미 공역). 서울: 나눔의 집.(원저는 2001년 5판 출간)

<weg page>

http://oneclick.go.kr(2018). 법제처 찾기 쉬운 생활법령정보.

http://www.law.go.kr/법령/학교폭력 예방 및 대책에 관한 법률

http://www.moe.go.kr(2018). 초・중등교육법.

http://www.moe.go.kr(2018). 학교폭력 예방 및 대책에 관한 법률 시행령.

https://stopbullying.kedi.re.kr/index_20180402.jsp

찾아보기

인 명

내 용

저자소개

■ **서재복**(교육학 박사, 교육철학 및 교육사 전공)

충남대학교에서 1997년에 '한국 근대 초등교육사 연구'로 박사학위를 취득하였다. 대표적인 저서로는 교육의 역사와 철학, 교사교육론, 다문화교육의 이론과 실제, 학교현장실습의 이론과 실제 등이 있다. 현재 전주대학교 재직 중이며 교육철학 및 교육사, 평생교육, 다문화교육, 학교폭력예방 및 생활지도, 교직실무 등의 교과를 강의하고 있다.

■ **고 현**(교육학박사, 상담심리 및 유아교육전공)

조선대학교에서 2008년에 '유아문제행동 검사도구개발'로 교육학박사학위를 취득하였다. 대표저서로는 행동하는 심리학과 교육학개론, 미술교육과 미술치료, 생활지도와 상담, 알기쉬운 교육심리학 등 20여 편의 저서가 있다. 현재 조선대학교에 초빙교수, 외래교수로 출강중이며 교육심리, 생활지도와 상담, 심리학개론, 교육과정, 교육평가 등의 교과를 강의하고 있다.

■ **권정숙**(교육학 박사, 교육행정 및 교육사회학 전공)

충남대학교에서 2000년에 '직업교육훈련의 성별 불평등 특성 분석'으로 박사학위를 취득하였다. 대표적인 저서로는 교육학 개론, 교직실무, 학교현장실습의 이론과 실제 등이 있다. 현재 청운대학교에 재직 중이며 교육사회학, 교육행정 및 경영, 교육철학 및 교육사, 평생교육, 학교폭력예방 및 생활지도, 교직실무 등의 교과를 강의하고 있다.

■ **김대명**(교육학 박사, 평생교육 전공)

전북대학교 교육학과를 졸업하고 동대학원에서 교육학석사, 교육학박사 학위를 취득하였다. 대표적인 저서로는 교육심리학, 교육사회학, 교육학개론 등이 있다. 전북대학교 평생교육원 연구원, 전북대학교 교수학습개발센터 전임연구원, 광양보건대학교 유아교육과 및 간호과 교수를 거쳐 2018년부터 순천제일대학교 유아교육과 교수로 재직하고 있다.

■ **김양자**(교육학 박사, 교육사회 전공)

전북대학교에서 2003년에 '한국 공교육 재구성을 위한 대안적 접근'으로 박사학위를 취득하였다. 대표적인 저서로는 신교육학개론, 교사교육론, 교육의 역사와 철학이 있다. 현재 전북대학교, 전주교육대학교, 전주대학교에서 학부생과 대학원생에게 교육사회학, 평생교육, 학교폭력예방 및 생활지도 관련 강의를 담당하고 있다.

■ **김필성**(교육학 박사, 교육과정 및 방법 전공)

경북대학교에서 2009년에 '교사의 교육과정 재구성에 대한 내러티브 탐구'로 박사학위를 취득하였다. 대표적인 저서로는 아빠는 죽어도 학원은 죽지 않는다, 한국 최고의 학원 Top7, 접골사 구술생애사 등이 있다. 현재 전주대학교에 재직 중이며, 교육과정을 강의하면서 교수학습개발센터에서 교수역량강화를 지원하고 있다.

School Life

■**박신희**(교육학박사. 교육심리전공)

조선대학교에서 2018년에 '지역아동센터 일상에서 아동이 경험하는 배움과 돌봄'이라는 주제로 교육학 박사학위를 취득하였다. 대표저서로는 생활지도와 상담, 교육심리, 안전과 교직윤리 등이 있고 현재 조선간호대학에서 강의전담교수로 재직 중이며 교육학개론, 교육심리, 교육사회학, 교육방법 및 공학, 생활지도와 상담, 특수학개론 등의 교과를 강의하고 있다.

■**임명희**(교육학 박사, 평생교육 전공)

전북대학교에서 2018년 '결혼이주여성의 사회적 참여, 사회적 지지, 임파워먼트 및 삶의 질의 인식차이와 구조적 관계'로 박사학위를 취득하였다. 대표적인 저서로는 다문화교육의 이론과 실제, 다문화교육프로그램의 개발 등이 있다. 호원대학교 연구원을 거쳐 현재 전주대학교에서 조교수로 재직 중이며 평생교육, 학교폭력예방 및 학생이해 등의 교과를 강의하고 있다.

■**장희선**(교육학 박사, 교육심리 전공)

서울대학교에서 2012년에 '한국인의 정직과 전통적 가치의 갈등양상 및 해소방안에 관한 연구'로 박사학위를 취득하였다. 대표적인 논문으로 '도덕적 위반상황에서 초등학교 저학년 아동의 도덕 판단과 정서, 정서귀인이 외현화 행동에 미치는 영향'이 있다. 현재 혜전대학교에 재직 중이며 생활지도와 상담, 유아교사론, 학교폭력예방과 실제, 교사론, 아동관찰과 행동 연구, 교육심리학 등의 교과를 강의하고 있다.

■**조중현**(교육학 박사, 상담심리 전공)

경북대학교에서 교육학 석사 및 박사학위를 취득하였다. 대표적인 저서로는 생활지도와 상담, 아동상담, 진로상담로드맵: 꿈만 꾸지 말고 길을 찾아 떠나라!, 올바른 자기 이해를 통한 취・창업 성공하기 등이 있다. 현재 대경대학교 유아교육과 학과장으로 재직 중이며 학교폭력예방 및 학생의 이해, 생활지도와 상담, 교직실무, 아동상담 등의 교과를 강의하고 있다.

[개정판]

학교폭력 예방 및 학생의 이해

저자　서재복 · 고　현 · 권정숙 · 김대명 · 김양자
김필성 · 박신희 · 임명희 · 장희선 · 조중현
발행　2025년 1월 3일

발행인　한은택
발행처　공감플러스

주소　서울특별시 송파구 송이로 12길 17
전화　02) 424-9035
팩스　02) 424-9036
e-mail　gkp2014@hanmail.net

ISBN　979-11-88076-20-8(93370)
정가　20,000원